陈春花 著

陈春花文集

第一集

管理研究 ⑤
本土管理研究

华南理工大学出版社
SOUTH CHINA UNIVERSITY OF TECHNOLOGY PRESS
·广州·

图书在版编目(CIP)数据

本土管理研究/陈春花著. —广州：华南理工大学出版社，2018.9
（陈春花文集. 第一集，管理研究；5）
ISBN 978-7-5623-5768-1

Ⅰ.①本… Ⅱ.①陈… Ⅲ.①企业管理-中国 Ⅳ.①F279.23

中国版本图书馆CIP数据核字（2018）第191885号

Bentu Guanli Yanjiu

本土管理研究

陈春花 著

出 版 人：卢家明
出版发行：华南理工大学出版社
　　　　　（广州五山华南理工大学17号楼，邮编510640）
　　　　　　http://www.scutpress.com.cn　　E-mail:scutc13@scut.edu.cn
　　　　　营销部电话：020-87113487　87111048（传真）
总 策 划：卢家明
策划编辑：罗月花
责任编辑：王　倩
印 刷 者：广州市新怡印务有限公司
开　　本：787mm×960mm　1/16　印张：24.75　字数：458千
版　　次：2018年9月第1版　2018年9月第1次印刷
印　　数：1～2000册
定　　价：106.00元

版权所有　盗版必究　　印装差错　负责调换

《陈春花文集》总序

对实践敬仰，守理论自信

如果不是这样的幸运，我相信这套文集不会有面世的一天。

我是幸运的。1982年开始能够在华南理工大学学习和工作，让我有机会置身于改革开放浪潮下的珠江三角洲这片热土。1992年开始，因为青年教师需要到基层学习和实践，我来到东莞厚街镇，在这里我直接接触并切身体会到乡镇经济发展的点点滴滴。之后由于学校的机缘到汕头春源集团任职，在这家香港企业家投资创办的加工企业参与管理，深入了解境外投资企业本土化的管理过程。随后，我开始有机会到康佳、TCL、科龙、美的、万和、顺德农商银行（原顺德信用合作社）、南方航空、深圳航空、南方电网、广东电信、珠江啤酒、香港星光集团、招商基金、威创股份、东方园林等企业做管理顾问工作或者主持咨询项目，与这些企业一起成长并拥有了长期近距离观察企业的机会。更有幸的是，2003—2004年出任山东六和集团总裁，2013—2016年出任新希望六和股份有限公司联席董事长兼首席执行官，2017年则接任新华都集团的工作。这些直接的管理实践，让我更清晰地理解管理研究与管理实践之间的融合度，也为我能够展开研究奠定了丰厚的企业实践基础。

而对我而言，最大的幸运是一直可以保有作为一个管理学教师和研究者的身份，与众多的商学院学生们一起学习和交流，见证和参与了中国改革开放40年间中国企业的成长与进步。这些经历无疑给了我巨大的帮助，让我能够因应企业的成长去透彻理解管理理论的价值，去理解并找寻理论的本质内涵，去发现和发展管理理论与研究的真正意义。也正因如此，在过去30年从教经历中，可以针对管理问题展开充分的讨论，并形成了这些文字。企业实践中不断涌现出新的方案，也促使我的思考、研究与写作源源不断，那些实践激荡我的想法，甚至有无法停下来的感觉，这种感觉真的很好。感恩这所大学，感恩这片热土，感恩这个时代，感恩中国，感恩中国企业实践。

研究会带来什么？

当我决定做一个教师，把教学与研究作为终生职业的时候，我并未真的理解"研究到底意味着什么"。20多年前，我把自己的研究目标确定为研究"中国本土企业成长模式"时，我和我的团队开始对研究进行了漫长而艰难的思考，其产品就是那本《领先之道》。这本书的内容是对中国企业成长的分析，在其中，我们试图回答这些问题：一些中国企业为什么可以成为领先者？这个成长的过程到底发生了什么？这些影响因素是否可以让其他企业借鉴并获得成长？对于这三个问题的追问和探讨，持续了接近30年，我们持续给出阶段性的答案，这些答案帮助到一些企业成长，也帮助了我和我的团队成长。更重要的是，对这些问题的答案的不断追寻使我持续与企业互动，并将感悟持续融入教学、研究中，让更多人去关注这三个问题，去寻找属于每个思考过这三个问题者自己的答案。接近30年持续的研究，让我可以真切地理解研究带来的贡献到底是什么，研究本身给我的帮助是什么。

我深受彼得·德鲁克先生的影响，德鲁克先生1994年写给《经济学人》主编的信中再一次重申管理研究要解决实践问题。在信中，他列举自己1950—1971年间从事管理学研究和实践的累累硕果。这一时期，他完成了自己9部主要管理学著作中的6部；这一时期，他是纽约大学研究生院的全职管理学教授，其中有10年，他还在宾夕法尼亚大学沃顿商学院任兼职教授；他的主要商业咨询活动也是在这一时期完成的。这样的研究路径，让德鲁克的著作承载着其极具旺盛生命力的管理实践思想。

德鲁克先生认为，管理研究要解答实践问题。能提出管理实践中出现的问题并解决这些问题,是管理学进步的标志。在其一系列经典著作中,德鲁克回答了管理实践研究中最根本的问题:管理作为独特的组织活动如何设定自己的结构?管理中如何面对人?管理决策的依据是什么?管理的范围如何界定?管理实践界定的标准是什么?管理的成效如何评价?当德鲁克先生清晰、准确地回答了这些问题的时候,管理实践所取得的成效成为人类历史上最激动人心的一项创新。而对于管理教育应该如何具有价值,也应该如德鲁克先生所设计的那样,让管理者"可以把课堂上学的东西立即运用到他们的实践中,同时把他们在日常工作中的经验和问题拿到课堂上进行讨论分析"。

"比使命更重要的是实践"这句话是我总结德鲁克先生经典著作《价值贡献》一文的结束语。在点评先生的信件时,我忍不住还是用这句话做结束语,但是改动了一个词"行动"——"比使命更重要的是行动"。我们一直在思考德鲁克思想旺盛生命力的来源,最后发现其长盛不衰的原因就在于,作为旁观者的德鲁克的思考是如此地贴近管理实践的真实情况,以至于后人的所有优秀作品的重要观点几乎都可以从其思想中找到根源。德鲁克的思想可以被不同的个人和组织所接受,并且应用于不同的领域。正是源于他对于管理本质的界定:"管理是一种实践,其本质不在于'知',而在于'行',其验证不在于逻辑,而在于成果。"对于每一个管理学者而言,比使命更重要的是行动,就像德鲁克先生倾力实践他的使命一样。我是这样评价先生的,也是这样去要求自己的。

研究会带来什么?在管理学领域,研究可以解答实践问题。我的研究致力于关注中国企业的实践,那些存在于管理日常行为中的、对绩效和成长有意义的、充满着鲜明个性的却又隐含着共性价值的各种真实案例。在我看来,如果不能够真切地去观察、去理解并融入其中,是无法真正理解管理本身、无法真正理解管理理论本身的。管理研究的对象不仅仅是管理本身,同时也是管理研究及理论在管理实践中的位置,它对日常管理生活的意义,它在日常管理生活中的功能,尤其是它的思想方式和行为方式本身,都会直接或者间接地彰显着管理理论及研究的价值。如果作为管理研究学者,根本未关注到这些真实的管理对象,未能真正接受和理解这一事实,我们又怎么可能真正有对于管理理论与知识的自信呢?

波提舍(Sulpiz Boisser`ee,1783—1854)说过一句让我记忆深刻的话:"对不引人注意之事的虔敬。"在19世纪的进程中,这一揶揄之词却成了充满

敬意的话语，因为人们开始将许多被忽略的民间文化看作是文化的见证。每每想到这句话，我也总是对企业实践充满敬意，从1992年的东莞厚街开始，我几乎一半的时间都在与实践者交流、与实践对话，这些交流与对话，给了我用实践的视角去看待管理问题的帮助，正如哲学家恩斯特·布洛赫（Ernst Bloch）提出的警言，即我们不能隔岸钓鱼。

我也同样要求自己拿出另外一半的时间，保持与实践的距离，因为我把自己定位于一个研究学者，定位于一个让理论与研究创造价值的人，如果我完全陷入到具体的日常管理中，这又会导致我因缺少必要的时间和距离，无法去反思实践，无法去找寻理论的价值，或者只是满足于解决个案，满足于具体的实践绩效，而陷入到经验主义之中。

珠江三角洲企业的实践给了我莫大的帮助，这里有大量的企业实践、大量的创新和可见的绩效，这里区域经济发展和产业集群的功效，让我既可以看到企业成功的个案，也可以理解产业价值链的集合成效；让我既可以了解非经济因素的作用，也可以感受每一次外部环境变化对企业成长的影响；只要我踏实地走在这片土地上，这里的企业实践总是会以它们鲜活的事例，给我的研究以支撑和启示，甚至于我的很多观点完全是因为它们而得出。

保持对实践的敬仰，又坚守理论的自信，这就是过去近30年的研究带给我的帮助。正是这个帮助，让我可以安静而持续地做研究，可以真切地与中国本土企业成长互动，可以呈现出自己的思考和观点，并与企业实践做深度的对话。

研究学者会带来什么？

在我的初中学习生活中，因为宁齐堃老师，每一天我们都要提前一个小时到学校，大声朗诵《古文观止》《增广贤文》和唐宋诗词。年少的我并不知道这样的学习，对我意味着什么。到了大学的时候，我保留了阅读典籍的习惯，《大学》《论语》《道德经》《金刚经》《易经》和《六祖坛经》等，这些经书典籍的阅读，在其时我并不能够完全理解，只是因为阅读变成习惯，保持了下来。但是多年后，我才恍然大悟，这些不期然的、积极投入的朗诵和阅读，已经把这些经典沉淀在我的认知和秉性里，这些我早年并不理解的典籍，已经在多年前成了改变我人生埋入的种子。时至今日，这些看似遥远的典籍，却真实地解决了今天世事的苦恼与问题——怎样与自然相处？怎样与变化相处？怎样与人相处？怎样去发现和想象美好？选择怎样的生活？让我在今天，能够去理解"如何成为一个更好的人"和"如何创造一个更好的世界"的思维方式和可能性。

借助于怀特海在《教育的目的》一书中的一段话来说明我的想法，他在书中写道："要用充满想象力的视角去看任何人类组织的约束力，用充满同情的眼光去看人类天赋的局限性以及唤起服务忠诚度的条件。要掌握一些养生规律、疲劳规律和保持持久耐力的条件的知识。要富有想象地理解工厂的社会影响。要对科学对现代社会的作用有充分的概念。要懂得对别人说'不'或是'好'的原则，不是出于盲目的固执，而是出于对相关可选择的方案经过理智的评估后得出的坚定回答。"

无论是中国传统文化的典籍还是有关现代大学教育作用的诠释，都给予我们有关知识的魅力和价值的理解。美国《独立宣言》的作者杰弗逊（Thomas Jefferson）曾说："我们相信最终会证明，人是可以受理性和真理支配的。"先贤把知识比喻为一个代代相传的火炬，照亮着人类前行的路，并指向人类的理想。人类的自信心是由人类社会在获取知识进步方面所取得的成就而产生的自豪感，如果回顾人类发展的历程，进步的地方通常就是那些知识空前繁荣的地方。怀特海继续写道："学者的作用是唤起生活中的智慧和美……一个前进中的社会需要依靠这三类人：学者、发现者和发明者。它的进步也依赖这样一个事实，即社会中的受教育人群由同时具有些许学识、发现能力和创造能力的人组成。我在这里用的'发现'，指的是关于具有高度一般性的原理方面的知识进步；'发明'，指的是根据当前的需求，一般原理以某些特殊方式进行应用的知识进步。"

研究学者会带来什么？在管理学领域，研究学者带来理论知识与实践经验的完美组合。我从这个组合中获益良多。我之所以能够享受到管理研究与管理实践之间的自由切换，正是基于这样的原因：一是理论研究与教学，让我得以了解较为完整的知识体系；更多的阅读让我了解丰富的案例和文献，让我可以隔开一定的距离理性地面对问题，并了解其中关联与相互的影响。二是承担具体的企业绩效成长，让我得以面对各式各样的实际问题与挑战，并与同事们寻找一个又一个解决方案，从而取得绩效实现目标；承担具体的绩效成长，让我得以承受压力而去感受管理者真实的立场和角色，从而要求自己做出理性决策并承担责任。

我明确地意识到了这种组合的完美，我们去看管理经典理论产生的背景和缘由，不难发现，那些贡献了经典管理理论的研究学者，无一不是把理论知识与实践经验完美组合的人。Coloquitt和Zapata-Phelan（2007）回顾了1963—2007年在AMJ杂志上发表的667篇文章，发现管理学领域中的大部分理论都是在20世纪50—80年代之间发展起来的。结合管理实践现象不难发现，在这个时期出现了有意思的实践现象。在20世纪50—80年代，是欧美经济快速发展、工业化进程非常高的时期，也就是在这个时期，管理实践的创新层出不穷。以前从来没有过一家工厂可以有十几万人，在大工业革命时代成为现实；以前从来没有过一个小的组织单元可以全球分布，这个时候已经做出来了；以前也从来没有过用绩效来获取收益的职业经理人。所以我们会发现，实践上做出一堆创新，研究上就会贡献出一堆新理论。管理研究和管理实践本身的合一，造就了非常多的、具有影响力的、改变世界进程的管理理论。这些理论学者共性的地方，是密切观察，并且亲身经历了他们那个时代的社会问题。更重要的是他们对已观察到的各种组织形式和实践的变异，具有很深的感受和困惑，然后试图去解答它，而且幸运的是，他们解答出来了，也就出现了相应的管理理论。因此研究与实践是本源归一的。

所以，管理研究学者的基本价值取向是：理论研究与实践经验不能分离，研究主题的选择要基于某些管理实践现实中的问题并包含着对现实的启蒙。就如《浮士德》里的句子："如果你们没有感觉，你们就不能有所追求！"在具体责任之下的、对决策结果的理解是最真实的。当你需要对几万人的成长负责、对每一个顾客负责、对每一分钱的投资负责、对利益相关者和社会负责的时候，对于管理决策本身的理解是极为深刻而清晰的，而由此对理论价值的阐述和界定也是深刻而清晰的。就如泰勒对于生产效率的理解，波特对于成本与竞争优势关系的理解，德鲁克对于知识员工价值创造的理解，他们都是把自己置身于真实的管理实践之中，寻找到有效的答案——将实践经验升华为理论知识。

康德在《实践理性批判》第一卷第一章第一节中，对实践原理下了定义，在他看来，所谓实践原理是包含意志一般决定的一些命题，这种决定在自身之下有更多的实践规则。当主体认为条件仅对自己的意志有效时，这些原理是主观的，或者是准则；当主体认为条件是客观的，对于每个理性存在者的意志均有效时，这些原理是客观的，或者就是法则。这些话的意思其实就是说只有这些实践原理对每个理性存在者都是客观有效的，才能够成为普遍受用的法则，否则就是准则了，这些准则只能主观上受用。康德还明确地指出："实践的规则始终是理性的产物，因为它指定作为手段的行为，以达到作为目的的结果。"我试着去理解康德，去理解实践理性，这也许可以帮助我们去理解研究学者的价值与意义。

研究学者必须强调学术性，必须能够运用抽象的、理论性的表述，准确的引文以及规范性训练，这是基本技能，但是这不是学术本身，即便是詹姆斯·马奇（James G. March），一个被誉为一以贯之的数理科学倾向的学者，其核心也是一直围绕着人类的各种决策过程和问题的解决过程，以及这些过程在不同组织中的表现和意义。

研究主题的选择要基于某些管理实践中的问题并包含着对现实的启蒙，这就是研究学者能够贡献的价值。《墨经》上说：知，接也。人的知觉，是与外面物质界接触而生。我依然觉得自己幸运，可以与中国企业的实践界充分接触，从而有机会去感受管理理论知识的意义与价值，并有机会把这些理论知识借助课堂传递出去，从而见证和参与了一些企业的成长和发展。

重新创造"道"

我曾经为我的一个班的学生写过一段毕业寄语，这段话比较完整地表达了我之所以写出这样多文章的原因。毕业寄语如下：

你们无疑会成为各自领域里的未来领导者，也正因如此，你们的品性与思想将会显得更重要，因为那会影响到很多人。所以，我决定手抄《德道经》送给大家，因为这是对我影响至深的，关于"道"的启悟。

很多人都相信每个人应该是一个充分认识自我的独特个体，尤其是在互联网技术的驱动下，每个人都相信自己应该活得真实，对真理保持忠诚。所以，我们都会为"如何成为一个更好的人"和"如何创造一个更好的世界"做出努力，这也是我想教授给你们的一种世界观。

因我们拥有着共同生长的训练，你不会让自己从整个世界中抽离出来，而是让自己深深地融入现实世界中,因为你我都很清楚,唯有在实践与行动中,人的性格才会被培养出来。换句话说:我们不止于我们现在的样子,我们还可以成为更好的人。这项任务并不简单,这要求我们改变自己,而从你我认识的那一天开始,我希望改变开始发生。

我们再回到"道"。"道"并不是一个我们必须尽力遵循的"理想",而是一条通过我们自身的选择、行动与努力而不断去开拓的道路。

这套文集就是我的选择、行动与努力,集合了过去20多年我对于中国企业实践的观察、思考与判断。这套文集,我并不曾想如管理学家们,有系统、有组织、严格地、精准地,把思想凝练在一条线上,依照逻辑的推演,祈求创造出一个理论体系。我只是想把伴随中国企业成长过程中所遭遇的各种真实问题,展开真实的对话,让理论与实践之间实现动态呼应,让管理研究与管理教育,能够根植于中国企业的实践,能够面向中国企业实践,能够与企业管理者交流,并给实践以理论的回应和支持。

所以这套文集分为3集10卷,第一集《管理研究》,包含5卷,分别为:《组织与文化管理》《变革与创新》《企业家与领导力》《组织学习与知识管理》《本土管理研究》,这是我在管理学研究领域所发表的观点,我在自己定位组织与文化管理领域、关注组织与文化管理过程中所产生的问题,以及有关这些问题的答案。第二集《商业评论》,包含3卷,分别为:《经营》《管理》《成长》,这是围绕着每个阶段现实案例和企业实践所面对的现实问题而展开的思考,我曾经分别在主要的财经杂志开设专栏,及时与大家探讨中国企业面临的现实问题,并给出我自己的答案。第三集《春暖花开》,包含2卷,分别为:《不为彼岸只为海:陈春花人生感悟》和《正在发生的未来:陈春花商业洞见》,这是在我所主持的微信公众号"春暖花开"上所发布的一系列的随笔,虽然不是全部,但是也收入了大部分。在"春暖花开"公众号上,我不仅仅关注企业管理实践,也关注人们的日常生活,甚至是人生部分的自我管理与自我成长,这是我另外一部分的价值创造。

整理这套文集出版,是接受了华南理工大学出版社卢家明社长的建议,社长从学术价值如何得以更持久展开的视角,尤其是对于中国改革开放40年取得成效的视角,给了我这个建议,让我深受感动和鼓舞;编审罗月花老师细心地和我探讨具体的内容安排、文体以及相应的建议和帮助，罗老师从其专业的视角给出明确的指引和帮助，让我下定决心整理这套文集。整理这套文集整整花费了10个月的时间，在这10个月的时间里，苏涛、程城、李芷慧、王霞、袁璐、蔡明峡、刘祯一直陪伴着我，刘祯最后还承担了分类和分卷的工作。这些工作需要极大的耐心和细心，需要专注与认真，当我看到最后文集总成的文稿时，内心充满了感激，感恩学生们与我在一起，激励并启发我。而在这套文集整理好交付给出版社后，华南理工大学出版基金又给予了巨大的支持，让这套文集得以呈现在大家面前，正如我开篇说的那样，能够在华南理工大学学习与工作，是我的大幸！

整理出版这套文集，我需要着重强调，我坚持持续研究写作，也是为了鼓励我的同仁们采取行动。管理本身是知行合一的，而其核心在于"行"。在过去40年中国企业成长的过程中，管理研究与管理教育产生了很大的影响并贡献了价值，但是在学界和实践界也一直存在着质疑，质疑管理研究是否对管理实践真正发挥了应有的价值影响。我对这种质疑深表理解，但依然坚持认为管理研究与管理实践是合一的，并确信管理理论能够解决管理实践的问题，我是这样想的，也是这样做的，并借此希望，我的写作能够起到一种作用，促使管理学界付诸行动，让自己的研究面向企业实践，面对现实问题并对现实启蒙。

对中国企业来讲，我们来到了一个最重要的时代机遇点。这是中国企业从未有过的一个时间点，我们在改革开放40年前里一直都在跟随西方先进企业，并没有太多的优势，无论是在规模上，还是在技术、人才和资本积累上，都无法与传统强国企业竞争。但是，我们来到了一个特殊的时间点，互联网技术使得数据、协同、智能等全新的生产力要素能高效组合在一起，也就重构了整个商业系统。

处在整个商业系统重构的今天，无论是中国企业还是世界企业，都重新站在同一条起跑线上。所以，有人跟我讲我们要不要做"弯道超车"，我不同意这个词。我们今天没有弯道，我们共同站在一个全新的起点上，我们不需要在弯道超越谁，只需要站在一个新起点上重新开始就可以。

而且已有很多中国企业的确做到了。在彭博社公布的2017年4月份全球市值排名榜中，中国有两家企业进入前十，这在以前是不可思议的，可见中国企业进步的速度是非常快的。在2017年世界500强的名单中，无论是中国的国有企业，还是民营企业，都在彰显着它们的中国力量，也越来越多进入世界500强的排行榜。再看看中国的"新四大发明"以及很多的优秀产品案例，其实中国企业正在悄然地改变着世界。不仅仅是在规模和市值方面，我觉得最重要的是中国企业开始真正去创造一些全新的价值，这个价值跟人类所追寻的美好生活相关，蕴含着生活的意义。

如果说中国企业已经来到最好的时代机遇点上，这也同样意味着中国管理研究也已经来到最好的时代机遇点上。说到致敬改革开放40年，我们最好的致敬方式就是：站在这个时代最好的机遇点上，昂然走出一条全新的道路来。这条道路如果按照十九大的报告，用国家领导人的说法就是"中国智慧和中国方案"。我相信经历了改革开放40年的中国实践，肯定会为世界贡献一个优秀的中国方案，这就是我们研究学者的价值贡献，这是使命更是行动！

陈春花
2018年1月3日于朗润园

第一集

序

研究的三个关键词：规范、坚持、价值

我是从1992年开始步入管理教育领域并设定自己的管理研究主题的，1994年正式转入华南理工大学工商管理学院，从事管理教学与研究，有意思的是，在当时我就有一个梦想，研究面向中国本土企业的管理理论并为世界管理理论创新贡献价值。在我的认知里，管理学研究一定要回答本土的企业的问题并给出理论指导。所以，我当时就想，一定会有一天由管理研究学者来告诉大家：中国企业到底好在哪里？这个梦想在20多年前就放在我的脑海当中，带着这样的梦想踏上了我的中国本土企业研究之路。

在了解和认识企业的过程中，我对自己提出要求，一定不要以顾问和专家的身份去企业，必须以一个企业成员的身份在企业中，这样才可以知道这个企业到底在发生什么？能够真正发挥作用的东西是什么？唯有这样才能够真正理解它，理解它之后，才能去确定企业发生的问题是否具有理论研究的价值。

选择这样一条研究的路和三个人有关系。第一个是彼得·德鲁克，当我第一次看到《卓有成效的管理者》时，我知道这就是我要做的事情。第二个是苏东水教授，他所坚持研究的"东方管理学"对我启发极大。第三个是赵曙明教授，他一直坚持把中国管理的现实介绍给西方学者，并把西方人力资源管理理论与中国企业实践相结合，这些让我深受影响。

在持续20多年的研究中，我慢慢摸索出自己的研究感受，也不断分享给我的学生和研究团队成员，所以才有了入选《陈春花文集》第一集的内容，这些内容是沿着我在1992年设定的"中国领先企业成长模式研究"这一主题展开，以组织与文化管理作为核心脉络贯穿其中，产出了《组织与文化管理》《变革与创新》《企业家与领导力》《组织学习与知识管理》以及《本土管理研究》5卷内容。在

每一卷的最后一部分，我都放入了面向实践和未来的开放式思考，这些思考并未借助于研究范式去呈现，而是将来要转换为研究论文的相关思考和观点，这也是我自己的研究习惯，从实践和观察中得到研究的话题，不断思考与实践对话框定问题，并把这些思考分享出来，接受实践的检验，然后再用规范的方法，深入研究下去。

当我结集这些研究论文的时候，我也和学生们分享了我对于研究的一些心得。

1．满足规范+创造价值

一开始选企业文化研究作为自己的研究方向时，朋友们基本都是反对的，他们觉得这个方向很难出成果。但是，设定一个伟大的目标会成为强的内驱力来驱动自己。在我看来，企业文化领域是最有本土化特征的，也可能会有独特的价值贡献，所以我还是坚持做下去。有了目标带来的内在驱动力，就可以展开持续的研究了。如何展开研究需要满足两个条件：一个是符合规范，一个是创造价值。规范是什么？是研究中共同认定的基础，只有在相同的规范上，才能与其他人交流，才会获得认可，在此基础上才有机会创造独特的价值。

掌握了研究范式之后，要给自己一个更高的标准，那就是创造价值。在入选的论文中我表达了一个观点："界定问题，优于选择方法。" 2005年开始，有幸与一些学者借助于《管理学报》一同发起了"直面中国管理实践"的倡议，就是希望更多的学者能够对中国管理实践做出贡献。在过去的10年间，中国组织管理研究领域主要有两个方向，一是徐淑英教授提出的中国管理要有适应全球情景的方向，二是我们这些本土教授提出的直面中国管理实践的方向。令人高兴的是，经过10年的各自发展，现在殊途同归，研究学者们几乎都在做一个共同的方向："实践本土化，理论全球化。"

2．选定目标+坚定不移

做研究坚持很重要，你如果选定了一个研究点，不要犹豫，要一直跟踪，哪怕是10年、20年，甚至更久。我选择了自己的研究点——中国领先企业研究，就一直沿着这个方向往下走，现在已经26年了。我自己也不知道最终的结果会是什么，但是我认为这个研究点是我一辈子要去做的事情，不会因为其他的事情而动摇。更重要的是，这个研究必须可以面向管理实践，这是我的目标和价值追求。

选择了就要不断去研究它，坚持住，别赶时髦。比如，很多人都在做实证研究，大家就都选择实证研究，但是实证研究到底要解决什么问题，其价值贡献是什么，如何从方法论到价值创造，很多学者甚至没有去深思和理解。我希望去寻求真正意义的实证，就是要进到企业去，与企业一同成长，用与企业共同成长的数据做实证。重要的还是要选择研究点，建立框架和逻辑，不断研究它，而不是满足于流行的标准。

我深受《论语》的影响，儒家讲求内圣外王，内心要有强大的坚持，成为圣人，外要有王者之态，在实际检验中获胜，这构成了真正意义上的儒家标准。所以，孔子虽然遭遇诸多挑战，但是他的目标始终不变，要辅佐君王建立更好的社会。更令人钦佩的是，他不会因为君王的要求或者不被赏识遇到挫折，就把他坚持的东西放弃了，他不会因为遭遇现实的挑战，就逃避现实而不再解决问题、接受挑战，这就是我所要学习的。

3. 没有窍门+发掘乐趣

研究要求不断读、不断看、不断思考、不断训练和反复努力。很多人问怎么做研究，我的回答是"多读、多看、多思考、多训练"。这其实是一个很笨的方法，但是研究是没有窍门的。爱因斯坦也说："学习知识要善于思考、思考、再思考，我就是靠这个学习方法成为科学家的。"即使你突然顿悟，找到了创新点，找到了新的研究方法，你还是会发现，在此之后依然是平淡的、大量的思考和工作，需要你投入精力去完成，研究是一个没有窍门只有辛苦的工作。

同时，研究要有趣。是因为研究者要通过研究感受到乐趣，才可增强坚持下去的内驱力。我必须承认，在一个人还没有修炼到一定境界时，外部检验和激励还是非常重要的，人需要通过外部的奖励来提升乐趣。所以我对学生们说：期刊发表，获得奖励，在学术会议上宣讲论文并参与交流，得到同仁的赞赏，等等，都是极为重要的。当有一天你不再需要借助外部检验，依然充满激情地做研究，我会特别为你高兴，因为你养成了研究的习惯。

4. 广泛交流+善用"求助"

做研究不是闭门造车，我们要有大范围的交流，甚至是跨学科的交流。研究很多时候是被激发出来的，一个人冥思苦想有时反而陷入困境。"求助"是我推荐的一种快速提升的方式，建立一个学术讨论的圈子非常重要。我的学生们在同门内部的交流很顺畅，这个习惯比较好。同样与外部其他同学和老师交流学习更加重要，包括学术会议等等。参加学术会议也一样，你必须写好论文才可以参加会议，如果你没有写文章，那你就是局外人了，听不懂会议在谈论什么，你的价值贡献也没有了。与同行交流是一个非常重要的选择，一定要多向同行请教，请教的前提是能够分享自己的研究。

胜辉在苏黎世大学读博士，他看文献过程中接触到一位加拿大教授，认为这个教授的研究很有趣，就和那位教授通信交流，之后申请到加拿大跟随教授学习一段时间，教授同意了，胜辉在加拿大学习几个月，并掌握了很好的研究方法。

要知道，当你有一些想法，而这些想法可以被理解时，是一件蛮美好的事情。

我之所以选择"中国领先企业成长模式"研究，也深受德鲁克先生《公司的概念》的影响，他在《公司的概念》中热情洋溢地赞颂大企业在现代社会中的核心地位。他说："大型公司的雇员只占产业工人的少数，但是他们的劳资关系为全国树立了标准；他们的工资水平决定了全国的工资水平，他们的工资条件和工作实践也成为一种规范。大型公司的交易量虽然在全国不占多数，但它们的繁荣与否决定了国家的繁荣与否。当我们谈论美国的经济机会时，首先想到的是大规模生产的现代工厂和现代大型公司提供的机会；我们谈论美国的技术时，想到的不是统计上的平均值，而是龙头企业设立的标准值；我们谈论过去半个世纪中新出现的另外两种重要的社会机构——工会和政府管理部门时，也只是把它们作为大企业和大公司的社会产物。总之，只有大企业在自由企业经济体制下的具体组织形式才是具有代表性和决定性的社会经济机构，它为人们树立了典范决定了他们的行为。"

这使我从中感受到，大公司不仅通过大规模的生产为人们提供了赖以生存的生活必需品，而且其组织制度引导了社会中其他企业组织的制度，从而规范和影响着绝大多数人的工作和生活状态。在某种程度上可以说，大企业很大程度上承载着社会信仰、精神和希望。而我也很希望找寻到中国领先企业，并从中寻找到那些有价值的管理规律，并渴望这些研究能够真正传播中国优秀企业的管理实践、经营哲学和社会责任。

这个研究真正帮助了我，让我可以持续地获得研究的问题以及取得成果。除了这些研究论文之外，我还写了相关著作20多部，并产生了很好的影响。在《领先之道》新版发表时，我在序中写到："从尼采那里借一个比喻来说，我们是被召唤来做宇宙舞者，不会沉重地停在一个定点上，而是轻盈地从一个位置转身跳跃到另一个位置。先锋企业正是宇宙舞者，当他们选择持续领先的时候，这种选择，充实了他们的品性，也保持了他们的活力。"

今天，很多中国企业已经站在世界的前端，这令人振奋的实践成果，让我持续地激励自己，持续地坚持研究，持续地与中国企业在一起，就如圣雄甘地所说："把注意力转移到内在去。"这既是一种内在力量的唤醒，也是我寻求中国先锋企业持续领先的真正驱动因素。虽然还需要付出巨大的韧性和努力，但是会一步一个脚印地、坚定地走下去。

陈春花

2018年1月7日于朗润园

第一部分　中国管理实践研究方法论

论形成"中国式管理"的必要条件　/ 002
当前中国需要什么样的管理研究　/ 010
中国企业管理实践研究的内涵认知　/ 018
中国管理实践研究评价的维度
　　——实践导向与创新导向　/ 026
管理实践研究价值贡献的评价　/ 033
基于实践导向的管理研究成果评价探析　/ 040
管理理论实践转化中的异化应用现象探析　/ 052
基于中国本土领先企业管理实践研究的4P方法论探索　/ 061
中国本土管理研究回顾与展望：基于实践理论的视角　/ 075

第二部分　中国本土企业成长

中国家电行业机会何在　/ 100
不确定环境下企业管理的误区　/ 106

中国经济增长的管理学思考　／　111
中国本土行业领先企业成功模型　／　124
危机中企业如何逆境增长　／　134
中国领先企业的管理方式研究
　　——中国理念，西方标准　／　139
中国企业必须成为独立的生命体　／　145
顾客价值驱动的个人与组织契合
　　——华为带给中国企业持续成长的启示　／　150
中国企业的下一个机会：成为价值型企业　／　161
两部企业宪法蕴含的中国本土管理元素探析
　　——基于"鞍钢宪法"和"华为基本法"的研究　／　168
组织的战略行为、企业文化与中国本土企业成长
　　——"央视财经50·成长"获奖公司的实践经验　／　181
阿里巴巴：用价值观领导"非正式经济事业"　／　198
卓越的作为：中国好企业的行为习惯　／　213
"和""变""用"管理思想与领先企业实践的探索性研究　／　237
水样组织：一个新的组织概念　／　252
"共同生长"战略逻辑下，如何成为领袖　／　268

不是增长型思维，你已经开始自我淘汰　　/ 277

导航中国企业转型，中国企业转型理念与实务　　/ 283

理解变化，以未来决定现在　　/ 297

第三部分　研究呼吁与引导

出路与展望：直面中国管理实践　　/ 308

中国本土管理研究的回顾与展望　　/ 320

和而不同：管理学者争鸣与反思的价值贡献　　/ 333

浅论管理研究与管理实务的结合　　/ 345

管理研究与管理实践之弥合　　/ 353

管理学研究与实践的脱节及其弥合：对陈春花的访谈　　/ 361

第一部分

中国管理实践研究方法论

论形成"中国式管理"的必要条件

关于寻求中国管理模式，创立中国现代管理学派，进而建立中国管理学科，是当今管理学研究领域学者们的追求目标和理想，我也把自己列入这个目标之下。在经历了中国，尤其是珠江三角洲地区的经济蓬勃发展后，我更清晰地理解到，拥有了一定发展基础的中国企业，需要解决自我发展的模式问题，依靠学习获得进步已经不足以支撑其自身的发展。接踵而来的就是企业实践者们开始寻找属于自己的管理模式，因为他们发现，他们所遭遇到的发展问题不同于西方管理理论所诠释的，完全依赖于对于西方企业的学习，依赖于对于西方管理理论的学习已经无法适应中国企业的变化，更深层次的需求被激发出来，摆在我国学者的面前。当意识和理解到这种需求的时候，我展开了长达15年的企业观察，这些观察让我终于理解了什么是管理，什么是管理的绩效，什么是管理者。在此基础上我开始思考获得"中国式管理"的必要条件到底是什么？下面从3个方面给出答案。

一、中国企业的实践成效

作为一种实践、一个思考和研究的领域，管理已经有了接近200年的历史，但是作为一门学科，却是1954年《管理的实践》的出版才标志着管理学的诞生，正是德鲁克创建了管理这门科学。美国《商业周刊》2005年11月28日的封面故事是："德鲁克：发明管理的人。为什么德鲁克的思想依然重要？"德鲁克精辟地阐述了管理的本质："管理是一种实践，其本质不在于知，而在于行；其验证不在于逻辑，而在于成果；其唯一的权威性就是成就。"

在我们了解管理理论发展历程的时候，一定是看到一个一个辉煌的企业或者企业家的名字。德鲁克在1943年秋末来到了当时全世界最大的制造公司——通用汽车公司，在他对通用汽车公司的高层主管、公司结构和基本政策进行深入研究之后，《公司的概念》这本书出版，正是通用汽车公司让德鲁克明白，"管理是涵盖了3个方面的整体。第一是成果和绩效，因为这是企业存在的目的；第二是必须考虑企业内部共同工作的人所形成的组织；最后则要考虑外在的社会——也就是社会影响和社会责任。"而德鲁克先生对于管理所涵盖的这3个方面的整体性的描述，正是对管理的最清晰的阐述，让人们第一次明确地知道管理的功能和责任是什么。当德鲁克先生告诉我们，他的《管理的实践》"是第一本真正的管理著作，是第一本视管理为整体，率先说明管理是企业的特殊功能、管理者肩负了明确的责任的管理书籍"的时候，我们可以在书中直接阅读到西尔斯公司的故事、福特的故事以及IBM的故事。

美国大量的企业实践所取得的成效形成了"美国式管理"。当美国通用电气公司成为全世界最大的公司的时候，它的"计划管理""战略业务单元"以及"事业部制"成为美国式管理的标杆；可口可乐100多年持续经营的奇迹，贡献了战略联盟、管理外包的商业模式；宝洁公司成为顶级品牌企业的时候，它的"品牌管理""多元产品"以及"创新模式"启发了人们无穷的想象；微软所带来的"速度革命"开启了人们对于电子商务和信息条件下商业模式的认识；而沃尔玛所缔造的商业神话，更把"高效消费者回应""供应链管理"以及"消费信息驱动生产"带到了日常管理当中；还有IBM、谷歌、肯德基和麦当劳等等，正是这些卓有成效的企业，让全世界理解和学习到了"美国式管理"。

再看日本，我们可以确信是有"日本式管理"的，因为他们有丰田汽车公司、本田汽车公司、索尼以及松下电器。日本的"品质圈"或者说"品质管理"成为世人公认的概念，也成为日本企业强大竞争力的来源，特别是丰田汽车公司创造的"精益制造""JIT（即时生产系统）""看板生产"以及"零库存"等等，成为全球制造企业的管理机理，不仅使得在20世纪80年代之后丰田汽车成为全球第一的汽车制造企业，而且使得"日本式管理"成为现实。

管理一定是来源于实践的，没有企业实践的成效，我们无法真正获得管理经验的总结和理论。从这个意义上讲，目前我们还无法真正提出"中国式的管理"，因为中国的企业实践还没有贡献真正的竞争力，还没有获得行业或者世界市场的确认。也正是从这个意义上讲，我更愿意中国管理学领域的学者们从事更多的启蒙和引导学习的工作，把西方的管理理论传送到中国企业的管理实践中，先从学习入手，在推动中国企业取得成效的过程中做出努力，真正地深入到中国企业的一线中，不是单纯地讲授课程，而是和企业的管理者们一起发现问题、寻找解答、获得成效，当我们和中国的企业一起获得成效的时候，也一定会归纳和提炼出"中国式管理"。

二、对实践中重大问题的认识

研究管理学领域的问题，我们需要了解管理演变的历程。最近几年来我一直希望可以不断地回归到管理的基本问题上，回归到经典管理著作的学习与研讨中，因为这些经典的著作有助于我们理解管理的基本问题，理解管理本身的作用和价值。

（一）生产效率最大化

学习管理的人一定知道泰勒与《科学管理原理》，在这本书中，泰勒（2009）开宗明义，提出了科学管理原理解决的中心问题，他明确地说："没人会否认，在单个人工作的情况下，只有其劳动生产率达到最高，也即只有在其实现了日产出最大时，才可实现其财富最大化。更复杂的制造企业中，事实也非常清楚，只有以最低的全部支出（包括人力、自然资源和以机器、建筑物形式存在的资本费用）完成企业的工作，才能为工人和雇主带来永久的最大化财富。或者，用另一种方式来说明这个道理：只有在企业的工人和机器的生产率达到了最大，也即只有当工人和机器的产出达到了最大化，才可实现财富的最大化。道理很简单，除非你的工人和机器比其他企业、比你的竞争对手的工人和机器制造出更多的产品，否则，你便不能向你的工人支付更多的工资。道理是，你可以比较两家彼此直接竞争的公司哪家公司可以支付更多的工资，用同样的方法，你可以比较同一个国家的不同地区，甚至相互竞争的两个国家哪个可支付更多的薪酬。总之，财富最大化只能是生产率最大化的结果。"

如果将这一问题细化，我们可以看出，泰勒更加关心的是，因工人所付出的劳动不能带来理想的产出而带来的资源浪费问题，泰勒在《序言》中写道，"我们能够看到或者感觉到物质资源的浪费。可是，人们对业务不熟、工作效率低下或指挥不当却视而不见或看不真切。要认识到这些，就要肯动脑筋并发挥想象力。每天，来自人力资源上的损失要比来自物质资源上的浪费大得多。也正是认识上的问题，导致人们对前者感慨万千，对后者却无动于衷"。在正文的第二章中，泰勒更加清晰地表达了其对这种"无用功"或者"看不见的浪费"的洞察，可以看出，这一问题正是泰勒写作《科学管理原理》并且倾其毕生精力实践该原理的初衷所在，同时也是管理的本质问题所在：管理要解决的就是如何在有限的时间里获取最大程度的产出，也就是如何使生产效率最大化。

（二）管理要素（职能）、原则与尺度

法约尔（2007）的管理理论有着强大的生命力，正是因其对于管理基本要素的关注。这也使得法约尔被尊称为"一般管理理论之父"。在《工业管理与一般管理》一书中，他提出了管理的14条一般原则，以及一般管理的5个基本要素——计划、组织、指挥、协调、控制，这些原则和要素构成了法约尔的一般管理理论。法约尔从管理职能讲起，认为其也是企业组织的基本职能之一，连同技术职能、商业职能、金融职能、安全职能、财务职能一起构成了企业组织的六大职能，然后指出，"每项组织职能，或叫做基本功能，都有其相对应的专门能力。"法约尔提出了管理的一般原则，然而要真正保证组织效率的提升，还要对原则本身有所理解，这也正是法约尔（2007）提醒我们的："没有原则，我们就要陷入黑暗和混沌；没有经验和尺度，即便是最好的原则，我们也会举步维艰"。在"管理的一般原则"一章的开篇和结尾，法约尔（2007）都表达了其对于原则本身的理解：尺度和灵活——"管理方式绝不是死板和绝对的东西，它完全取决于一个'度'。同样的情况下，我们几乎从不重复使用同一原则，这是因为应该考虑纷繁变化的情况、不同的人和其他一些易变因素。原则是灵活的，适用于任何事情，重要的是应知道如何运用它。"事实上，在原则之上，"度"是原则本身有效性的前提，这也充分体现在法约尔的一般管理原则之中，在劳动分工中法约尔谈到"尺度感"，在集中原则里，"领导者和下属的绝对和相对重要性不是一成不变的，因此我们知道，权力集中和分散的尺度自身也就会经常变化。选择集权还是分权，其尺度就是能否使总收益最大化。所有能提升下属重要性的做法就是分权，所有能降低下属重要性的做法就是集权。"在人员的稳定中，法约尔也指出"像其他所有原则一样，稳定原则也有个尺度问题"，因此，懂得了原则的内涵和逻辑，还要理解原则本身的意义，才能使原则生效。该书的最后一部分，也是法约尔对于管理理论最为重要的贡献：一般管理要素的提出。从1955年问世的世界级经典教材哈罗得·孔茨的《管理学》到如今的诸多管理学

教材的理论框架都可以从这里找到根源，所以，孔茨称法约尔为"现代管理理论"的真正创始人，而这也正是法约尔写这本书的目的——建立一套管理理论并让其广为传播。

（三）组织与个人的融合

巴纳德是首先提出一套有关在正式组织中合作行为的综合理论的人，为此他的《经理人员的职能》成为经典著作。通过对合作系统的基本思考，巴纳德将合作系统定义为"由2个或2个以上的人，为了合作实现至少一个目的，以具体的系统关系所组成的，包括物质因素、生物因素、人的因素和社会因素的复合体"。"在构成一个合作系统的子系统之中，有一种叫做'组织'的系统，即以'2个或更多的人合作'这个词所暗指的"，最后巴纳德将正式组织定义为"经过自觉协调的，2个或2个以上的人的活动和力量所构成的系统"。

组织能否发挥效用，取决于组织本身能否带动组织成员一致性的行为。在大多数情况下，组织成员有着不同的目的和行为选择，如何让这些不同目的和行为的人集合在一起？其关键要素是什么？巴纳德（2007）告诉我们这个关键就是合作。"经理人员的职能同组织的活力和持续所必需的所有工作都有关，至少在组织必须通过正式的协调运营时是这样。经理人员的职能是维持一个协作努力的体系。经理人员的职能是非个人的。我们所讲的经理人员的职能，就好像相对于身体其余部分的、包括大脑在内的神经系统一样。神经系统指挥着身体的各种活动，以便使身体更有效地适应于环境，维持生存。"这就明确地告诉我们，组织基于合作，而合作基于个体生存的需要，组织是由于个人需要实现他自己在生理上无法单独达成的目标而存在的。为了生存下去，这种合作系统就必须在实现组织目标方面是有效的，而在满足个人动机方面是有效率的。巴纳德有关合作系统的概念之优点就在于"组织目标处于核心地位"的思想。他深信，组织目标的制定，是经理人员特有的职能。只有组织目标的制定，才能使环境中的其他事物具有意义，组织目标是使所有事物统一起来的原则。巴纳德在书的最后几章里明确地表明了他的个人信念——他把组织目标与责任联系起来。其中，责任就是组织目标制定的质量，是这种质量赋予人的行动具有可信性和决断力，并使组织目标具有先见性和理想性。

选择这3本经典著作，是想表达自己对于管理理论研究的一个认识：管理理论研究的命题来源于对于重大实践问题的认识。泰勒正是认识到提高工人劳动生产率是极其重大的问题,才有了以分工理论为核心的科学管理理论。法约尔正是关注到组织效率的问题,才有了一般管理的5个要素。而巴纳德所关注的是组织与人,所以巴纳德的意义在于传递给我们的6个方面的管理思想:组织是为实现组织目标和个人目标而存在的;经理人员的3项基本职能;正式组织与非正式组织的区别;提供恰当的诱因是经理人员组织工作的重要任务;效果和效率的区别;组织管理中存在着自己独特的规律。

因此对于寻求中国管理模式的研究者来说,深植于中国管理现实,观察和理解管理实践是一个必要和必需的训练,如果我们不了解今天的中国企业所面临的问题和挑战是什么,不了解中国管理者们所困扰和遭遇的问题是什么,如果我们不能够找寻到影响管理绩效和企业绩效的因素是什么,如果我们不能够理解中国企业管理本身,那么我们也无法完成对于"管理学在中国"的研究。

三、对于中国理念和人文精神的体认

德鲁克告诫我们"在每个企业中,管理者都是赋予企业生命,注入活力的要素。如果没有管理者的领导,'生产要素'始终是资源,永远不可能转化为产品。在竞争激烈的经济体系中,企业能否成功、是否长存,完全要视管理者的素质与绩效而定,因为管理者的素质与绩效是企业唯一拥有的有效优势。"也就是说,对于管理者的认识或者简单地说对于人的认识,是管理所面对的首要话题。

中国管理无法完全照搬西方管理理论的根本原因也正在于此,我们拥有不同的文化底蕴和精神理念,我们拥有完全不同的价值判断和行为准则。人的理想性、价值观和判断力形成了组织绩效表现的关键资源,只有深刻理解和体验中国理念和人文精神,才有可能了解管理绩效的来源,才能理解中国管理者的特质以及实践的精髓。

在1994—2004年的11年间,我跟踪了中国居于行业领先位置的5家成功企业,它们分别是海尔、联想、华为、TCL和宝钢,在我深入了解它们成功的历程之后,总结出中国本土企业领先的模型,有4个导入因素,其中之一就是它们共同的管理方式"中国理念,西方标准"。西方先进的管理理论、管理方法、管理工具到了中国企业中就显得非常尴尬,同时很多中国企业的管理者也为不知道这些理论和工具的运用是否有效感到困惑,一个企业究竟要怎样管理呢?每天我们都会接受很多新的管理词汇和概念,这么多都是武器吗?都适合吗?无论是营销、市场还是生产、采购好像都是永无休止的循环；在初创阶段和发展阶段，先锋企业是怎样迅速组织和发展其管理团队与员工的呢？又是怎样与员工一起控制和实施各种绩效和目标的呢？

我们可以先看远一点，日本所实践的成功管理模式是戴明的质量管理思想，戴明的管理思想是典型的西方理论，但是到了日本，质量管理变成日本的管理精髓，成为日本企业在国际市场角逐的竞争优势，问题的关键是为什么戴明的质量思想到了日本被发挥得淋漓尽致，这是我们需要思考的。日本的成功恰恰是能够把西方的管理理论与日本的本土文化相结合，质量管理需要的是服从的文化，需要精益求精，需要对于工作的高度负责，需要一种荣誉感，这些恰好是日本文化所包含的内容，两者的结合造就了日本管理的竞争力。回到中国，海尔、TCL、华为、宝钢、联想这些我们称之为先锋企业的中国本土企业给了我们非常充足的管理方式资源，那些深入人心的管理标语以及自成体系的管理制度都深深令我们尊敬和有所感悟。我们得到一个明确的结论：中国理念，西方标准。

"中国理念，西方标准"的关键在于阴阳结合，运转于无穷。事实上，这两种管理方式结合的益处及原因并不是我们研究中得出的创新成果；很多企业（包括西方百年企业）都已先后实施并倡导这样的管理方式。我们所注重的是中国的先锋企业如何结合这两种管理方式，站在中国的文化和管理历史的角度，以中国的管理哲学来运用西方的管理科学。

西方标准是指做事的习惯，一丝不苟，遵照流程，不讲人情，完全符合标准。但是我们不能用西方的理念，西方理念是基于它的文化背景，譬如西方人比较强调自己能力的发挥，他们认为这是常识，但是我们更强调的是，你要给我平台，西方的文化是自己创造平台，两者相差很远。所谓中国理念就是你的文化背景，你必须在这个背景下来考虑你的管理模式。不能超越这个背景来谈管理。譬如，西方人都认为自己可以照顾自己，中国人则认为必须我们照顾大家。海尔说公司是"海的文化"，这是中国理念；但它做事要"日清日毕"，用的是西方的标准。中国理念西方标准，最重要的是，整个企业的管理要有效。如果无效，管理就没有用了。

这些先锋企业的实践让我们更明确地理解，管理需要根植于文化和环境中，如果作为管理研究的我们没有对于中国理念和人文精神的深刻理解，我认为我们无法获得管理理论的成果，也许应该回到德鲁克对于中国管理者的忠告上去，德鲁克说："管理者不同于技术和资本，不可能依赖进口。中国发展的核心问题，是要培养一批卓有成效的管理者。他们应该是中国自己培养的管理者,他们熟悉并了解自己的国家和人民,并深深根植于中国的文化、社会和环境中。只有中国人才能管理中国。"

四、结语

对于中国管理理论的研究,我更认为是一种责任,就如我在纪念德鲁克先生去世的文中写的:了解了德鲁克先生,你就会了解这种内心的冲动缘何而起。这是来自于一种鸿蒙的责任和道义,对土地、对人类、对国家、对文化、对历史、对人生都是那么的热切关注,都是那样的感同身受;了解了德鲁克先生,你就会了解管理者的责任,我们可以借助德鲁克先生清晰而明确的阐述,了解管理者真正的价值和贡献,也只有对于管理者价值的热切关注,我们才会释放管理应有的效能。对于德鲁克先生来说,企业和管理远不仅仅是现实意义上的那一种,他知道有一个巨大的空间存在,他更清晰地知道这个巨大空间所蕴含的深厚时间,他因此领悟了自己的宿命,如果没有对于这一切命题的真切的感受,如果不是对于世事和管理的痴迷,可能就不会有德鲁克先生这些透彻的思考和精确的阐述。我们欠缺的是否正是这种内心的冲动呢?

(原载:《管理学报》,2010年第1期)

当前中国需要什么样的管理研究

中国需要自己的管理研究来解决中国管理问题,并提供实践发展的指导和前瞻性的引领,如果没有这样的理论基础,中国企业发展乃至中国经济发展都无法真正腾飞起来。英国《金融时报》2010年5月30日发布全球500强企业排名,中国石油天然气集团公司("中石油")成为全球市值最大的企业,然而中国民众并没有因此而欢呼,因为"中石油"是由国家给予独特的资源才获取竞争优势地位的。中国企业的发展是有自己的局限性,但是如果对于这个现象仅仅从直觉的判断出发,认为垄断所带来的优势不能够称之为优势,而不究其成功的真正原因,也许连这样的优势也将不复存在。形成绝对的竞争优势并占有独特的资源,也许是中国企业可以快速进入全球市场的一条可行之路,问题的关键是如何找到规律,并让企业可以结合政府的资源以获得发展。值得关注的是,不能简单地用美国的价值判断来看中国的经济以及企业的发展,而应该找到最适合中国企业发展的道路。

类似的情况经常发生,我们一方面认为中国的管理问题应该有中国的解决之道,但是另一方面又以美国的价值标准来分析和评价中国的管理问题,一个典型的现象是中国管理学界的所有研究都以是否在国际一流的期刊发表为评价标志,鲜有用中国管理实践来评价的标准,管理学者都以用英文在国际一流管理期刊发表过论文而骄傲,但少有以解决了中国企业的管理问题为荣的,更有甚者,几乎所有被称之为重要的管理期刊没有企业家或者经理人去看,因为他们觉得无法看懂,而几乎所有被经理人和企业家反复阅读的期刊,在管理研究者看来是根本不上档次的。

鉴于此,最需要我们反思的是:管理研究到底以什么作为评价标准?中国的企业发展需要什么样的管理研究?如果不能很好地解决这个问题,也就无法承担起作为一个管理研究者应该承担的责任。现实需要我们回答:我国当前需要什么样的管理研究?在我看来需要达成以下4个方面的共识,才能取得中国管理实践需要的研究成果。

一、直面中国管理实践而非国际一流学术期刊

30年的中国管理实践处在一个特殊的发展时期，可以从中国经济发展的轨迹上看到其特别之处。中国30年来经济发生变化的原因和驱动力在于以下5点：①固定资产投资规模的扩大；②第二、第三产业对GDP增长贡献的绝对数和相对数都高于第一产业；③市场经济制度和该制度下的企业正在逐步发育和成型中；④政策因素对经济增长发挥了重要的推动作用；⑤市场力量在推动经济增长中占据重要地位。由此可见，在中国30年经济增长的推动力量中，政策和资源占据了根本性的地位。再看看美国依靠什么获得持续增长？在分析美国为什么持续增长的原因时，德鲁克写了这样一段话："20世纪70年代中期以来，'经济零增长''美国限制工业化'及长期的'康德拉杰夫经济停滞'之类的说法被人奉为金科玉律，在美国十分盛行，然而事实和数据却证明这些观点完全是无稽之谈，真正发生在美国的是完全不同的情况。在这一时期，美国经济体系发生了深刻的变化，从'管理型'经济彻底转向了'企业家'经济。"德鲁克更明确地认为，在美国出现的真正的企业家经济是现代经济和社会史上最具深远意义和最鼓舞人心的事件。

"企业家"一词源于法文，意思是"敢于承担一切奉献和责任而开创并领导一项事业的人。"在1800年前后，法国经济学家萨伊（J. B. Say）将"企业家"一词广泛推广，他曾经这样说过：企业家"将资源从生产力和产出较低的领域转移到生产力和产出较高的领域"。当我们明白什么是企业家的时候，也就了解到德鲁克所认为的美国持续增长的缘由是"创新"与"效率"，这和我们驱动增长的动因完全不同，虽然今天的美国因为金融危机陷入困境，但是对于创新和效率的追求会让美国摆脱危机的效果也许完全不同于我们，而这正是我们需要面对的中国管理现实。换言之，中国管理在30年中并没有像中国经济那样具有高速的发展，并没有如我们想象的那样做出相应的贡献，作为一个管理研究者如果不能够清醒地认识到这一点，就无法真正做出努力，也正是因为站在这样的角度，可以很清晰地知道：中国企业管理中的生产效率、生产运作管理、组织管理与组织效率、成本管理与财务贡献、个人与组织等这些在西方20世纪60—70年代，甚至20—30年代的实践问题，恰恰是今天中国管理实践的问题，然而我们却很少去研究这些话题，反而跟随国际管理研究的前沿问题展开研究，深入到极其细分的领域。我很同意中山大学吴能全教授的观点：西方早已完成了那些类似于管理大树树干的研究，现在开始研究树枝和树叶，而中国的管理还没有把树干研究透，不应该去学人家研究树叶和树枝，而

忽略了树干。

徐淑英教授在一次采访中说:"因缺乏在高度变动的环境中如何管理的系统性知识,中国的高速发展正遭受阻碍。"中国的发展迫切需要积累管理知识,以帮助各类公司在这个动态多变的环境中运营,我们需要根植于中国企业管理实践的过程中,与企业所关注的重大问题互动并贡献研究的价值,这才是我们首要的责任,而不是在国际一流管理期刊上发表论文。

二、框定问题优先于界定方法

受制于大学的评价标准和晋升要求,绝大部分中国管理研究者都以西方的研究方法作为标志性的学术标准。我从未对此产生过疑问,同样认同西方所形成的一套系统、规范的研究更有助于寻找现象背后的机理,但是在这20多年的研究发展过程中,我们走到了一个极端的地步,极端到了只有方法而没有价值,即便是在今天被学术界公认的能够在世界一流管理期刊发表的论文,对于中国管理的实践有多少价值,没有人可以很明确地回答,甚至很多博士、硕士的研究论文是不需要证明的结论,这样的现象所带来的令人可怕的结果是:专业学生所受到的训练是做不证自明的研究,方法规范、正确,但是问题空虚;学术界满足于在规范性上做出极大的努力,获得国际认可,而并不关心中国企业的实践所面对的挑战。

研究方法的界定的确非常重要,但是如果不框定问题,这些方法就不能发挥真正的意义。我们可以借鉴美国的管理方法和工具,但是一定要非常清醒地认识到中国的管理问题和美国的管理问题一定是不一样的,那些对美国市场适用的理论常常和中国的情形并不一致。譬如,管理研究者发现,中国企业在面临动态复杂的不利环境时,倾向于采取防御性的战略,"以不变应万变",而不是前瞻的、着眼未来而比较冒险的战略,而在美国,环境的不确定性会导致企业采取前瞻的而非防守的战略;在中国企业中,企业家的作用可以用"英雄"来形容,一个企业的成败更重要的是取决于企业家个人的不断超越,而在美国的管理理论中,更强调组织能力而非管理者个人,一个企业的成败取决于组织与环境的互动;中国企业所面临的一个重要的挑战是其成员具有社会人的特征(而非职业人的特征),美国企业成员更具有职业素养。由此可知,可以采用相同的研究方法,而面对的问题却截然不同——如果不能先框定问题,而一味地在界定方法上下功夫,所获得的研究成果能够具有的指导意义是很值得怀疑的。

需要正视这样一个问题：作为管理研究者，大多数人是通过管理教育来学习管理的，但是管理首先是实践，所有的管理理论一定是基于实践而得出的规律性的认识，在这一点上大部分研究者是有很大的局限性的。德鲁克先生曾经对赵曙明教授说："中国经济改革和企业管理取得了巨大成功，一定有很多值得总结的东西。管理实践总是领先于理论。要总结中国企业管理的特征一定要从实践入手。我当年为了学习日本管理经验，也曾多次到日本考察。"这段话无疑是对中国管理研究者的一个忠告和指引：唯有深入中国的企业，了解并寻找其管理实践中的问题，才能做出有价值的贡献。

舒尔茨认为："教育过程把大部分的重点放在了解决现有问题上，对于如何运用工具确定重要问题，重视不足。"这也正是需要我们特别警醒的问题，在被学术界公认的研究论文中，真正引起企业界共鸣的到底有多少？多年来我一直沉浸在那些引领管理实践变化并创出无数价值的经典著作中：泰勒的科学管理原理解决了劳动效率最大化的问题；韦伯的行政组织解决了组织效率最大化的问题；赫茨伯格的双因素理论解决了激励与满足感之间的关系问题；波特的竞争战略解决了如何获得企业竞争优势的问题；德鲁克让我们了解到知识员工的问题。这些经久的研究，正是基于对管理实践中重大问题的提炼，与美国企业有效的互动，带动了美国管理实践的高速发展，并引领了世界管理的方向。我们首先需要学习的正是西方管理大师们框定问题的能力，学习他们观察实践与深入实践的能力，学习他们了解实践并与实践互动的能力，正如德鲁克先生对自己身份的界定那样：一个旁观者。

中国企业环境和西方理论产生的环境有很大差别，历史和制度使得中国的公司概念和西方概念差别很大，就连公司拥有确定的所有权和边界这样的公认假设也不一定成立，甚至很难详细说明公司的情况和确定它们的边界。中国30年的经济发展过程中，那些失败的企业有着西方从未有过的原因，而所有成功的企业都根源于对于中国经济环境的深刻理解，不同的城市政府对企业的影响也截然不同，即使在同一个地区，政府更换领导人，对于企业的影响也会产生巨大的变化。这些与西方管理理论产生的完全不同的环境，非常需要给予理论上的解释，而对于问题的界定则成为关键。

尽管今天的中国在世界经济舞台上地位不断上升，管理教育也高速发展，中国却是世界上被管理学者最少研究的地区之一。一方面源于我们开放的时间不够，另一方面源于中国特殊的文化与国情，而最重要的原因是西方学者习惯于用西方的标准来框定问题,并没有真正地理解中国的问题。反观日本管理实践和研究的发展,可以给我们很好的启示:日本企业很好地融合了西方理论和日本文化与国情,戴明的质量管理在日本得以发展并成为管理经典,从日本忠诚与服从文化延展开来,结合明确的质量标准与一线工人严格遵守的习惯,让日本以"物美价廉"的方式成为世界公认的管理标杆,"精益制造"成为制造企业的最重要的管理模式,进而使得日本成为全球经济中仅次于美国的最强大经济体。

我们所欠缺的正是这样的研究和贡献,直至今天,我们还无法厘清中国企业管理不同于西方管理理论的地方在哪里,无法让中国企业在实践中明确自己的发展路径。这些问题的研究需要规范的研究方法、系统的理论体系、坚实的研究基础,而这一切研究上的准备必须服从于一个目的:框定中国管理的问题,而不是把方法作为目的。真正的管理知识一定会源于实践中关键问题的把握和系统的实证数据的研究。

三、复杂问题简单化而非简单问题复杂化

2005年,当我卸任公司总裁回归到研究与教学岗位的时候,记者在采访中问了一个这样的问题:教授与总裁这两个身份有什么区别?我的回答是这样的:做教授的时候,一句话变八句话说,而做总裁的时候,八句话变一句话说。事实上,管理实践与研究之间的确存在着一个巨大的差异:管理实践强调复杂问题简单化,需要概念能力,需要在纷繁的影响因素中寻找到关键因素,通过关键因素的把握和解决来提升整体的竞争力,因此在实践中会看到具有创意并鲜活的案例,让实践具有丰富的生命力;而研究者的思维方式是习惯于穷尽所有要素,寻找到因素之间的关联,并力图把这些关联整理清楚,从而获得完整的、体系性的认识和结论。从研究的角度来看,这样的习惯并没有什么错误,并且这样的研究训练是必要的和必须的,但是如果停留在这种思维习惯和研究训练中,则容易与实践相悖,研究还需要在此习惯和训练的基础上再进一步:简单问题复杂化之后,再把复杂问题简单化。做不到这一点,管理研究并没有完成。

近些年中国一直谋求在世界体系中的话语权,很多人认为只要中国的经济实力强大就应该具有世界话语权,这样的想法有一定的道理,但是大家还需要理解另外一个关键:是否具备解决复杂问题的能力,如果没有这种能力,谋求在世界体系中的话语权只能是一个愿望或空想。对于世界格局来说,其变化程

度和复杂性更加剧烈，并不是单纯的经济实力可以解决的，其中最关键的是如何达成共识，共识的基础就是明确的概念的理解，这就是复杂问题简单化的能力。换言之，在具有坚实的理论基础和扎实的系统研究训练的基础上，还需要训练自己的概念力，具有管理实践一样的思维习惯，而不是研究的思维习惯，那些贡献了重大管理理论价值的研究者都具有这样的能力：分工理论、计划管理、竞争战略、人力资源与人力资本、知识员工、企业文化，等等，当我们学习并理解这些概念时，可以清晰地知道企业运行背后的复杂性以及解决之道，这也是被称之为"管理大师"的人成为大师的根本之处。每当我阅读到巴纳德所言："当两个或两个以上的个人进行合作，即系统地协调彼此间的行为时，在我看来就形成了组织"，总是可以很清晰地了解到组织的关键是协调个体之间的行动。我们之所以觉得组织复杂而难以发挥组织的效率，关键是并没有去协调个体之间的行动，相反却做了很多与协调行动无关的努力。

一直以来很多管理者希望借鉴先进的企业经验，把他们的管理体系复制过来，但是这样的努力并没有带来实质上的效果，其原因是只了解这些优秀企业的体系，并没有了解这些企业管理中的关键要素，也就是核心概念。当我们不断地学习和分析美国西南航空公司（"西南航空"）的案例时，并没有了解到西南航空之所以可以用总成本领先的战略持续成功，其关键概念是"尽可能少地占用顾客的时间"。中国大部分企业都是以成本战略为选择，但是并没有诞生出像西南航空这样优秀的公司，其背后的原因就是关键概念不同。中国企业的成本优势来源于劳动力、土地资源、政策以及原材料，而西南航空的成本优势来源于时间效率。丰田的精益制造是中国制造企业学习的标杆，很多中国制造企业都引入了精益制造体系，同样也没有诞生出像丰田一样的全球公司，因为丰田精益的关键是"一线员工发挥智慧"。丰田在运行精益体系的时候，对于一线员工的培训、专业化提升以及激励做了大量的投入，在让"一线员工发挥智慧"这一概念的统领下，丰田派生出一整套的管理模式，管理者首先是培训师，公司最高的职位不是总裁而是总培训师。在中国企业中，管理者并没有认为一线员工具有智慧，更多地把一线员工看成成本。令人可惜的是，在今天依然有很多人认为如果富士康提升一线工人的工资，一定会失去成本的竞争优势。这里所蕴含的正是对于关键问题认识的能力偏差，如果认为制造企业的成本优势是来源于一线工人的低工资，那就大错特错了——一线工人最重要的价值正是贡献产品成本与品质的竞争力。没有这样的认识，一个以制造取胜的国家就会丧失其竞争优势——不是简单地建立精益制造体系,而是基于发挥"一线员工智慧",才能形成制造企业的成本竞争优势。

四、全球化思考本地化行动

中国经济的高速增长引起世界对中国企业管理的兴趣,这不禁让人想起1970—1980年日本管理兴起的时代:当时美国大量的研究者涌入日本试图发现新的理论来解释日本管理方法,除了"精益制造"之外,大多数没能经受时间的考验。为什么会这样?最根本的原因是美国学者带着西方的管理理论来到日本的企业,但是他们并没有真正深入到日本企业中,并不了解在日本文化和日本经济环境中企业行为和选择背后的机理,只是把西方的理论和研究方法与日本企业实践结合起来,这样得出的研究除了验证西方的理论之外,不太可能形成真正的总结日本企业实践经验的东西,自然无法经得起时间的考验。这个结果提醒我们,对中国管理的研究如果是同样的路走下去,可能落入同样的困境:唯一不同的是,这一次是我们自己带着西方管理理论来到中国的企业中,把它们强加给中国企业,这样的做法甚至连类似日本的"精益制造"的理论都无法得出。

我们真的了解全球化吗?到今天为止,联想对于IBM全球PC事业部的并购也无法称之为真正的成功;我们对于全球化的认识还有很多困惑,甚至不能够明确地给出一个简洁、清晰的解释。弗里德曼用"六维"眼光来看"全球化",这"六维"是金融领域、政治、文化、国家安全、技术和环境保护——即便是弗里德曼本人,也承认这也不是全球化的最后内涵,因此,全球化是更宽广的视野,更变化的视角,更广阔的未来,不能够理解全球化,也就无法理解我们生存的空间。

这是今天比以往更困难的地方:一方面我们需要在中国的管理实践中理解中国企业,因为各国的环境和情景会不一样,使得许多过去在西方土壤上"培养"出的理论在解释中国的现象时显得无法适应;另一方面也需要在全球化的环境中,理解西方的管理理论与中国实践的关系,哪些需要借鉴,哪些需要调整,哪些甚至需要抛弃。管理研究需要承担这样的责任:证明西方管理理论什么时候是有效的,什么时候需要修正,又该如何修正;然后逐渐发展出我们自己的管理知识。

徐淑英指出,中国的管理研究处于一个关键时刻:所面对的选择是,走康庄大道(中国管理理论),还是羊肠小道(管理的中国理论)。在认同这样的比喻的同时,也认同她所做出的努力,就是一定要做出中国的管理研究。问题的关键是如何做出中国管理研究来？由于管理学学科属性的限制和管理学研究对象的特殊性，使得管理学者越来越意识到：管理领域中的研究并不具有普遍的适用性，这种普遍性不足或者缺失的原因则在于管理研究的对象更多的是依赖于管理问题或管理现象发生的情境因素，因此，在进行管理研究时应该对情境因素加以考虑。所谓情境因素的研究就是把组织所在国家的社会、文化、法律和经济因素作为情境变量，探讨这些因素对于组织特征相关因变量的影响。我们深知中国的国情极其复杂，中国的历史和文化源远流长，也正因如此，我们无法简单地套用西方的理论，也无法简单地认为可以轻易得出自己的结论。中国的经济发展方式完全不同于西方，雅克认为："中国现代性的动力来自历史而非向西方学习的结果……中国的现代之路与西方所走的道路存在着非常大的差别"，对于中国管理问题的研究更需要关注中国历史与文化的力量，这也是管理研究者必须面对的挑战。

五、结语

中国管理研究者所承担的最重要的使命就是，为中国的管理实践提供坚实的理论基础：一方面回答中国管理实践中的问题；另一方面给予中国管理实践前瞻性的指导。我并不反对今天很多学者所做的努力：中国管理研究修正了西方的管理理论，并获得了西方管理学者的认同，但是如果这是研究者的目的，我却持反对意见。在我看来获得西方管理学界的认同，这只是一个初步的训练，真正需要做的是获得管理实践的认同，并且是获得中国管理实践的认同。我更相信，如果我们的研究获得了中国管理实践的认同，也就意味着最终会获得西方管理学者的认同，正如日本的"精益制造"理论一样。

完成中国管理研究的使命需要我们具有更为开放的心态，更为宽广的胸怀，更加全球化的视野；坚强的决心和持久的意志力，深入实践的勇气和敢于创新的精神；关注中国的特点，深入中国企业实践，实事求是地直面中国的管理现实；不要紧抱着西方的理论不放，也不要把西方的标准作为唯一的评价标准——这一切都需要信仰的坚守，耐得住寂寞的韧性，以及个人承担的意愿与付出的勇气。

（原载：《管理学报》，2010年第9期）

中国企业管理实践研究的内涵认知

随着中国管理实践的推进以及中国竞争能力的提升,需要对中国管理实践做出相应的理论探索和总结,已经成为我国学术界与实业界的共识。在这一前提下,人们开始把焦点聚集在中国管理实践研究的内涵上来,什么是"中国管理实践研究?"什么不是"中国管理实践研究?""中国管理实践研究的特征是什么?"等等,这一系列的问题都需要学者给予回答。要做到这一点,需要从3个方面做出努力:第一,了解管理内涵的本质属性;第二,了解管理的基本假设;第三,界定中国管理实践研究的内涵。

一、管理内涵的认知

对于任何一个事物的认识,可以从很多视角来判断,而为了更好地阐述概念,让人们更容易理解并具有共同的语境,就需要不断地界定其内涵,并明确事物背后的逻辑关系,也就是假设。只有界定清楚一个事物的内涵和假设,才可以展开交流和探索,这也是内涵的关键价值所在。

(一)内涵的认知

对于读者而言,对内涵的定义并不陌生,只是为了更好地展开对管理内涵的理解,才从内涵的定义起笔的。"内涵是对事物本质属性的反映,是对事物'质'的规定性的反映,说明概念所反映的那种事物究竟'是什么'。精确而全面的定义能够保证概念准确地表达所要描述的事物或者现象。例如'组织'是一个概念,它表示一群人为了达到某个共同的目标而组成的具有特定结构的实体。揭示概念内涵的逻辑方法是定义。概念的外延是指反映在概念中的具有某种本质属性的对象范围,是指包括在概念中的所有事物。它说明概念所反映的事物'有哪些'。'组织'这个概念描述的是任何形式的组织，例如营利性组织或者非营利性的组织。"（陈昭全、张志学，2008）沿着这样的思路展开，关于内涵的认知需要界定概念本身，需要用概念来表达内涵的本质属性，"这里所说的概念的意思是什么，在逻辑上就叫概念的内涵，它指出概念反映了事物的哪些本质属性；这里所说的概念的使用范围，在逻辑上就叫做概念的外延，它指出概念反映哪些对象。"（吴家国，1962）用许占君的说法就是"概念的内涵是反映在概念中的事物的一组本质属性。"所以理解内涵，就需要理解某一逻辑术语所包含的性质或一组性质，这种性质是用概念表达的，或包含在概念中。概念的内涵是指该概念所反映的对象的本质属性的总和；概念的外延是指具有该概念所反映的本质属性的一切对象。

那么了解内涵的方式又有哪些呢？人们知道概念是反映事物本质属性的思维形式。我曾经看到一个这样的例子来说明如何认识概念的内涵，举例说：圆是一类事物，它是平面内到定点的距离等于定长的点的集合，这是圆的本质属性，圆的概念就是这一本质属性的反映。至于圆的半径的长短就不是圆的本质属性，而是非本质属性，圆的概念已经舍掉了它们。概念要明确就是要明确概念的内涵和外延，那么怎样才能使概念的内涵和外延明确呢？在逻辑学里，定义就是明确概念内涵的逻辑方法，而划分是明确概念外延的逻辑方法。借助于思维方式的认知，我们可以了解到某一种概念的内涵，就如对于哲学的内涵的认识，哲学的基本问题是由恩格斯最先明确提出的，在《路德维希·费尔巴哈和德国古典哲学的终结》这一著作中，他提出了如下著名论断："全部哲学，特别是近代哲学的重大的基本问题，是思维和存在的关系问题。"当恩格斯明确给出哲学定义的时候，我们也明确地了解到有关哲学的问题，就是思维与存在的关系问题，这样就足以帮助人们展开对于哲学的认识和判断。再如对"人文"概念的认知，狭义的"人文"是指文艺复兴时期的一种思潮，其核心思想为：①关心人，以人为本，重视人的价值，反对神学对人性的压抑；②张扬人的理性，反对神学对理性的贬低；③主张灵肉和谐、立足于尘世生活的超越性精神追求，反对神学的灵肉对立、用天国生活否定尘世生活。广义的"人文"则指欧洲始于古希腊的一种文化传统。把"人文"的内涵基本确定为3个层次：①人性，对幸福和尊严的追求，是广义的人道主义精神；②理性，对真理的追求，是广义的科学精神；③超越性，对生活意义的追求。简单地说，就是关心人，尤其是关心人的精神生活；尊重人的价值，尤其是尊重人作为精神存在的价值。人文内涵的基本含义就是：尊重人的价值，尊重精神的价值。有了人文内涵的界定，我们会了解到人文是一种普遍的人类自我关怀，表现为对人的尊严、价值、命运的维护、追求和关切，从某种意义上说，人之所以是万物之灵，就在于其有人文内涵，有自己独特的精神文化。

（二）回顾管理的内涵

理解管理的内涵也采用同样的思考方式，以下先对管理活动的一般情况进行剖析。管理作为一种行为，首先应当有行为的发出者和承受者，即谁对谁做；其次，还应有行为的目的，为什么做。所以管理本身需要3个要素：管理者、管理的对象以及目标，具备了这3个要素就具备了形成管理活动的基本条件，同时，任何管理活动都不是孤立的活动，它必须要在一定的环境和条件下进行，所以，管理活动由4个基本要素构成：管理者、管理对象、目标以及组织环境与条件。

既然管理行为本身就是由上述这4个管理要素决定的，构成管理行为的这4个管理要素当然应在管理的定义中得到体现。由于要真正进行管理活动，还必须要运用为达到管理目的的管理职能和管理方法，即解决如何进行管理的问题，这一点也应该在管理的定义中能够得到体现。于是可以认为，管理是在特定的环境下对组织所拥有的资源进行有效的计划、组织、领导和控制，以便实现既定的组织目标的过程。德鲁克对此做过详尽的思考并最终给出明确的界定，德鲁克认为管理具有以下6个特征：

（1）管理是关于人类的管理　其任务是使人与人之间能够协调配合，扬长避短，发挥最大的集体效益。这就是组织的全部含义，也是管理能成为一个关键和决定性因素的主要原因。

（2）因为管理涉及人们在共同事业中的整合问题，所以它被深深地根植于文化之中　管理者所做的工作内容在联邦德国、英国、美国、日本或巴西都是完全一样的，但是他们的工作方式却是千差万别的。由此，发展中国家的管理者所面临的一个基本挑战就是，如何发现和确定本国的传统、历史与文化中哪些内容可以用来构建管理，确定管理的方式。日本经济的成功与印度经济的相对落后之间的差别就在于：日本的管理者成功地把国外的管理理念植入本国的文化土壤之中，并使之茁壮成长，而印度却没有做到这一点。

（3）每一个企业都有责任坚定不移地树立一个共同的目标与统一的价值观　如果没有这种责任，企业将会成为一盘散沙，也就谈不上存在管理。

（4）管理必须根据需要与机会的变化而变化　以此促使企业及其成员能够

得到更好的发展。

（5）对于所有企业来讲，结果只存在于企业的外部　商业经营的目标是让顾客满意，医院的目标是治愈病人，学校的目标是使学生学到一些在10年后参与的工作中能使用的知识，而在企业内部，只有成本。

（6）管理是一种人文艺术　它之所以被称为"人文"，是因为它涉及知识、自我认识、智慧与领导艺术等基本要素；它之所以被称为"艺术"，是因为管理是一种实践与应用。

通过德鲁克的研究和结论，管理是什么这个问题已经界定清楚，管理有着自己的基本问题需要解决，有自己独特的方法和特殊的关注点。一个掌握了管理内涵的人，就算没有掌握管理的技能和工具，也依然有可能产生成效，成为一流的管理者；如果一个人掌握了管理技能和工具，但是不掌握管理的内涵，这个人充其量只是一个技术专业人员而已，无法成为真正的管理者。所谓凭经验去管理的人，可以称之为后者。

德鲁克用"管理的维度"的描述方式阐述他对于管理内涵的界定：为了使组织机构能够正常运转，并做出应有的贡献，管理必须完成3项同等重要而又极为不同的任务：①设定组织机构的特定目标和使命（无论是商业企业，还是医院或大学）；②确保工作富有生产力，并且使员工有所成就、产生效益；③管理组织机构产生的社会影响和应承担的社会责任。

二、管理的基本假设界定了管理实践研究的基本问题

对事实的基本假设决定了学科的研究方向。在像管理学这样的社会学科中，最重要的当属基本假设，并且这些基本假设所发生的变化也变得越来越重要。从已经发表的管理文献中可以看出，管理是在第二次世界大战结束后的发明，而事实是管理作为一种实践和一个研究领域其实已经有着相当长的历史，可以追溯到200年前。管理学的真正研究始于20世纪30年代。20世纪20年代美国杜邦公司的杜邦（Pierre S. du Pont，1870—1954）及其后来的美国通用汽车公司的斯隆（Alfred Sloan，1875—1966）首次为新的"大型企业"发明了一种组织原则——分权原则。随着两家公司的高速发展，管理的实践价值被大大地释放出来，并成为人们竞相效仿的手段。在两次世界大战之间，人们开始把管理作为一门学科来教授，哈佛商学院在20世纪30年代率先开设管理课程，而麻省理工学院在同一时

期开始针对年轻的中层经理人员开展管理进修培训。

自那时起,人们开始寻找管理实践以及管理课程中最基本的,大多数学者、作家和管理工作者都比较认同的关于管理事实的假设,德鲁克对此做出总结:

"第1种假设构成了管理原则的基础:①管理是企业管理;②企业应该具有或者必须具有一种恰当的组织结构;③企业应该采取或者必须采取一种管理人的恰当方式。第2种假设奠定了管理实践的基础:①技术和最终用户是一成不变或者给定的;②管理的范围是由法律界定的;③管理是对组织内部的管理;④按照国家边界划分的经济体是企业和管理依托的'生态环境'。"

正是对于这些假设的总结,德鲁克发现,这些管理的基本假设妨碍了管理本身,如果沿着这样的基本假设展开管理研究,就会带来负面的效果,甚至会使管理变得无效。就如在第1种假设中,认为企业应该采取或者必须采取一种管理人的恰当方式,但是事实是,管理不是"管理"人,管理的使命是"领导"人,管理的目标是充分发挥和利用每个人的特定优势和知识。如果不能够充分地发挥人的主动性和创造性,管理的绩效就无法发挥出来,如果以管理就是"管人"来理解管理,会带来很大的管理偏差;这也从反面告诉人们,管理基本假设的作用。这需要我们在正确地研究管理实践的前提下,更好地理解管理的基本假设,而不是在一个错误的假设前提下来进行管理实践。

弗里曼(2010)曾经这样评价自己的研究:"我们作为研究者的任务是,解释正在发生的事情,并为管理实践提供更好、更一致的解释,以致最终我们能够从根本上改进我们彼此创造价值的方式和我们的生活方式,我相信这是实用主义者的信条。我相信自己无法将《战略管理:一种以利益相关者为起点的方法》一书中的成果,作为一组A类期刊的论文发表。通过出书,我设法创造一个建立在其他声音基础之上的声音,以表达一个观点。我相信,在管理理论上,我们需要回归更为古老的思想,在当今商学院的世界里,这将更加困难。"

管理的基本假设所需要承担的责任正是来源于对于管理实践的认识,以及实践中所面对的问题的挑战,作为管理研究的人员,需要承担起梳理和界定管理基本假设的任务,而在这一方面德鲁克给了我们很好的示范:在他一生的努力当中,从理解实践开始入手,展开管理的研究。在他的帮助下,人们了解到,无论是在理论上,还是在实践中,管理日益需要以新的假设为存在的基础,在他看来管理实践的新范式是:管理是独特的器官;管理必须找寻到与所需要完成的任务相契合的组织结构;管理是"引导人";管理必须从顾客价值和顾客决策出发制定相关战略；管理活动应该包含整个流程，也应该关注整个经济链的效益和绩效；管理实践必须根据经营的需要确定；任何一个组织的成果都只存在于组织外部。以上这些假设的确定正是管理实践研究的内涵，换句话说，德鲁克回答了管理实践研究中最根本的问题：管理作为独特的组织如何设定自己的结构？管理中如何面对人？管理决策的依据是什么？管理的范围如何界定？管理实践界定的标准是什么？管理的成效如何评价？当德鲁克清晰、准确地回答了这些问题的时候，管理实践所取得的成效被称为人类历史上最激动人心的一项创新。

三、中国管理实践研究的内涵界定

沿着德鲁克关于管理基本假设的研究思路，我们可以理解到管理需要面对活生生的现实，需要对所有实践的基本问题做出回应，也应该总结出规律性的认识，并指导人们的实践。在实践研究的基础上所做的判断，才具有真实的研究价值，因此，当面对中国管理实践的时候，需要做的依然是直面中国管理实践的现实，找寻出中国管理实践的理论价值，并能够指导中国管理实践本身。

从1992年开始，深入到中国企业管理实践中去成为我研究管理的主要途径和方式。记得在2004年发表关于中国企业成长方式的研究报告的时候，我发现中国管理实践具有独特之处，当西方的管理理论强调组织和系统的能力的时候，中国的企业依然是杰出的领导者具有决定性的作用和价值，而当我和管理学者沟通这些问题的时候，大家关心的并不是这些，反而是能够构建一个模型，并检验这个模型，关心是否有足够的数据来测量和支持中国企业管理实践中的这些问题，因为在这些学者看来，找不到模型和量表，就无法得出研究的成果，但是如果不深入企业作真实的观测和判断，这些量表和测量又能够说明什么问题呢？

在持续将近10年的对于联想、TCL、华为、宝钢、海尔这5家中国领先企业的观测和理解中，让我更清楚地了解到中国企业成长过程中所面对的挑战和问题，也让我更能够理解中国企业管理实践的特点和不同，带着对于这5个企业领先方式的研究成果，我开始在山东六和集团出任总裁，亲自实践这些成果，结果在不到2年的时间里，让这个企业成为行业领先的企业，从而奠定了这家企业持续成长的基础。这一切的获得最重要的是基于对实践的观察，以及能够界定企业实践中的问题。

正如2010年我在《管理学报》发表的论文中所说的那样，框定问题是更重要的事情，如果你想获得理论上的价值，就需要深入地去观察中国企业的管理实践，就需要把自己的研究方式转向实践观察和实践研究，而不是纯粹的理论研究和分析框架。正如巴尼（2010）所言："如果你想专注于开发理论，就要避免过快地转向传统的实证研究。另一方面，我的经验是，让自己沉浸在实际组织现象中是非常重要的。从这个意义上讲，如果没有咨询经验，我就不会那么快地提出问题：'为什么一些公司的绩效比其他公司好。'咨询给了我一个机会去探索，我现在称之为'理论的机会'。在我的职业生涯中，我很少做传统的实证研究。相反，咨询就是我的实证研究。"这些学者所积累的经验正是我们需要借鉴和采纳的。

我认同彭贺等（2010）的观点。在他们看来，直面中国管理实践的研究"不是为发表论文而做研究；不是否定实证研究；不是否定从理论和文献中寻找问题；不否定普遍性的知识建构；不否定管理的跨文化比较研究。"同时，我更清醒地知道，今天具备了研究中国管理实践的条件，无论是中国企业实践所取得的成效，还是中国经济所取得的成效，以及有关重大问题的认识都提供了非常好的基础，所以我们可以总结出中国管理实践研究的基本内涵了。

借助于对管理的内涵及其基本假设的认识，中国管理实践研究的本质就是寻找出中国管理实践的本质属性，中国管理实践研究的本质属性具体体现在以下3个方面：

1. 具体体现之一：中国管理实践的重大问题是什么

联系中国管理实践的历史进程，特别是改革开放30年间，在一个人口众多的国家，技术、经济和文化都比较落后的条件下进行管理，必然会遇到许多特殊的复杂问题，靠西方管理理论的一般原理和照搬外国经验，不可能解决这些问题。在中国进行管理实践的过程中，既不能把西方管理理论当作教条，更无法照抄别人的经验，但是我们取得了30年的高速发展并成长出一批优秀的企业，也有一大批的企业停滞甚至倒闭，这就需要寻找出适合中国企业实际的发展道路，并总结出规律性的认识。

2. 具体体现之二：中国管理实践的独创性在哪里

中国管理实践的过程，可以理解为西方管理理论中国化的过程。在30年的中国管理实践中是运用西方管理的观点和方法来解决中国的实际问题，它的基础是中国企业的实践。在解决中国实际问题的过程中，必然会产生许多具有独创性的实践经验，通过对这些经验的总结和提炼，就会创造出新的东西，从而丰富和发展世界管理理论。

3. 具体体现之三：中国管理实践的发展脉络是什么

中国管理实践的发展，一方面依赖于中国经济的腾飞以及全球经济的发展；另一方面又积累了自身内在的驱动力量。寻找到中国管理实践与全球环境的互动、与中国经济发展的互动，以及内在组织及文化的变革都具有深远的意义；这一方面让人们更好地理解中国管理实践成长的过程；同时也可以帮助确立中国管理理论学科的框架、体系和内容。

四、结语

中国管理实践在今天所面对的挑战更加巨大，这些变化已经是管理实践本身所需要接受的环境条件，管理实践研究就需要给予明确的回答。中国管理实践一方面具有世界管理的共性特征；另一方面又具有自己的独特之处，因此界定中国管理实践研究的内涵就显得尤为重要。本文的目的是引发思考，随着中国管理实践研究的深入，一定会有结论性的研究被分享，而这也应是包括笔者在内的管理学者未来的主攻方向。

（原载：《管理学报》，2011年第1期）

中国管理实践研究评价的维度
——实践导向与创新导向

一、文献回顾：两类风格

英国《管理学报》曾经刊发的一篇题为《管理研究的习惯以及其与管理实践的关联》的文章中指出，尽管管理是一个应用学科，只有很少的管理研究成果能够被实践者去读，事实上，绝大多数研究者的研究仅仅是写给研究者的。例如，在主要面向学术界的《管理学会学报》1996年的135位作者当中，只有26位作者在面向实践者的期刊上发表过文章。"管理研究成果"无法与实践者"对话"，或许是因为研究者所感兴趣的话题与管理实践者不一致，尽管如此，即便当他们有相同的兴致时，也鲜有管理研究成果能够发表在实践者关注的期刊上，这是因为学术研究的写作风格令实践者敬而远之。作者分离出两种风格习惯：一种是关于"以学术为导向的研究"，这类成果通常发表在学术期刊上，一种是"以实践者为导向的研究"，成果通常发表在实践者导向的期刊上，如《哈佛商业评论》《管理学会经理》《斯隆管理评论》《加州管理评论》《欧洲管理评论》，两种风格习惯的对比如表1所示。

从研究目的来看，一般而言，多数学术性的管理研究以描述（对应归纳性的研究）和预测（对应演绎式的研究）组织世界为目标，前者的目标是构建一个能够更好地理解组织世界的模型，后者则通过复制组织现象间的关系来解释规律，这两者都很抽象并且泛化，被冠以"标准的"实证科学。而实践者导向的研究则以提供给管理者如何在现实世界中提高组织绩效和产出的良方为目的。通过将成功的故事整理在一起，研究者将世界上最好的实践介绍给管理者，或者通俗地说，就是指引成功的"应急之道，权宜之计"。很明显，实践者导向的研究的通常特征是提供成功的解决方案（诸如工具箱和蓝图），实践者借助这些来掌控组织的结构和流程。

表1 以学术为导向和以实践者为导向的研究风格差异对照

	以学术为导向的研究	以实践者为导向的研究
研究目的	描述/预测	描述/提供解决方案
研究的焦点	过程	结果
态度	客观	主观
数据收集/分析	全面详尽	专门的点对点，相对模糊
数据聚合	高	低
参考体系	理论	实践
措辞及写作手法	狭窄、固定	随意、不拘一格
对"好"的评价标准	方法精确	迎合实践

从研究的焦点来看，学术研究大量关注研究过程，特别是数据如何收集，理论如何测试和构型，以及其与其他现有理论的关系如何。实践者导向的研究较少去关注构念间的关系及效度如何，而重点在于如何让这些关系在实践的层面发挥作用，从而带来高组织绩效。

态度是指研究者是否或者如何对他们的研究成果进行反思。考虑到学术研究的目的是提供关于社会世界的"无偏"的观点，研究者通常会讨论研究的适用范围以及研究局限。相反，实践者导向的研究并不担心是否会有个人的偏见，此外，他们相信现实可以被精细地认识，只要符合某些条件，对某个企业行之有效的方案也同样会对其他企业奏效。因此，某种意义上说归纳法更被认同和接受。

对于数据的收集和分析，学术研究者试图将过程变得尽可能清晰，并且要确保收集的数据的全面性、系统性以及和所研究现象的相关性，实践者导向的研究者对数据的要求没有那么严格，选择数据的目的很明确，可以支撑他们要表达的故事就可以。

在数据聚合上，学术研究中与事件、个人、组织相关的信息必须要进行聚合。在演绎式的研究中，数据通常聚合在模型中错综的构念和变量当中，归纳性的研究倾向于聚焦多个个案，并把一连串的事件合并起来进行案例研究。实践者导向的研究很少进行数据聚合，研究者倾向于举单独的例子来说明特定的理论要点。

就参照系而言，是否是一个新理论参照的是某个特定领域已经存在的知识体系，如果不能增加或者挑战这个参照系，就是无关紧要的学术研究。而实践者导向的研究的参照系则是组织的日常实践以及管理者的管理经验。因此，前者通常进行大量文献综述，而后者只对其他理论作较少的阐述，而主要以成功公司的轶事来佐证理论要点。

在措辞及写作手法上，为了维系管理学科的科学性，学术研究规范清晰、严谨，充斥着行话和术语，令人感到过于乏味，而实践者所接受的却是易于理解的语言。实践者导向的研究措辞灵活，目的是能够与实践者进行交流对话。实践者导向的期刊刊发的论文篇幅不大，但有能够概括论文主旨的关键要点，以及能够帮助管理者迅速掌握信息的清晰视图。统计的证据仅仅是用来说明目的，并且围绕已有明确构念的过程本身的论述也不多。而学术论文则把太多的篇幅用在了构建、辩证或评价统计数据上。

最后是关于好坏的评价标准，学术研究通过方法的使用使自身更加规范，大量的精力被用在构念、确定效度以及构建构念之间的关系上。学术论文的权威性在于能够被更多的学术同行所引用，而实践导向的研究更在意其所传递的信息能否引起实践上的关注，其研究价值体现在被运用的次数以及作为专著或者文章能够被实践者所购买的数量。

二、走出误区：评价的是研究而非其他

上述文献回顾清晰地对照了两种风格，值得我们学习的是学术研究在一定程度上应当关注研究的另外一种顾客：实践者，这样我们才有可能回答郭重庆（2008）曾经提出的一个问题：TCL的李东生处于国际化的煎熬中时，我们学界为何不从并购的财务陷阱、文化差异、市场风险、组织控制等研究上帮他一把，而作壁上观。但是如果单纯地认为管理研究就应当是实践者导向或者完全地将管理研究割裂为两类研究，就又没有真正明白管理研究本身的价值与使命。最近两年，在国际顶级的管理学期刊上开始讨论管理研究的严谨性与实用性，这本身是一个有意义的话题，但是如果讨论的结果是严谨性与实用性之间存在隔阂，不可融为一体的话，即便有再清晰的解释，都使讨论变得失去意义，因为我们只发现了问题却没有解决问题，特别是当学者们将严谨性与学术期刊对等，将实用性与实践导向的期刊（如《哈佛商业评论》）对等时，我们可能会走入另外一种误区——评价期刊多过评价研究本身，两类期刊的差异在于风格，从贡献价值的角度，我们最终需要回归到对研究本身的评价上来。

表2所示的成果有的以专著形式体现，有的以期刊的形式体现，有的发表在实践类的期刊上，有的发表在学术类的期刊上，有的发表在一类期刊上，也有的

发表在二类期刊上，但共同的是这些成果对管理理论与实践的重大影响，后文我们也尝试以这些经典成果为例来探索归纳出管理实践研究的一些基本特征。

表2 管理实践研究成果

作者	主要成果	文献类型	期刊名称	期刊类型	期刊水平
德鲁克	分权管理	专著			
特劳特	定位	期刊、专著	美国《行业营销管理》	实践类	B
普拉哈拉德	核心竞争力	期刊	美国《哈佛商业评论》	实践类	A
巴尼	资源特性	期刊	美国《管理学报》	学术类	A

注：期刊水平参考商学院协会（Association of Business Schools）的期刊排名。

《公司的概念》是德鲁克深入通用汽车公司18个月所做出的研究成果，也是德鲁克进行管理研究的第一个成果。20世纪30年代，德鲁克在研究社会学和政治经济学时得出结论，企业将成为美国社会的主体，对于通用汽车公司的研究德鲁克的目的很明确，就是要找出企业存在的基本规律，让这一规律可以复制给更多的企业，而通用汽车公司作为当时世界最大的制造企业也成为研究的最好代表，因为当时尚无相关的理论研究。德鲁克所参考的正是其在通用汽车公司内部的见闻，并将其所见所闻所想用通俗的语言记录在《公司的概念》当中，最后德鲁克得出清晰的结论，企业之所以可以运转下去是因为有一项重要的职能——管理，具体而言，是基于通用汽车事业部制实践的分权管理，自上而下需要分权管理，部门间关系需要分权管理，供应商与分销商关系也需要分权管理，分权管理应当成为企业主体行为的基本原则。这一结论影响了诸多企业的管理实践，包括后来重新崛起的福特汽车公司、通用电气公司以及今天销售额突破千亿的中国企业美的集团。

"定位之父"特劳特的研究有一个清晰的目标导向：解决在同质化时代企业如何竞争的问题，当汽车顾客面临的消费选择不再局限于通用汽车和福特汽车的时候，如何获得顾客的选择，已经成为诸多企业的难题。战略本身的含义是指针对敌人确立最有利的位置，通过对美国大量品牌企业的实践研究，特劳特从战略的角度给出一个总结：定位，通过定位来解决企业竞争力的问题，在特劳特提出定位之后，波特在此基础上提出了战略就是定位的观点，直至今天定位都是企业战略管理实践中必做的环节，中国企业王老吉的增长神话正是得益于定位理论的实践。

普拉哈拉德等的研究始于这样一个问题：美国企业为什么在十年内被日本企业反超？通过对比日本电气公司和美国通用电气公司的实践发现，美国企业并没有从核心竞争力的角度来布局未来，作者清晰地对核心竞争力进行了界定：多元化发展的核心依据、贡献顾客价值、难以模仿。巴尼的研究将竞争优势和持续竞争优势区分，拥有竞争优势并不代表拥有持续竞争优势，企业持续竞争优势来源于什么？基于资源基础观，巴尼构建了企业资源与持续竞争优势的模型，模型的核心是令两者有效发挥作用的四个资源特性：价值性、稀缺性、不可完全模仿性以及难以替代性。今天核心竞争力和资源的四个特性已经被编入所有全球通用的战略管理教材，并成为企业在战略管理实践中进行自我分析的核心内容。

三、二维评价：实践维度与创新维度

最近一期的美国《管理学会评论》刊发了一篇关于如何评价"有贡献的理论"的文章，作者将评价标准列为两个维度：新颖和实用。所谓新颖，即美国《管理学会评论》在其宗旨中所陈述的，可以提高对组织和管理的理解的新理论见解。新颖可以分为两类，一是可以增加现有理论的新见解，二是具有揭示意义的新见解。其效用也分为两类，一是在科研中的用途，二是在实践上的用途，指理论可以直接用于解决实践中的管理者或者其他组织实践者所面对的问题。2006年美国《管理学会学报》的83位董事会成员曾对该学报在未来最重要的事情进行讨论，结果如表3所示，在讨论的几点关于未来的变化趋势中，持"接受更加具有创新性的研究"的成员占最多数。

表3 《管理学会学报》董事会成员认为的该学报未来最重要的变化

变　　化	百分比/%
接受更具创新而不俗套的研究	17
放松理论要求	10
把门槛适当放开	8
加强方法上的严谨性	6
以更高的影响为目标，探讨更为重要的社会问题	5
减少或取消研究注释	5

Burke等人（2010）梳理了管理教学、研究、实践之间的关系，从输入输出的角度我们可以清晰地看到一项管理研究的价值，管理研究既要有实践的输入和输出来解决现实问题，还要有新的输入和输出来增加现有的知识，管理研究既不单独服务于实践，也不单独为理论贡献而存在，管理研究的价值是二维的，也正是管理研究的二维价值促成了三者的互动循环。以此为借鉴，本文提出评价中国管理实践研究的两个维度：实践导向与创新导向。图1所示为教学、研究与实践的关系示意图。

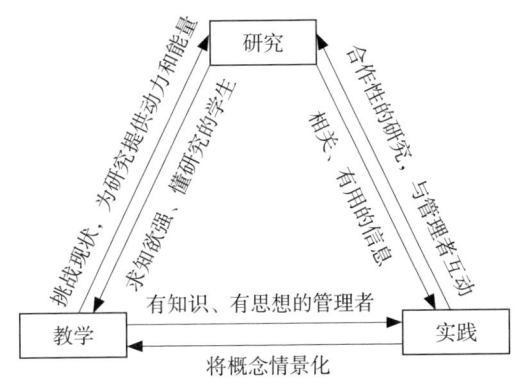

图1　教学、研究、实践关系示意图

陈春花（2010）曾对当前中国需要什么样的管理研究有四点阐述：要直面中国管理实践，要首先框定问题，要把复杂问题简单化，最后是要有本地化的行动，其中优先框定问题和复杂问题简单化可以作为实践导向中的评价标准，上文列举的四项研究具备以下特征：①清晰地框定了管理实践中的重要问题，如大企业应当如何管理、顾客时代如何获得顾客的选择、如何获得跨越式发展以及如何保持竞争优势。②找到了解决问题的简明有效的答案，如利用分权、定位、打造核心竞争力及获取特定的资源，这些又无一不经过高度的概括。③研究本身对于实践者而言有一定的可读性。我们善用文献的方式来研究，但实践者可能更关心是否在我们的研究中发现了自己的身影，我们是否讲述了令其感同身受的实践故事，如同通用汽车公司的实践可以带给美的集团的联想，实践者在意可否用最短的时间、用最高效的方式获得这些方案。学术研究可以保留原有的语言和模式，但同时可以针对实践者适当增加"看点"或者调整出更加醒目的"看点"，这一点也源于在文献回顾中提到的学术研究可以通过融合而进行的自我提高。④研究结论有一定的可复制性。可复制性意味着一项管理实践研究还应当接受实践和时间的考验，也意味着评价管理实践研究并非是一个完全静态的评价，同时也不存在最完美的研究。中国管理实践研究的创新导向包含两个方面：一方面如《管理学会评论》《管理学会学报》中所讲的创新内涵，要看是相对于现有的理论的新意，另一方面则要看研究是否揭示出了中国管理实践与国外管理实践的区别或者联系，直面中国实践和本地化行动即为此意。这里延续对中国管理实践研究本质属性的研究，将这一方面分解为三个评价指标：①是否找到了中国管理实践的重大问题。②是否总结和提炼出了中国管理实践的独创性。③对中国管理实践发展脉络的贡献如何。表4为中国管理实践研究的评价指标。

表4 中国管理实践研究的评价指标

维　度	评价指标
实践导向	研究问题在管理实践中的重要性
	是否有问题解决方案的简明概括
	研究对于实践者的可读性
	研究结论在管理实践中的可复制性
创新导向	相对于现有研究的差异
	是否找到了中国管理实践的重大问题
	是否找到了中国管理实践的独创性
	对中国管理实践发展脉络的贡献如何

四、结语：成果只存在于外部

一直记得德鲁克的忠告，成果只存在于外部，医院的成果在于治疗病人，企业的成果在于创造顾客，这也让我们明白了管理研究的使命与方向：为实践不断贡献新的指导，中国管理实践研究的真正成果也应在于此，我们的评价也应该从这里开始。

（原载：《管理学报》，2011年第5期；合作者：刘祯）

管理实践研究价值贡献的评价

中国管理实践的推进和中国竞争能力的提升需要管理学界对中国管理实践做出相应的理论探索和总结，已经成为我国学术界与实业界的共识。中国的发展迫切需要积累管理知识，以帮助各类公司在这个动态多变的环境中运营，而这便需要在根植于中国企业管理实践的研究中，与企业所关注的重大问题互动并贡献研究的价值，即进行管理实践研究。其中，一个着重需要反思的问题是：管理实践研究到底应该以什么作为评价标准？

通过分析经典研究成果的共同特征，陈春花等（2011）提出了中国管理实践研究评价的两个维度：实践导向与创新导向。根据"当前中国所需要的管理研究的特点"和"中国管理实践研究的本质属性"，进一步提出了这两个评价维度相应的评价指标：①实践导向——研究问题在管理实践中的重要性；是否有问题解决方案的简明概括；研究对于实践者的可读性；研究结论在管理实践中的可复制性。②创新导向——相对于现有研究的差异：是否找到了中国管理实践的重大问题；是否找到了中国管理实践的独创性；对中国管理实践发展脉络的贡献如何。

从以上评价指标可以看出，实践维度与创新维度正是基于管理实践研究的价值贡献所提出的。本文将对管理实践研究价值贡献的内涵做进一步探讨，以期更好地促进中国管理实践研究评价机制的形成与完善。

一、评价管理实践研究的关键：价值贡献

理论作为管理学的基本要素，是学科发展所不可或缺的，正如西方学界经常援引的"没有什么可以像好的理论那么实用"。由此，对于管理研究的评价首先需要关注其理论成果。而要对管理理论进行评价，研究者们必须首先确立基本的评价标准。此外，评判理论贡献的标准应当被广泛地了解与认可，这样编辑和评

委们与理论成果的作者才能更好地沟通。然而，管理学作为一门实践导向的社会科学，比自然科学包含着更多的价值判断与选择。正如Singh等（2007）通过对顶级管理学期刊所发表的论文进行跟踪研究后指出的，对于学术研究成果的质量，管理实践者与管理研究者应当依据研究成果自身的内在价值，而不是其所载期刊的级别来评判。由此，评价管理实践研究的关键在于其理论成果的价值贡献。

管理研究的理论成果的"贡献"包括两个层面：①理论层面的贡献，指在理论的层面上显著地促进对于某一现象的理解，具体包括两个方面：该理论所做出的贡献（指导观察与研究），以及对于管理理论的贡献（通过观察和研究推进理论的发展）。②在实践层面的贡献，即指导并推动管理实践的改进与提高。鉴于此，从"理论成果的价值贡献"的角度来理解管理实践研究的评价，可以更加全面地涵盖管理实践研究及其研究成果的内在价值，也能在探讨管理实践研究的评价时，确立更加合理的评价导向。

目前，学者们在评判管理研究的理论成果是否具有价值时，主要包括3项标准：①是否提出新的见解；②是否对学者的研究有所贡献；③是否对管理实践产生重要的影响。Kevin等(2011)通过对文献的回顾发现，管理学界关注的更多是新颖的理论见解和对学术研究的效用。类比商业领域评估"创造性"的两个关键维度——新颖性和实用价值，他们提出，管理理论的价值贡献不仅包括提供新颖的理论见解，还包括对管理学术研究和管理实践活动的贡献具有实用价值。Miner（1984,2003）评价管理理论的研究表明，理论成果可以指导组织的管理实践活动，并改进和提升这些管理实践的成效，可以启发其他重要的管理学术研究或诱发重大理论成果的产生，可以增进学科知识体系——理论成果在理解、解释和预测组织运作及组织内人群行为方面是有效的，并补充与完善管理知识体系，这些都是在评价研究的价值贡献。

二、价值贡献的评价视角

（一）实践性

实践性旨在说明管理实践研究的首要目的。按照研究目的可以将管理研究分为两类：学术导向和实践导向。二者在目标和受众上具有显著差异：学术导向的管理研究以创造知识和解释现象为目标，研究成果的主要受众是学术同行；实践导向的管理研究以实用性为目标，研究成果主要用于指导管理者改善管理实践活动。研究目的决定了理论成果价值贡献的首要对象，而这也是评价的起点。由此，有必要首先澄清中国管理实践研究的目的：究竟是侧重实践相关性——优先提高中国管理实践的成效，还是侧重学术严谨性——优先发展或完善产生于西方情境的理论？

根据陈春花（2011）对中国管理实践研究内涵的探讨，目前"需要面对活生生的现实，需要对所有实践的基本问题做出回应，也应该总结出规律性的认识，并指导人们的实践。在实践研究的基础上所做的判断，才具有真实的研究价值，因此，当面对中国管理实践的时候，需要做的依然是找寻出中国管理实践的理论价值，并能够指导中国管理实践本身。"这也就是说，管理实践研究的核心目的应当是指导中国经济与社会发展的管理实践并提升其成效，这也是中国管理学界重要的社会责任与历史使命。由此，管理实践研究应当将中国经济与社会发展的管理实践活动作为价值贡献的首要对象，这也正反映了价值贡献内涵的实践性要素。

中国管理实践研究评价的实践导向维度下的"研究问题在管理实践中的重要性"与"是否有问题解决方法的简明概括"两项评价标准，正是基于价值贡献的实践性内涵要素提出来的。首先，如果提出错的研究问题或解决了错的问题，那么不管研究完成得多好，或发表的期刊看起来质量有多高，相应的研究成果不仅难以增进学科知识体系的完善与发展，更不可能提高中国企业的管理绩效。换言之，评价管理实践研究理论成果的价值贡献，首先需要关注是否提出了正确的研究问题，也就是研究问题在管理实践中的重要性。其次，实践导向的管理研究应当创造可以提高管理实践成效的知识，这些管理知识必须能够很好地阐明为什么这些管理实践会产生、发展并在社会活动中重复出现，同时也要能够指导人们改进这些管理实践。管理研究应当为实践中的现实问题提供理论方面的解决方案，并通过有效的策略将理论成果转化为通俗易懂的阐述方式并传播给管理实践者。由此，在正确框定研究问题之后，理论成果还要提供有效的解决方案，并且是简明概括的，这是理论成果指导管理实践的直接体现，也是理论成果价值贡献的实践性的关键所在。

（二）理论性

理论性是指管理实践研究要以理论的形式为实践贡献价值。将管理实践活动作为管理实践研究价值贡献的首要对象，并不排斥对管理知识体系以及对管理学术研究的贡献。管理研究的本质是创造能够提高个人、团队、公司或行业绩效的应用知识，不应将知识创造与应用相互分离，"实践相关性"与"学术严谨性"并非是相互排斥的。管理实践研究的理论成果在解决中国管理实践问题的同时，也有助于改进基于西方管理理论的学术研究，也将通过贡献具有普遍性的应用知识增进中国管理学科知识体系的发展。由此，除了具备实践性之外，管理实践研究的价值贡献还应当具有理论性。

Tusi（2006，2009）区分了中国管理研究呈现理论成果的两种方式：理论应用与理论创新。前者也称中国管理研究的"康庄大道"，通过将现有的西方理论直接应用于中国的情境，旨在检验、完善并强化西方理论在中国情境下的适用性。后者也称为中国管理研究的"羊肠小道"——发展中国本土特有的管理理论，通过采用扎根理论的建构方法，试图以新的理论解释中国管理中的独特现象。此外，许多并非直接从事理论构建的基础研究工作，也可以为理论研究贡献价值。例如，通过记录和报告那些重要而有趣的实际现象，引导后续的研究去理解并解释这些现象产生的原因及过程。Tsang（2009）将这种"记录和报告式"的研究称为"实证规律式"的研究，他认为这是理论创新和理论应用之外的另一种贡献方式。他以自己所开展的迷信影响决策的研究为例进行了阐述：这种类型的研究可能并不完全附属于任何现有的理论范畴，也不符合研究结果与理论必须相结合的惯例要求，但这类实证基础将为进一步的理论创建铺平道路，学界应该欢迎这种揭示重要实证规律的研究。

尽管有学者争论这3种理论研究方式在中国管理研究中孰先孰后或者能否并行采用的问题，但秉承学术自由和鼓励争鸣的精神，管理实践研究的这些理论研究方式都可以通过创新贡献独特的价值。从价值贡献的理论性出发，对于中国管理实践研究评价的创新导向维度的各项评价指标，需要根据研究方式的不同来进行针对性的评价：首先，基于西方管理知识的理论应用研究的创新与贡献程度，主要评价其"相对于现有研究的差异或相对于已有理论的新意"，即是否在中国的情境下应用、测试检验西方理论，并延伸了其边界条件；是否有助于发展出普遍适用的世界管理学理论。其次，探索实证规律的研究与理论创新的研究，主要考量其"是否揭示出中国管理实践与国外管理实践的区别或联系"。其中，"对中国管理实践发展脉络的贡献"，需要以扎根中国管理实践开发的本土理论得以最终实现，进而揭示出中国独特的管理实践的过去、现在以及未来；而"找寻出中国管理实践的重大问题以及独创性"，更多地需要对独特管理现象和问题进行实证规律式的研究。

(三) 推广性

推广性反映成果被外部引用或应用的情况。Daft等(2008)提出管理知识通过"概念移植"的方式实现其两个方面的"相关性"：对于其他学者的学术研究的相关性，以及对于实践者的管理活动的相关性。他们通过对期刊（包括学术导向和实践导向）和管理研究的各类相关社会群体的观察发现，学术研究的理论成果和管理知识会通过"概念移植"的方式在不同的社会群体之间转移和转化。中国管理实践研究评价的实践导向维度下的另外两项评价标准——"研究对于实践者的可读性"与"研究结论在管理实践中的可复制性"，正是基于理论成果的推广性来评判其价值贡献的。

首先，理论成果的推广性体现为具有良好的可读性，这要求研究成果比较容易被读者所理解。Bartunek等（2010）通过实证分析发现，顶级学术期刊论文的"实践启示"部分的可读性都比较低，而且这些启示或建议对于管理实践者来说并不容易实施，大多数缺乏具体细致的行动指南，仅仅是简单的劝告，有一些甚至本身就存在矛盾。这也印证了管理研究成果的尴尬处境："几乎所有被称之为重要的管理学术期刊没有企业家或者经理人去看，因为他们觉得无法看得懂。"由此，中国管理实践研究的理论成果对于实践者而言应当具有一定的可读性，能让管理实践者在最短的时间、用最高效的方式获得他们所需要的信息。在评判理论成果从学术研究到管理实践的推广性时，应当关注其是否以日常术语和通俗概念来进行阐述，是否将阐述因果机制的学术语言转化为管理实践者易于理解和采纳的通俗话语。

其次，在具备可读性的前提下，推广性还需要评价理论成果是否可以很好地应用于不同的情境，也就是是否具备良好的可复制性，即是否可以被有效地应用到各类具体的管理实践活动中，然而，管理研究所处的情境往往限制了理论成果和研究结论的普遍适用性。由此，需要管理实践研究价值贡献的评价——评判管理实践研究是否"通过深入的情境化过程，识别情境是怎样提高或改进对跨情境的共同现象的理解，并发现超越情境的规律"。

管理研究的理论成果对于其他学术研究的推广性，往往可以通过其被学术同行的引用情况予以体现；而向实践层面的社会群体推广时，则需要在实践的应用成效中得以体现，包括通过该成果被实践型期刊的转载情况，或者是被运用的次数，以及专著或文章被实践者所购买的数量。

（四）验证性

验证性反映成果本身的效力。管理实践研究的理论成果，在具备推广性的同时还需要考虑另外两个问题：其推广性是否短时间内就得以验证并得到认可，需要多长时间才能评判其价值贡献？是否能够经受时间和实践的考验，即该理论成果的生命力如何？这就反映了价值贡献的第4个内涵——验证性，即还需要借助时间维度来验证管理实践研究的理论成果的效力。这一内涵也反映了两项要求：评价的动态性与理论的前瞻性。

通过对顶级学术期刊《组织科学》1990—2004年间的52篇具有高引用率（50次以上）的论文的实证研究表明，高质量的研究成果在4~6年之后其引用率才开始明显增长。也就是说，理论成果的影响力与价值贡献难以在短期内得以体现。由此，评估理论成果的价值贡献需要一个较长的时间周期。对于价值贡献的验证性内涵，需要从时间维度上进行审视，这就要求理论成果的评价应当具有长期性和动态性。

Kevin等（2011）通过统计分析美国《管理学会评论》在1990—2008共19年间所发表的文章，发现该期刊各年评选的"年度最佳论文"同SSCI与谷歌学术搜索引擎查询到的该刊相应年期的"被引用次数最高论文"存在巨大分歧——二者在19年之中仅仅只有4年的结果是一致的。可见，目前学界对于管理研究成果的即期评价，并没能充分地反映出其持续的价值贡献和长期影响力。从另一方面可以了解到，短期内被认为极具价值的理论成果，可能并不能经受时间的检验，无法具备价值贡献验证性的内涵，也就未能提供持续的价值贡献。

鉴于此，管理实践研究的理论成果应当接受实践和时间的考验，这也意味着评价管理实践研究并非是一个完全静态的评价。从价值贡献验证性的内涵出发，对于管理实践研究的评价，应当关注理论成果的"前瞻性"：是否预见性地关注到中国社会和经济发展管理实践中的重大问题，并产生有效的影响；是否可以预见性地影响中国管理理论学科的框架、体系和内容，从而经受住时间的考验贡献持续的价值。相应地，当前需要形成一个长效的动态评价机制，从当前的价值评判，延伸到对理论成果长期影响力和持续价值贡献能力的关注。这一评价导向不仅可以更合理有效地呈现对价值贡献的判断，而且于目前学术界普遍存在的功利性较强的短期导向与短视行为也能起到很好的引导作用。

三、结语

价值贡献作为评价管理实践研究的关键，包含实践性、理论性、推广性和验证性4个重要评价视角。首先，根据价值贡献的实践性，管理实践研究的核心目的在于提升管理实践的成效，所以管理实践活动就是管理实践研究价值贡献的首要对象，并通过实践导向维度的"研究问题在管理实践中的重要性"和"是否有问题解决方案的简明概括"这两项评价标准得以体现。其次，价值贡献的理论性集中体现于管理实践研究评价的创新导向维度，不同的理论研究方式需要有针对性地采用创新维度的各项评价指标。再次，价值贡献的推广性关注的是理论成果能否有效地应用于管理实践或融入其他的学术研究，回应了实践导向的另外两项评价标准："研究对于实践者的可读性""研究结论在管理实践中的可复制性"。最后，价值贡献的验证性关注的是理论成果本身是否具备可以经受时间和实践考验的"前瞻性"，即预见性地关注到中国社会和经济发展管理实践中的重大问题，并产生有效的影响；预见性地影响中国管理理论学科的框架、体系和内容。相应地，这一评价视角也提出了评价的动态性与长期性的重要性。

中国管理实践的发展将对管理实践研究的价值贡献提出更高的要求。从价值贡献的评价视角出发，建立科学合理的价值评判标准，将积极引导并有力推动基于实践、面向未来的中国管理实践研究的长足发展。关于管理研究及其成果如何贴近实践并贡献价值，也将是一个值得中国管理学界持续关注和深入探讨的问题。

（原载：《管理学报》，2011年第6期；合作者：陈鸿志、刘祯）

基于实践导向的管理研究成果评价探析

近年来,"直面中国管理实践""实践导向"已逐渐成为中国管理学界的重要共识,这也是当前中国管理研究者的重要使命。在管理学的发展历程中涌现出大量从管理实践中成长起来的管理学家,如泰勒、吉尔布雷斯、贝杜和法约尔,让我们了解到,实践激发了理论的产生,理论指导了实践。正如Huczynsk(2009)所指出的:"管理学领袖们在管理理论创新、管理理论传播和实践中扮演了重要的角色。要解释他们的影响,就必须既掌握管理工作的自然属性,又了解管理者的需求。只有那些迎合了管理者需求的管理理论才能受到管理者的追捧,而且管理的自然属性更加倾向于关注那些能够帮助企业和组织解决问题的管理学领袖。"管理研究及其理论成果源于实践,用于指导管理实践活动并接受实践的检验,管理实践是推动管理研究及理论发展的原动力,因此,实践导向成为评价管理实践研究的两个基本维度之一。

科学研究过程从本质上来说是知识生产和创造的过程,因此,对科学研究活动的评价,实质上是对知识生产和管理活动的评价。换言之,对科学技术体系的测度必然会转化为对知识体系的测度。也就是说,科研成果是科研活动的直接体现,是进行科学评价的直接依据;而另一方面,由于不同的科研活动需要不同的环境,会产生不同的成果,成果的影响程度也不一样,因而要实行分类评价,或按照相同的标准和方式转换成可比的统一结果或形式。对于管理研究及其成果的评价也就需要建立统一的原则和标准。

本文从成果及其贡献的角度对管理研究进行科学评价和价值评估,基于管理学所具有的技术科学学科属性,并参照了经典的管理研究和理论成果的特征,试图探讨并构建管理研究成果在实践导向维度上的评价模型及相应的评价指标体系。

一、技术科学视角下管理研究实践导向的评价模型

基于技术认识论"致用"的研究逻辑,可以借助钱学森(1957)的"技术科学观"来认识和把握管理学和管理研究的属性特征,进而结合经典管理研究及其理论成果的特征,构建实践导向的评价模型,提供一个基本的分析框架,形成统一的评价逻辑。

(一)管理研究的技术科学性质

Vandeven等(2006)指出,管理学要"致用",就必须实现认识论层面的改变,由"求真"的逻辑转为"致用"的逻辑。吕力(2011)基于以上观点,从科学和技术两种认识论的角度考察了管理研究中"求真"与"致用"两种逻辑的本质区别。由于求真与致用两种研究逻辑在目的、推理方式、知识体系3个方面存在显著的区别,有关管理实践的操作性知识并不能完全从科学理论中推演出来。因为科学认识论的目标是"求真",它的直接目标不是为现存的实际问题提供行动规则,而人们又必须尽快地解决这些问题,那么技术认识论指导下的"致用的知识"对于管理而言就是十分必要的。不同于其他社会科学,管理学研究的最终目的应该是"致用",而不是"求真"。对此,我们可以借助钱学森(1957)的"技术科学观"进一步把握管理学和管理研究的属性特征。

钱学森(1957)指出,把自然科学的理论应用到工程技术不是简单的推演,而是需要高度的创造性,实现科学理论和工程技术的综合,因而产生了一种新的专业部门——技术科学。钱学森强调,技术科学中含有比较多的没有经过严密整理和分析的原始经验成分,这在自然科学中是很少并且需要努力消除的,但是在技术科学中,原始经验是不可避免的。因此,这也影响了技术科学的研究方法——技术科学是从实践的经验出发,通过科学的分析和精炼,创造出理论。技术科学是从实际中来,到实际中去。它的主要作用是从技术实践中,提取具有一般性的对象,它的研究成果就是对那些技术问题有普遍的应用。鉴于此,技术科学工作者必须经常和工程师们联系,知道生产过程中存在的实际问题,有时甚至直接参加解决生产中出现的问题,以取得实践经验。技术理论的意义在于,有了技术理论,就不必完全依赖工作经验。

吕力(2011)根据技术科学观"既强调管理中存在客观规律这一事实,又强调实际中原始管理经验的重要性"的特征,将"技术科学观"应用到管理学领域,进而指出管理科学的"技术科学"性质:人类可以逐步从管理经验中提炼出

一般规律，但永远也不可能穷尽一切管理原始经验。

技术科学具有以下学科属性特征：①学科宗旨：技术科学是直接为了解决人类现实需要中的具体问题的。②学科性质：技术科学是介于基础科学与工程技术之间相对独立的学科层次，发挥着桥梁和纽带作用。③学科特征：既体现为科学，又表现为艺术。④知识构成：技术科学首先是科学，其知识要受真理性标准的约束；但它在解决实际问题中，自然要满足人类的价值诉求，故完整的知识体系又必须是真理与价值的统一。管理学在学科发展过程中所表现出来的面向实际的应用性、跨学科的综合性、科学与艺术的统一性，以及众多实践价值导向的管理理论和规律，也正符合技术科学的以上特征。鉴于此，我们可以从技术科学观的角度来理解和把握管理研究的性质，并以"致用"的技术认识论来确立实践导向维度的评价标准。

（二）管理研究实践导向的"问题挖掘—理论构建—效益贡献"评价模型

钱学森（1957）认为，技术科学的关键是对所研究问题的认识，在摸索问题关键点时，我们必须依靠客观规律的认识，必须知道什么是原则上可行的，什么是原则上不可行的。唯有彻底掌握了客观规律，我们的探索才不会迷失方向。技术科学是从实践的经验（或目的）出发，通过科学的分析或提炼，创造出技术的理论。

从致用的逻辑来看，管理学本质上是一门技术。从技术认识论来看，技术的最终评价标准是"有效性"，即安全、实用、经济、耐久、可靠、高效、简便、美观等一系列指标，是一种技术是否成功的标志。

从以上关于技术科学和技术认识论的阐述可以了解到，把握研究问题、分析提炼理论、在实践中的有效性是实践导向的管理研究所应具备的3个基本要素，而这也可以作为实践导向的评价要素。

1. 问题挖掘

我们始终可以受益于那些引领管理实践变化并创造出无数价值的经典研究成果：泰勒的科学管理原理解决了劳动效率最大化的问题；韦伯的行政组织与法约尔的管理原则解决了组织效率最大化的问题；赫茨伯格的双因素理论解决了激励与满足感之间的关系问题；波特的竞争战略解决了如何获得企业竞争优势的问题；德鲁克让我们了解到知识员工的问题。这些经久的研究，正是基于对管理实践中重大问题的提炼，与企业有效的互动，带动了管理实践的高速发展，并引领了世界管理的发展方向。

多数科学研究都是从问题开始的，但对于实践导向的管理研究来说，不仅仅是问题导向就够了，由于管理研究的对象包含了人类活动中动态多变的现象和纷繁复杂的因素，因而对于企业经营或组织管理中各种实际经验和管理现象的深入挖掘，并提炼出具有现实意义的研究问题，就成为一项具有良好价值贡献的研究所必须具备的首要特征。因此，本文将"问题挖掘"（question-pursuing）作为评价模型的第一个评价要素。

2．理论构建

根据技术科学的属性特征，管理研究的"实践导向"并非要求我们的研究囿于纯粹的实务，简单地停留在操作的层面，而是应该实现从实务操作层面的管理经验，抽象提炼，概括上升为具有普遍规律性的管理理论，为管理实践活动提供一般性的概念框架。理论化的过程使实践者从知其然上升到知其所以然，提高了运用各种管理方法的自觉性和科学性。正如Lewin（1945）所言，没有什么东西比好的理论更具有实用价值，因为好的理论揭示了事物的本质，因而具有深刻性和普适性，对实践具有普遍的指导意义。

法约尔从高层管理者的角度通过管理实践和对管理过程的研究创立了组织管理理论，然后将其应用到下级组织机构中。他认为管理活动由5种要素构成，即计划、组织、指挥、协调、控制。这是法约尔在管理学理论上最突出的贡献，奠定了管理学的基础，建立了管理学的主要框架，影响了整个20世纪的管理学并沿用至今。此外，他根据自己多年的实践总结出了著名的14项管理原则。这些原则是任何一个管理人员在管理过程当中都会遇见的，既普遍又重要，直到今天仍然是管理者们在实践中所遵循的，也是管理学者一直关注和研究的主题。

史密斯等（2010）指出，"在各学科领域中，理论为掌握学科知识，了解其中的重要关系奠立了基础。组织管理学作为一门相对年轻的学科，理论开发尤为重要，新理论提供了重要、独特的见解，深化了该领域对管理现象的理解。要促进管理学的发展就要求我们继续进行理论开发，继续去理解组织中正在发生的各种现象。"在实践问题作为指引的情况下，理论构建不仅是必要的，而且是管理研究必需的部分，是研究成果的主要呈现方式。因此，本文将"理论构建"（theory-building）作为评价模型的第二个评价要素。

3．效益贡献

根据技术科学的属性可知，管理研究是从管理实践中提取具有一般性的对象，它的研究成果对那些管理问题有普遍的应用。提出核心竞争力理论的普拉哈拉德等认为："如果研究并不会给企业家带来利益，即在这些依靠确切、几乎很少发生的附加因素才能使条件合格的因果关系中，创业者们几乎不能发现任何价值。但这并不是他们所需要的，他们需要的是对理论的认识，需要结合不可测因素、平衡协调性和让传统研究者失望的一些相互关系来进行实践。"他们公开提倡应该把对管理实践做出贡献的重要程度作为评价研究成功与否的标杆。也可以说，评价实践导向的管理研究的关键在于其理论成果的价值贡献。

管理理论和方法来自于实践，而在管理实践的众多理论和方法中，有着一个始终不变的相同内容——提高效率，这是管理的永恒主题。管理的本质是减少消耗，追求效率，效率是管理学研究的中心。管理研究成果的实践导向，不仅表现在对于管理实践的助益，更本质的应该体现在对于管理效率的提升。于是，本文得到了第3个评价要素"效益贡献"（benefits-contributing）。

研究成果贡献效益需要以研究结论的验证效力作为支撑，同时以其推广能力作为体现，而这两个方面也反映了研究所挖掘和提炼出来的问题获得解释和解决的程度。也就是说，广泛地普及应用研究成果，以及较长时期内持续地在不同情境保持有效性，都是为了发挥研究成果的效益贡献（包括对管理实务和往后的研究活动）。因此，将"推广能力"和"验证效力"作为效益贡献的两个子要素。

综上所述，我们得到管理研究实践导向维度的"问题挖掘—理论构建—效益贡献"评价模型（简称QTB评价模型），见图1。结合以上的分析阐述，评价模

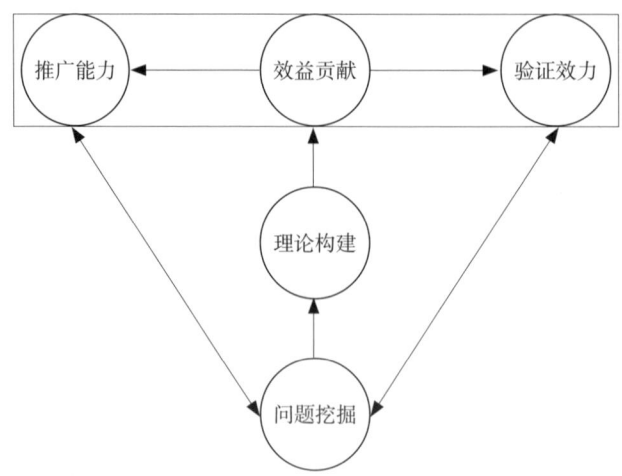

图1　管理研究实践导向的QTB评价模型

型图展示了一个逐步递进升华的研究进程和评价逻辑。此外，"效益贡献"的两个子要素——"推广能力"和"验证效力"的评价也是围绕研究问题展开的。图1中两条双向箭头，分别连接"问题挖掘"与"推广能力"和"验证效力"，就构成了一个反馈和相互检验与印证的体系。

评价模型中的三大评价要素：问题挖掘、理论构建、效益贡献（推广能力、验证效力），分别对应着管理研究的选题来源、研究过程、研究成果。对此，可以借助"管理研究之树"的隐喻来呈现这个升华的过程：从实践的土壤中获得灵感，挖掘问题；通过管理研究的抽象提炼，构建理论；推广应用并保持持久效力，贡献效益。这个评价模型通过对研究成果的评价，在一定程度上也反映了管理研究在整个过程中所体现出来的"实践导向"程度的高低。

二、基于QTB评价模型的指标体系构建

根据QTB评价模型，通过回顾管理学百年发展中的经典研究成果，我们进一步探索这三大评价要素相应的评价指标，进而整理构建出管理研究成果在实践导向维度下的评价指标体系。

（一）实践导向的"问题挖掘"评价指标

管理研究成果在"问题挖掘"评价要素下，可以从研究问题的"关键度"和"现实感"两个方面设置指标。

（1）关键度。是指甄别出关键、重大的研究问题，独创性地发现新问题，关注到以往未能解释的、反直觉的现象中蕴含的问题，这是一般科学研究所应具有的特征。而对于管理研究的研究问题，其关键程度还具体表现在以下方面：研究选题是否属于受到普遍关注的问题，尤其是引起了管理者群体广泛关注的、制约效率提升的瓶颈问题。管理研究需要聚焦于管理活动中的关键问题。例如，巴纳德在研究实体组织的基础上，将研究的重点放在了组织管理的实质内容——"决策"上，并对组织决策中的战略制约因素给予了详细分析，对决策理论的形成和发展具有重要影响。即使研究所提出的问题是尚未受到普遍关注的问题，也要创造性地提出新问题。以往理论未能解释的、反直觉的管理现象中蕴含的问题，对于管理研究来说也是非常重要和关键的。因此，研究可以寻找和挖掘现有理论和研究文献与管理实践中的现实经验和现象之间的隔阂与矛盾之处。研究问

题的"关键度"的 3 级评价指标包括：①对于经营和管理效率提升的重要性；②提出独到的、开创性的问题；③关注到违反以往理论解释和预测的现象和问题。见表 1。

表1 管理研究成果评价的实践导向指标体系

1级指标	2级指标	2级指标描述	3级指标（条目示例）
问题挖掘	关键度	甄别出关键/重大的研究问题，独创性地发现新问题，关注到以往未能解释的、反直觉的现象中蕴含的问题	对于经营和管理效率提升的重要性；提出独到的、开创性的问题；关注到违反以往理论解释和预测的现象和问题……
	现实感	研究问题的来源具有现实基础，研究目的在于提供更好的理论工具，用于指导实践，提升技能	研究主题符合时代背景的现实和实践发展的需要；对管理者及利益相关者产生影响；是否包含道德、伦理等人本要素……
理论构建	承继性	对以往研究的回顾与总结，通过"站在巨人的肩膀上"体现研究基础的高度，以及对已有研究成果的延续与发展	对文献的回顾与总结的丰富程度；阐明已有研究或理论与实践经验的差距……
	严谨性	研究过程中使用方法的规范性、工具的合理性及科学性，实证数据的准确性，并保持清晰严谨的研究逻辑	假设合理并反映现实；体现清晰严谨的研究逻辑；研究方法规范科学；实证数据和案例资料准确……
	概括性	将复杂问题简单化，从实践中的复杂现象中提炼出一般性规律，从众多零散的现实经验中总结出普适方法，形成较为完整的理论体系	概念的抽象度和解释力；提炼出管理现象的本质要素；经验总结和规律提炼形成理论体系……
	超越性	通过新知识的创造、概念提炼、实际经验的归纳抽象，与以往的研究成果相比，达到一个更高的理论层次，形成更完善、更具解释力和预测力的理论体系	提供了新的管理思想、方法、技术、工具；引入了新的哲学基础并建立新的分析框架；揭示了新的管理逻辑……
效益贡献	推广能力	成果适用范围的大小、知识转化和传递的潜力、研究结论的可复制程度；通过对学科发展的推动体现实践价值的拓展与延续	研究问题的具体解决方案；易读、简洁、通俗的程度；被咨询公司、管理教育、培训机构的采用程度；成果应用的采纳程度……
	验证效力	从时间维度和空间维度，分别考量研究成果和研究结论是否保持有效性	在不同组织类型和文化背景下的适用性；解决方案和结论的有效性可以在较长时期内得以持续地验证……

（2）现实感。研究问题的现实感不同于研究问题的重大、关键程度，因为管理研究中被认为重要的问题和现象，并不一定就是现实感十分强的、直面管理实践的。研究问题不是着眼于理论界、学术界的研究热点和前沿，跟随这些潮流进行研究的选题，也许这样更容易获得评委的青睐且成果更易发表，但对于实践导向的管理研究来说，更重要的应该是对于管理实践中的实际现象和现实问题的关注。研究问题的"现实感"的3级指标包括：①研究主题符合时代背景的现实和实践发展的需要；②对管理者及利益相关者产生影响；③是否包含道德、伦理等人本要素。例如，"定位之父"特劳特的研究有一个清晰的目标导向：解决在同质化时代企业如何竞争的问题。又如，泰勒研究科学管理原理的出发点是为了改变当时工厂工人磨洋工和浪费时间的问题，提高效率，并力图实现管理者和被管理者之间的和谐，实现企业内劳资双方由对立走向共同合作。再如，当分工理论越来越不能适应客观环境的变化和日新月异的管理实践，企业再造理论的兴起，力求从根本上改变这种冗长的流程设置，以最简便、最直接的方式贴近顾客，为企业经营管理方式提供了一种新理念和新技术。关于研究问题是否包含道德和伦理因素的考虑，主要是基于Ghoshal（2005）提出的一个问题，许多管理理论缺乏对人本因素的关注，正在误导职业经理人，从而伤害管理实践的成效，见表1。

（二）实践导向的"理论构建"评价指标

管理研究成果在"理论构建"这一评价要素下，可以从承继性、严谨性、概括性和超越性4个方面设置指标，实施进一步的评价。

（1）承继性。实践导向的管理研究在理论构建过程中需要具备承继性，这不仅是一般科学研究的要求，更是实践导向的重要基础。对已有研究的回顾和总结的广度与深度，是推进研究进程和提出独创性成果的重要基础。唯有站在巨人的肩膀上，我们的管理研究才可能站得高看得远，正如沈超红等（2011）所指出的，面向实践的管理研究也要阅读文献。正是文献与现实经验的冲突推动着学者们的探索，没有前沿文献作为参考系，就无法判断管理实践所隐含的价值。只有在文献阅读的基础上，以之作为参考系，才可能敏锐地判断实践的创新性。这里所说的文献阅读，其实正是一个对已有研究成果的回顾与总结的过程，这样才能体现管理研究的承继性。

例如，泰勒的科学管理原理，是前人管理思想和以往研究成果的一次大综合，其中蕴含着许多人的心血和经验，如巴贝奇的作业研究、汤尼的收益分配思想、杰文斯的劳动强度和疲劳问题研究，以及和泰勒同时代的甘特、怀特、巴恩等人的贡献，泰勒是他们的集大成者。正如英国管理学家厄威克（2007）所说："泰勒所做的工作并不是发明某种全新的东西，而是把整个19世纪在英美两国产生、发展起来的东西加以综合，而形成一整套思想。他使一系列无条理的首创事物和实验有了一个哲学的体系，称之为科学管理。"再如，巴纳德的社会系统理论在前人的基础上实现了一系列的理论创新，如在吸收了古典组织理论精华的基础上，提出了组织是一个动态的协作系统，进而提出了组织构成的3要素（组织的共同目标、协作意愿、信息沟通）。"理论构建"评价要素下的承继性的3级指标包括：①对文献的回顾与总结的丰富程度；②阐明已有研究或理论与实践经验的差距。

（2）严谨性。指的是研究过程中使用方法的规范性、工具的合理性及科学性，实证数据的准确性，并保持清晰严谨的研究逻辑，这是得出有效的研究结论和理论成果的重要保证。从技术科学的属性特征来看，这是管理研究实现从原始的管理经验上升到具有指导意义的规律性理论的一个重要方面。在这个方面，泰勒的科学管理原理作为管理学的开创性研究成果，已经做出了示范。为了提高企业的管理水平，泰勒认识到必须使用科学的方法进行实验，于是他组织了专家实验小组，挑选了最优秀的工人，记录了他们的每一个动作，然后根据工作日写实记录，保留有效劳动，去除无效劳动，按照操作步骤进行实地测量并研究工时消耗的状况，最后得出标准的工作时间和工作方法。此外，管理研究应当能够响应管理实践的现实需要，为实践、教学和研究提供新的理论方法或思维方式，为管理实践及相关的研究活动贡献有效的方法论。"理论构建"评价要素下严谨性的3级指标包括：①假设合理并反映现实；②体现清晰严谨的研究逻辑；③研究方法规范科学；④实证数据和案例资料准确。

（3）概括性。指的是管理研究成果需要体现出强大的概念力，即复杂问题简单化。其价值在于能够使我们从实践中的复杂现象中提炼出一般性规律，从众多零散的现实经验中总结出普适方法，进而形成较为完整的理论体系。那些贡献了重大管理理论价值的研究者都具有这样的能力，例如分工理论、计划管理、竞争战略、人力资源与人力资本、知识员工、企业文化等等。当我们学习并理解这些概念时，可以清晰地知道企业运行背后的复杂性以及解决之道。例如，对于波特的竞争战略理论，虽然有些人批评其所提出的决定战略的因素过于简单，没有足够的选择性,但是事实上,波特的研究成果的魅力正在于它的简单化。他要求读者们把他的模型作为起点来理解。一旦合理使用这些模型,它们就将成为辨别环境和确定战略方向的、高度灵活的分析工具,尤其是在国际战略领域。与"概括性"相对应的3级指标包括:①概念的抽象度和解释力;②提炼出管理现象的本质要素;③经验总结和规律提炼形成理论体系。

（4）超越性。实践导向的管理研究在理论构建的过程中也包含着创新,不是简单的概念创造,而是相对于以往的理论具有超越性,对管理者大有裨益的创造性理论成果。这种实践导向的创新和超越性表现为:①研究成果为管理实务提供了新的管理思想、方法、技术、工具。例如,波特把企业战略管理和应用微观经济学这两个从前独立的研究领域联系起来,创立了有效的分析模型和工具。他的竞争战略理论彻底改变了企业战略的研究方法。此外,通过强调企业必须在完全全球化和完全本土化间进行选择的观点,为构造最强的优势战略提供了分析框架,波特的研究成果使国际经营具有了更多的选择性,操作上也具有更大的自由性。②研究成果引入了新的哲学基础并建立新的分析框架。例如,巴纳德将系统观应用于组织研究。他开创性地从社会学的视角运用系统分析的方法,围绕着"组织协作""经理的职能""组织决策""组织权威"和"组织平衡"等问题进行了研究和归纳,形成和建立了孔茨所称的社会系统理论。他通过运用系统理论的知识,将企业和组织看作是一个相互关系的协作系统,不仅注重组织内部的协作,还注重组织对外的平衡,将企业组织完全放在社会这个大环境中去考察,为系统管理理论的产生提供了理论基础。③研究成果揭示了新的管理逻辑。例如,Sarasvathy等提出的创业行动逻辑理论,为创业成败的原因提供了新的解释,认为是"创业行动逻辑"的差异导致了创业绩效的高低。这一理论成果整合了以往的资源论、机会论等研究范式,为创业研究提供了一种新的范式,一种新的分析框架或新的视角,使人们看到该理论产生了以前看不到的东西。这3种超越性的表现可以作为"超越性"相应的3级评价指标。

（三）实践导向的"效益贡献"评价指标

对于管理研究成果的"效益贡献",可以根据"推广能力"和"验证效力"两个子要素进行评价指标的设置。

（1）推广能力。指的是成果适用范围的大小、知识转化和传递的潜力、研究结论的可复制程度。相应的3级指标包括:①研究问题的具体解决方案;②易读、简洁、通俗的程度；③被咨询公司、管理教育、培训机构的采用程度；④成果应用的采纳程度。例如，威廉·大内在其《Z理论——美国企业界如何迎接日本的挑战》中，针对如何向Z型组织转化，明确给出了实现转化的13个步骤。核心竞争力理论和战略意图的提出者哈默尔与普拉哈拉德，其成果主要都发表在实践导向型的期刊《哈佛商业评论》上，据此可以了解到其研究成果通俗易读的特性，其中有几篇还获得了麦肯锡年度最佳论文奖，进一步表明他们的成果获得了咨询等实务界的认可。全面质量管理理论在20世纪80年代末90年代初受到大力提倡，并被公共部门广泛采纳和应用，西方发达国家开始在政府机关和一些高校中尝试实施。

此外，实践导向的研究成果不仅有社会效益，还对管理知识体系和研究脉络有所贡献，正如Vandeven等（2006）所说，实践导向的研究也应当能够推进某一领域内的管理研究和知识。也就是能够对同行研究者以及管理咨询机构等知识转化环节有所助益，此即对学科发展的效益，也是研究成果通过推动学科发展来体现实践价值的拓展和延续。

（2）验证效力。指的是从空间和时间两个维度，分别考量研究成果及结论是否能广泛、持久地保持有效性。相应的3级指标包括：①研究成果在不同组织类型和文化背景下的适用性；②解决方案和结论的有效性可以在较长时期内得以持续地验证。例如，韦伯的行政组织理论最早被人们认可，并在各种组织中都能较好地适用。德鲁克在《公司的概念》中提出的分权管理应当成为企业主体行为的基本原则，这一结论在诸多企业的管理实践中都先后得到验证，包括后来崛起的福特汽车公司、通用电气公司以及如今销售额突破千亿元的美的集团。

综合以上三大评价要素下的2级指标，以及对3级指标项目设置的探索，我们可以汇总得到基于"问题挖掘—理论构建—效益贡献"QBT评价模型的指标体系（表1），作为管理研究成果实践导向维度评价的一个基本框架。鉴于管理研究的多样性和复杂性，一套指标体系恐怕难以对研究成果所有的特征都实现涵盖，因此，我们在确立了三大评价要素及其2级指标后，对于3级评价指标只是做一个探索式的设置，在具体的评价操作中可能还需要根据实际情况增加或调整一些项目。

三、结语

本文所提出的评价指标体系还只是一个初步的探索，也许无法面面俱到地涵盖所有研究成果的全部属性特征，但评价模型的提出和指标体系的构建，为我们的管理研究指明了一个价值追求的方向，或许无法要求所有的管理研究成果达到以上所有的项目指标，但这些管理学优秀研究成果所表现出来的特质，至少提供了一个使我们的研究更有实践价值和意义的参考框架。

（原载：《管理学报》，2012年第3期；合作者：陈鸿志）

管理理论实践转化中的异化应用现象探析

一、管理理论效用不足与理论异化应用

管理学这一学科区别于其他社会科学的显著特点之一便是它的理论与知识具有明显的实践应用特征。管理学从决策、组织、经营、管理和各个社会环节之间的内在联系入手，研究其中的规律性，从而提出解决问题的各种方案，为各个实践主体的目标制定、执行和达成提供科学的决策依据。回溯管理学产生的历史，能更加清晰而明确地确认管理学的实践应用特性，无论是泰勒的科学管理还是梅奥的人际关系管理都是源自工厂管理实践而又广泛被企业和工厂所使用。管理学"真正的功用是将复杂、专业化的东西落实到行动上面"。由此看来，管理学作为一门实践导向的社会科学，其理论、知识和工具应当比其他学科包含更多的实践价值判断与选择。

（一）管理理论的实践效用不足问题

管理科学理论研究，甚至工商管理教育脱离公司企业经营管理实际，以及管理理论与知识不能达到解决所对应实践问题的现实，使越来越多的企业家、经理人员乃至相当一部分管理研究者越来越怀疑管理科学和理论研究的实践效用和科学价值。Kelemen等（2002）对管理研究成果与管理实践关联的分析研究，证实大部分管理研究成果停留在学术期刊，无法与实践者"对话"，只有极少数学者在企业家或经理人员关注的实践期刊发表过文章。当前管理知识和研究似乎更多地成为学术圈内自我循环和功利价值的知识游戏，没有贴近企业经营现实、提出贴近管理实践的"正确的问题"和"创造可管理实践成效的知识"，因而对工商实践的价值贡献递减甚至毫无价值。国内许多学者对当前管理研究成果与管理实践脱节而产生的实践效用不足的现象进行了批判和深入分析，不少研究者都赞同应当直面管理实践，把实践效用作为评判管理研究成果的主要标准之一。

（二）管理理论的异化应用与实践效用不足

管理研究不能令人满意的现实确实能够导致管理理论与研究的实践生产性和实效性降低甚至无效，然而，如果将管理研究的失职与失能作为管理理论与知识实践效用递减的唯一或主导性因素，也是不妥的。企业的实践者尤其是经理管理人员对管理理论与知识的刻意曲解或一知半解，这种"异化应用"也是造成管理理论与知识实践效用递减甚至失效的主要原因之一。根据《现代汉语词典》的解释，"异化"指的是相同的事物逐渐变得不相似或不相同，而在哲学中主要是指主体发展分裂出异于自己的对立面和力量。管理科学和理论实践转化中的异化应用指的是在管理理论与研究成果向管理实践迁移转化过程中，实践者有选择性地剥离、裂解、曲解管理思想和知识的核心构件、关联关系、应用条件或环境，造成管理理论与研究转化中的扭曲变异，继而导致管理理论或知识的实践效用递减甚至反效用的现象。这种异化应用主要有以下3种形态：

（1）割裂内核式应用。即肢解或有选择性地"解读"管理理论的精神与主体思想，吸纳或强化该管理理论的技术方法和手段。这种"裂其神而用其形"的应用偏离了管理理论的主旨精神，必然导致其管理思想的异化实践。这是管理理论异化应用的最典型和最集中的表现形态。例如，目标管理本应当是一种员工参与的、民主的、自我控制的管理制度和企业解决方案，但在目标管理的实践应用中，"员工参与、民主管理"等人本管理要素往往被"割舍"，目标的"自我控制"也被"目标压力"所替换，目标管理往往被异化为"目标控制""结果主义""目标摊派"。

（2）改变结构式应用。即按照管理者自己的看法对管理理论进行"创新"改造，改变了管理理论的知识要素和内在关联，从而使管理理论的效用机理发生了改变，这种"移花接木"的改变也容易导致异化实践。例如，在企业文化的应用实践中，不少实践者将员工支持认同和实践的价值观，换成领导主张推行和贯彻的价值观，从而将"领导主导、员工主体、全员参与"的企业文化建设模式变为"领导主导、领导主体、员工执行"的企业文化建设模式，这种结构性改造，必然导致企业文化理论的异化应用，使企业文化异化为一种新的压迫员工的手段。

（3）"无条件"式的应用。任何管理理论的应用和效果实现都有其使用前提和作用发生的条件，无视其应用的前提与环境尤其是关键条件，也必然导致管理理论的异化实践和失效。一些企业和经理人为了突出业绩，显示自身管理理念的新颖性、现代性和先进性，热衷彼时新生或流行的管理思想、管理知识和管理工具，而不深究这些知识和工具的应用条件，或者不顾应用条件而上新的管理项目。20世纪90年代全球流行"流程再造"理论，许多企业只要发现本企业运营效率下降、经营业绩不达标、竞争力不足，马上想到的就是流程再造，他们往往忽视了流程再造需要的环境条件和员工组织条件，其后果可想而知。

在管理理论的实践应用中，企业经营和管理者根据自己"合目的性"的动机和选择性偏好，选择性、变异性和便利性使用管理理论与研究成果的现象并不鲜见。例如，一些企业经营者将"企业社会责任"理解成为社会多做公益、多做好事、捐资赞助，而忽视了企业社会责任当中的"底限责任"——产品质量责任、客户服务责任、环境保护责任、就业公平责任、公平竞争责任等。他们一方面不断在阳光下赞助公益、济世苍生，一方面持续在星光下生产和销售劣质产品、污染环境、坑害消费者、积累财富。这种缺乏底线伦理前提的功利化社会责任行为，脱离了社会责任的道德根系，终究不会让企业因为（貌似）"做好事"而做得好，安然公司、三鹿集团的垮塌就是最典型的反面教材。

二、管理理论异化应用的经典案例分析

管理理论的异化应用行为在管理学科产生之时既已存在，其中最有名的莫过于泰勒的科学管理与"效率制"引起的争议。泰勒的科学管理理论包含一套相互联系的理论要素或结构，比如，劳资合作与利益最大化、工时研究与任务管理制、头等工人与差别计件工资制、科学挑选工人与教育培训、计划管理与例外原则、流程分工与职能工长等。但在阐明这些管理要素之前以及论述科学管理过程之后，泰勒均指出了科学管理最重要的目的或实质，他说："管理的主要目的应是在确保每一个雇主获得最大限度的财富的同时，也确保每一个雇员能获得最大限度的利益"。在"共同得益"基础上，在"积极性+刺激性"的制度框架下，劳资双方都把注意力放在如何提高生产管理效率上，最大化地做大盈余，使劳资双方都获得最大限度的利益。

泰勒在科学管理的理解和使用方面一再强调：构成科学管理的不是任何一个因素，而是各种因素组成的整体。然而，在科学管理诞生并取得成功后，许多雇

主和管理咨询"专家",恰恰忽略了各种要素组成的整体性,他们"异化"了科学管理思想,剥离了泰勒反复主张的劳资双方的共同得益和友好合作的科学管理实质,而将科学管理的其他要素视为大大消减成本和提高效率的"金科玉律",即效率制。就在当时,突然出现了一批"效率专家",他们纷纷帮助企业开展工时研究,制定工作标准,促进企业大幅度提高工人的工作效率,并减少工作过程中的浪费,但却对科学地增加工人工资标准,甚至适度增加工资,漠不关心。许多企业纷纷仿效科学管理方法,在企业内部设定计划部门,制定任务计划和任务执行制度,并引入泰勒的成本会计方法,提高了生产运营效率但却没有把劳资关系这一工厂管理"这种艺术中最重要的组成部分"考虑在提高生产运营管理的计划内,他们忘却了泰勒关于科学管理方法的理念——"新的方法就是把工人看作兄弟一样进行教导和帮助,教他学会最好的工作方法,即最容易完成这种工作的方法"。这种唯效率主义的"效率制",败坏了科学管理的名声,使得实行泰勒制的企业,无论古今都被贴上了"血汗工厂"的标签。许多企业的工人罢工,工会组织、国会议员纷纷对泰勒及其科学管理进行"口诛笔伐",最后美国众议院对此进行调查并要求泰勒参加听证会并进行答辩。在答辩中泰勒强调科学管理的各种要素都是科学管理的"有益的辅助手段",而科学管理的实质则是劳资双方的全面的心理革命。时至今日,科学管理仍然是世界各地企业经营管理者十分重视的管理思想和方法,但许多实践者同样异化应用着科学管理,他们所看重的依然是那些能够迅速提高经营效率,增加经营者财富的"手段系统",同样忘却了泰勒倡导的科学管理基本目标,"作为这一过程的结果,组织的实际活动变成组织程序中某些特有的组织活动,而不是针对基本目标去进行的活动"。异化应用的最终结果是"为了某种效率而牺牲人类独具的心灵特征,会使人类一切进步尽归枉然"。当前许多企业发生的"过劳死"现象、富士康公司持续的跳楼自杀事件,足以给效率至上者以警醒。

三、管理理论实践转化中异化应用的原因探析

科学管理的异化应用并不是有影响力的管理理论异化应用的个案,后来的目标管理、企业文化、企业社会责任、平衡计分卡、企业社会资本等管理理论与方法,在向管理实践转化应用中均存在被异化使用的现象。进一步,如果说某种管理理论与管理科学知识尚处于创立和完善阶段,其被管理实践者一知半解地误

用，容易让人理解为理论的不成熟和方法的不稳定；而对于那些管理理论基本定型，并被广泛教育传播的具有影响力的管理理论与方法的异化使用现象，其产生原因恐怕用"一知半解地误用"来解释是不能令人信服的。通过与企业实践者不断接触沟通以及对文献案例的追踪，本文认为有3个因素是导致管理理论实践转化异化应用的主要原因。

（一）经营管理者的利己及私人收益动机和管理理论诉求及原则不一致导致的异化应用

企业的经营管理者是管理理论与知识实践转化的决策者、领导者乃至执行者，他们的动机与觉悟直接决定了管理理论与方法使用的科学性和应用水平，主导了管理理论实践应用的效果。如果经营管理者在采纳管理理论与知识前后，能够回避个人利害动机，站在企业整体和长远发展角度思考和推动企业的管理变革，则他们更可能站在"价值中立"的角度来推动管理理论与方法的实践应用，那么，异化应用发生的可能性将大大降低。反之，如果经营管理者在决定使用某种管理理念与思想时，过多考虑个人的利益得失，而准备采用的管理理论诉求与原则中，既有能极大增强其个人利益与权威的方法，又存在与其个人私利和想法不相容的原则时，那么，决策者和执行者在采纳和推广某一管理理论与知识时，必然会对管理理论进行有利于自己和利益攸关者的剪切与改造，从而导致管理理论的整体效用的递减，甚至异化为该管理理论诉求的对立面。20世纪80年代，以《日本企业管理艺术》《Z理论——美国企业界怎样迎接日本的挑战》等"四重奏"为代表而兴起的企业文化理论，一度给工商管理界带来了管理文明的清风。但在实践应用中，许多企业家和经理人将企业文化视为"老板文化"和老板的价值观，甚至认为企业文化可以给员工"洗脑"，增强管理者的权威，加强对员工的管理控制，激发员工主动性和上进心，塑造良好的外部形象，做到"控制上有工具，市场上有形象"。他们刻意忽略了企业文化特性之一："员工主体性"——企业文化是全体员工在实践中建设、共享、促进企业与人共同发展的文明精神准则，担心员工的民主参与和集体诉求，将削弱领导与管理者的权力和权威，大幅增加内部管理的时间成本和社会成本。由此而推广运作的企业文化，成为一种"老板拍板、领导灌输、全员执行、墙上功夫、仪式隆重、面子风光、实不堪用"的管理"作秀"，远离了企业文化作为组织成员共同享有且视为理所当然的基本信念，难以成为"众人心悦诚服的行事准则"。

（二）经营管理者的选择性偏好导致的管理理论异化应用

经营管理者在长期的经营管理实践中积累了丰富的管理经验，并形成了自身的管理风格和管理习惯。当接触新的管理理念和管理思想时，习惯、经验、职业敏感性等心理定势必然影响他们对管理思想不同要素的价值性、重要性、实用性、可操作性的判断与选择。一旦管理者准备采用某一管理理论与方法时，他们往往会按照自己的选择性偏好来剪裁、改造管理理论与方法，使之成为自己"应手"、方便的管理工具，这种选择性偏好引起管理理论转化中的异化应用。众多企业家和经理人推崇和采用科学管理，主要是科学管理为他们提供了一套他们长期关注和专注的激发员工潜力、优化经营管理流程、降低成本消耗、提升资产回报率的管理制度与方法。他们把科学管理当做"各取所需"的工具库，关注企业生产运营过程管理的经理人在计划和任务方面找到科学管理的"点子"；热衷员工工作效率的经理人在科学挑选、培训、工资方面寻找科学管理的"良方"。在德鲁克的目标管理理论异化应用方面，也存在同样的选择性偏好：关系型领导更愿意在目标管理中，找到如何帮助其到达目标而不破坏其领导权威或魅力的目标执行过程的手段与方法；任务型领导偏好于目标与考核的数学运算，如何通过结果和绩效来强化对部门和员工的控制。这种"择其所好而用之"的管理理论实践模式，必然割裂管理理论要素逻辑的完整性，导致手段与目标模糊不清或本末倒置，它可能短期内会带来经营管理效率和利润的增长，但其造成的管理隐患之害往往甚于收益。

（三）企业任务环境压力导致的管理理论异化应用

企业的成长与发展经常必须面对动荡复杂和不确定性的内外部环境，尤其是竞争的压力、目标任务压力和诸多影响企业稳定或创新的迫在眉睫的管理问题。在任务压力的环境下，尤其是企业的经营遇到重大危机（如品牌信誉危机、退市危机、组织解体危机、零增长危机）时，企业经营管理者往往容易出现病急乱投医和头痛医头、脚痛医脚的现象。他们首要考虑的是这一管理理论与方法当中哪些知识、做法和管理措施能够迅速帮助他们应对经营管理的困境，而对于管理理论与方法实践应用应当要注意的其他理论要素和管理链条，则认为是可以回避或者无暇顾及的。这种"头痛医头、脚痛医脚"式的问题解决模式极易导致管理理论在实践中的异化应用，而当运用某一理论工具不能有效改观企业的经营环境时，决策者又易于否定管理理论的实践效用。例如，目标管理理论之所以长期受到经理人的"青睐",除了其本身具备较为系统和实用的目标管理理念和结构外,还在于许多经营者和管理者能在企业和自身面临重大经营环境压力和危机时,他们能够借此"合规性"动用手中的权力和资源将经营环境压力分解给下属部门和人员,并按照目标管理的"技术流程与方法",在规定时间控制下,锁定下属部门和人员的业绩目标执行情况与结果,而这种压力传递甚至是"转嫁",事先一般不会有真诚、平等、民主的下属参与,目标的过程控制更多的是"任务控制"而非员工的"自我控制"。

(四)管理理论异化应用的"机会主义成功"将促进异化应用的复制扩散

泰勒曾经因为科学管理被当作"效率制"异化应用,而受到工人、工会和公众的质疑和指责,并到国会接受听证答辩。但这似乎并没有影响到贴着科学管理标签的"效率制"大行其道,其主要原因在于许多企业都因为科学管理的异化应用,在所有者和管理者财富增长方面获得"机会主义成功",这极大地刺激了其他企业的异化应用的热情和信心,它们积极模仿复制"效率制"模式的科学管理而非"科学管理"的效率模式。管理理论异化应用的发生尤其是持续存在,异化应用"尝鲜者"获得机会主义成功所产生的示范效应是其主要因素之一。剥离管理理论中涉及人的精神和心理的管理要素,那些有关人—事组合管理、事—事科学设计的管理要素和机制,既容易执行更容易见效,这正是管理理论异化应用发生和复制扩散的机会主义动因。

四、避免管理科学异化应用的建议

管理理论的异化应用不仅影响了管理理论的实践效用,导致了实践者对管理科学有效性和有用性的质疑,而且本身容易制造更多的管理实践问题,引起或加剧企业核心利益相关者的冲突和紧张,降低企业的竞争力。为此,有必要提出避免管理科学异化应用的对策措施来推动管理科学的正确转化应用,提高管理理论解决相应实践问题的效能。行动科学介入、变革型领导塑造和学习型组织建设是3个可供参考的建议。

(一)管理理论实践转化的行动科学介入

对于管理理论实践转化的方法而言,要避免转化中的异化应用,就应当引入"行动科学"和"行动科学家"这一科学工具和角色。Gum Messon（2006）认为，对管理知识导入实践或针对经营性公司实践变革而言，必须引入行动科学和行动科学家，它能"为客户和科学做出贡献"。行动科学既要忠诚于知识，也要忠诚于实践者的目标，追求把研究实践和实践者行动结合起来；作为行动科学执行者的行动科学家——研究者、企业实践者、咨询师，他们必须处理好公司利益和科学利益之间的关系，"能使应用中的理论简洁明了，需要学会设计和创造出有助于启发思考和行动的新的应用理论"。行动科学家的嵌入，并"担负起变革代理人的角色"，不仅能够准确地传播和使用管理科学的研究成果和思想，更为重要的是，他们深度参与企业实践活动中——承担责任并拥有一定的组织权力，能通过各种数据搜集方法把控管理理念变革与执行的过程、效果、影响力、问题，并根据"实施环境"变化进行调整和更新，建立一条"预知—熟知—预知"的管理思想转化应用的螺旋链，既避免了管理思想的异化应用，又对管理思想进行了权变应用性创新。

（二）高管人员应克服功利心态成为变革型领导

企业引入一套新的管理理念和工具来促进公司的管理变革，提升适应力或竞争力，其成败的关键在于领导班子的领导品质、动机和行动力。前已述及，多数管理思想的异化使用都和领导者的心态和角色存在密切关系。不论是出于个人或小团体私利的变革价值取向，还是急于求成的变革行动取向，这种交易型领导的功利心态都容易导致管理理念和知识在企业变革创新中被误用或扭曲，从而导致变革的失败。实际上，在企业应用管理理念来推动和运作公司的变革创新中，其高管人员最适合采用或营造的是变革型领导风格与氛围。变革型领导是要求采纳新的管理理念与方法的领导者，应当具有德行垂范、领导魅力、愿景激励以及个性化关怀等变革型特质。只有具备这些领导风格，才能有效建立领导者和下属之间的高度信任关系，刺激部属对引入新的管理思想和理念、推动管理变革意义和价值的高度认知和认同，激发其严肃执行上级领导者管理变革举措的组织政治知觉，引导他们在组织或团队中超越自己的私心，并诱发部属至较高的标准需求和组织公民行为。在这种氛围与环境中，引入的管理理念和方法，容易得到自上而下和自下而上的双向认同，其精神能够渗透到组织和员工内心深处，企业组织也能够为应用该管理思想和理念创造条件，由此，管理思想、理念和方法能够被正确转化应用，企业管理变革成功的可能性更大。

（三）管理理论实践应用的学习型组织建设

在避免管理理论异化应用中，企业学习型组织建设是其中关键一环，无论是行动科学的落地还是变革型领导推动管理创新的执行，都需要构建一个强有力的学习型组织。首先，学习型组织建设过程就是企业全员系统思考和自我超越的过程，企业全体员工对内部管理和工作惯性进行辩证的"新陈代谢"，形成变革和重塑自我的组织共识和学习氛围。这种组织共识和学习氛围的产生，能够极大地降低新的管理理念应用和操作的心理成本及组织成本，为管理理论实践转化累积组织能量。其次，学习型组织能够通过分享机制和创造机制，确保管理知识被正确地学习和传播，变成企业可移植的管理手段和方法。管理思想尤其是其精神的正确理解是管理理论转化的知识前提，通过分享机制，可以减少企业成员对管理思想尤其是其核心观点的误读。通过创造机制，企业员工能够群策群力，结合各自工作实际，提出应用新的管理理念和工具的改造方案和对策措施，使管理理论的落地能够面对实践情境和实践问题。

（原载：《管理学报》，2013年第3期；合作者：乐国林、毛淑珍）

基于中国本土领先企业管理实践研究的4P方法论探索

自直面中国管理实践的研究议题在国内乃至海外兴起以来，越来越多的学者和实践者参与其中。近5年来，许多学者正朝着通过何种路径来构建中国本土管理知识和发展管理的中国理论展开探讨。虽然许多学者对此都提出了真知灼见，但笔者尤感研究者在面对复杂而多样的中国管理实践，从而发展兼具"理论特征和实践成效"的管理知识方面，还有很长的路要走，还有许多悬而未决的问题需要面对。基于此，本研究针对扎根与沉浸于中国情境的管理实践，发现和解决管理实践的重要问题，找出中国管理实践的本质属性的管理实践研究，探索基于中国领先企业实践的本土管理研究方法论。

一、中国本土管理研究路径探索的文献分析

如何开展中国本土管理研究，尤其是直面管理实践的研究；选择何种路径和方法论才能发展具有科学价值、本土情境、话语认同的中国理论？这是近年来众多学者思考和探索的问题。回溯有关这一主题的文献可以看到，研究者在掌握基本的社会科学方法论和把握中国管理研究总体现状的前提下，主要是从破立结合、情境与文化、科学方法论范式等3个视角来探索本土管理研究道路问题的。

（1）从"破立结合"方面而言，本土管理研究道路探索主要是基于两个破除和直面管理实践而提出的，即破除"唯实证主义"的科学研究"神塔"和破除管理研究者脱离实践的"自娱自乐"的样态。

针对实证研究在中国管理研究中的滥用和神化，其成果价值和影响力十分有限，而又阻碍了多元研究范式在中国管理研究中的普及和呈现。许多学者，如韩

巍（2011）、吕力（2011）、陈春花（2010）等，从方法论、哲学、研究主体、实践成效、成果评价等方面进行了批判；针对管理研究和管理研究者普遍存在的脱离实践的研究现状，几乎所有致力于"管理中国理论"研究的学者都在进行反思，尤以齐善鸿等39位学者联署文章《出路与展望：直面中国管理实践》和《管理学报》社评《再问管理学——"管理学在中国"质疑》等为代表。

在批判和反思过程中，许多学者"破旧立新"，提出了本土管理研究的道路，这些道路的搜索基本涵盖了上文中提到的情境与文化、科学方法论辨析和整合两个视角。例如：席酉民等（2010）提出中国的管理研究，应当扎根于中国文化传统、社会情境、组织经验基础上，重新"归纳"具有"本土化"经验支撑的研究路径；谢佩洪等（2012）在批判性总结国内管理研究问题的基础上，认为基于中国传统文化、基于近现代的中国管理实践和西方管理理论的中国情境化这3种路径都对中国本土管理的发展有裨益；吕力（2013）提出要用规范的研究和方法论而非实证的方式来解决中国本土管理实践中的现实问题与矛盾。

（2）就情境与文化视角而言，主要是基于情境与文化对既有管理理论与知识的改变（情境敏感性）和特定情境与文化的管理时间可能产生独特的管理知识（情境创造性）来探索如何在本土管理研究中嵌入情境与文化的变量，或直接以后者为主导来发现中国本土管理的特质。

从这一角度探索中国本土管理研究路径，在当前国内这一主题研究中占据主导位置。以Li（2002）和Tsui（2002）等为代表的海外学者较早提出应关注情境在中国管理实践和中国管理学科发展中的重要价值，认为应当考虑中国的制度、社会结构和文化3种情境因素，开展高水平本土化研究，从而拓展已有理论甚至建立新的管理理论。Tsui主张在本土情境开展管理研究时，其方法论应把握关联原则、效度原则和归纳原则，这是在探寻情境的经验逻辑时应当把握的方法。Child（2009）提出中国情境化研究要在中国背景下完善其他情境提出的管理理论和基于中国独有管理现象的管理理论两种研究路径。任兵等（2014）提出用"现象驱动"和"理论启发"两种思路来作为学者进行深度情境化的中国管理理论研究的渐进式路径。苏敬勤等通过对管理研究文献的内容分析，指出情境视角下的中国管理研究包括直接利用、有限情境化研究和深度情境化研究3种主要路径。刘仁怀等（2013）提出中国本土管理科学的发展不应把文化仅仅视为管理研究中的"环境变量"而应作为"内生变量"，并根据问题特征选用多元的研究方法。吕力（2015）认为成功的中国本土研究基于中国文化深层结构，将"理论化"与

"情景化"结合,克服传统经验的消极因素并发扬中国经验中的积极因素。

(3)从科学方法论范式视角,探索中国本土管理研究路径,更加关注的是不同方法和方法论在管理研究中的各种特征、逻辑和程序,探索其对中国本土管理研究和管理理论构建的价值。

这一道路探索往往也伴随着对实证方法论的评价和情境与实践对管理研究重要性的认识。但与前两角度所不同的是,这一视角侧重从学科与方法论范式角度比较、分析、评估和探索适合中国本土管理研究的方向与道路。在此处文献整理之前,有必要指出,在推动中国管理学界更加科学、规范乃至量化来开展包括中国特色管理现象和问题的研究方面,国内外学界从研究示范、人才培养、课题遴选、成果发表与评价等方面都投入了大量的资源和心力,形成了研究群体重视方法论思考、方法论探索和方法论应用的研究习惯。正是由于这一习惯的养成,使得越来越多的研究者发现和认识到:过多地追求科学量化的实证研究范式,排挤了社会科学研究本应具有的多样性,而其本身应对管理实践又十分乏力;实证研究追求管理知识的普世验证或知识拓展,往往不能有效回应本土诉求与文化冲突。

由此,国内外涌现了重新审视中国管理研究的方法和路径的热潮。Tsui(2015)关于开展中国本土管理研究的系列文献,除了主张研究的科学规范和情境构念外,特别强调"新情境下方法论的需求"和增强管理研究实践相关性的意义与方法。Barney(2009)提出中国的本土管理研究有发展"中国的管理理论"和"管理的中国理论"两种路径,前者多数研究仍然需要使用定量的研究方法,后者只有用"中式套路"——如历史、文化和传统来理解才是最有生命力的。国内许多学者,如韩巍(2011)、吕力(2013)等,都对不同研究范式逻辑框架和程序,多种研究方法(论)的逻辑、特征和代表性研究实例做了分析、比较,并分析不同研究范式和方法对中国本土管理研究的适切性。另有一些学者更加侧重或聚焦于从单一研究范式或方法论来论证其置于中国本土管理研究或本土理论发展的价值性与适切性。比如:贾旭东(2016)深入探究了扎根理论与方法,认为其扎根现实和源于实践的"扎根精神"和操作程序或方法,对探究中国管理本土现象背后的规律具有极为重要的意义;吕力认为中国本土管理研究应当主推实证主义这一研究范式,来开展本土管理观念和本土管理文化及其变迁的研究而非简单的外部情境化。最后,科学方法论在本土管理研究道路的讨论中,认为没有一种研究方法是最好的,在中国管理研究中应当根据研究问题特征,以多元性的研究方法来探索中国管理的真谛,逐步成为研究者的共识。

通过文献的回溯，梳理出了3个主要的探索中国本土管理研究路径的视角，并确认研究者于此有深度的分析和真知灼见。不过，当我们在批判唯实证主义研究、西方管理知识中心论、脱离实践的唯智主义研究、功利主义研究等现状时；当我们提出与之相反或更加理性的研究方法和方法论，要"直面管理实践"时，我们仍然担忧：学者们所提出的这些方法论能否真的有效嵌入到丰富而复杂的管理实践世界。做出此判断的一个重要缘由是：上述大多数的有关实践路径的研究中，管理的"实践者"——无论是作为实践主体的"对象影响力"，还是作为研究主体的"研究自发性"，几乎没有在这些文献中被提及，而他们在我们的研究中，尤其是实践管理研究中，几乎是不能缺位的"角色"。每年召开的"中国管理·实践·论坛"所形成的引入企业家参加论坛并开展对话的惯例与模式，正是探索将企业家的研究能动性嵌入学者的研究议题中的一种努力。

更进一步，社会学家米尔斯在讨论方法论的进步必要性时指出："只有当方法论的探讨对实际研究起直接参考作用时，才应对其给予严肃的关注"。而当前虽然越来越多的学者认同和提倡管理实践研究（或实践导向管理研究），即主张深入中国管理实践，发现实践中的重大管理问题，发现和提炼中国管理实践本质属性的研究，然而，只有很少的研究较为深入地探讨如何"在管理实践"中去发现属于中国管理实践的"管理知识"和中国管理的本土特征，而运用其方法论取得有管理实践成效的成果则更为稀缺。

由此看来，运用什么样的方法论，能够从管理实践，尤其是本土企业管理实践领域来探索和构建中国本土管理之学问；运用什么样的方法论能够获得管理实践者所认同或者贡献企业实践价值的知识，从而摆脱与实践相对的"为理解而理解"的学院式研究，仍然是中国管理学界必须思考的重点课题。基于上述文献回顾与思考，以及笔者长期对中国企业实践尤其是领先企业实践的关注，结合《领先之道》的管理实践研究，尝试总结基于中国领先企业管理实践研究的方法逻辑，由此尝试提炼中国本土管理研究的方法论，为贴近实践而又贡献理论价值的本土研究尽绵薄之力。

二、管理实践研究的知识与实践互动建构：社会建构论视野

探索管理实践研究的方法论首先需要从认识论和实践论方面解决知识和实践的关系问题，即研究者采用什么样的立场和观点来审视管理知识的实践性和管理

知识的生产问题。这是研究者直面管理实践首先必须面对的问题,也是决定管理实践研究能否产生"新知"和"新知"是否科学有效的基本问题。

科学社会学中的社会建构理论为我们认识管理实践研究中的知识与实践的关系提供了科学哲学基础。社会建构论对科学最根本和最重要的贡献"就在于它对什么样的知识才是真正的知识以及为什么,所做的坚定的经验性研究"(WEINBERG D,2014)。社会建构论认为,科学成果(包括经验资料),其特征首要的就是建构过程的产物,某些领域的知识是被人类所建构出来的社会实践和社会制度的产物,知识特别是社会科学知识是由"社会语境"所塑造,是被人们在实践中社会化地建构的。因此,基于建构主义的科学知识观主张科学知识和人文知识有本质上的共同性,即都是人类实践活动的产物,都具有社会文化构成性。

根据社会建构论的科学立场,管理实践研究中的知识与实践一样都具有普遍的社会属性,它们都是人们在社会活动中被建构起来的共同性的系统认知。它必然受到不同时代、不同地域和文化情境的影响,因而,它不可能是完全"中立"的、"价值无涉"的,所有的知识都只是人们在某一阶段的认识的成果,它需要得到不断检验,在将来得到不断发展与更新,因此它也不可能是完全"确定"的。这提示我们:研究者在涉入管理实践研究时,首先要解决好如何在实践中善待这些"先入为主"、具有"确定性"外观的体系化管理学理论知识这一问题。这既是一个心态问题,也是一个方法论问题。

从心态上而言,研究者应在系统知识的自信和实践经验不足之间找到一个平衡,否则,将容易产生实践理想与现实无奈、实践效应期待与现实效果落差的对接问题,最终对管理实践插不上嘴,说不上话。从方法论上来说,研究者在面对管理实践现象与问题时,要深刻理解德鲁克"管理不在于知而在于行"的理念,让既有知识在实践中被重新建构。研究者应勇敢而果决地"扬弃"和"悬置"自己所具有的系统、丰富和"确定感"的管理理论知识,尤其是各种命题预设,避免先入为主的主观影响,通过沉浸在实践的情境中,让习得的理论知识与变动的管理实践发生碰撞、抽离、结合、重组,从而孕育出管理实践和管理理论创新之可能。

在《领先之道》研究的初期阶段,作为研究者,我们业已了解和熟知国外许多有关领先和优秀企业的研究或案例,比如:《追求卓越》《基业长青》《日本管理的艺术》《看得见的手——美国企业的管理革命》等,了解和熟知众多学者及著作有关组织、领导、企业成长、团队管理、企业文化、激励等方面的知识和理论。但当我们以"解惑"和"答疑"的专业人士角色,面对企业实践现实尤其是其现实问题和"特色"做法时，我们发现：许多所掌握的管理知识和国外领先企业的经验，无法接入中国企业尤其是"先锋企业"的实践。例如，很多管理不规范的企业或缺乏战略规划的企业，本应受到市场冷落而销声匿迹，但现实却是它们保持快速成长，保持了活力。这时，放下系统的管理知识"包袱"，跟随企业和企业家成长，从企业的经营管理实践中"拜师学艺"，让大脑中的管理知识体系，尤其是各种既有的命题或模式主张接受实践的洗礼和检验，在实践中重新进行知识建构，就是课题组在中国领先企业实践研究中所形成的方法论共识之一。

另一方面，就从实践中产生知识而言，社会建构论的代表伯格等（2009）主张将知识与社会行动放置在一个对称性的互动结构中来理解，认为两者是相互包含和相互转化的互动建构关系。对于管理研究者而言，将自身所掌握的管理专业知识嵌入实践中进行转化和验证，只是研究者嵌入实践中"自发"产生的一种科学实践与行动过程。而对于研究者具有更重要价值的，则是管理实践如何发现或共建知识，即让有价值的实践转化为有价值的知识。也就是在实践研究中管理研究者还要考虑解决好实践出真知的方法论问题。

"实践出真知"是投入于发现和解决中国企业的实践成效，通过与实践的积极互动，在中国管理实践的建构中体现现实的管理知识，达到研究"求真"、实践"求善"的目标。这应是中国本土管理实践研究的"实践求知"的科学精神与态度。进一步，从社会建构论视野来看，社会科学知识的生产是一个主体与客体在社会实践中积极建构的过程。知识不应是现实生活的"冷漠概括"，而应是知识发现者与知识行动者（实践者）的"集体劳动和表现"。这正如后现代思想学者Gergen（1994）所言：我们用于理解世界和我们自身的那些术语和形式都是一些人为的社会加工品，是根植于历史的和文化的人际交往的产物。为了发现本土管理的实践本质，构建管理的中国理论，我们应当深入地转向实践观察和推崇多视角的实践性研究体系，而不是纯粹的理论研究和分析框架。在中国领先企业实践研究中我们所坚持的研究理念便是：管理研究者亦应当是"管理行动者"，企业管理者亦应当是"实践研究者"，他们共同面对真实的竞争对决、管理诘难、运营棋局和经营两难。在知识与经验、旁观者与入局者、主体思维与客体思维、保守与冒险等碰撞中，在主观推演与客观效果、目标预期与绩效现实的对撞中，我们发现了中国领先企业常使用的一些经营管理因素和它们之间可能隐含的逻辑关系，这更加增强了我们建构中国领先企业成长模型的信心和意念。

在有了这种社会建构论的知识观和行动理念后，在研究的实践中，管理研者应当用怎样的思维和行动方法论来建构本土管理实践知识呢？以下将着重论述这一问题。

三、管理实践研究4P方法论探析

在管理研究者理解专业知识与管理实践互动建构关系后，对所有对从工商管理实践中发展本土管理知识感兴趣的研究者而言，最关心的是：应怎样从实践入手，来探索建构管理实践研究的知识，管理实践研究的方法逻辑是怎样的？这是科学地展开本土管理实践研究必须回答的基础问题。参考许多学者有关直面管理实践研究路径的成果，结合我们以《领先之道》为基础的中国本土企业实践案例研究经验与体会，本文提出，中国领先企业本土管理实践研究（以下简称为"本土管理实践研究"）应当通过以实践为起点和依归的4P（Practice；Problem；Proposition；Point of view）研究方法论来发现和构建本土管理的理论知识（见图1）。以下从6个方面分析这一框架的机理和实践。

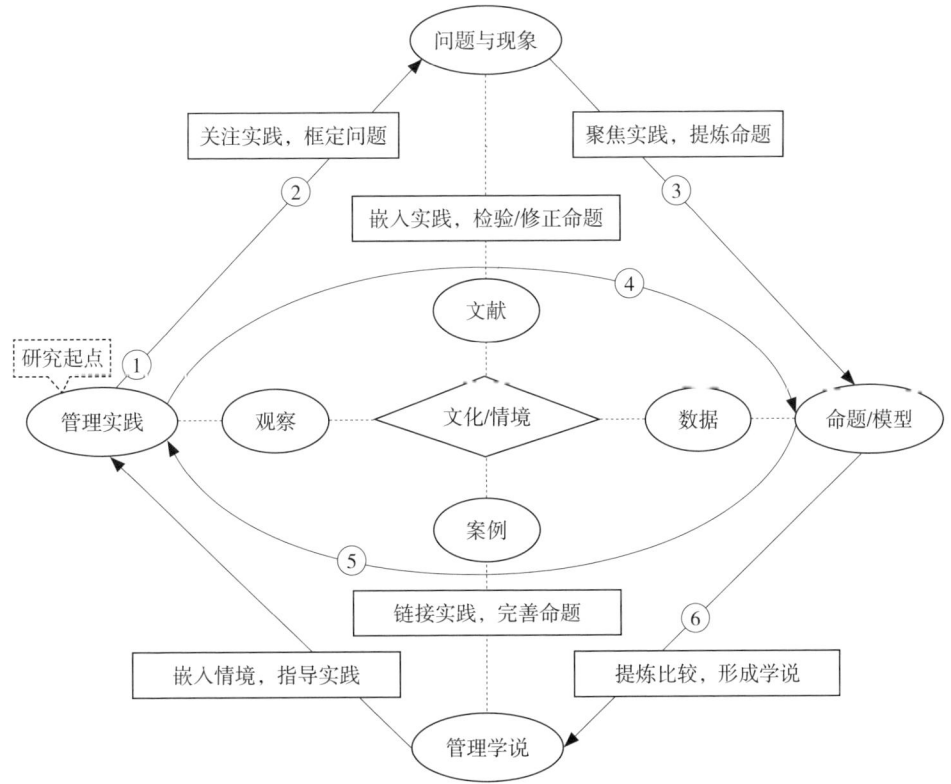

图1 本土领先企业管理实践研究的4P方法论框架

（一）本土管理实践研究适宜把"实践感知"作为研究的切入点

本土管理实践研究是以问题导向入手为好，还是以文献（空白点）入手为好，或是以实践感知为好，这或许不能做出简单的判断。不过，实践方法论大师布迪厄指出，实践科学最可怕的障碍即是"学者与学科之间的连带关系使学者习惯于（科学）常识，宣扬……（其）获得的知识的优越性"。在管理实践研究中，接受规范学术训练并长期处于学术场域结构中的研究者，在直面实践的研究领域时容易带入"先入为主"的研究定见和预设，从而影响研究者从实践事实中发现和归纳研究问题或管理知识。由此看来，从事本土管理实践研究的研究者更适宜从"实践感知"入手，避免带入任何研究预设和理论定见，并贯彻扎根精神，扎根于管理实践，在管理实践中观察并重新学习，更加有利于推进实践管理研究。在《领先之道》研究之初，研究者也曾试图用其掌握的经济管理理论来理解和帮助成长中的中国企业，然而，中国企业实践者的独特做法和问题性企业的持续快速成长，让我们感知到"中国企业在现实的成长中能教给我们新的成功的管理模型"，于是我们决定"放下"我们的专业知识，锁定那些先锋企业，深入其实践，探寻中国领先企业的成功之道。

（二）要从实践中发现和框定有重大价值的研究问题

研究者扎根于管理实践不能停留在对管理实践的学习状态和对经营管理业务实操的兴趣当中，对"重大实践问题的认识"是管理实践研究至为关键的一步，是管理者"实践知识"的根本目的。从管理思想发展历史来看，那些从管理实践中产生的重要理论，如：泰勒的科学管理、法约尔的职能管理、德鲁克的目标管理、帕斯卡尔的企业文化7-S模型等，无不是始于对彼时重大实践问题的认识并提出理论思考和解决方案的。因此，在管理实践的事实与现象感知当中，"框定问题"应当置于优先地位，真正的管理知识一定会源于实践中关键问题的把握和系统的实践经验的研究。框定问题实际上是我们通过一定时间和范围的管理实践观察、体验、学习和访谈等，从中发现乃至确定具有重要理论意义和实践价值的管理问题和论题。只要深植实践，研究者一定会在"被（管理者）提问"和"问题意识"氛围中发现大量的管理问题：生产业务问题、竞争策略问题、并购问题、渠道问题、投融资问题、沟通问题、例外管理问题、领导风格问题、产品开发问题、经营规划问题、供应链问题……此时，研究者需要发挥其学术训练的能力和优势，框定那些具有学术和实践价值的问题范畴，为后续的研究做好铺垫。

为了探索与创建"管理的中国理论",在本土企业管理实践中应尤其重视"框定问题"的重大价值,这个重大价值可从是否为影响中国多数企业核心竞争力突破的重大实践问题、论题(实践稀缺)、现有的管理理论是否未能有效解释并促进该问题的解决(理论乏力)、该问题的理论探索借助中国情境和文化因素是否能提供更有"创见性"的理念与方案(本土特性)、该问题的研究能否为"管理的中国理论"提供范本或理论支点(学科价值)来考察和评判。一项研究或研究论题能够体认这4个问题,其理论创新、实践创新和中国本土特征都必将显现。

在对中国领先企业的鲜活实践的"扎根观察"中,我们遇到了上述许多让自己感兴趣的具体问题,有时甚至"迷失"在企业应对一个问题的精妙策划与行动效果中。但当我们把视线重新聚集到"中国企业(先锋)成长可否按照西方模式"聚焦到"中国(先锋)企业群体"、中国企业以后发劣势而同国外成熟企业勇敢竞争时,我们发现中国的制度环境、中西同台的竞争环境、中国企业家的思考逻辑、中国企业后发成长的手段与方法,与许多西方定义或概括的企业成长理论和管理逻辑相比,有其"不同内容",这在中国领先企业的经营管理中有共同群体特征。因此,我们把问题范畴框定在"中国先锋企业依靠什么保持增长?中国企业的管理实践有没有属于'中国'的部分?完全西方式的管理理论的模仿有多大价值?"我们认为这些问题对中国企业的后续实践、中国本土管理发展的洞见具有重大意义。

(三)从聚焦实践和框定问题转向主题或命题的提炼

在实践中框定问题,实际上是确定了管理实践研究的大方向,多数情况下我们框定的问题可能不止一个,并且这些问题之间是否有逻辑关系?有怎样的逻辑关系?框定的问题在现有文献中是否有阐述?是怎样阐述的?可以探究的空白点在哪儿?框定的问题中蕴含的管理概念有哪些?需要怎样的界定?框定的问题在后续研究中是否需要和"管理实务"对接?怎样对接?这些都是摆在研究者面前必须认真思考和筹划的"思维问题框"。这些思维问题框的核心,其实就是"聚焦实践,提炼命题",即通过问题和实践的来回聚焦,找到一个研究主线或逻辑框架,它能够串起主要实践问题、实践现象和研究概念,让管理实践研究有一个较为明晰的"问题主题定向和问题层次定向",并将问题提炼成概念或变量之间的某种逻辑关系,即形成模糊性的命题假定或模型(这与实证研究要求提出严谨和理论推理充实的假设是不同的)。因此,将框定的问题提炼成为命题、模型,即研究者发挥学术想象力对框定的问题进行"猜想性"回答,这是十分必要和有益的。科学发展史表明,科学猜想是科学活动尤其是创新中必备的一种方法论。

那么，管理实践研究如何让猜想变得更加科学、更加有价值呢？我们主张采用沙漏式方法进行"开放式"聚焦，即通过从多领域管理实践现象和案例的关注转向"框定问题"的实践事实的聚焦；通过对实践事实的聚焦进一步锁定研究的问题和主要的概念范畴；通过将"框定问题"的文献与实践事实的链接，逐步形成可观测、可验证和结构化的命题或模型。需要说明的是，对接实践事实、框定问题、提炼命题，必须考虑两点：①始终用（科学和现实）价值性准则来牵引事实—问题—命题的选定；②聚焦命题、论题必须有研究的目标任务导向，不应只是含糊地表达成一个命题，而是能将命题分解成相互有逻辑关系的子命题，便于形成研究的具体目标和具体任务。

当然，所形成命题或模型不应强行根据理论和过去的经验去"固定"变量关系，做强制性配对和比较，而要保持变量置换、关系结构的弹性和包容，便于通过实践观察和资料挖掘，让"真实"的命题"自然"涌现。换句话说，命题假定或模型，更强调它们是管理实践研究的一个抓手和手段，而未必是甚至不是研究要达到的根本目标（这一点和实证研究是不同的）。即使证实了，也只是说明它加快了我们提出管理学说，回应管理实践的进度或速度。

在《领先之道》的研究中，由于笔者所在团队已经参与了多个企业管理咨询项目，经常有机会到企业走访调研，同时对于国内外优秀企业的研究与案例保持了长期的关注，因而在框定问题之后，我们已经大体有了一个中国企业是通过哪些因素"导入"到企业组织中，而后产生了哪些"导出"因素，这些因素最终促成了中国企业的快速成长并领先，这么一条研究主线和框架模型，并且这里的导入和导出"因素"，我们在脑海中有了许多选项，比如：企业文化、渠道驱动、核心竞争力、愿景、管理制度、利益共同体……只是，我们不能确认这些因素是否可以放入这个模式里，还有没有其他因素，哪些是导入因素，哪些是导出因素，因素之间存在怎样的"实践逻辑"。这些需要嵌入实践去检验和修正。

（四）实践研究的命题或模型一旦确立，下面要做的就是"嵌入实践，检验、修正命题"

对于已经确立的命题或模型，我们不能期待通过问卷调查、经营数据的数量模型代入、案例的分析，这其中任何一种方法来证实或证伪命题假定或模型，而应嵌入实践中，根据研究进程尤其是实践情境灵活采用相应的研究方法或手段。

根据我们对领先企业的研究经验和体会,这个阶段研究者应当在两种角色交替变换中嵌入实践,来获取研究数据和研究灵感:一是做实践的旁观者;二是做实践的介入者、参与者。

作为实践的旁观者,在《领先之道》的研究中,我们一方面如同通常研究者所使用的方法工具一样,利用纸媒、访谈、先锋企业内部资料获取了大量的研究资料。当然,与通常研究者有所不同的是,我们在选定的部分样本公司中,跟踪"观察"和记录了公司内部的重要会议和现场管理等鲜活的管理实践。在第一个领先企业研究周期(1995—2003年),收集到5家先锋企业的3000多篇文章、20多部著作,分别采访了23位与这5家企业有关的重要人物,同时还使用了3份涉及300多个中国企业的问卷调查。

另一方面,由于笔者团队的专业学术身份和企业家的热情与信任,我们参与了许多企业实践面临的问题的"解惑答疑",与这些企业的决策者和管理者深度互动,共同参与谋划改进企业的组织问题、产品结构问题、人才管理问题、企业文化问题,等等。这种作为介入者、参与者角色与实践主体互动的过程,让我们更深刻地感知到企业持续成长要素之间"理论(推理)逻辑"与"实践逻辑"之间的联系与差别,感知到管理实践者"化繁为简、快速反应、随机应变"的实践问题解决能力。

正是在多次的"实践旁观"和"实践介入"中,逐步确定了领先企业成长领先的4个导入因素(英雄领袖、中国理念西方标准、渠道驱动、利益共同体)和4个导出因素(远景使命、企业文化、核心竞争力、快速响应),进而通过以5家领先企业为基础的大量国内领先企业的案例分析和比较研究,确认了它们之间的内在关系(见图2)。

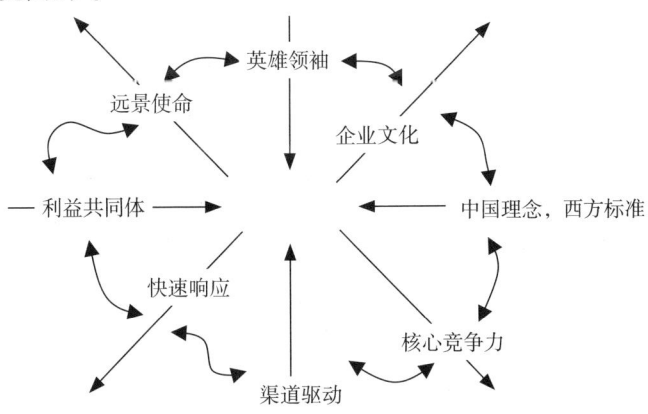

图2　中国领先企业成长因素模型

需要指出的是，"嵌入实践，检验、修正命题"存在两个主要的难题：如何嵌入、如何走出去，这一点在中国的人际情境、市场情境中变得更加突出。根据笔者所在团队的经历，在一家企业家精神氛围浓厚的公司起步成长阶段，能长期关注并介入该公司，和公司一起成长，不仅可以对企业不同生命周期问题、机会和突破有深刻理解，而且可以和公司管理团队建立深度信任关心，管理得心，这些都是"检验、修正命题"的绝佳素材。在"如何走出去"方面，前文也述及研究者作为顾问应当竭力对企业现实工作问题贡献智慧，但要避免坠入对业务问题的无尽兴趣中，时刻铭记自身角色，将企业的问题、决策轨迹、做法、成效不断地与命题对接关联，验证或修正命题，直到这个命题的"纲领"被确证。

（五）研究模型或命题得到初步证实或验证后需要"连接实践，完善命题"

许多管理研究课题在取得研究结果或结论之后，要么就直接"收工"，要么有一个简要的讨论分析后基本就结束，缺乏更加深入的分析研究。依据社会建构理论，知识是社会性相互作用的结果，它需要在不断地社会互动中去共享、扩散和重新建构。所以，我们认为管理实践研究在取得这些成果后，仍然不应过度兴奋，因为：①许多实践研究的模型或命题主要还是居于有限的实践场景、实践经验、实践案例中获得的，还需要经过一段时间的继续检验和修正，才能获得其解释的效度和稳定的信度；②更为重要的是，一个好的理论不仅应揭示事物的本质，还应具有实用价值。实践研究中所验证的这些命题或模型是否真的能指导实践，这仍然需要我们链接实践，通过回归到企业的实践中发现和改进其实践的"效益贡献"。自2000年起我们所提炼构建的中国领先企业成长成功模型先后在美的集团、六和集团、珠江啤酒集团、联邦集团、新希望六和集团等30多家不同行业和类型的企业进行了"实践链接"，这些企业的飞速成长在某种程度上进一步验证了这一模型，并丰富了模型的内涵解释。

（六）重大问题研究的不断深化和扩展并重复上述研究程序，"持续提炼比较"，那么管理理论学说则得以自然浮现

理论学说应是由多个概念和变量之间的一组关系所构成的内在逻辑，其中的关系和内在逻辑应是得到验证的。一般而言，研究的问题及所形成的命题，被验证尤其是多次验证后，就成为一种原则和原理。不过，一项研究所取得的成果，尤其是单一命题研究所取得的成果一般尚不足以成为一种理论学说。除了一项研

究自身对现象的解释不足外，一种理论学说形成往往需要：①对不同的变量关系分别开展研究获得证实或证伪，并对多种关系（即多个命题）的内在逻辑做到严谨的论证；②将该学说核心论点与竞争性学说论点进行比较，"如果每个新理论具有比它前者超量的经验内容……这种超量的经验内容也被确证"（拉卡托斯，马斯格雷夫，1987），则这一理论学说具有了学术生命力，它至少具有自己的研究纲领和保护带。

我们在对中国领先企业进行长期研究后，虽然形成了"领先之道"模型，但其内在的变量之间的关系还需要做精细研究和推敲，另一方面，"领先之道"对"中国"特征有所描述，如"中国理念，西方标准"，但中国理念主要是哪些理念，理念背后的逻辑是什么？《领先之道》并没有专注性研究。后来在2009—2013年专门对中国领先企业的本土管理思想做了研究，初步形成了基于"和、变、用"的管理实践价值链的领先企业本土管理思想论述。当然，到今天为止我们也不敢说中国企业的领先之道可以称之为中国企业成长领先的理论学说，但我们确实在改革开放30多年来中国企业尤其是先锋企业创业、成长和领先的实践中，找到了一些与国外领先企业实践不同的成长要素组合与领先逻辑，我们也在不断探索领先背后的中国情境型塑和文化传统的力量。

最后，像所有的社会科学的理论学说一样，基于管理实践研究所建构的管理学说，需要再深入实践，指导工商管理实践，不断接受动态复杂的管理实践的检验和挑战，面对新的问题重新开启管理实践研究的4P方法论循环。

四、结语

美国管理学者Vandeven（2004）把投入管理实践行动、吸收管理实践者参与的研究称之为"投入型学术研究"，他认为这类研究不仅能提高知识创造的可能，也将为本土研究带来研究方法创新的可能。这也是鼓励我们从建构论的知识观出发，根据对我国领先企业的长期观察和实践研究，尝试提炼4P研究方法论用于本土实践管理研究的一种动力。从全文设计和探讨的重点来说，本文只是给出管理实践研究方法论的一个基本框架，而基于4P方法论的本土实践研究如何处置文化、情境因素，使研究浮现国民性、适境性；实践者及其经验论在4P方法论中处于什么样的角色与结构；4P方法论中多元方法如何在实践研究中嵌入；本土管理实践研究方法论能否让实践研究产出本土管理知识？这些问题将在揭示管理实践研究基本方法论框架后，结合笔者管理实践研究的心路与成果，推出系列研究探索。

（原载：《管理学报》，2016年第12期；合作者：乐国林、毛淑珍、曾昊）

中国本土管理研究回顾与展望：基于实践理论的视角

一、引言

自20世纪80年代中期以来，管理学在中国经历了30多年的发展并在学科建设和人才培养上取得了巨大进步（郭重庆，2008；张静等，2016）。在大量引进西方的管理理论和研究方法之后，中国本土管理研究进入了一个学科发展的历史转折点。近些年，特别针对本土研究与管理实践严重脱节的现象，学界对于管理学研究应该如何定位和进一步发展进行了广泛的反思和争论。例如，《管理学报》自2005年开始主办"中国·实践·管理"系列年度论坛，持续倡导学者对本土实践进行深入研究。中国管理研究国际学会（IACMR）也将2014年的双年会主题定为"立足中国实践，创新管理理论"，鼓励学者研究中国企业特有的重要问题并探索中国情景下的管理新概念和新理论。重要的管理期刊，如《管理世界》《管理学报》《组织管理研究》（*Management and Organization Review*）等，近年来都对中国本土管理研究的未来和出路进行了专题探讨。在这场大讨论中，众多学者积极参与并对如何加强对中国特定情境下的管理实践进行研究甚至构建中国的管理理论提出了不同构想（如：Barney，2009；曹祖毅等，2015；陈春花，2011；陈春花，2016；陈春花等，2014；郭重庆，2008；韩巍，2011；黄光国等，2014；蓝海林等，2012；刘祯等，2014；齐善鸿等，2010；谭力文等，2015；Tsui，2006；Tsui，2009；席西明和韩巍，2010；徐淑英和吕力，2015；张静等，2016；章凯等，2014）。

回顾学界的讨论，我们发现关注中国本土的管理实践，构建能够有效解释和指导本土实践的理论已经成为学者们的共识。然而，真正践行这一理念的实际研究仍然非常有限，呈现出讨论激烈而行动不足的局面（曹祖毅等，2015；韩巍，

2011；刘祯等，2014）。究其原因，没有在实现路径上达成清晰一致的看法是关键所在。首先，在研究对象上，学者们虽然一直号召深入研究本土的管理实践，但却没有对"管理实践"进行明确的定义，导致了实际操作中具体研究不知如何有效地界定研究对象及其相关问题（曹祖毅等，2015）。其次，在研究方法上，虽然大家普遍倡导定性的探索性研究，却很少对定性研究在应用中存在的难题和挑战进行深入探讨并提供建议（韩巍，2011；Tsui，2009）。同时，对于大量学者所熟悉的定量研究方法如何促进管理实践研究的建议不足。再次，在研究结果的积累和知识体系构建上，学界还存在彷徨。章凯等（2014）总结了学界关于本土研究在知识体系构建上的三种不同的观点：中国管理理论、管理的中国理论以及普适性理论（Barney，2009；陈春花等，2014；Leung，2009；Tsui，2009）。因为对于如何有效积累管理知识不够清晰，学者们似乎对于本土实践研究能够做出的理论贡献仍然存疑。正因为未能明确以上在实现路径上的各种疑惑，基于中国管理实践的研究依然止步不前。

为解决在实践路径上的疑惑并真正推动中国管理实践的研究，本文将介绍实践理论（practice theory）的视角及其对本土研究的启示。由于近几十年其在社会科学中的兴起（Schatzki et al.，2001），实践理论被日益广泛地应用于组织和管理研究的诸多领域，如战略管理、领导、知识管理、组织常规（routines）、技术应用、制度化（institutionalism）等等（Feldman and Orlikowski，2011）。虽然不同流派的实践理论对"实践"内涵的理解略有不同，"实践"可以被界定为具有特定模式的一系列有组织的活动的集合（Feldman and Orlikowski，2011；Reckwitz，2002；Whittington，2006）。这一系列活动组合起来的特定模式通常是为达到一个具体目标，并在一定程度上为社会成员所共享。实践理论的视角认为，要理解一个社会现象，必须要研究构成这个社会现象的一系列实际活动（Feldman and Orlikowski，2011；Whittington，2006）。例如，应用于战略管理研究当中，实践理论的视角引导了学者们去研究战略实践，即管理者在日常工作中到底如何开展与战略相关的活动（the "doing" of strategy actors），极大地丰富了人们对于战略的理解，包括战略决策的微观过程，战略工具和方法的运用，不同层次战略管理者的角色，等等（Golsorkhi et al.，2010；Jarzabkowski，2003；Johnson et al.，2007；Vaara and Whittington，2012；Whittington，2006）。因为实践理论的视角完全切合重视本土管理实践这一理念，并推动了组织与管理诸多研究领域对于实践的深入研究，我们认为有必要介绍这一理论视角并系统地探讨其对中国本土管理研究的启示——这正是本文的目的所在。

为此，本文的其他部分安排如下：第二部分介绍实践理论视角及其对研究中国本土管理实践的启示。同时，界定了"管理实践"的定义以利于学者们能够清晰地界定其研究对象；第三部分在研究问题上探讨中国目前亟须研究的重要管理实践问题；第四部分在研究方法上讨论在研究管理实践中存在的方法上的挑战及不同方法的互补；第五部分在研究结果的贡献上讨论基于实践的管理研究如何能够形成有效的知识积累并做出理论贡献。为有效地推动基于实践的管理研究，本文在第六部分讨论了这类研究所产生的知识的现实相关性。第七部分总结了本文的主要观点。

二、一个实践理论的视角

实践理论（practice theory）在现代社会科学中的兴起源于一系列倡导实践在构建社会现实（social reality）中扮演核心角色的学术思潮。这其中包括一些重要的哲学家（如Wittgenstein，1953；Foucault，1977）、社会学家（如Giddens，1984；Bourdieu，1990）、活动理论学家（如Vygotsky，1978）、人类学家（如Ortner，2006），等等（Golsorkhi et al.，2015；Nicolini，2012）。因此，实践理论并非一个高度统一的理论体系，而是由不同学派所组成。本文的目的不在于介绍这些学派之间的差别（可参见Nicolini，2012），而是介绍它们共享的一些核心观点并探讨其对管理学研究的启示。

（一）实践理论的核心观点及其在管理研究中的应用

为了探讨实践理论对中国本土管理研究的启发意义，我们将先介绍实践理论的核心观点。在此基础上，我们以战略管理为例，讨论实践理论视角所催生的新的研究方向和理论成果。

1. 实践理论的一些核心观点

虽然实践理论的不同学派在具体理论观点上有所差异，但它们都认为研究实践是理解社会现象的关键所在。同时，它们共享一些基本的理论逻辑（Feldman and Orlikowski，2011；Golsorkhi et al.，2015）。首先，实践理论认为日常活动（activity）及由其构成的实践对社会现实的构建和重构起着决定性的作用。这不同于主张个体的活动和行为主要是由社会结构所统摄的观点。根据实践理论的观点，社会现实的存续并非固化在种种的社会结构（如社会层级、规范和制度、角色等）当中，而是呈现在相续的社会个体的活动和实践之中。个体的活动既受到社会结构的制约，也同时不断地构建和重塑社会结构（Giddens，1984）。因此，实践理论提供了理解社会现实在微观层面的基础。这意味着要理解特定的社会现象，学者们需要注重对微观层面的具体活动及其构成的实践进行研究，而非单纯地依靠对这些活动的抽象描述。例如，要充分理解一个组织的运作模式，就需要去观察组织成员日常的工作活动和互动以及组织成员与外部人员的互动，而不是单纯地依靠组织结构图、组织章程或岗位描述。对于组织与管理研究，实践理论的重要启示是通过研究个体所参与的活动及其构成的实践，学者可以为解释宏观的组织现象提供微观基础。

其次，实践理论强调具体活动的开展（或个体的实践）是受到个体所在场域（field）中广泛盛行的实践所影响的（Bourdieu，1990；Jarzabkowski et al.，2015）。由于种种原因，一个场域当中通常存在着大家所共享和盛行的实践，如工厂管理的做法、公司治理的方式、团队协作的模式、领导下属的方式，等等。场域中的成员在开展具体活动的时候，通常受到这些盛行实践的影响。例如，一个企业的公司治理具体如何开展通常会采用所在行业和所在国家在治理中的普遍做法。这些盛行的实践和做法一方面提供场域成员开展具体活动的模板，另一方面也在一定程度上限制了场域成员采用完全不同的做法。从这个意义上讲，场域的成员是社会性地嵌入在场域之中。因此，实践理论倡导在研究中不仅仅要关注个体活动或个体的实践，还需要考察其与场域中盛行的实践之间的关系。个体的活动如何遵从和偏离盛行的实践是研究的一个重点。

再次，实践理论突出了个体的能动性（agency）。个体是实践及其相关活动的承载者和实施者（Reckwitz，2002）。在开展实践活动的过程中，因为需要适应具体的情境，个体总是需要对既定的实践模式进行某种程度上的调整而非简单地完全重复。例如，员工招聘存在着一些行业通行的实践模式，然而在一个企业的具体操作中，招聘人员可能因为要满足企业快速增长的特别需求，而采用新的招聘途径和评估标准。从严格意义上来讲，因为每一个情境都具有一定的独特性，每一次对既定实践模式的运用都存在某种程度的即兴发挥，这是实践不断改变和演进的重要源泉之一。同时，特别是在组织中，一个实践的开展通常涉及多个个体（团队协作），每个个体在实践中均具有能动性，而并非只有占据主导地位的个体。实践理论强调对不同个体能动性的关注，包括他们如何参与和开展实践活动，以及受到哪些因素的影响和制约。因此，实践理论在逻辑上给个体的能动性和创造性提供了理论空间。对于组织与管理研究，这种视角倡导学者们去关注个体在实践中发挥的作用，从而构建相关理论去解释管理实践如何在应用中不断变异、进化和创新。

最后，实践理论强调实践与情境的共同进化（coevolution）。一个实践的情境不仅仅包括物质和文化因素，更包括它所发生的环境中其他的实践（Nicolini，2012）。在实践理论看来，没有任何现象是孤立存在的；任何社会现象的存在都是建立在与其他社会现象的关系之上。实践与其所存在的情境的关系也是如此。实践的产生和变化不仅仅受到情境的影响，实践也影响着情境的变化。因此，情境不再只是一个相对静态的概念，并非一成不变的，而是与实践共同进化的。例如，基于手机网络平台的打车模式是在传统的出租车行业背景下产生，但这种商业实践的发展也改变了传统出租车行业的运行模式。从这个角度来看，要深入理解一个实践的发展，需要关注它与其所在的情境之间的共同影响、共同进化的关系。单单孤立地研究实践，或者把情境当做一个静态的因素，将很难全面地捕捉到实践的产生、形成和演化机理。

2. 实践理论视角在管理研究中的应用——以战略管理为例

正如引言中所提到的，实践理论视角已经被应用到组织和管理研究的诸多领域，促进了在战略管理、知识管理、技术应用、制度化等领域对相关实践的深入研究（Feldman and Orlikowski, 2011）。我们将以战略管理为例，讨论实践理论视角对相关研究的影响，从而阐明这一视角对中国管理实践研究的借鉴意义。在过去的10多年间，"战略作为实践"（strategy-as-practice，以下简称SAP）的一系列研究成为战略管理领域一股强劲的新思潮，并形成了一个稳定的国际研究社群，在美国管理学会（Academy of Management）和美国战略管理学会（Strategic Management Society）分别成立了专门的分部。基于实践理论的视角，SAP注重研究人们是如何在实际中具体参与战略相关的活动（the doing of strategy），同时突出了战略参与人员的能动性。这不同于主流战略管理学派在微观经济学逻辑影响下的研究重点——组织拥有什么样的战略以及相应的绩效表现。

在研究主题上，SAP的研究突破了当时战略研究的范畴，研究了战略实践当中一系列重要的问题。Whitiington（2006）倡导了一个SAP的总体框架来研究战略，包括三个部分：实践者（practitioners），即实际参与战略的形成、制定、执行的人员；具体活动（praxis），即具体情境下的跟战略相关的活动；实践

（practice），即以具体活动的基础所形成的惯例性的活动模式。在具体的研究中，学者们研究了高层管理者、中层管理者、董事会成员以及其他人员在战略决策及执行过程中的具体活动和角色（如Balogun and Johnson，2004；Jarzabkowski，2008；Ma and Seidl，2016；Maitilis，2004）。例如，Balogun and Johnson（2004）研究了中层管理者在执行战略变革过程中所面临的挑战，他们在观念结构上的变化过程，以及他们如何通过在同一层级之间的互动去影响战略变革的实施。学者们还对战略决策（如Kaplan and Orlikowski，2013；Liu and Maitlis，2014）和战略变革（如Denis et al.，2001；Mantere et al.，2012；Huy et al.，2014）的微观过程进行了研究，丰富了学界对于战略管理微观基础的理解。另外，学者们还研究了一些具体的实践做法如何开展并影响战略发展，包括战略会议、战略研讨、语汇运用、意义塑造，等等（如Hendry and Seidl，2003；Kaplan，2008；Jarzabkowski and Seidl，2008；Paroutis and Heracleous，2013）。

在研究方法上，不同于主流战略研究所采用的定量统计方法，SAP的研究大量采用定性研究方法。为了探寻战略实践和活动中的动态和机制，这些研究通常采用现场观察、深度访谈或者收集内部材料作为一手研究资料。在这些资料的基础上，通过案例研究或扎根理论的分析方法去构建理论，而不是检验理论（Eisenhardt，1989a）。虽然到目前为止SAP主要以定性研究为主，这并不排除定量研究仍然可以用来研究战略实践，关键在于研究问题的框定。例如，在研究特定实践应用的普遍性或企业运用特定的实践是否能够产生优于其他企业的绩效时，定量研究方法有其优势所在（Bloom and Van Reenen，2010；Bromiley and Rau，2014；Laamanen et al.，2015）。

在研究成果的积累上，SAP的研究取得了丰硕的成果。截至2015年，超过100篇的相关论文发表在顶级的学术期刊上（Golsorkhi et al.，2015），并有两篇全面的文献综述去梳理这些研究的进展和理论贡献（Jarzabkowski and Spee，2009；Varra and Whittington，2012）。虽然这些研究能否形成一个清晰连贯的完整知识体系仍然有待商榷，但这些研究的确很大程度上丰富了学界对战略管理的理解（Langley，2015）。Varra and Whittington（2012，p.14）在回顾当时的SAP文献时说，"SAP的系列研究已经拓展了主流战略研究，这是通过聚焦在过去很大程度上被忽视的实践以及发掘这些实践中我们以前从未想象到的作用机理"。这些研究成果不仅丰富了学界对于战略实践的动态性和复杂性的深入理解，也有助于修正现有理论的基本假设并为未来的理论构建和发展提供基础。

(二)实践理论视角对中国本土管理研究的意义

通过以上对实践理论视角及其在战略研究中的应用的介绍,可以看出这一视角对于研究中国本土管理实践具有重要的借鉴意义。为了阐释这一视角对本土研究的启示,我们首先需要定义管理实践的内涵,然后探讨基于管理实践的研究对于中国本土管理研究的意义。

1. 定义管理实践

基于实践理论的视角,管理实践的定义可以界定如下:一个管理实践是指为达到特定的组织目标,具有特定模式的一系列有组织的活动的集合(Feldman and Orlikowski, 2011; Reckwitz, 2002; Whittington, 2006)。特定模式是指构成一个实践的系列活动之间存在着相关联的逻辑关系,从而使这些活动表现出特定的组合样式。根据其目标和所涉及的活动范围,管理实践可以界定在不同层面。例如,企业的战略规划相对于高管会议,前者的目标更为宏观,所涉及的活动和人员范围也更广,因此是更为宏观层面的管理实践;前者可以看作是组织层面的管理实践,而后者可以看作是团体层面的。根据相同的逻辑,组织间的战略联盟相对于企业内部的战略规划,则是更宏观的管理实践。从某种意义上讲,宏观层面的管理实践也可以看作是由较微观层面的不同实践所构成的(Schatzki, 2006)。因此,管理实践是宏观还是微观,是界定在个体、团队或组织层面还是更宏观的层面,在于该实践所要达到的目标及其涉及活动的范围。在具体研究中,界定管理实践的层面,往往取决于研究者所感兴趣的研究问题(曹祖毅等,2015)。

除了在现象层面上的不同,管理实践还存在着共享程度上的区别。在空间维度上,有一些管理实践在行业或区域内盛为流行,为较多企业所共享,而有一些则较少见。在时间维度上,有一些管理实践会不断重复,而有一些管理实践则处于尝试的阶段。关注不同管理实践在共享性上的区别,有利于我们深入研究不同管理实践在发展上所处的不同阶段,从而探讨其进化的机制。同时,这也有利于我们探讨管理实践在不同区域的差异和相互影响。例如,在中国不同省份内部的企业可能有高度共享的管理实践,而在省份之间管理实践的差异则可能比较大。

2. 研究中国本土管理实践的意义

基于上面对管理实践定义的探讨,对中国本土管理实践的研究就意味着要发掘特定实践所包含的一系列活动,以及如何将这些活动有机地组合在一起从而达到特定目标的内在逻辑。从这个角度出发,管理者以及管理活动被拉回研究关注的重心,从而为研究者提供了一系列有价值的研究问题。例如,在企业变革和转型的实践中，管理者所面临的挑战是什么？他们如何采取一系列的活动去推进变革和转型？这一系列活动的内在逻辑是什么？在不同区域和不同行业，有哪些不同的变革和转型的实践？有哪些变革的实践更为有效？这意味着研究的出发点是现实中的管理现象和实践，而非单纯地以理论为起点去检验相关理论假设。同时，研究管理实践的侧重点在于发掘管理实践中的行动机制。这不同于目前学界盛行的管理研究，普遍侧重于静态变量之间的相关性。例如，大量的主流研究探讨了高管团队的异质性和组织绩效的关系，但我们仍然对高管团队如何相互协作，如何进行战略决策，以及这些决策如何转化成组织绩效知之甚少（Hambrick，2007；Ma and Seidl，2016）。基于实践的研究则要求打开管理实践的黑箱，探寻其内存的行动机制。

我们认为基于管理实践的本土研究将有机会为全球的管理理论做出重大贡献，一方面通过修正现有的理论，另一方面通过创造新的管理理论。近几十年，管理理论的发展和创新不足不仅仅是中国管理学界的独有现象，而是全球范围内的普遍现象（Davis，2015）。现在国际管理学界中流行的主要理论多数产生于20世纪六七十年代，如结构权变理论、资源依赖理论、新制度化理论、组织种群生态理论等等，理论拓展和理论创新仍然有限。在反思和展望中，回归管理现象和管理问题本身被认为是进行理论创新的关键（Davis，2015）。在这种背景下，贴近中国本土的管理实践不仅仅能够提高我们对本土管理现象的认知，更是中国管理研究能够贡献全球管理理论创新的历史机遇。一方面，基于实践的研究能够促使我们对现有理论基本假设的反思，从而有助于修正和拓展现有的理论。例如，Eisenhardt（1989）对战略决策实践的研究就发现，不同于以往决策理论的假设，快速决策相对于慢速决策通常使用更多的信息以及考虑更多的选项，从而决策的结果更优。正是对决策相关活动到底如何开展的深入考察，使她有机会获得这些突破性的发现，让学界对战略决策有了新的认识。另一方面，因为新理论通常源于对新的管理现象和管理实践进行解释，中国大量创新性的管理实践为本土研究提供了理论创新的素材。随着中国近些年的快速发展，本土企业所处的特殊环境与西方企业所经历过的有很大不同，也因此产生了大量新的管理实践（陈春花，2010）。因为对实践的深入研究要求研究者能够近距离接触这些实践并获取最鲜活的数据和资料，中国本土学者在这些独有的本土管理实践的研究中将占据天然优势。如果能够在此基础上发掘新的理论，将让中国有机会在全球管理研究中实现"弯道超车"（章凯等，2014）。

以上我们探讨了实践理论视角对中国本土管理研究的启示和借鉴意义，为了推动对本土实践的研究，我们将结合中国企业管理实践以及本土研究的现实状况，探讨基于本土管理实践的研究中需要注意的关键研究问题、方法上的挑战和建议，以及如何形成有效的知识积累。

三、研究问题展望：中国当前重要的管理实践问题

虽然学者们对研究中国本土管理实践的重要性和紧迫性已经达成共识，但实际的具体研究仍然非常有限（曹祖毅等，2015；韩巍，2011；刘祯等，2014）。虽然中国有大量的管理现象和管理实践值得深入研究，徐淑英等（2015）倡导应该特别关注中国企业中那些令人费解的管理问题，那些"不同于常态的且很难被现有文献中的逻辑和理论所解释的管理实践"。结合中国企业管理的现状，我们认为至少有以下几个领域的本土实践值得学者率先进行探索性研究。

1. 政府机构在企业战略和公司治理中的角色

不同于发达的西方国家，在中国特有的经济制度环境下，政府机构在企业的战略规划和公司治理中发挥着重要作用（Keister and Zhang，2009），而目前对这一独特管理实践的研究甚少。政府机构参与本土企业经营主要有两方面的原因。一方面，在经济转型时期，政府或地方政府和企业保持着密切的关系，通常直接帮助在其辖区的企业应对变化的外部环境和经营中的重大问题，而不是单纯地依靠制定宏观政策和市场规则。从这个意义上，一些学者将中国政府在经济发展中的角色定位划为社团主义型（corporatism）（Walder，1995），这不同于在西方发达国家，政府的导向是自由市场型，从而很少直接影响企业的战略规划。另一方面，虽然经历过国企所有制改革，中国仍然存在大量的国有企业或混合所有制企业。在这些企业中，政府或相关机构会作为所有者直接参与到公司治理当中。而在西方发达国家，国有企业或者国家持有股份的企业占总体企业数量的比例极小。由此可见，在中国，政府在企业战略和公司治理中的角色很不同于西方国家，是具有本土特色的管理实践。但由于目前的战略管理理论主要源自西方国家，这些理论主要从企业的视角出发，集中于分析市场和技术环境对战略的影响，而很少关注政府在企业战略中的参与（Griffiths and Zammuto，2005；Pearce et al.，2009）。因此，本土研究亟须考察政府如何参与企业战略和经营，并探讨适应本土特色的公司治理模式。基于实践理论的视角，未来的研究可以探讨一系

列相关的研究问题,如政府人员如何具体参与企业的战略规划(Child and Yuan, 1996)?在混合所有制企业中,政府相关机构如何与其他所有者有效地互动并共同治理公司?地方政府如何帮助当地企业应对市场、技术和政治环境的变化?政府的参与模式对企业经营结果有何影响?企业与当地政府如何互动以构建其竞争优势?企业如何有效地管理对政府的依赖关系(Keister,2004)?

2. 中国企业组织变革与战略转型的实践

在经营环境快速变化的今天,组织变革和战略转型已经成为常态。特别是在中国正在进行产业转型和升级的背景下,如何快速有效地调整自身结构和战略从而保持竞争优势已经成为中国企业面临的巨大挑战。虽然相关的研究开始涌现(谢康等,2016),我们对于如何应对这一挑战的管理实践仍然知之甚少。例如,在调整结构和战略的过程中,管理者面临的实际困难和挑战是什么,如何应对?变革经常导致经营动荡甚至生存危机(Hannan and Freeman,1977),那么企业如何在变革中保证经营的稳定性或短期的业绩?如何设计变革的节奏从而使变革顺利进行?如何在变革中平衡内部不同层级的员工以及外部相关的利益?如何处理新业务和传统业务的关系?如何快速有效地调整利益相关者的思维观念以适应新的运营模式(Gioia and Chittipeddi,1991)?对这一系列问题的回答要求未来研究能够深入地考察本土企业的变革过程本身,对其中所涉及的管理实践进行描述、总结和提炼,而非一味地研究变革的前因和结果变量。中国并不缺乏组织变革和战略转型成功的企业,例如美的、新希望、华为、海尔,并有大量的企业正处在变革过程之中,这为本土研究提供了丰富的素材。

3. 中国企业的国际化实践

中国经济迅猛发展的一个重要表现是中国企业的国际化。尤其是2008年全球金融危机之后,中国企业更是掀起了全球并购的新浪潮,在国际化的速度和规模上让世人瞩目。中国企业的国际化也呈现出一些独特的特征。例如,通过在国内市场获得巨大的规模优势,获取进军海外市场的竞争优势(蓝海林等,2011),这不同于那些国内市场有限的企业进入国际市场的模式。在这一过程中,企业不再只是单纯地寻求更大的市场,也希望通过国际化并购重塑自身的技术优势和业务能力,从而实现战略转型。在这样的背景下,我们需要研究中国企业在国际化过程中面临的实际挑战到底是什么?这些挑战和20年前或10年前有什么不同?中国企业如何设计国际化进程的节奏(王艺霖、王益民,2016)以及不同步骤的内在逻辑?在应对一系列的挑战中,中国企业采用的管理实践有哪些以及它们的有效性如何？例如，中国企业在海外并购过程中如何有效地实现并购后的业务整合和文化融合？这些实践和现有管理理论中的实践有何区别？对类似问题的研究将有助于我们发掘中国企业国际化实践的独特性，并有机会为中国企业提供可借鉴的有效模式和路径。

4. 中国领先企业构建竞争优势的管理实践

改革开放以来，中国涌现了一批优秀企业，有些甚至是全球范围内的行业先锋，它们能够领先所在的行业并持续稳定地增长。这些企业的成功不再仅仅是依赖对市场、营销、技术、质量或成本等单一要素的把握，而是形成了自己卓有成效的管理模式（陈春花，2010）。虽然我们对于这类企业有大量的讨论，但大多是在媒体或者报纸杂志上，而对它们独特的管理实践的学术研究仍然不足（陈春花，2009）。未来的研究需要深入分析这些领先企业并探索它们是如何异于同行构建持续竞争优势的。这需要关注它们是如何应对同行企业所共同面临的重大难题，如在经营中实现探索与利用的双元平衡，如何构建和维持自身的动态竞争能力，如何实现持续的变革与调整应对不断变化的环境，如何在企业规模庞大的情况下进行灵活运转，以及如何有效地管理利益共同体，等等。只有发掘这些领先企业在应对这些难题时所采用的异于同行的管理实践，我们才能够真正理解他们何以能够构建自身的竞争优势并保持行业领先。

5. 互联共享时代的组织形态和商业模式

在互联网技术的驱动下，现代社会已经步入互联共享的时代。互联网技术给人们的生活和工作方式带来了巨大改变，也因此对传统的组织管理和商业模式造成了巨大冲击（陈春花，2016；Davis，2015b；彭剑峰，2014）。例如，彭剑峰（2014）认为，互联网时代在人力资源管理的各个环节都颠覆着传统的实践，表现在四个方面的"去"：去找最聪明、最能干的人，去绩效考核；去管理层，去威权领导；去人才所有，去企业忠诚；去中心化，去边界，去利益独享。陈春花（2016）更是认为在互联时代，管理需要新范式，因为雇员社会将要消失，而个体价值正在崛起。在这个新时代，我们需要重新审视管理理论和传统管理实践中的一系列核心问题，例如，在高度共享的经济环境中，企业的边界到底如何界定，组织与环境是什么关系？大量基于互联共享技术的商业模式不断涌现，我们是否需要重新定义什么是商业模式？当基于网络技术和数据运算的平台性、开放性和协同性逐渐成为组织的新特征，传统意义上用于协调员工的组织结构到底应该如何界定，以及协调员工的管理者的工作内容发生了什么变化（Davis，

2015)？在个人价值崛起而组织忠诚度下降的情形下，个人与组织到底是什么关系？对于回答这一系列问题，我们并没有太多既存的理论可以依靠，而需要深入地对具有互联共享特点的企业进行探索性研究，从他们的实践当中去发掘答案，并试图构建具有这一时代特点的管理新概念和新理论。

6. 中国企业家和管理者面临的挑战与实践

中国的企业家和管理者是本土管理实践的践行者和创造者，理解中国管理实践离不开对他们的深入研究。主流的研究通常是探讨管理者的个人特质或领导风格和领导绩效的关系，或者利用传统的管理者角色（Mintzberg，1973）去描述其管理活动，而较少关注他们在具体工作中实际面临的挑战，以及如何开展领导和管理工作，导致我们对于他们工作内容和管理实践的理解很大程度上停留在抽象的概念层面（Korica et al.，2015）。我们都知道管理者的行为和实践深受本土文化和思维观念的影响，特别是在本土文化传统深厚的中国（席西明和韩巍，2010）。另外，因为面临独特的政治经济环境以及中国企业所处的特殊发展阶段，中国的管理者很可能创造和运用不同于西方的管理实践。因此，我们需要深入了解中国企业中的企业家和管理者，包括他们所面临的挑战、他们的管理哲学和认知结构，以及这些如何影响和体现在他们的管理实践当中。例如，在中国，许多管理者深受儒家、道家、法家等传统治道的影响，但学界对这些传统如何具化在他们的管理实践当中仍然知之甚少，更不用说这些实践的有效性和可复制性（Ma and Tsui，2015）。同样，虽然我们知道中国管理者中盛行着圈子和关系的现象，对于管理者如何建立和运用圈子和关系达到特定的管理目标或为企业获得资源的实践却知之甚少（罗家德，2012）。另外，未来研究需要关注不同层级的管理者，包括高层、中层和前线，因为所处的内外部工作环境以及工作内容的不同，他们很可能发展和采用不同的管理实践（Guo et al.，2016）。对其面临的挑战及其管理实践的考察将有助于我们深入地理解中国的管理者和管理模式。

以上根据中国企业发展的现状，我们讨论了当前中国企业的管理实践中几个比较突出和亟须研究的领域，以期获得未来研究的关注。然而，其他值得研究的本土实践还有很多，如商帮对于企业竞争优势的构建（Keister，2001）等，因为篇幅有限便不再一一讨论。

四、研究方法展望：定性与定量方法的多元和互补

研究方法在管理学科的发展中发挥着至关重要的作用。要推动中国本土管理实践的研究，有必要讨论在研究方法上存在的挑战及其相应的对策。事实上，很多学者认为，正是因为学界对于定量研究及相关统计方法严谨性的一味推崇，很大程度上导致中国管理研究与本土的管理实践脱节的现象（曹祖毅等，2015；尤树洋等，2011；徐淑英、吕力，2015；章凯等，2014）。定量研究适合于探讨变量间关系并进行相关的理论检验，而很难用于发掘新概念和构建新理论。因此，学界倡导对中国的本土管理实践进行探索性研究，采用扎根理论、案例研究、历史研究等定性研究方法（曹祖毅等，2015；尤树洋等，2011；徐淑英和吕力，2015；章凯等，2014）。虽然多元化方法已经在学界获得一定的共识，对于本土管理实践的研究，尤其是相关的理论构建仍然严重不足（韩巍，2011；刘祯等，2014）。究其原因，一方面是本土学者甚至华人学者对于定性研究方法的掌握远不及定量研究方法。例如，根据Jia et al.（2012）对1980至2010年间六种国际顶级管理期刊中259篇关于中国情境研究的文献回顾，只有一篇论文是运用扎根理论的定性研究，而且并非来自于华人学者。由此可见，本土学者在运用定性方法研究中国管理实践中面临着一系列的挑战和困惑。另一方面，学界对于定量研究如何有效地用于研究中国管理实践并未进行充分探讨，导致大量学者对于如何运用自己所精通的定量方法进行相关研究存在疑惑。本文试图通过对这两个方面问题的深入探讨，促进多元化方法在研究中国管理实践中发挥其应有的价值。

（一）定性方法在研究管理实践中面临的挑战及建议

因为对于本土管理实践的研究还处于起步阶段，探索性的定性研究对于呈现和解释本土管理实践具有重要价值。正如上文所提到的，本土学者对于定性方法的掌握远不及定量方法，导致目前高水准的定性研究严重欠缺（陈春花等，2014；刘祯等，2014）。因此，有必要讨论当前在研究本土管理实践中定性研究存在的不足并提供相关的建议。

1. 构建理论而非单纯描述

随着学界的提倡，近年来国内涌现了一大批定性研究。但是，很多相关研究主要是在描述管理实践和总结相关的经验，而没有更进一步构建解释这些实践内存机理和作用机制的理论（陈春花等，2014；叶广宇等，2012）。然而，管理研

究的目的最终需要构建理论而非单纯地描述管理现象，定性研究需要实现从描述到理论的概念性飞跃（Klag and Langley，2012）。对本土管理实践的深入理解需要未来的研究克服这一弱点。构建理论意味着寻找理论机制去解释为何管理实践呈现特定的模式（即构成这一实践的一系列活动组合在一起的内存逻辑），为何特定的模式能够有效地达成组织目标，以及管理实践生成和演化的机制，等等。例如，Eisenhardt（1989）通过多案例研究发现了在外部环境急速变化的行业中，进行快速战略决策的企业具有更好的业绩表现。她不仅仅呈现了快速决策的这一效果，而且通过呈现快速决策的过程（如对信息量的摄入以及决策方式），解释了快速决策如何比慢速决策过程更能够产生优异的决策结果。如果这一研究只局限于描述快速战略决策这一管理实践的存在及其影响，它并不能够真正对战略决策的理论做出贡献。构建理论离不开和已有理论的互动，首先需要在已有理论中寻找是否存在相关的解释机制。如果已有的理论不能提供合理的解释，则需要进一步深入数据和材料去构建理论（Tsang and Ellsaesser，2011）。举一个本土实践的例子：众所周知，在中国很多重要决策是在饭桌上进行的，但我们对其具体的作用机制仍然停留在传闻之中。如果重要的决定是在饭桌上做出的，我们则需要了解这一决策过程是如何开展的，在饭桌的决策和在会议室的决策方式有何不同，效果有何不同，参与人员有何不同，以及这些不同是如何弥补或者替代正式场合的决策实践的。因此，理解在饭桌上进行重要决策的实践需要和已有决策理论的互动，从而发掘其决策机制的独特性。如果未来的研究不止于纯粹的描述和总结，而是构建本土管理实践的相关理论机制，则不仅能够提供解释本土管理现象的理论，对全球的管理理论也能够做出巨大贡献。

2. 需要纵向的历时性研究

在Mohr（1982）关于组织理论的经典论述中，将理论划分为两类：变量理论（variance theory）和过程理论（process theory）。变量理论是通过变量之间的关系解释组织现象。例如，在研究组织变革中，变量理论会研究引起组织变革的一系列前因变量或相应的调节和情景变量。而过程理论在解释组织现象中，是通过研究一系列的活动或事件如何随时间展开并导致最终的结果。例如，在前面研究组织变革的例子中，过程理论会研究变革是如何展开的，在不同的阶段有哪些相关的活动和事件，关键的转折点是什么，以及这些活动和事件如何导致最后变革的结果。和变量理论相比，过程理论强调从时间维度中理解管理活动的核心要素（Langley，1999）。根据研究的目的，定性研究既可以用于构建变量理论

（Eisenhardt，1989），也可以用于构建过程理论（Gioia et al.，2010）。虽然在研究本土管理实践中两种理论构建的导向都具有重大价值，目前国内关于过程理论的研究仍极为欠缺。然而，时间维度是构成管理实践的核心要素，理解管理实践需要研究构成该实践的一系列相关活动如何按时间序列形成特定的模式。过程理论导向的研究对于理解本土管理实践的展开、转化及其成效具有重要意义。因此，我们建议未来的定性研究在研究本土管理实践当中强化对时间维度的敏感性（韩巍，2011），构建关于本土实践的过程理论。这意味着研究人员需要采用纵向历时性的研究设计，通过长时间的观察和跟踪调研来采集数据资料，并在分析中关注活动和事件的时间序列（Langley，1999）。

3. 提升定性方法在应用中的严谨性

在定性研究中还需要关注的问题是方法运用的严谨性。虽然国内近年来对定性方法的运用日趋系统化和规范化（刘鑫、杨东涛，2015；张笑峰等，2015；周文辉等，2016），但总体上国内的定性研究在严谨性上与国际水准还存在较大差距（陈春花等，2014）。因为直接涉及研究结论的有效性、可信性和可推广性，方法运用上的严谨性至关重要，因此是未来研究需要特别关注的。因为缺乏像定量研究中标准化的操作步骤，定性研究在方法运用上存在着巨大的挑战。目前在管理学领域定性研究已经形成了一些被广为接受的模板，如Eisenhardt的多案例研究方法和Gioia的系统化定性分析方法等，为定性研究的研究设计、数据收集以及数据分析提供了可供借鉴的指导（Langley and Abdallah，2011）。在借鉴这些模板的时候，要避免机械地套用，要根据研究问题选择和调整相应的模板。因为不同的研究问题具有不同的特性，具体的研究方法也应该存在相应的差异。因此，在呈现研究严谨性的时候不仅仅要表明是运用了现有的模板，关键在于在论文中详细阐述研究的设计、数据的来源和数量、数据分析分别是如何有效地配合研究问题，从而让读者能够形成自己的判断。保持研究步骤的高度透明性也有助于研究人员不断反思自己研究方法的内在逻辑性，这对于没有高度标准化研究规范的定性研究至关重要。

（二）定量方法如何贡献于管理实践的研究

在倡导研究中国本土管理实践的讨论中，定性研究的价值及其紧迫性一直是讨论的热点，而对定量研究可以做出的贡献却少有讨论。事实上，只要界定好适合的研究问题和进行相应的研究设计，定量研究至少在以下几个方面能够促进对本土管理实践的理解。第一，定量研究有助于理解特定管理实践对于企业绩效的贡献（Bromiley and Rau，2014）。这需要在研究中对于要研究的管理实践已经有深入的理解，从而设计出能够测量其在企业中应用程度的问卷。然后通过大规模的问卷调查，对该管理实践和相应企业绩效之间的关系进行检验。类似地，也可以对比不同管理实践对企业绩效的贡献有何不同，从而判断在具体情境下相对更为有效的管理实践。第二，定量研究有助于理解在宏观层面特定管理实践产生和演化的条件。基于大样本的分析可以呈现管理实践的分布情况，从而有助于理解其产生和演化所需要的组织内部和外部的条件。例如，基于全国的大规模问卷调研可能会显示在特定区域会采用特定的管理实践，因此有助于探索该区域具备哪些特殊的要素，如政治、经济和区域文化环境，从而促进该管理实践的产生。类似的研究也可能显现不同区域在应用特定管理实践所处的不同阶段，从而有助于理解该管理实践演化的规律和相应的条件。第三，一些定量研究的方法和工具可以用于分析构成特定管理实践的一系列活动的内在结构。例如，在研究企业在战略沟通中的策略时，研究人员可以收集大量企业在沟通战略中使用的材料，通过计算机辅助的内容分析发掘这些企业在对新战略进行意义塑造中使用语汇、修辞的规律和逻辑。尤其是在具有大量定性数据的基础上，在合适的情况下对其进行编码然后进行定量分析，有助于研究人员发现特定的样式和规律，从而帮助研究者进一步发掘这些样式和规律背后的理论机制（Langley，1999）。最后，基于大样本的定量研究能够检验由探索性的定性研究所构建的关于本土管理实践的相关理论的可推广性，从而促使这些理论的修正和完善。总之，经过合理的研究设计，定量研究同样可以用于研究本土管理实践，并提供定性研究所不能产生的见解和理论，而关键是在于选取合适的定量方法和工具去实现研究的目的（Laamanen et al.，2015）。

以上讨论了定性方法在研究本土管理实践中存在的问题并给出了建议，并对定量研究如何贡献于管理实践的研究进行了探讨。不同的研究方法能够有效地解决不同的研究问题，因此在研究本土管理实践中不应有所偏废，而应当鼓励不同方法的运用，从而对本土管理实践不同方面进行深入、全面和丰富的理解。

五、研究结果展望：形成管理知识的有效积累

如何形成研究结果的有效积累是基于本土管理实践的研究必须思考的重要

问题。试想：在若干年后，如果要对基于中国管理实践的所有研究做一个综述，我们应该看到一个什么样的理论知识体系？事实上，近年来学界对于本土管理研究在理论构建的导向上存在着不同的观点，如中国管理理论、管理的中国理论以及普适性管理理论（Barney and Zhang，2009；Leung，2009；谭力文、宋晟欣，2015；章凯等，2014），其实就是对本土研究应当形成何种知识体系的探讨。特别是在本土研究在理论贡献上尤为欠缺的背景下（陈春花等，2014；Jia et al.，2012；刘祯等，2014），明确这一问题对于推动本土管理实践的研究具有重要意义。为此，本节将首先讨论基于本土管理实践的研究应当形成的知识体系，然后探讨这样的知识体系如何贡献全球管理知识体系，从而回应近来关于本土研究在理论构建导向上的讨论。

（一）基于中国本土管理实践研究的知识体系

对中国本土管理实践的广泛和深入研究必将形成一个能够理解本土实践和中国企业的知识体系，从而解决本土研究和本土实践严重脱离的问题（郭重庆，2008；齐善鸿等，2010；Tsui，2009；徐淑英、吕力，2015）。因为研究对象的聚焦，这样的知识体系将能够回答关于中国本土管理实践的一系列核心问题："中国管理实践的重大问题是什么""中国管理实践的独特性在哪里"以及"中国管理实践的发展脉络是什么"（陈春花，2011）。

1. 呈现中国管理实践是什么

基于中国本土管理实践的研究将对中国企业发展中所存在的管理实践提供一个全面的认识。未来一系列对具体实践的深入剖析将不再只是对这些实践的抽象化认知（Korica et al.，2015），而是呈现其具体的内涵和相关作用机制。例如，对本文前面提出的一系列中国企业目前突出的实践问题的研究，将能够呈现在中国特殊的政治经济环境下，政府在企业战略和公司治理中的实践、企业组织变革与战略转型的实践、中国企业国际化的相关实践、本土领先企业构建其独特竞争优势的管理实践、互联共享时代企业在组织运作和商业模式构建中的实践，以及本土企业家和管理者面临的挑战与实践中的对策。因为对管理实践本身的聚焦，相关研究还可能呈现为达到相同的组织目标，中国不同省份和区域存在的不同管理实践。这与情境化的本土研究有所不同，因为情境化的研究通常将中国文化和制度抽象成中国情境（Tsui，2006；张静等，2016），这不利于发掘中国区域之间的差异，从而无法对中国不同区域中管理实践的潜在差异保持敏感性。而聚焦管理实践本身，将有助于发现不同实践在不同区域的分布，从而有助于发掘在中国不同组织和外部环境中相对更为有效的管理实践。

2. 呈现中国管理实践的价值贡献性

本土管理研究的一个重要问题是回答中国管理不同于西方管理的特色到底在哪里（郭重庆，2008；齐善鸿等，2010；Tsui，2009；席酉明、韩巍，2010；徐淑英、吕力，2015），这个特色的理论价值贡献是什么？然而，没有对本土管理实践的深入研究，将无法进行中外管理的对比研究，无法发掘中国本土管理的特色（徐淑英、吕力，2015）。在呈现中国企业在各个方面所涉及的具体管理实践的基础上，相关研究将有机会对比本土管理实践和盛行的西方管理存在的差异，从而呈现中国管理实践的独特性。并且，在特殊的市场环境和社会整体转型的背景下，中国企业经历的发展环境可能是西方企业所没有经历过的，因而可能催生全新的管理实践（陈春花，2011），如企业对区域政治环境的应对与管理（蓝海林等，2012；Guo et al.，2016），或者商帮对企业竞争优势构建的影响（Keister，2001）。呈现中国管理实践的独特性不仅能够深化对中国管理特色的理解，还有助于将中国的管理问题国际化，从而引起国际管理学界对中国管理问题的关注和研究。

3. 呈现中国管理实践的发展脉络

管理实践并非一成不变，而是不断地经历着产生、演化、扩散以及转化的过程。管理实践的发展是企业与周围环境不断互动的结果。中国本土管理实践的发展和演化是与中国改革开放后特殊的政治和经济环境、中国经济的快速发展、中国传统的文化观念、对国外先进管理模式的引入和转化，以及国际市场环境密不可分的（陈春花，2011）。基于本土管理实践的系列研究将有助于理解重要的管理实践是如何产生和演化的，和企业所处的国内外环境以及中国传统文化哲学的关系是什么，从而为梳理中国管理实践的发展脉络提供坚实的基础。

以上讨论了基于本土管理实践的研究如何有助于形成深入和全面理解中国管理实践的知识体系，必须提出的是，这并非是独立于全球管理知识的一个自闭体系。恰恰相反，正如下面将要探讨的，这些对中国本土实践的深入研究，将有助于贡献全球管理知识，甚至提供全新的管理理论。

（二）基于中国本土管理实践研究对全球管理知识的贡献

要推动基于管理实践的本土研究有必要明确在理论发展上与全球管理知识体

系的关系。目前，学界对于中国管理研究的发展方向存在着三个主要观点：中国管理理论、管理的中国理论以及普适性理论（章凯等，2014）。中国管理理论的观点认为，本土研究应该避免另起炉灶，而是检验和拓展现有的西方理论，并通过中国特殊的文化背景发掘西方理论的情境变量（Barney and Zhang，2009）。相反地，管理的中国理论则认为文化具有独特性，而不同文化中蕴含着不同的管理规律。因此，中国管理研究应当构建基于本土语言和概念的理论体系，才能充分解释和指导本土的管理现象（Barney and Zhang，2009）。而普适性理论的观点则认为，本土研究虽然专注于本土管理现象，但仍然应该发展普适性理论（Leung，2009）。不同于第一种观点，这种观点认为现有的西方理论存在缺陷，并且存在大量理论欠缺的领域，因此本土研究应当致力于开发新的普适性理论，同时修正和完善现有的西方理论（陈春花等，2014；谭力文和宋晟欣，2015；章凯等，2014）。

我们认同构建普适性理论的观点，并认为基于实践的本土研究应当是一个和现有管理理论不断对话和高度互动的过程。虽然管理实践有本土化差异，关于这些实践的理论则应当是融入全球管理知识体系的（陈春花等，2014）。从这个意义上讲，我们建议不要过于强调区分中国理论还是美国理论，东方理论还是西方理论，而是将现存的理论作为管理知识的总体。基于实践的本土研究出发点在本土实践，而在解释本土实践的过程中，则需要从现存的管理知识总体中寻求恰当的理论和观点。如果现有的理论不能够提供有效的解释，则需要构建新的理论并阐明相对于现有的理论，新理论如何提供了更好的解释（Tsang and Ellsaesser，2011）。例如，基于对中国四个大型国企的案例研究，Guo et al.（2016）探索了中层管理者是如何管理区域政治环境从而实现市场目标的。他们发现了中层管理者在连接市场和政治环境所采取的两类管理实践，一是连接市场理念和政治理念体系，二是连接市场成员和政治个体。同时，他们发现，中层管理者因为具有区域运营知识和区域关系网络，他们比高层管理者在管理区域政治环境中更具优势。而所处的管理层级让他们拥有权力和地位去管理政治环境，这是前线员工所无法做到的。Guo et al.（2016）的研究有效地解释了中国本土中层管理者在管理政治环境中的实践。同时，因为现有的管理理论只强调了中层管理者在管理市场环境中的角色，因而不能解释他们研究中呈现的中层管理者在管理政治环境中的做法。他们的研究填补了这一理论空白，从而对中层管理理论做出了贡献。这样的理论构建，既能够有效地解释本土现象，又能够对全球管理理论提供新的见解和观点，并与之融为一体。

在中国本土管理实践的研究中采用普适性理论发展的导向，不仅能够使本土研究为全球管理知识贡献新的理论和观点，还能够推动国际学者对本土现象的关注和研究，将中国的管理问题国际化。因为市场和企业数量的巨大，中国管理实践因其显著性必然是国际学者关注的重点话题。而在研究中对于构建普适性理论的导向，持续和现有理论的结合和互动，有利于国际学者看到研究中国管理实践对于推动管理理论的重要性，从而进行深入研究。尤其是新的实践常常催生新的理论，中国企业在快速发展的过程中创造和采用的一些管理实践可能是在其他国家还未出现或仍不显著的。这意味着可能有许多新的管理理论会从中国的管理实践中被发掘，正如科学管理理论从美国企业实践中被发掘或精益管理在日本的企业实践中被发掘一样。当国际管理学界看到对中国本土实践的研究能够呈现具有独特性的管理现象，看到本土研究对推动一般性理论发展以及构建新理论的契机，必然会参与到相关的研究当中，从而推动对本土管理的研究（黄光国等，2014）。正如郭重庆（2008）在谈中国管理学界的社会责任和历史使命时所提到的，"着力研究透中国的管理问题，这就是世界的，世界必然认同，国际一流也就水到渠成"。当然，采取普适性的理论发展导向也对本土研究提出了巨大挑战，这意味着研究人员不仅仅要关注本土管理实践，还要对既有的理论有充分的理解，在学术研究上要和国际水准保持一致，并和国际管理学界保持持续的对话和交流（黄光国等，2014；Leung，2009）。

六、基于中国管理实践研究的现实相关性

管理研究的现实相关性，即对管理实践和管理活动的影响，一直是国际管理学界关心的重要话题，甚至被设为一个专门的研究方向（Kieser et al., 2015）。近年来，国内对管理研究和本土实践脱节的现象尤为关注，也促使一大批学者倡导对本土实践和管理问题进行深入研究（齐善鸿等，2010），试图改变本土研究"对中国经济与社会发展插不上嘴"的局面（郭重庆，2008）。然而，本土研究是否以及如何能对本土管理实践以及经济与社会发展产生影响并非一个简单的问题。对这一问题的简单认识很可能误导本土研究的发展，因而需要进行明确和探讨（陈劲、阳银娟，2012；韩巍，2011；Splitter and Seidl，2011）。为此，我们将探讨基于实践的本土研究如何更具现实相关性，以及具有何种现实相关性。

(一)基于实践的管理研究因更能捕捉实践的逻辑而更具现实相关性

对现实相关性进行专门研究的学者们认为,限制管理研究现实相关性的根本原因是管理学者和管理实践者处在不同的社会场域,具有不同的基本假设、利益导向和场域结构(Sandberg and Tsoukas,2011;Splitter and Seidl,2011)。Sandberg and Tsoukas(2011)认为,主流的管理研究和理论构建是基于科学理性(scientific rationality)而非实践理性(practical rationality)的。以科学理性的视角,研究者是以一个旁观者的角色对由客体所构成的社会现实进行观察并进行理论性的重现。现代科学理性包含着三个基本假设:①人类现实是由可分的、具有独特属性的实体所构成的。这些实体及其所具的属性是独立于观察者所客观存在的,但同时可以被认知的。②开发关于这个世界的知识是以主体—客体的关系为基本形式的。一边是研究者作为主体,另一边是这个世界作为被研究的客体。③这种认知论上的主体—客体关系被认为同样是构成实践的潜在逻辑的。这样的逻辑认为,和研究者一样,实践者面临着一个由可分的实体所构成的世界,能够通过认知活动了解这些实体的独特属性,并以此认知为基础开展活动。以此为逻辑,实践者越是能够准确地认知和重现独立于其意识的外在世界,就越有可能提高其活动的有效性。基于科学理性的逻辑,实践者因为太接近于实践本身,因而对组织和管理实践的重现式知识是有偏差的、主观的、有偏见的,从而容易不准确和不理性。而作为旁观者,研究者通过科学方法所构建的关于管理实践的重现式知识则被认为更客观,从而更准确、精确和理性。因此,应用这样的科学知识可以使实践更缜密并提高其有效性。然而,Sandberg and Tsoukas(2011)认为,事实上科学理性会限制对管理实践的全面理解,主要有三个原因:①科学理性低估了实践者是以一种整体性的方式沉浸于实践的。周围的环境和条件构成了实践者所面临的有意义的整体,而不只是一组抽象的、可相关的变量。处在一个实践之中意味着实践者面临着一个整体性的环境,其中包括具有特定影响的事件、人物、行动和选择。②科学理性强调不同实体的抽象特征是以何种方式在总体上是相关,而忽视了实践者具体工作中情景的独特性。这样的逻辑容易导致简化管理现象,发展出在总体水平上变量之间关系的结论,而在管理者看来过于简单而不实用。③科学理性在理论发展中很少考虑实践的时间维度——个体在实践中是如何经历时间的,如紧急性和不确定性。这一点明显表现在大量管理研究所形成的命题都是没有考虑时间维度的(如,只表述变量A和变量B之间的关系,而这种关系产生效应所需的时间却很少提及)。因为这些原因,Sandberg and Tsoukas

（2011）认为基于科学理性的管理研究和理论很难让管理者所接受，因而在现实相关性上会受到极大的限制。

为提高管理研究的现实相关性，Sandberg and Tsoukas（2011）基于海德格尔的哲学提出了基于实践理性进行管理研究的观点。他们认为，实践的逻辑（logic of practice）可以表述为"缠绕"（entwinement），即在社会实践中我们从来都无法和其他人和事物分离，而是一直相互缠绕在一起的。这意味着某个事物之所以为某个事物，它必须是某个有意义的相关整体的一个部分。除了强调个体在实践中面临周围环境的整体性，实践的逻辑还强调个体对开展实践所需知识的体身化（embodiment of practice）以及对时间的敏感性。Sandberg and Tsoukas（2011）认为要捕捉实践的逻辑就要在研究中基于实践理性而非科学理性，即研究实践到底是如何开展的以及个体是如何运用实践的。为此，他们建议在研究中注意以下步骤：①将实践作为研究的起点，关注实践者和相关工具的相互交织；②重点不只是个体，而是个体为达到特定目所进行的一系列活动；③观察活动的开展中个体是如何运用身体以及相关工具的；④通过探寻实践中优秀的标准去判断到底什么对实践参与者是重要的；⑤通过研究这一实践与相关联的其他实践的关系去发现产生和开展这一实践的可能性。另外，研究实践中发生故障（break down）的情况也有利于发现实践到底是如何开展的，因为人们在产生故障时通常开始有意识地反思平时是如何开展实践的，因而让那些习以为常的隐性知识显现出来。从前文中可以得知，基于实践理性进行管理研究完全切合本文所倡导的研究管理实践的思路和方法。相对于主流的研究范式，基于实践的本土研究因为更具实践理性，将能发展出更具现实相关性的管理知识和理论，更容易为管理者所接受，从而影响本土管理实践和管理活动的开展。

（二）基于实践的管理研究具有何种现实相关性

另外一个需要探讨的问题是基于实践的本土研究具有何种现实相关性，是否能够如许多学者所期待的，为本土管理所面临的问题提供直接明了的解决方案？或为管理实践的提升和改善提供具体的建议和指导（齐善鸿等，2010）？在国际管理学界，当实践理论视角被应用于战略等研究领域，学者们提出了同样的问题。然而，这些问题的答案并非显而易见（Splitter and Seidl，2011；Langley，2015）。这牵涉管理理论如何对管理者产生影响。学者们通常将学术知识的现实相关性划分为三种不同的类型：①工具性相关性，即将学术知识直接应用于指导具体的活动；②概念性相关性，即用学术知识反思自己的实践活动，从而对所面临的问题和情景产生新的认知；③象征性相关性，即使用学术知识去为自己已有的观点和行为进行佐证和辩护（Astley and Zammuto, 1992; Pelz, 1978; Nicolai and Seidl, 2010）。虽然基于实践的管理研究重视对实践本身的研究，其目的在于描述现实和理论构建而不是解决具体的管理问题。同时，研究者并不具备解决具体管理问题的现场知识和相关技能。因此，和大多数研究一样，基于实践的管理研究很难为管理者提供具体的问题解决方案，因而很难具有工具性相关性（Splitter and Seidl, 2015）。而对于象征性相关性，和大多数研究一样，基于实践的管理研究会提供新的理论或概念，可能会被管理者用于佐证或辩护自己的决策和行为。由于基于实践的理论通常强调实践开展的情境特征，其象征性相关性会相对受限（Langley, 2015）。然而，在概念性相关性上，基于实践的管理研究则具有巨大的优势。对管理实践的深入研究能够为管理者提供极具价值的概念性工具和理论框架去反思自身的实践以及面临的具体问题和处境。也就是说，基于实践的研究通过提供对管理实践的逻辑及相关活动更好的理解，影响或指导管理者的实践活动（Splitter and Seidl, 2015）。

借鉴Splitter and Seidl（2015）对战略实践研究的相关性探讨，基于实践的中国本土管理研究在概念性相关性上可以表现在三个主要方面：首先，对本土实践的深入研究通过呈现不同的管理实践在不同情境中的运用，可以让管理者对自身管理活动进行反思，并意识到新的或不同的管理实践的存在，从而开拓分析问题和解决问题的思路。管理者通常沉浸在管理活动当中，而对自己习以为常的管理方式和活动很难进行真正的反思。通过对管理实践及其相关活动的描述和相关作用机制的解释，研究者可以为管理者呈现采取不同实践和不同行动的多种可能性，以及这些可能性存在的优势和局限。其次，基于实践的本土研究可以为管理者呈现他们在管理实践中可能忽视的因果关系、作用机制和负向效应。对于个体在实践中所面临多种因素的整体性关注，使相关研究能够更全面地呈现实践的复杂性和多种不同的作用机制。如果意识到这些复杂性和作用机制，将有助于管理者更好地理解自己所面临的问题和处境。再次，基于实践的本土研究能够为管理者提供新的语汇或概念，使他们能够以一种新的视角去看待相关的实践，从而采用新的方式去灵活运用这些实践。因为是基于本土实践的研究所构建出来的，这些新的语汇或概念更有可能为本土管理者所接受，从而改变他们思考或讨论其关心的实践及其面临的问题的方式。

以上对于学界所关心的本土研究的现实相关性（实用性）进行了探讨，目的在于明确基于实践的本土管理研究为何以及如何能够产生更具现实相关性的管理知识和管理理论。对这一重要问题的正确认识将有助于本土管理研究明确理论发展的导向，避免进入不必要的误区（陈劲和阳银娟，2012；韩巍，2011）。

七、结语

经历了30多年的发展并引入大量西方的管理理论之后，中国本土管理研究正处在一个历史转折点：本土研究应该如何进一步向前发展，如何能够构建新的理论而不仅仅是检验西方理论，如何能够贴近并解释中国本土管理实践而不是和实践相脱节，以及如何使本土研究对本土管理实践产生影响是学界近年来探讨的热点话题。虽然关注中国本土的管理实践并构建能够有效解释和指导本土实践的理论已经成为学者们的共识，真正践行这一理念的研究仍然非常有限。其原因主要在于学界没有在实现路径上达成一致的看法，尤其是对管理实践的定义，关键问题的界定、方法上的挑战以及知识的有效积累等方面缺乏清晰一致的认识。为解决在实现路径上的疑惑，本文介绍了实践理论的视角，并介绍了其应用于战略管理从而推动对战略实践的研究的经验，从而阐述其对本土实践研究的借鉴意义。基于这一视角，本文界定了管理实践的定义以有利于未来研究能够准确地界定研究对象。透过这一视角，本文系统地探讨了基于中国管理实践研究的未来方向，包括在研究问题上，中国企业发展中一些亟须研究的重要实践问题；在研究方法上，定性方法面临的挑战和建议，以及定量方法如何贡献本土实践的研究；在知识积累上，如何形成能够解释中国管理实践的知识体系以及如何对全球管理知识总体做出贡献。最后，本文对学界极为关心的本土研究如何更具现实相关性进行了深入探讨，明确了基于实践的本土研究为何以及如何更具有现实相关性。通过对研究中国本土管理实践的实现路径及其影响的一系列问题的探讨，我们希望能够推动对本土实践的全面和深入的研究，使本土研究不仅仅能够更好地描述和解释中国管理实践，更能够通过构建新理论贡献于全球管理知识的发展。

（原载：《管理世界》，2017年第11期；合作者：马胜辉）

第二部分

中国本土企业成长

中国家电行业机会何在

中国没有任何一个行业会像家电这样,变幻莫测,诡谲多端。然而又不得不承认,这是中国市场化运营程度最高的一个行业。

一、"家电快要完了,但同时又是最大的机会"

2000年,中国彩电业全面亏损;2001年,中国家电行业全面亏损。昔日中国股市上气贯如虹的家电股如长虹、康佳等,如今表演的高台跳水亦同样精彩。中国家电为什么会这样?全面亏损到底是行业性原因还是企业自身经营性问题?

从产业经济的角度,任何一个产业,不可避免地会经历导入期、成长期、成熟期、衰退期、消亡期这样五个阶段。而要判断一个产业目前处在什么时期,最显著的判断标志是利润水平、增长速度和竞争状态。在利润水平上,中国的家电产业从20世纪80年代中期到90年代中期都处于高速增长的时期,这个时期企业的利润水平非常高,平均利润水平为20%～30%,从90年代后期开始,整个行业的利润率开始一路迅速下滑,从10%降到3%～5%,直至接近于零。开始时尚是"几家欢乐几家愁",亏损的只不过是彩电、影碟机等部分企业;可是一到2001年,竟然出现了家电史上绝无仅有的全行业亏损。

在增长速度上,整个80年代至90年代上半期是我国家电市场"爆炸式"增长的年代,特别是在1986—1995年的10年间,我国家电工业总产量年增长率在32%以上,这种排浪式的消费使得我国城镇及早地完成了彩电等家用电器的普及,家电的社会拥有率迅速提高。但是,90年代中期以后,大家电先后度过高速增长期，增长速度大幅度放慢，如电冰箱的增长率已由1995年的20%下降到1999年的5.45%；空调器的增长率由1995年的40%下降到1999年的10%；洗衣机的增长率虽有所起伏，但也是呈急剧下降趋势，到1999年的时候基本上处于零增长状态，2001年已经出现了负增长。在竞争状态上，也由80年代的"完全竞争"过渡到今天的"寡头竞争"。由于我国家电工业是靠技术和生产线的引进而发展起来的，技术含量较低。同时受国外转让技术的制约，许多品牌的技术来自于同一企业，导致产品差别只是表现在细小之处，各种品牌产品之间的竞争主要依靠广告、价格和服务竞争，形成家电市场的几乎"完全竞争"。经过十几年的"价格战""技术战""服务战""概念战"之类激烈战争的洗礼，家电市场上的品牌集中度迅速提高。目前彩电市场前四名品牌的市场份额之和约为62%，空调市场前五名品牌的市场份额之和约为53.9%，冰箱市场前四名品牌的市场份额之和约为72%，洗衣机市场前四名品牌的市场份额之和约为69%。这些现象表明，家电行业已经开始为少数几个强势品牌所控制，开始进入寡头垄断竞争时期。

极低的盈利水平、放慢的增长速度、激烈的寡头竞争，都在清晰地传达这样一个信息：中国家电行业已经由成长期进入成熟期。换言之，行业的盈利能力已经注定了不可能再保持在一个较高的水平。在这样的背景下，依旧沿用成长期的那套粗放式经营方式来经营中国的家电企业，亏损则在所难免。经营方式与行业发展阶段的不适应性，是2001年中国家电企业全面亏损的根本原因。

二、近年来各大公司的策略变迁

我国的家电行业经过近20年的快速发展，主要家电产品相继进入成熟期。彩电、冰箱、空调、洗衣机、微波炉等主要家电产品的生产能力都超过了需求，各个主家电产品都相继掀起过价格大战。最初的彩电价格大战造就了四川长虹和深圳康佳等彩电业的巨头，大的生产企业依靠规模实力兼并了一大批小的生产企业，使自身的生产能力进一步扩大。经过几轮价格大战，虽然生存下来的企业确立了自己在行业中的地位，但是也造成了企业利润下降、业绩滑坡。因此，不少企业看到了单纯依靠价格竞争的劣势，率先在企业内部开始调整策略并在后来的竞争中胜出。这就促使家电企业开始纷纷进行一系列的重大调整，从高层管理人员变动到公司投资方向转移，可以说这是近几年来中国家电企业少有的行业大调整。

四川长虹在连续几年业绩大幅下滑之后，首先调整了公司的高层管理队伍。

一批年轻有为的专业技术型人员进入公司最高管理层。同时，公司对原有的管理体制也进行了大的改革，建立了以事业部为导向的业务计划体系。目前，公司已建立六大事业部，分别是彩电、空调、数字视听产品、电池、电子产品和网络产品。对于条件成熟的事业部，长虹将其作为子公司发展，可能来年有些事业部就会变成子公司。事业部制是现代企业管理的一种重要的新型管理方式，国际跨国公司普遍采用这一方法，长虹终于迈出了重要的一步。此番调整的一个重点也是在巩固原来彩电第一的基础上，逐步向彩电业之外的领域寻求新的发展。2001年8月，刚刚推出半年的长虹环保电池销量突破1亿只，使四川长虹成为我国环保电池生产基地。9月，由四川长虹公司自行研制、开发的最新一代长虹可视电话将投放市场。9月15日，年产量超过15万台的国内最大背投影彩电生产基地在长虹家电城建成并正式投入规模生产。这一切变化都说明四川长虹的人事调整已基本完成，现在正进行公司产业结构的调整和升级。而这一切均可视为长虹阻止其业绩滑坡并重新崛起的一个强烈信号。

春兰集团在几年前开始多元化发展，涉及摩托车和汽车行业。目前最引人注目的就是第一个在大型国企成立民选董事局和10亿元的职工量化配股计划。此届董事局中，外聘董事的比例超过了25%，他们的加盟，将保证公司重大决策的科学性、民主性和长远性。与此同时，春兰集团决定，从集团公司40亿元净资产中拿出25%对经营层和员工进行量化配股。显然，春兰集团在产权制度改革方面将向前迈出一大步，并在股权激励制度方面做出有益的尝试。从春兰集团近期的几个投资项目来看，公司已向高科技领域迈进。如果这一职工持股计划得以顺利实施，将为春兰集团下一步产业升级增添后劲。

格力电器面对国内家电市场激烈而复杂的竞争格局，公司对经营的战略决策、经营模式的选择均提出了更高的要求。这就促使公司要开始运用全球化的战略眼光去看市场，并建立起一套多元化的营销体系。2001年以来，格力电器公司重点开拓南美市场，并以巴西市场作为切入点，公司计划运用2001年上半年所募集的配股资金2.16亿元投资设立格力电器巴西有限公司，利用南美洲的夏季与国内及其他海外市场相反的气候特性，在销售季节上形成互补，从而进一步扩大公司主导产品在海外市场的销售份额。

科龙集团从潘宁10年打拼建立起制冷家电帝国后，作为华南地区专业化发展的成功典范，向来遵循的是"不熟不做"的产业扩张准则。2000年6月，科龙高层人士发生剧变，徐铁峰总裁走马上任后，顺应国际国内家电市场的剧烈变化，果断地扯出了"多元化"的大旗:"在今后较长的一段时期内,将以家电业为主,稳步拓展相关多元化及高新技术产业,以自己的优质产品和服务,努力提高人们的工作环境和家居生活质量。"他认为,如果仅仅以制冷业为主,忽视多元化发展,就显得产业拓展的弹性不够,很难充分展示品牌覆盖的效应。按照这一战略定位,科龙集团将发展成为跨行业、跨国的大型控股投资公司,囊括科龙电器(家电为主)、科龙配件、电子商务、商用制冷、科龙高新技术集团等子公司。

康佳也加快实施"走出去"战略,坚持自主开拓海外市场。2000年上半年公司已开发外销新产品55种,并在2000年成功设立印度生产基地的基础上,筹备在墨西哥、印尼设立合资生产企业。

此外,由于日益激烈的价格大战和中国加入WTO,家电企业的资产重组也是必然趋势。为此,家电巨头都积极地实施多元化、国际化、战略结盟、购并重组,以增强自身的竞争实力。从2000年开始,国内的家电巨头们确实加快了调整、重组的步伐。2000年5月,科龙与小天鹅宣布结盟;随后万家乐与华帝携手合作;2000年8月有关媒体报道,海信集团与浪潮集团正酝酿合并;TCL则开始实施大转型,从彩电业延伸进入信息产业;9月29日,青岛海尔股东大会通过了增发不超过10000万股A股募集资金议案,用于收购青岛海尔空调器有限公司74.45%的股权,此举使青岛海尔公司合并持有空调公司9.95%的股权。

三、家电行业的胜出者

家电产品的价格大战已使不少家电企业的利益受损。国内彩电市场屡掀降价狂风,国内大的彩电生产企业分别宣布大幅调低彩电售价,彩电企业的盈利能力进一步下降。据统计,近三年彩电类上市公司的毛利率已呈急速下降之势。例如,四川长虹1999年的毛利率由1998年的27.62%降至16.07%。2001年7月,继夏华电子、福地科技等彩电类企业中期亏损或预亏后,国内彩电领军企业康佳集团股份有限公司发布预亏公告,其彩电行业的大哥大地位被TCL取代。

不仅彩电生产企业,其他的行业也不容乐观。2000年上半年,冰箱巨头科龙电器和空调巨头格力电器的经营业绩开始显出疲态。格力电器上半年销售收入同比增长3.56%,而净利润却同比下降29%。科龙电器上半年主营业务收入31.21亿元,同比下降9.38%;净利润1.24亿元,较1999年同期的4.36亿元下降71.56%。科龙电器的主营产品是电冰箱和空调器,公司2000年上半年电冰箱和空调器的销售额分别较1999年同期下降11.9%和5.6%。

但是我们也看到，在家电行业整体不景气的同时，也有个别家电企业却保持着快速增长的势头，成为家电市场竞争中的长期胜利者。2000年上半年，青岛海尔集团实现主营业务收入270 677万元，净利润18 190万元，分别比1999年同期增长26%、20%。报告期内公司在总股本扩张20%的前提下，每股收益仍保持0.32元的水平，展现了公司在制冷行业中的综合竞争实力。中国家电协会公布的2000年度家用电器企业统计数据显示，海尔集团在销售额、利税、出口额方面，均以大幅度领先的优势排在第一位，当之无愧地获得了家用电器企业"全能冠军"。海尔从不降价的战略考虑如下：

（一）打价值战，不打价格战

海尔认为，目前国内彩电等家电产品严重供大于求的局面，并不说明消费者的有效需求不足，而恰恰反映家电企业的有效供给不足，即最大程度地满足客户的个性化需求的产品不足。海尔坚持不打价格战，要打就打价值战，在为消费者创造价值方面下足功夫。海尔自始至终不参与价格战，整体效益并没有受到较大的影响，1999年海尔集团的销售收入是268亿元，2000年达到405亿元。

（二）价值战的本质是质量、服务、品牌战

海尔价值战是以质量、服务和品牌为基础的。在"2000年中国品牌价值排行"上，海尔以价值330亿元居第二，比1999年的265亿元增值了65亿元，产品质量和售后服务是海尔品牌增值的两大基础。

随着家电业市场竞争的激烈，国内各家电企业也开始注重产品质量，而这时海尔却把重点转向服务。在产品服务上，海尔与其他企业有观念上的差异：首先，海尔不仅仅强调售后服务，还强调售前、售中服务，到目前为止已全部实现国际星级服务，一般企业强调的仅仅是产品的维修，而目前海尔在全国各大城市都设立"9999"售后服务热线，用户只需一个电话，剩下的事全由海尔来做；其次，海尔认为服务不仅仅是维修、安装、答疑等，还是了解消费者的意见、需求，以便进行产品再开发、再改进的重要途径。

用户的难题就是海尔的课题，根据这一理念，海尔开发了"小小神童"洗衣机、"画王子"冰箱、"大地瓜"洗衣机等能够满足用户潜在需求的新产品，从而开发了崭新的市场。

四、结语

正是在中国家电哀鸿遍野之际,实际上也意味着绝佳时机的到来。"乱世"从来都是英雄辈出的时代。有人悲叹中国加入WTO之后外资企业会全面进攻,中国企业只能是被淘汰的命运。如果真是这样,那么当初制造中心从欧美转向日韩的时候,就不可能会有松下、索尼等世界级企业的诞生。事实上,竞争只会加快中国优秀的家电企业迈向国际化的步伐,因为强者从来就不怕竞争。

(原载:《经济管理》,2002年第7期)

不确定环境下企业管理的误区

知识经济和信息技术革命的出现，标志着人类社会正步入以知识资源为依托的新经济时代，在这个新时代，知识将成为最重要的经济因素，企业的发展将逐渐从传统依靠资本积累转向依赖于知识积累与更新，这必将给企业的组织形态和管理思想带来一系列深刻的变革。

一、企业内部组织结构的变革

美国《幸福》杂志在1995年对全美1000家大公司所做的调查显示，几乎一半的企业改变了"命令-控制"型的企业体制，转向弹性化的内部组织结构，以利于信息流通，决策迅速，运转效率提高。这些变革包括：①组织变革。企业的组织变革一是要求企业管理层级简单化；二是规模的小型化、网络化；三是生产运作的柔性化（产品研究开发的柔性化、产品生产的柔性化、产品销售的柔性化）；四是经营管理的人性化（管理决策的民主化、员工管理的人性化）；五是组织运作模式的虚拟化。②顾客市场驱动一切。在知识经济时代，顾客的需求日趋个性化和多样化，为此，企业必须自觉地以市场为导向，时刻将顾客的需要放在第一位，与顾客合作，深入顾客的经营过程和生活过程，加大应用研究和技术开发力度，在适销对路的基础上，向顾客提供包括服务和信息在内的产品。③管理创新。管理创新是企业根据企业经营的内外部环境的变化，根据企业的生产力发展水平，及时调整和优化企业的管理观念和管理方式的过程。管理创新是提高企业效率和效益、增强企业活力的根本途径，没有管理创新，企业将不可避免地停滞、衰退，以致最终被市场淘汰。彼得·德鲁克认为，经理是现代企业文化的创造者，是可以与艺术家的图腾形象相媲美的文化英雄，管理强调随机应变、灵活机动、开拓创新，经营管理绝无定式。④以人为本。在知识经济时代，一方面知识日渐成为企业经营活动中最重要的资源，人对知识的掌握和驾驭，以及由此而带来的企业创新，使得人在经济活动中的地位和作用比以往任何时候都变得更加突出和重要；另一方面，人的思维方式、价值观念也发生了巨大的变化，人的自主性、个性化、自我价值实现的愿望等都将得到充分的尊重和鼓励。这些都促使企业在管理中把对人的关注、人的个性和能力的释放、人的积极性的调动推到了空间的中心地位，"以人为本"的管理得到了空前的强化。

二、经营的全球化特征

随着信息技术的广泛应用和国际经济贸易体系的不断完善，产品生产在地理上的概念将基本消失，资金流动与产品流通在世界范围内变得更加容易和方便，全球经济信息的瞬时沟通使得世界经济融为一体，因此，企业面临的市场是一个国际化、全球化的大市场，全球化的一个直接后果是大型跨国公司或跨国集团在全球范围内的迅猛扩张，并以数量众多、规模庞大的分子公司的建立为其具体表现。跨国公司必须进行组织创新，以适应自身发展的需要和其面临的外部环境变化。企业全球化经营主要表现为：①网络管理的形成。网络管理的核心是通过人力资源、软技术和信息在跨国公司全球系统内的自由流动，开发新型的管理关系，它摒弃了以往母公司与分子公司间等级分明、各分子公司间界限分明的僵硬模式，将组织管理的范围向外延伸，供应商、客户、竞争者甚至连传媒机构都成为网络管理所需调动的对象。②跨国公司总部的出现。作为组织安排，总部的出现是跨国公司不断适应分布更趋广泛、资源流动更趋密集多向的国际化经营的需要、最大限度挖掘价值增值潜能、强化竞争力的结果。跨国公司对总部的组织设计不受国家界限的约束，没有国内与国外的割裂。跨国公司已经成为国际经济交往中的"完全行为能力主体"，其个体利益有时甚至超过了国家整体利益。

但是这两个根本的变化并没有体现在我们自己的企业当中，如果说不确定性是今天企业生存的基本环境，那么我们就需要明确这个环境对于企业所提出的全新要求，而不是沿着我们惯有的思维方式去管理企业。2007年对于中国的大部分企业来说，无疑是一个极具考验的年份，因为不确定性的根本特征已经明确反映出来，所以我们需要知道，怎样用全新的管理来面对不确定的环境。解决这个问题的角度，我想从大家存在的误区谈起，这样可以给大家一个思考的角度。

三、不确定环境下的管理误区

（一）企业发展贪大图快

企业发展、扩张可以采取两种途径：一是内部扩张，通过资本积累，凭借自己的技术优势、资金优势和管理优势，向相关产品、相关产业发展。二是外部扩张，通过资产购并、重组，将别的企业拿过来。目前，不少企业、政府部门认为第一种方式发展太慢，因而强调第二种发展途径。有些企业进行大规模扩张，兼并了许多没有什么优势的企业；有些地方政府和政府部门则实行"拉郎配"，或整个行业成建制地变成一个大公司、大集团。这样一来，确实可以在短期内把企业的销售额、资产规模"做"大，但企业（集团）的内涵如科技研究与开发水平、管理水平等并没有发生实质性的变化。"欲速则不达"，反而把核心企业、好企业削弱，甚至拖垮。

（二）把规模经济等同于规模庞大

做大做强一直是我们企业追求的口号，但规模庞大，不等于规模经济。这可以从3个方面考察：一是生产能力的限度，投入增加超过一定点，产出的增量或边际产出将会减少，出现规模报酬递减现象。二是交易成本的限度，主要是企业内部交易成本——通常称为管理成本的限制。企业之所以替代市场存在，是因为通过市场交易是需要成本的，在一些情况下，企业将一些经济活动内部化，通过行政权威加以组织，能够节约市场上的交易成本。企业内部协调一般通过层级制结构进行，这也需要一定的费用，这种费用就是企业内部发生的交易成本。如果规模扩大，分支机构增多，管理幅度就会加大，管理层次也会增多，从基层到中心决策者的信息传递速度就会变慢，甚至信号失真，致使企业效率降低，出现规模不经济。三是对技术进步的限制，在出现垄断情形时尤其如此，随着企业规模扩大，在市场中的垄断力量的增强，市场将偏离充分竞争时的均衡，垄断者将通过垄断定价和进入壁垒限制竞争者，赚取垄断利润。此时企业追求创造、追求技术进步的压力和动力将会减弱。特别是在新的科技革命面前，小企业也因其能够灵活地面对市场、富有创造力而显示出生命力，大企业反而可能对市场变化反应迟缓而处于竞争劣势。

（三）过分追求多元化经营

目前，不少企业为了迅速扩张，不仅在本行业大量并购，而且进入别的行业。不少企业提出发展自己的几大支柱产业，并认为这可以使企业的经营风险分散，有利于企业稳定发展。应该说，多元化经营战略是大型企业发展的重要战略选择。但是，多元化不一定能减少企业的经营风险。一方面，多元化使企业"不把所有的鸡蛋放在一个篮子里"，业务不过分集中，可能减少经营风险，同时也可以产生范围经济。但另一方面，如果一个企业多元业务中的每一项业务都达不到有效的经济规模而缺乏优势，或企业实行无关联多元化经营战略，进入不太熟悉的行业，反而会加大风险。正如彼得·德鲁克所言，一个企业的多元化经营程度越高，协调活动和可能造成的决策延误越多。无关联多元化使企业所有者与高层经理进入全新的领域，对购并对象所在行业不甚了解，往往难以做出明智的决策。同时，这种购并还使企业分支机构迅速增多，总部的管理人员可能没有时间熟悉产品专业知识，无法运用既有知识恰当评价经营单位经理的建议与业绩。公司总部的这种负荷过重，往往使无关联多元化企业在兼并之后无法获得规模经济和范围经济。20世纪80年代以来，多元化经营企业开始遇到问题，核心竞争力和主营业务理论成为企业战略理论的主流。多元化企业纷纷剥离非核心产业，以提高企业的核心能力。我国在经历了80年代后期的企业多元化扩张热潮后，深圳万科集团和赛格集团等公司于90年代初都实施了企业归核化经营战略，将原先涉足几十个行业的业务，集中到电子、商贸、金融、房地产等四个行业领域，并取得成功。1998年，我国实行资产重组的200家企业中，有50家企业实施了资产剥离。另外，在进入2000年后，我国大型家电企业普遍实施相关多元化战略。

（四）盲目追求最新的管理方法

中国企业的一大现象是热衷于追求国际最新的管理方法，每当一种新的管理方法面世，无论是质量圈、全面质量管理、流程再造，还是ERP、六西格玛等，国内的企业几乎都能走在前列，一方面说明中国的企业急于赶超先进，想跻身世界大公司行列；另一方面，也反映了我们对企业组织的变革缺乏理性的了解和思考，正如罗恩·阿什克纳斯所说，突变的管理实践和可能演变成先是被尝试、被检验，接着被抛弃或被否定的管理时尚。

这4个管理误区是我们管理者常常出现的选择，一个个企业面对的困扰背后，更深层次的原因应是这28年来企业在过度追求增长速度的过程中，未能同时

兼顾到速度以外的重要基础匹配条件的健全，这些企业也患上了过劳症，一直在外界的、环境的压迫下透支、透支，直到体力不支、重病、倒下……如果更多优秀的企业都一个个生病、倒下，那整个中国的经济持续发展又何以支撑？走向穷途的也许不仅仅是一个企业、一个行业！社会不能再倡导高速发展，蒙牛只是一个特例而已，从另一个优秀企业裂变出一个优秀的群体，用短短的6年时间复制并优化出了更加优秀的对手！中国社会经历了20多年的高速发展，更多企业需要放慢脚步，夯实基础，脱下红舞鞋，给自己一个休整，积蓄能量迎接新一轮的全球竞争。无论我们过去有多么优秀，都经不起一再的长途跋涉，劳师远袭……

（原载：《经济界》，2007年第4期）

中国经济增长的管理学思考

经济全球化改变了全球化的进程，也改变了产业模式，产业分工的改变，使以往的产业升级逐步改善在某种优势上的升级。产业分工细化的结果是，各家公司把有限的技术资源集中，发挥自己的强项，形成别人无与伦比的项目。对于每一家企业来讲，凡是可以从市场得到产品服务，就绝不要自己搞服务，目的就是把有效资源集中于自己的核心竞争力。

本文全面分析了中国企业在世界经济国际化背景下面临的机遇与挑战。这些机遇包括：有助于增强中国企业活力，改善其经营环境；提高管理水平，推进规范化发展；可以将资源配置视野置于全球范围，进而增加国际化力度；有利于中国企业的跨国经营；有利于加强国际合作，建立完善信息体系，走上强国之路。

一、中国的经济高增长潜藏着危机

改革开放以来中国经济GDP年均增长达9.3%，2006年GDP总量世界排名第四位，100多种产品产量雄踞世界第一。长达30年（1978—2008年），奇迹般的高速增长举世无双，极大地改变了中国一穷二白的面貌，令国人自豪，亦使世界震惊。如果说前些年海外对中国GDP高速增长的真实性大加质疑的话，那么面对全中国确切地说是沿海地区和内地城市犹如"大工地"的建设景象，则是一片叫好声，尤其是北京、上海等特大城市建设之豪华壮观，仿佛使人置身于纽约、东京这样的国际大都市之中，中国变化之大之快，实在是太神奇了。的确，GDP的增长给中国经济带来巨大的改变，但是我们也必须清醒地认识到高增长所带来的危机。

（一）危机之一：中国经济理念的误区

在中国，通常只有GDP、经济增长率、外贸总额、投资总额等指标，而没有"生产力质量"和"技术基础"的概念，这是中国经济改革理念上的一个重大缺陷，生产能力永远是一个决定性和限制性的因素，所以如果仅仅是以增长为衡量的指标，忽略了限制性的因素，生产本身的意义则可能是破坏性的，因此我们需要的生产力的观念是：一方面能够将投入与产出的一切努力都加以考虑，同时又能够根据已产出的关联性来约束所有的投入，而不是假定有了投入与产出，就是生产力的有效结果。事实上我们更需要关注的是产出所产生的巨大影响，也许它们无法用数字来衡量。首先是资源的因素，人们究竟是持续不断地使用各种资源，还是有限度地使用资源，都会影响到生产力的高低。最没有生产力质量的政策，莫过于希望在追求生产性努力的过程中独享资源。其次是能力的因素，在中国制造系统中，很多企业都是全流程的操作，在人们的认识上，最好是能够把所有的环节都放在自己的经营范畴下，目前看到制造企业、商业流通企业等都是这种能力无限膨胀的表现，但是，任何企业、任何的管理者都各有其能力和局限性，每当企业或者管理者试图超越自己的能力和局限性的时候，也许就意味着失败的开始，能够体察自己的局限性所在，也是生产力的要素。最后是组织结构的因素，无论是区域、行业还是企业，各种活动之间的平衡会深刻地影响到生产力，如果不能合理、明确地界定组织结构与分工，而是朝着自己所喜欢的方向努力，那么结果就是造成生产力缺乏。以上三个要素在衡量生产力的指标中并没有显现出来，但是缺乏这样的指标正是我们经济统计的一大漏洞，会削弱经济政策预测。同样的影响是"技术的基础"，技术所产生的影响是明确而不需解释的，技术对于经济增长的贡献也是清晰无疑的，问题是我们是否真正了解技术对经济增长的本质影响，如果仅仅以为技术投入与经济增长是相关的话，而忽略了对于技术基础的明确理解，那么这样的经济增长是非常危险的，很多人把技术与竞争、技术与劳动力过剩、技术与资本需求增加等联系在一起，但是这些联系是错误的。技术并不会带来竞争优势，技术也不会造成劳动力过剩，技术更不是资本投入的增加，技术从根本意义上讲是一种控制的观念。因为技术的出现，对于个人或者企业的局限性有了根本性的改变，技术能够真正实现高度分权、弹性和自我管理，技术能够在手段和目的、投入和产出之间保持平衡。如果不能够如此理解技术并以此作为经济增长的基础，增长的方向和方式本身就存在先天的缺陷。

(二)危机之二:中国经济高速增长的结构失衡

中国经济的主要问题是结构问题而非总量问题,结构分析比总量分析更重要,这是因为总量的失衡通常是由结构失衡所引起的,比如2004年房地产业及相关产业的过度投资引发的总需求膨胀。

另一方面,站在经济全球化的角度,日益融入全球分工体系的中国经济越来越像一个局部结构,外来的供给和需求在中国经济的总供给和总需求中的份额被不断放大,正如2004—2006年间房地产热中有着大量的外资在涌动。结构失衡是中国经济的常态。中国经济的结构失衡除收入结构、地区结构和城乡结构失衡外,还有消费结构、需求结构、产品结构、产业结构等不同程度的失衡。一般来说,收入结构的失衡导致了消费结构的失衡,进而导致产品的供给和需求结构的失衡,最终造成产业结构的失衡。有资料表明,中国第三产业的比重比世界平均水平低30.9个百分点,而第一产业比世界平均水平高约10.6个百分点,第二产业则比世界平均水平高出20多个百分点,如果从收入分配入手探讨结构失衡,收入结构的失衡是最为明显并最具争议的。一个稳定的、相对均衡的收入结构,应是中间大、两头小的菱形模式。一个非稳定的失衡的收入结构则是收入大的上层小,收入小的下层大的两极不对称的金字塔结构模式,不幸的是,中国的收入结构恰恰属于后一种。

按照世界银行的统计,目前全球的平均消费率约77%,固定资本率为23%。中国的消费率比世界平均水平低21.6个百分点,固定资产形成率比世界平均水平高19.9个百分点。从消费的结构看,中国的普通消费品产能因多数人收入不足而处于过剩状态,高端消费品则供需两旺,看到收入低下的7亿人口处于节衣缩食的状态,就会明白内需为什么不旺,与此相对应的是少数暴富者的过度消费,其追逐奢侈品的疯狂程度令西方人都大感震惊。与这种畸形的消费结构相联系的是中国产品结构畸形的升级换代。这样一来,一级是被称为"房车路"的某些产业链的自我循环的欣欣向荣,另一极是普遍存在的一般消费品的产能过剩或消费不足,通胀和通缩的压力并存,宏观调控陷入两难窘境。结构失衡的增长是不可能永续的,过于扭曲的结构会使张力崩溃而导致经济波动和社会动荡。结构失衡所留下的隐患正日益显现。

(三)危机之三:中国经济供求失衡

中国的经济是供求失衡,只要有"总需求",投资再多也并不会"发热",而缺乏"总需求"才会引起过热或发烫。例如,汽车行业、房地产业,总供给与总需求的严重失衡形成了泡沫之源的深层原因。

由于中国没有建立起"社会保障体系",实际上,也大大增加了经济泡沫化的危险,因为这只能使得全国的消费力和"总需求"进一步减弱。比如医疗,看到医疗改革后对中国"总需求"的巨大牵制作用,就令人困惑。医疗"改革"了,需要人们自己负担了,情况大变。全国第一例SARS患者广东的黄先生,治"非典"就花了16万元。假设平均每人需存8万元以应付医疗,同时全国不再是5%的人存钱,而是百分之百的人都需要存钱。这样,全国用于治病的"准备金"将会高达:13亿人 ×8万元=104万亿元!相当于目前全国"居民储蓄"的近10倍!可见,免费医疗和自费医疗对于"总需求"的作用有天壤之别。

(四)危机之四:生态环境的恶化和资源瓶颈问题阻碍了中国的持续发展

GDP的泡沫和国民财富的缩水,生态恶化既表现为中国财富存量的巨大流失,同时也降低了财富的质量。但是,这些问题在短期内不仅不会削弱GDP的增长,而且会在一定程度上刺激GDP的增长。当然,长远看这是非常有害的,它会降低劳动力身体质量,透支国民财富的未来并相应减少人们的福利,更重要的是动摇人们对政府治理能力的信心。资源瓶颈问题的确随着经济发展日益显现,一方面相对人口比例,中国属于资源贫乏国家;另一方面粗放式的生产和资源滥采以及严重的资源浪费,又加剧了资源的紧张、推高成本和造成通胀的压力,但并不构成对中国经济增长的根本威胁,科技的进步和价格机制的作用将改善资源的利用和缓解通胀的压力,但中国将为此付出利益外溢的代价。

中国环境污染和生态破坏的严重性,资源掠夺式开采的疯狂性,水资源和能源的严重短缺的危险性,性病、艾滋病、肝炎等传染病流行的危害性等等,都大大超出人们的想象。这些不仅降低了人们的生活质量,威胁着人们的健康安全,而且严重阻碍中国经济的发展。

二、中国经济增长的实质性体现

正视危机要求我们回到经济增长的实质性上去思考,这本身就是增长面临的挑战。在未来几十年中,管理的能力、经济的绩效、增长的质量将对中国的发展具有决定性的意义。正是基于这样的认识,正确理解中国经济增长显得尤为重要。经济增长不仅是一个经济现象,也是一个社会现象,体现在以下五个层面:

（一）生产要素或者说生产力的要素——资本、土地、劳动或人力资本、技术等等

经济增长率=劳动投入的贡献+资本投入的贡献+全要素生产率（TFP）。所谓全要素生产率是用来衡量生产效率的指标，它有三个来源：一是效率的改善；二是技术的进步；三是规模效应。根据国家信息中心经济预测部门提供的资料：1978—2007年，中国经济平均年增长9.3%，资本积累贡献率为59%，劳动力总量扩张作用为9%，全要素生产率贡献率为32%，也就是说，资本积累、劳动力总量扩张和全要素生产率分别推动经济增长5.5个百分点、0.8个百分点和3个百分点。可见，资本的快速积累及固定资产投资规模的扩大是中国经济增长的主要动因，当然，全要素生产率的提高也起了作用。

（二）关于产业的结构和产业组织

具体地说，产业结构是指生产要素在各产业部门间的比例构成和它们之间相互依存、相互制约的联系，即一个国家或地区的资金、人力资源和各种自然资源与物质资料在国民经济各部门之间的配置状况及其相互制约的方式。生产要素投入的技术组合和分布规定了产业的结构和产业组织的类型。而产业的结构和产业的组织反映生产要素的配置效率和技术水平，从而表现经济发展的程度。从这个意义上讲，国（地区）与国（地区）经济发展的差距可以用产业结构和产业组织的差距来衡量。产业结构和产业组织的高级化过程也就是经济增长过程。统计显示，中国从增长速度看，第一产业年均增长约为5%，第二和第三产业年均增长都超过10%，以两倍以上的增速快于第一产业。第二、第三产业对GDP增长的贡献的绝对数和相对数都高于第一产业。

（三）经济制度

改革开放改变了这一状态。市场经济的制度和企业正在逐步发育和成型中。经济增长的方式也发生了改变，经济增长率和绩效都高于改革开放之前。改革开放以来，中国经济增长明显高于计划经济时期（1952—1978年）——GDP年均增长率大约高出3个百分点，全要素生产率也高于计划经济时期。技术创新、规模经济、教育、资本积累和知识进步并非经济增长的原因，而是经济增长本身，而引起增长的真正原因是制度变迁。制度的改变对经济增长的作用通常是传导性的，它通过生产要素的重新组合和配置发生作用，从而构成经济增长的基础和前提条件，比如农业联产承包制改变了农业的配置方式从而增加了绩效；财政包干强化了地方经济的角逐和竞争而提高了产出总量；GDP增长的政绩考核强化了行政干预经济的动力；引进外资的"优惠政策"和系列法律法规以及加入WTO，使海外制造业大规模向中国转移，改变了中国产业的分工格局；激励民营企业的各种规则促成了民营经济的从无到有，从小到大；沿海开放地区与内地开放规则的差别使两地经济发展迥然不同，如此等等。双重的规则、双重的体制、双重的企业、市场之手和政府之手，这一切构成了中国特有的行政推动的双轨经济增长模式的内涵。

（四）市场力量在推动经济增长中所占据的地位

在市场经济环境下，经济增长的周期波动不可避免。从成熟市场经济国家的经验来看，其经济增长的周期波动主要是由于技术创新而引起的。通过技术创新实现经济可持续增长，可以解决经济长期增长中生产要素报酬递减以及稀缺资源的瓶颈问题。只有创新才能获取市场竞争优势、实现超额利润，企业家本身的人力资本才能随之增值。特别是在市场经济发展快、经济发展水平较高的沿海地区，市场力量在经济发展中的地位已经相当稳固，消费品市场兴旺，城市消费增长强劲。中国市场需求的发展趋势、政策面影响：继续扩大内需的成效将对经济增长产生决定性作用。增加居民收入；进一步改善消费环境，鼓励和支持居民的消费需求；放开投资限制，大力发展非国有经济；促进金融稳定、规范、有序运行，保障经济平稳增长。市场面影响：中国在世界经济景气普遍走低的环境中，强劲的发展势头，醒目的增长业绩，为国际中国投资者增强信心提供了有力的基础。因此，只要中国能够通过合理的调控，充分发挥自身优势，保持经济的平稳、健康、快速发展，非国有经济投资就能持续增长，为经济增长增添更强的动力。外向型经济的新突破通过对外开放，引进技术、资金，推进和提高了生产技术和产品档次，中国经济快速发展，外向型经济功不可没。在出现了商品和资本的"双过剩"现象之后，对外开放要将推动企业走出去作为一个重要内容，外向型经济有新突破。

（五）稳定增长中的转型与变革

首先，高增长和低通胀是经济增长稳定期的基本特征。进入稳定期以后，经济运行在总量关系方面的特征是供求大体平衡，总供求总是围绕平衡点附近运动,其重要原因是:需求特别是消费结构升级引起的源头性需求拉动仍然比较强劲,这就决定了经济将继续保持较高的增长水平;另一方面,供给增长能力强劲,市场对供给总量和结构的调节能力很强,使得供给能够及时跟随需求变化而变化,这就保证了供求关系的大体平衡。在这一格局下,一方面市场空间很大,市场需求对产业和企业的拉动比较强劲;另一方面,要求进入这一市场的产业和企业众多,增加的速度非常快,这样必然出现高增长和比较激烈的竞争相伴随的格局。这是中国经济增长以往没有的特点,也为深化改革、优化经济结构、转变经济增长方式提供了非常重要的外部环境。其次,重化工业的结构调整与升级将加快。由需求结构升级引发的新一轮经济增长,极大地拉动了重化工业增长。通过调控,一方面重化工业生产能力大大提高,与此同时,随着重化工产品供求关系的改善,局部的产能过剩也开始显露,并由此导致价格下降,竞争趋于激烈,企业效益降低。这一格局必然带来重化工业的调整升级,必然使其由数量扩张型转入结构优化和质量、效益型。第三,对外贸易进入转型期。近年来,中国外贸出口持续保持了30%以上的高速增长,主要原因是:①国际产业转移推动了中国加工贸易出口大幅度增长;②中国竞争压力将越来越多的劳动密集型产业推向国际市场,例如轻纺、服装、家电等,依靠劳动力资源优势以及民营企业的市场开拓能力,推动了一般贸易出口大幅度增长。预计这些因素将继续支持出口高增长。与此同时,中国市场竞争加剧、价格下降的环境,又必然约束进口增长,这样必然导致贸易顺差扩大,导致与主要贸易伙伴国家之间的贸易摩擦加剧。在此背景下,中国以数量扩张为主的贸易增长方式面临一系列压力,必然会向结构优化和质量、效益型方面转换,通过这些变化来提高出口竞争能力,缓解贸易摩擦。

三、中国经济存活了市场竞争的主要因素——中国企业的判断

彼得·德鲁克曾经说过,市场不是由上帝、大自然或经济力量创造的,而是由企业家创造的。企业是实现经济成长的器官,因此,理解经济增长的质量在很大程度上可以用企业的增长质量来衡量。20年来,中国企业受到市场和竞争的洗礼,有了令人惊喜的变化,中国企业中也涌现出一大批有着市场化能力的领先企业,但是如果我们回到真实的竞争环境中,以变化和市场作为标准,而不是以中国企业自己的发展作为标准,我们还是明显感觉到我们的企业所存在的缺陷。

（一）缺乏核心技术和自主知识产权

中国企业一直缺乏产生核心技术、积极赶超的理念与机制。没有合理的理念与机制，也可能有增长，但不会有优势。例如，过分重视生产，轻视研发，导致中国的国有企业生产能力强，但研发能力弱。据中国企业联合会的《2005中国企业发展报告》反映，国际经验是研发费用占企业销售收入的比重低于1%，企业难以生存；达到2%，企业可以维持生存；达到5%以上，企业才会有竞争力。2005年中国企业500强统计中，上报了2004年研发数据的373家企业，平均研发投入2.47亿元，仅占373家企业总销售收入的1.05%。其中，只有28.4%、106家企业超过了2%的水平。在2004年中国制造业中最大的500家企业的平均研发投入为1.9亿元，占这些企业总销售收入的1.88%。这些比例表明，即使是中国最大企业的群体，其研发投入水平多数也没有达到维持企业生存的水平。如果照这样生存，恐怕连消化国外技术的能力也保持不住，更谈不上创造技术优势。

（二）过分依赖外资技术

先看一组数据：在贸易方面，中国外贸依存度在70%以上；在资本方面，2004年外资依存度FDI为7%，中国FDI占世界的8.7%；在技术方面，设备投资60%以上、集成电路芯片制造装备95%、轿车数控机床纺织机械及胶印设备70%靠进口，绝大部分基础软件和系统软件依赖进口；在资源方面，铁矿石在全球海运增量中，中国占90%。这样一组数据表明，我们过分依赖外资技术，相当多的企业过分相信依赖外资就能获得自身的技术优势，在外资技术面前失去创新的信心，甚至不相信自己的创新能力，失去了许多技术进步的机会。在许多企业的发展行为中，经常看到"越依赖能力越弱、能力越弱越依赖"的恶性循环，跨国公司采用了价值链，奠定了其战略性超额收益的基础。

（三）无力挑战世界级企业

世界级企业就等于全球的规模加上国际化经营，加上核心的技术能力。经过近30年改革开放，中国企业的发展已经在全球的经济竞争中扮演越来越重要的角色，中国企业也必须要面临全球产业的竞争，这一块基本上以WTO为一条分界线，加入WTO以后，这些竞争性的产业领域，产业进入和市场进入都是完全开放的，在这种情况下，中国企业面临的竞争是一个国际性的竞争。所以现在无论是立足于中国市场，还是未来要建立全球的业务，都面临这种全球竞争，不管中国企业愿不愿意，与世界级企业在同一竞技场竞争都是必然的选择，但是我们却无力挑战世界级企业，因为面对竞争的条件是企业需要具备三大核心竞争力：一是企业的文化和体制，二是核心技术能力，三是国际化的系统管理能力。仅以第三个核心竞争力——系统管理能力作比较，就能够看出我们的差距。世界500强企业与中国500强企业的经济总量就存在明显差距。中国2005年自行评选产生的中国企业500强，营业收入总额、利润总额与资产总额分别只相当于2005年世界企业500强同类指标的8.4%、7.0%、6.0%，2005年美国企业500强同类指标的17.2%、12.5%、18.2%。根据对全国1000多位企业经营者进行的一项中外企业差距的调查结果分析，管理体系、人才保障和核心技术是阻碍建立国际竞争力的主要因素。可见，是否有一个优秀的管理体系对于企业集团长期竞争力的影响是直接和深远的。

（四）创造顾客的能力不明显

对于企业竞争能力实质的理解可以让我们评判企业的真实能力。企业竞争能力实际上就是指企业配置和使用诸种生产要素的能力。企业竞争能力表现在多个方面，如获取资源的能力、掌握某种重要技术的能力、创造低成本的能力、开拓市场的能力、构建市场营销网络的能力等等。但对于具体企业来说，并非每种竞争力都同等重要，而只是在研发、设计、制造、营销、服务等其中的某一两个环节上能使企业保持长期竞争优势，获取稳定超额利润的，明显优于且不易被竞争对手模仿的，能够不断提高顾客价值并能使企业获得可持续发展的竞争力，才是企业最关键的竞争能力，亦即企业核心竞争能力，也称核心能力。一般认为，企业核心竞争能力的根本特征就是创造顾客的价值。具有如下特征：一是在顾客价值方面，对顾客所看重的价值——顾客的核心利益能做出关键性的贡献。二是在差异化优势方面，能在竞争中表现出自己的独特之处，其独特之处是顾客的认同，因此这种独特性竞争对手也就难以模仿，或要付出巨大成本（包括时间成本）。不断推出新产品和新服务，以满足顾客需求，是企业具有旺盛、持续发展的生命力的根本源泉。但是中国的企业绝大部分并不了解顾客，在很多企业的市场部分所做的市场调查是针对竞争对手的，所了解的市场是竞争对手的信息，所做的决策是依据竞争对手的行为，而不是消费者的行为。甚至在专业的市场调研公司，所提供的专业市场信息也是行业信息、竞争对手的信息，鲜见顾客的信息，甚至更糟糕的是，很多企业把竞争对手的变化视为市场的变化。一个没有关注过顾客的企业，我们可以确信是不可能创造顾客的。

四、中国经济增长的良性依赖于中国企业的健康增长

管理最为直接的意义就是有效性,中国经济的有效增长需要回归到中国企业增长的质量上。管理本身注重的是贡献,同样的理由,我们需要明确中国企业对于中国经济增长的贡献,而中国企业的贡献就在于企业本身拥有健康发展指标。

(一)指标之一:比较优势突出

重新认识自己的比较优势,是指做一件事比做另一件事能赚到更多钱的能力。所以,一个企业要发挥其比较优势,就要制造最能为它赚钱的那些东西,而不只是销售比继承者售价更低的任何东西。

韩国三星是一个很好的例证,三星选择的路径恰恰是其比较优势。10年前三星也曾是廉价货的代名词,模仿他人技术、制造大量缺乏灵感的廉价产品;三星也曾采取过过分追求产量谋求价格制胜的经营方式,在国际市场上没有影响力。这也是中国电子企业过去和现在的生存状态。但是,三星今天改变了这一切——它现在已成为行业主导者,生产最尖端的电子产品,以高档次的形象风靡全球市场,将17项产品做到了世界第一,在电子领域的纳米产品上做到了世界唯一,三星在美国注册的专利项目已位居世界第五。三星再也不用像中国电子企业一样被别人掐着脖子求发展。10年前,三星视索尼为神,10年后,三星改变这一切的发力点,走出了自己不同于索尼的独特风格,变成索尼的神。

(二)指标之二:创新的经营思路

超强的制造能力是中国企业的一大优势,但是如果要实现持久的发展,特别是要在国际市场有更大的作为,中国企业需要在经营思路上改变过去对规模制造、价格竞争的过分依赖。在保持产品价格竞争力的同时,中国企业需要寻找一条更为健康的发展之路,正在发生的技术变革为后来者创造了极为丰富的想象空间。

海尔花了20年的时间就从中国的品牌发展为全球化品牌,这个过程是一个新的追赶模式,而追赶模式的核心是全面创新。它不仅创造了财富、税收、就业,更重要的是创造了一种中国式的企业文化,我把它称之为中国特色的创新文化,这就是海尔精神。海尔曾经提出过"敬业报国,追求卓越",现在他们又提出"创造资源,美誉全球",就是说它不仅追求中国第一,现在正在追求世界第一。在经济全球化条件下,谁最有能力充分创造全球资源,谁就最有机会成为全球竞争的赢家。

（三）指标之三：战略思维

企业要建立正确的战略思维意识，首先要进行战略思维转型，即从项目导向的投资思维转向产业战略导向的投资思维，从开辟新的利润增长点的思维转向确立产业价值链竞争的思维，从先圈钱后找项目的融资思维转向以产业战略需求拉动融资战略需求的思维。其次，要了解企业战略的关注点，战略关注点应该体现在五个方面：第一是形成明确的战略观点；第二是正确选择产业及提升产业能力；第三是优化业务结构，合理配置战略资源；第四是把握投资方向；第五是基于战略竞争力的内生资源与能力，进行系统的管理升级与文化变革。

为什么中国需要战略思维？在内部原因方面，中国企业需要跨越以下发展陷阱：①改变单一产品的发展；②改变单一资源的发展；③改变企业家个人的发展；④改变没有付出规则成本的发展。中国企业如果不跨越这四个门槛，是不可能持续做大的。企业必须挑战以往成功的惯性思维，对市场环境变化有充分的认识。一些企业已经开始有忧患意识，比如海尔与联想等企业的战略转型，反映了中国企业正在确立战略思维。在外部原因方面，企业经营的外部环境也使战略成为发展的必需。首先，企业要不要离开原来的行业和要不要进入新的行业。思考下一步要做什么，这就需要战略，必须进行战略思考、定位。其次，战略来源于竞争，来源于消费者的选择，有竞争才需要战略。这就需要企业确立战略指向来赢得竞争，赢得消费者的选择和忠诚。这些来自企业外部的挑战迫使中国企业进行战略性的思考，即围绕企业战略的需要，培育企业的战略竞争力和整合相应的产业资源，发现和做实新的产业赢利模式。

（四）指标之四：系统作战能力

首先，从系统论的角度来讲，竞争战略本身作为一个子系统，它必然遵从"整体大于部分之和"的规律。竞争战略的制定需要综合分析企业内外部环境，把企业放到历史和现实的时空中来综合考虑，需要企业的资源、能力、专长与外部环境相互匹配。同时为了实现企业战略，企业对内部资源和专长与非专长的配置也是从总体上考虑的，注重的是总体最优，而不是对每个部门都进行最优的资源配置。另外，竞争战略还必须注重系统间的层次性，要分清哪些属于第一层次，哪些属于第二层次，要分清主次，要考虑到竞争战略对企业各层面的指引作用。其次，从系统论的结构功能原则来看，有三点论述是极为重要的：一是要素不变时，结构决定功能；二是结构、要素都不同，只可以有相同的功能；三是同一结构可能有多种功能。结构和要素的匹配有一个辩证的组合关系，因此对于企业实际的操作来讲，找到企业成功的诸多要素是一回事，而要获得这些要素的合理组合方式，使成功成为现实则又是一回事。具体到移动电话行业，就不仅仅是找到促使在这一领域取得成功的关键要素，而且还要将这些关键要素组合起来，使之发挥最大的效用。公司在成立之初，寻找解决上述问题的最优战略最好的办法就是从战略系统化、竞争力提高化入手。再次，竞争战略是具有主动进攻性质的战略组织方式。一般说来，竞争战略从形态上可分为两种，一种是自然的相对稳定，循序渐进；另一种则是非常规的。战略竞争应该属于后者，在非常规中充满了变数，是主动的、充满激情的、带有强烈的主动进攻的色彩。这是竞争战略的特点。最后，竞争战略还是一个动态的不断发展的过程，一方面是战略的内涵需要不断深化、丰富，另一方面是战略的事业也需要不断拓宽。

（五）指标之五：完善的价值理念

对很多卓越企业来说，业务向来不只是一种经济活动，不光是赚钱的方法而已。在大多数卓越企业的整个历史中，都拥有一种超越经济因素的核心理念。它们追求利润，可是它们也同样追求更广泛、更有意义的理想，扩大利润的目标并不主导一切，但是卓越企业是在能够获利的情况下追求目标的——它们同时达成两种目标。利润是生存的必要条件，而且是达成更重要目的的手段，如宝洁公司的核心价值观是：领导才能（leadership）、主人翁精神（ownership）、诚实正直（integrity）、积极求胜（passion for winning）和信任（trust）。惠普公司把"热忱对待客户"置于"惠普之道"七大核心价值观念之首，明确了公司生存与发展的根本理念。华为的能力技术，其手中掌握的多项专利就是一种资源。当众多中国企业都在抱怨自己缺乏研发能力因而不得不陷入价格战的泥潭时，有谁舍得将10%的收入投入研发、培养高水平的研发人员？华为就是这样，敢为人所不为，并坚持到最后。"华为基本法"将"每年收入中至少拿出10%投入到技术研发"作为企业发展的根本章程写了下来。早在1998年，万科就提出了"人才是万科的资本"。在当时物欲横流的深圳，"钱远比人重要"的环境下，如此超前的观点吸引了许多优秀人才的加入，这一点到今天依然是万科的核心价值之一。联想的核心价值观是"把个人的追求融入企业的长远发展之中"。联想的核心价值观是要解决企业为谁而存在的问题，或者说是公司存在的价值。把公司看成是股东和员工的公司，将公司利益和员工的个人利益联系在一起，将公司的前途和员工的个人发展紧紧绑在一起，是联想集团能够凝聚员工的根本原因。

GDP是一个重要的经济指标，但GDP并不等于财富。财富是存量的概念，它代表现在和将来的福利。由于政府对微观经济的干预和国有企业的粗放型发展，我们所创造的财富远不如GDP增长的那么大。中国有13亿人口，经过20多年的改革开放，消费结构都在不同层次中成长，这样就形成长时期以内需为拉动经济增长的态势。有消费结构的拉动，产业结构也在大幅度升级和调整。现在重工业的比重已经超过63%，表明中国已经进入工业化的中期，因此投资规模比较大，加上有旺盛的需求拉动，可以说有持续的经济增长动力。中国进入工业化中期，从发达国家的经历来看，这是一个资源消耗最多、对环境影响最大的时期。传统的那种不惜代价的粗放式的增长方式已经不能再持续了，我们只能寻求消耗资源较少、对环境影响较小的工业化，走低投入、高产出、低消耗、少排放、可持续的经济增长的道路，必须在技术创新、体制创新的基础上努力。因此，对于中国经济增长的判断，不能够仅仅限于经济学的判断，还应该以管理学的角度来看问题，管理学最为注重的就是有效性，所以我们也必须清楚地理解中国经济增长的有效性而不仅仅是增长本身。而确保中国经济增长有效性的关键就是中国企业的健康发展。

（原载：《经济界》，2008年第4期）

中国本土行业领先企业成功模型

一、概述

回顾中国在20世纪最后20年的主要运行方式,尽管在更为广阔的意义上,中国的企业仍遵循着工业时代的思想,然而这20年让中国看到了一个截然不同的外部世界,一股更为强劲的力量正在升起,它也必将成为决定我们未来的关键因素之一。

然而,这短短20多年,对于一个企业的发展和成长来说实在是太有限了。管理大师德鲁克说,企业的宗旨是创造客户,而企业的职能则是营销和创新;无论是从营销还是从创新的含义来说,许多中国企业至今仍不是完整意义上的企业。与创新的意义相反,这20多年来,晃动在中国企业家眼前的是各个经济大国在各自发展过程中产生的管理理论:在国际管理学科的进程中,20世纪40年代,人际关系训练被看作是组织成功的关键;50年代,目标管理被视为解决管理问题的新方法;60年代,分权化成为最佳方法;70年代,企业战略风靡一时;80年代,企业文化粉墨登场;进入90年代后,电子商务引入的各种方法更是层出不穷……无所谓哪个年代,所有这些对于中国的企业来说似乎都是应接不暇的管理武器。

尽管在过去的20多年里,中国的绝大多数企业在组织完善和管理提升方面并没有明显的进步,我们仍然骄傲地看到海尔、TCL、联想、宝钢、华为等伴随着仅仅20余年的经济改革、10多年的企业发展,尤其是长约8年的市场化,在拥有非同寻常的骄人业绩的同时,它们正探寻一条适合本企业发展的特殊之路,成为中国企业的行业先锋。

显然,它们的成功已不再是仅仅依赖于对市场的认识,不再仅仅是对营销的把握和关注,或是对质量和成本的追求。巴特利特(2006)总结说:"与传统的观念相反,处于世界经济边缘的国家也能产生一流的跨国公司。"我们力图通过分析（这是个具有创造性的过程，是信息、经验、灵感和突破等之和）这些我们称为"行业先锋"的中国企业，希望在不同地区、不同规模、不同行业的"行业先锋"中看到它们获得成功的潜在因素，令更多成长中的中国企业、商界学士分享属于中国企业特有的成功规律或模型，我们也希望它为中国未来商业的发展带来积极的影响力，让中国的企业在国际化进程中走向领先。

我们要探讨的是在中国经济迅速发展的20多年里产生的卓尔不群的企业，它们在取得非同寻常的骄人业绩的同时，也奠定了各自在中国商业企业领域中的行业先锋的地位。同时，我们要探讨的也不是这些行业先锋企业的本身，而是要找出它们所折射出的共性来回答这样几个问题：①短短10多年的企业发展，是什么力量让它们实现了企业的飞速成长并一直保持着行业先锋的竞争力？②面对众多的挑战：飞速变化的商业环境、与日俱增的竞争压力、日益增长的市场期望，究竟是什么让这些企业在成长中得以领先？③有没有统一的规律或成功的模型可循呢？如果有，它是怎样的？如何才能做到呢？

二、行业先锋

我们曾经试图用这样的名词来命名这些要探讨的公司，如"优秀公司""杰出公司""卓越企业""成功企业"等，最终选择了"行业先锋"。比较已有百年历史的跨国企业和始终走在技术前沿的国际科技公司，我们认为要将目前这些中国企业以"优秀""杰出""卓越"或"成功"来形容似乎过早。

行业先锋企业是在中国推行制度化管理和现代化管理的典范，它们对同行、对中国经济发展都带来了深远的影响。以这两点为基础，我们列出了一系列标准：①在同行业中受到推崇和认可的机构；②注重组织完善和管理提升；③对中国经济发展存在不可或缺的地位；④企业存在非常明显的规模化的发展，存在自主经营的产品、品牌（或服务）；⑤在中国社会经济中，具有活力，受到关注；⑥企业持续成长15年以上，其间是作为独立的公司发展；⑦年销售额超过200亿元；⑧行业处于非国家垄断地位。

我们筛选出的行业先锋是上海宝钢集团公司、海尔集团公司、联想控股有限公司、TCL集团股份有限公司、华为技术有限公司（见表1）。只有10多年的历史来证明它们在行业中取得的地位，既不能说是长盛不衰的，也不能说是昙花一现的，但在某种意义上，这是一个令人愉快的发现。我们的探索证实了一种看法：

无论我们的文化传统多么不同，我们的确能够说明中国的企业具有巨大潜力，在持续达到高利润发展的同时，中国的行业先锋企业不断地将其经营效率和利润翻倍，并且实现许多改革和创新。

表1 筛选出的行业先锋企业

行业先锋	国外对照企业		候选企业	
宝钢	通用（GE）	惠普（HP）	创维	格林柯尔
海尔	戴尔（Dell）	索尼（Sony）	美的	希望
联想	诺基亚（Nokia）	丰田（Toyota）	光明乳业	夏新
TCL	思科（Cisco）	英特尔（Intel）	格兰仕	春兰
华为	IBM	佳能（Canon）	娃哈哈	波导

是什么让这些企业更善于发挥优势呢？那是因为在大部分企业沉迷于机会主义时，它们却率先在中国掀起了管理革命。虽然20多年的时间不足以发展出一个成熟的商业社会，企业、政府和社会之间仍不可避免地存在着复杂关系，然而它们集聚企业的内外部动力，不断完善和形成企业的管理方式和发展战略。

三、企业飞速成长的导入因素模型

研究的过程长达8年（1995—2003年），在此期间，我们设立了6个项目，在得出每一个结论后又将其先后推广和应用在32个不同行业和类型的企业。直到今天，才将这部分内容作为一个研究成果公布于世。自1995年至今，一共发表了80多万字的研究内容，这些内容往往是对一个结论的总结和回顾；然后我们以顾问的角色将这些成果实施应用于一些企业，这些企业的成长经历和目前的状况也恰恰是对研究成果的一个佐证。

和众多咨询业界、管理业界的同仁一样，我们脑子里往往积累着非常丰富的成功经验和案例。有时我们不清楚这些经验到底正确在哪里，却非常清晰地知道我们面前的企业通常面临的问题和解决问题的方法。1995—1998年，我们有机会参与了一些国内受到推崇和重视的企业管理课题和项目。在此阶段，我们发现了一个值得深思的问题：很多我们认为存在企业管理问题或者说是发展规划战略问题的企业，它们为什么没有受到市场的冷落仍然可以保持飞速成长？究竟是我们的管理理论对中国企业不适合，还是这些企业有着更为深刻的、却没有受到我们重视的其他积极和正面的因素?

的确,对于当时正逢茁壮成长阶段的中国企业来说,发现一些问题比发现它们得以持续发展的原因容易得多。企业管理所涉及的领域越广,能发现一个企业的不足之处就越多。这时,我们决定换一个角度进行思考,这也是我们反思的源起。我们开始觉得即使是作为经济管理和社会学的专业人士,仍然应当看到中国企业在现实的成长中教给我们的新的成功的管理模型。

带着这个问题,开始寻找和整理已有的丰富的材料。除了看到非常多的有关创业者的传奇故事和辉煌成绩外,更注重了解客观的数据和资料。首先将目标锁定在那些先锋企业。先锋企业是指那些有能力扩大到各个市场上进行竞争,从而运用各个市场带来的优势使自己的发展得以最大化的企业。随着对行业先锋企业标准的落实和选择的结束,我们的研究也正式确立了。

自1999年至今,我们收集了有关这5家企业在过去20年的3000余篇文章和20多部著作,分别采访了23位与这5家企业有直接和间接关系的人物,完成了3份涉及300多个中国企业1000多人的问卷调查。我们不是提供一个模式去考虑问题,而是更推崇多视角的实践性的研究体系,因此更关注事实与资料之间的联系、导入和产出。

让历史的证据说话可能还是不够的,我们更倾向于将研究结论和成果"在实践中论证"。自2000年起,先后将这些研究成果在科龙集团、六和集团、联邦集团等32个不同行业和类型的企业作了相应的有步骤的实践。这些企业随之而来的飞速成长从某种程度上给我们的研究成果以有力的支持。

最终通过简单的框架(见图1),描述出从一堆纷繁复杂的信息中发现的内在结构和顺序。我们展示了4个重要的导入因素,这4个极具中国特色的因素不但

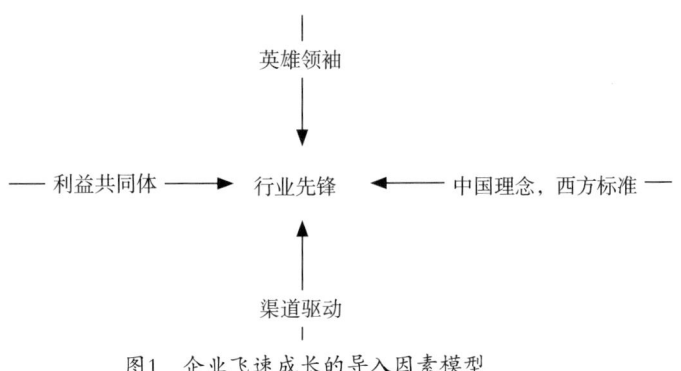

图1 企业飞速成长的导入因素模型

揭示了中国行业先锋企业的成长本质，更演示了绝大多数中国成长企业"从起飞到领航"的成长轨迹。

（一）第一个导入因素：英雄领袖（企业的内部动力）

"善弈者，谋势；不善弈者，谋子"是古人对弈棋之道的经验性概括。高明的棋手与人对弈，总是顾全大局，筹划全盘，攻守有度，进退得宜，方可稳操胜券。若只注意谋子，一时杀伐虽然痛快，却忽略了大势的变化，纵使开头略有小得，最终也会因筹划不当而失去未来。优秀的企业领导者首先是战略家，一方面要对形势的发展和趋向有超前的眼光和判断力；另一方面要对自己是否具备造势与任势的条件和实力（主要是推行战略的人才）有清醒的认识和完善的考虑。

优秀的企业领导者也是执行者，他们要不断地制造变化，经常要求员工改变一点点，引导员工自我适应。他们拥有开放的胸怀和性格，马不停蹄地在企业中走动，与人们接触。他们把被人接受作为信条，从不厌倦于向人们讲述自己的想法。

一个无懈可击的竞争战略，如果执行不力，最后也会变得一文不值；而一个先天有偏差的竞争战略，无论企业领袖多么卓尔不凡，执行过程无可挑剔，最后也难逃失败的厄运。可以说，善弈者谋一局之胜，不善弈者求数子之得。

（二）第二个导入因素：中国理念，西方标准（企业的管理方法）

我们看到非常多的合资企业无法成功，最终怪罪于中外两方的合作不佳；很多独资企业未能在中国得以成功发展，最终怪罪于文化的偏差；更多的中国企业，企业内部有着对文化和传统的共同理解，可是仍然没有迈向成长之路，最终怪罪于企业的经营不善。这究竟有没有共同的原因呢？

在实践和分析中，我们认为合资企业或者独资企业都有非常明确的西方（这里指发达国家）标准（即管理行为和结果的尺度），由于经营者无法将这些标准在中国员工中得以执行而导致最终的失败；而那些经营不善的中国企业恰恰是由于没有借鉴、应用和执行这些蕴含丰富管理经验的西方标准而显落后。

中国先锋企业的成长，尤其重要的是它们以西方标准作为准则（标杆比较），更重要的一点是它们善于以中国理念来概括和执行这些西方标准。这是先锋企业规划和执行管理方法的重要方式。

(三)第三个导入因素:渠道驱动(企业的外部动力)

先锋企业的成长时间往往非常有限,初创阶段还无法掌控自己的品牌引擎。没有品牌还能飞速成长吗?究竟是先有品牌还是先有先锋企业呢?

中国先锋企业没有效仿国外企业的品牌创造(即使客户还没有机会使用,先将品牌植入人心)和品牌基石的管理方式,没有一意孤行地选择品牌作为市场推广的方式。更多的时候,它们愿意服务于自己的分销渠道——这取决于它们对自己在起步阶段的客观认识:既没有社会的正面评价,也无法无中生有地创造出一个被客户认可的品牌。

除了讲究渠道成员公平和连续的合作关系以外,先锋企业对渠道驱动的理解更胜一筹。由于这些渠道成员面向当地的消费群和客户,是企业的代言人,也是市场最终用户的代言人,先锋企业将渠道首先作为第一层客户群,其次也将其作为对公司品牌和产品最直接的市场推广武器,以渠道驱动终端市场。

(四)第四个导入因素:利益共同体(企业的发展战略)

利益共同体不仅包含上下游的利益、资源分享,还包含企业与企业的员工、企业与政府、企业与相关的知识机构、企业与分销网络等共同利益关系。

与"战略联盟"不同,虽然均以共享资源和市场、降低成本、分担风险为目标,但利益共同体有着更明确的分工合作、分工经营的方式。战略联盟的下一步往往和"兼并""收购""竞争对手"等联系在一起。由于联盟之间的核心业务非常类似或者分工不明确等原因,战略联盟之间更强调平衡的利益,否则就会导致联盟间的冲突。

利益共同体的组成前提是共同体在合作关系达成和执行的过程中都非常清楚相互依存的"这部分"核心内容。作为企业的发展战略,利益共同体在选择和最终合作的同时,也设计了企业未来可以形成发展优势的资源和能力——与主营业务无关、与核心竞争力无关,利益共同体标志着企业以怎样的方式、以怎样的速度、以怎样的资源配合企业自身的产品和服务达到持续成长的目标。

四、企业长期持续成长的导出因素模型

很多时候,对于企业经营者来说往往无法判别导入和产出,即因与果。从经济学的角度,企业文化、发展战略、核心竞争力、市场营销、战略联盟、价值链

管理、供应链管理等每个因素都是企业持续增长的一部分内容。然而这些内容是相对独立的，也由不同的管理科目来划分。它们之间有关联吗？究竟什么是因，什么是果呢？如果这些管理理论都是相对独立的，我们究竟先做什么呢？会有什么效果呢？我们从经济学和社会学两方面研究这些课题的关联和含义，并构建了企业长期持续成长的导出因素模型（见图2）。

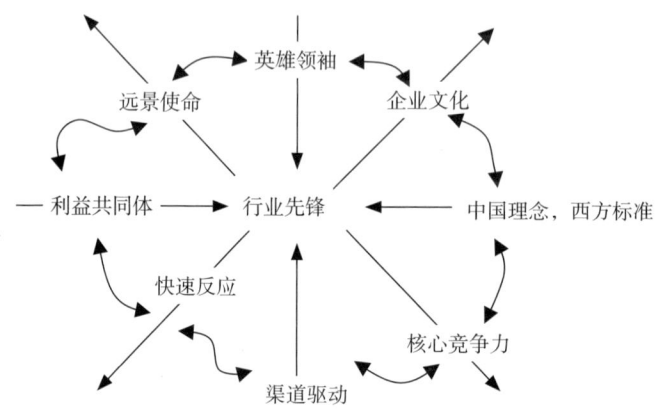

图2　企业长期持续成长的导出因素模型

（一）导出因素一：企业文化

基于强调"人与自然的统一""人与人的和谐"的中国传统文化特点，一旦确立了企业的领导人并形成企业的管理战略时，这个企业的企业文化也应运而生了。

事实上，10多年前我们还没有意识和领会企业文化这门学科，行业先锋企业在初创阶段并没有刻意塑造自己的企业文化。正是它们的领导者（"英雄领袖"）和它们的管理战略（善用中国理念执行规范严格的西方标准）自然塑造了它们的企业文化。

的确，企业文化也可以被塑造，或者说是通过第三方来塑造。前提是首先这个企业的高层管理人员乐于改变，他们支持、迎合并倡导这种被塑造的文化；其次，这个企业的管理方式和管理标准同样符合并引导这种被塑造的文化。客观地说，企业文化的可被塑造性非常弱。原因是企业的领导人和企业的管理战略已经影响甚至决定了这个企业的文化，企业文化的源起首先是被动的产出。

（二）导出因素二：核心竞争力

我们目睹过很多企业"培育"其核心竞争力，其中讨论得非常多的是"核心价值观""核心技术""人才机制""核心产品"等。事实上，企业还需要一种将这些功能组织在一起的能力，并沿着一个明确的方向运动。这种能力是其他诸种关键能力的核心，是它们的灵魂，是企业真正的核心竞争力。倘若企业还处于初创阶段，究竟是否有能力判断自己的"核心"呢？是先有"核心"再有企业吗？或者说是因为企业具备了"核心"才能取得市场吗？

核心竞争力是一个企业的差异化竞争优势，它立足于企业在追求客户价值实现的过程中，向客户提供优于竞争对手并且不易被竞争对手所模仿的、为客户所看重的消费者剩余价值的能力。这里一样有着因果关系。核心竞争力不是被创造再被实施的，没有市场的认可和接受，企业就不能将自己的特殊技术、产品、服务或价值观定义为自己的核心竞争力。最重要的是，先锋企业必须首先尊重和关注渠道驱动带来的市场信息和客户需求，并将实时的市场信息和客户需求通过企业的管理战略得以实施和验证，从而判断出企业自身的核心竞争力——只有这样的核心竞争力才能推动企业飞速成长。

（三）导出因素三：快速反应

快速反应是20世纪90年代以来随着信息、网络的发展而逐步流行的管理理论。它不但同信息和网络有关，与供应链管理、全面质量管理、JIT、客户关系、客户服务等有着更密切的关系，甚至将这些理论都涵盖在内。

同样地，10多年前并没有这个名词，行业先锋企业也没有去创造出一个达到快速反应的环境和条件——快速反应是从先进企业那里总结出来的，它本身的确非常关键，尤其在信息技术发展飞快的今天——快速反应所涉及的范围包括企业的上游、企业自身和企业的下游，我们必须首先关心它的导入因素，即利益共同体和渠道驱动。

渠道驱动带给企业最有效的市场信息，即回答"对什么快速反应？"在应用CRM（客户关系管理）之前甚至是之后，没有什么能比来自渠道的信息更有效了——对企业来说，掌控并服务于自己的渠道，其最重要的目的就是以最快的方式获得有效的市场和客户信息。另一方面，利益共同体辅助企业完成与自身相关的上下游之间的共同依存、合作和发展；它是实现联合企业上游（供应商、供货商）、企业自身和企业下游（分销商、最终用户）相互协作并共同作出快速反应的先决条件。

（四）导出因素四：远景使命

所谓"站得高才能望得远"，企业的远景使命并不是先"望"到的，企业自身必须先具备"站得高"的能力。比较行业先锋企业在初创阶段的"目标"（当时还没有"远景"一说）和目前的"远景"，显而易见，"远景"随着企业的成长而成长。

深谋远虑善于任势的企业领导者扮演着积极主动的角色，他非常清楚企业的劣势并主动谋求可以"造势"的利益共同体；另一方面利益共同体自然而有效地弥补了企业（或者是创业者个人）自身的劣势，相互的"共同"关系有力地辅助企业摆脱初创阶段的困境或推动企业迈向更高阶段，这两点是"站得高"的条件。积极推动先锋企业持续成长的远景使命由此而来。

我们时常看到将核心竞争力与远景使命联系在一起的论题。事实上核心竞争力与企业的远景使命没有必然的联系：无论核心竞争力最终在企业的物化表现是某项技术，还是某种特色的服务，或是产品的性价比等，都不能直接影响到一个企业作出"多元化"或"国际化"的发展远景规划。远景使命的前提是这个企业对其发展前景到底能"站"得多高。

事物都是在发展和变化的导入和产出在经历了一个轮回之后，各个因素之间才开始相互作用。希望这个结论能说明中国行业先锋企业长期（指完成另一个15年）持续成长的原因。

例如，当企业已经形成了自身的企业文化，文化就开始对企业产生潜移默化的影响；文化会作用于这个企业的下一位"英雄领袖"，也会作用于企业不断发展的管理战略。类似地，当企业的远景使命已经产生，它同样会反作用于企业的"英雄领袖"和其利益共同体，令他们不断迈向这个远景而不偏离企业预先设定的轨迹。快速反应也不例外，当企业具备了快速反应的能力，它反作用于企业面对的市场/客户或最终用户，表现为快速满足市场不断变化的需求与价值。同时，企业对利益共同体的要求越高其获得利益共同体的支持也越大。表现在核心竞争力方面的反作用力也是如此。核心竞争力推动企业不断创造企业的市场价值，也推动企业不断更新和实施更有效的运营管理理念和方式——是如此简单的周而复始吗？——正如柯林斯（2002）在他的《从优秀到卓越》中所说的："事实上，新经济中也没有什么新东西！"

五、结语

2004年3月26日,联想集团在北京与国际奥委会签署合作协议,正式成为第六期国际奥委会全球合作伙伴,这是奥运历史上中国企业首次获得这个资格。宝钢集团实施国际化经营,形成了由近20个海外和国内贸易公司组成的全球营销网络;与巴西淡水河谷公司(CVRD)、澳大利亚哈默斯利公司在海外的合资企业已正式运营。海尔几乎占领了美国小冰箱和酒冻柜的一半市场,并且在南加利福尼亚州办厂。TCL与法国汤姆逊合并重组电视机及DVD业务,彩电产销规模迅速跃居世界第一,已拥有超过1.5亿的海外消费者。华为公司2003年的出口额已达10多亿美元,并且和3COM、微软、高通、松下等公司结盟。

这些先锋企业在世界舞台的表现让每一个中国本土企业都感到自豪,它们证明了中国力量已经在全球经济生活中扮演越来越重要的角色。经过20多年的发展,中国力量已经真正崛起——从大规模市场运作,到资本与品牌运作,再到海外市场开拓;这些行业先锋跨出了所有中国企业梦想的步伐,它们已经形成和代表了中国经济的新生力量——先锋企业所代表的先锋力量已经成为中国经济领域中凝聚万众和鼓舞人心的力量。

更令人欣慰的是,中国不但有一批行业先锋企业,还有一大批紧随其后的正在成长发展的本土企业,在2003年全球FDI的柱状数据图上,中国比亚洲所有地区的总和还要长——"让中国沉睡吧,因为她一旦醒来,就将震撼世界。"《金融时报》的首席经济评论员马丁·沃尔夫在2003年11月13日的专栏中引用了拿破仑这句200年前的名言,紧接着他写道:"不久前,世界还是轻轻松松,不在意拿破仑的上述警告。但现在,中国正在震撼世界。"

事实证明,中国力量在国际舞台上表现得坚定而执着。当国际巨头如摩托罗拉、诺基亚、丰田、通用汽车向中国投入成千上万亿美元的时候,中国先锋企业同样开始以全球视角来审视并组织自己的企业。它们希望获得真正的竞争力——它们追求的目的不是国际化本身,而是持续发展的目标:让中国的变成世界的,融入全球经济,与全球经济的脉搏一起跳动。

(原载:《管理学报》,2008年第3期)

危机中企业如何逆境增长

在每一个危机的时代,都会涌现出一批成功的企业,这些企业都经历了数次变革,度过各种危机,保持着旺盛的生命力。例如,亨利·福特(Henry Fort)和福特汽车,盛田昭夫(Akio Morita)与索尼,鲁柏特·默多克(Rupert Murdoch)与美国新闻集团,约翰·洛克菲勒(John D Rockefeller)与美孚石油,老托马斯·沃森(Thomas Watson Sr)与IBM,罗伯特·伍德拉夫(Robert W Woodruff)与可口可乐,当然,还有许多人和许多公司战胜了经济危机。在这些行业背景全然不同,同时个性迥异的公司中间,我们会注意到,他们都具有一系列共同的重要特征。

一、坚信增长才是最重要的,增长不受环境的影响,增长是一种理念,并以这样的理念来指导他们的行动

这些领导者和他们所领导的公司可能处在良性的环境中,也可能处在危机的环境中,可能处在一个高增长的领域,也许处在增长已经陷入停滞的行业,但是,这些领导者还是领导他们的公司,经过自身的艰苦努力,取得了同行无法比拟的增长,年复一年,不管经济阶段处在一片繁荣之中,还是处在衰退时期,保持增长就是他们坚定不移的信念。

1923年,罗伯特·伍德拉夫加入可口可乐公司,在随后的40年里,直到1965年正式退休,他一直统治着可口可乐帝国,他在位时经历了一段声势浩大的增长期,可口可乐公司因此成为全球性企业。随着第二次世界大战的临近,人们对企业发展感到迷茫,罗伯特·伍德拉夫承诺:"我们将确保每个士兵花5美分就可以喝上一瓶可口可乐,不论他身在何处。为此,我们公司将不惜一切代价。"反而是战争使可口可乐传遍全世界。

而中国企业的发展空间依然存在，政策面的持续向好，对市场和对顾客的认识与挖掘还有不断发展的机会，这都决定了中国企业的春天不会等待太久。

为什么这些企业不受环境的影响，特别是能够战胜危机没有发生轰然倒塌的情况。可以认为，在危机时要把握的这个显著的特征如下：

二、财务必须保守，只有资金的运用是高效能的，才真正具有安度危机的基础

著名经济与管理学家阿里·德赫斯（Arie De Geus）总结自己在皇家荷兰壳牌集团公司38年的工作体验，以及对世界上长寿的公司进行研究之后，得出了这样的结论：为积蓄财力而在财政上采取保守政策是长寿公司的特征之一。

长寿公司从不轻易地用自己的资本去冒险，而其良好的资金配置使其足以应付企业成长的需要。这一点虽然常常被认为是传统或保守的，尤其是在这个高速运转的变化的时代，但它却是企业持续发展的战略性因素，我们可以在经营上、技术上、产品上创新，但财务上一定要保守。

不用资本去冒险，必须了解现金在其全部资产中的重要性，已经有太多有很好基础的高成长企业去做资本的对赌导致企业陷入危局。持有现金可以使企业在竞争对手无法办到的情况下捕捉到机会或更好地应付危机，其资金配置足以使他们支持企业增长和发展的需要。那些一直保持增长的公司都对资金使用效率高度关注，没有这些，冒进的财务政策往往会导致灾难性的结果。

只有稳健的财务、丰沛的现金流仍然不够，因为最能创造价值的还是人。直面危机的公司的第三个特征是：

三、释放员工能量，靠员工来取得事业的成功

在《基业长青》一书里讲述过惠普创始人的故事，1946年已经有10年历史的惠普公司因为第二次世界大战结束，国防合约枯竭，营业收入减少了50%，他们面临急迫的现金周转危机，在市场上又没有立刻可以解决问题的商机，就像普克描述的情形那样："我们都在庆祝大战结束，但是同时知道我们会有很严重的问题，1946年，我们的销售额从前一年的大约150万美元降到大约只剩一半，我们很担忧，不知道能不能维持下去。"

在这种情况下，他们只能选择裁员，裁减了大约20%的员工，但是，同时他们还采取了一个行动，对于一个业务缩减40%的公司来说，这种行动堪称胆大妄为。当时，所有靠国防合约生存的机构都面临艰苦的日子，他们决定利用这一事实，开始到战时政府资助的研究机构聘请杰出的科学家和工程师，他们也决定挽留公司内部最优秀的高薪人才。正是这些人才，推出了许多创新和大受欢迎的新产品，让惠普在之后的20年里获得巨大的成功。

经济危机的环境中，人员的变动会直接影响公司的增长，一些无法增长的公司想到的第一个动作就是大量裁员，但是如果能够合理地借助于经济环境的调整来重建人力资源的结构，释放出员工的能量，会取得意想不到的成绩，正像通用电气金融服务公司的首席官加里·温特（Gary Wendt）指出的："企业的发展是每个人的责任。"每个员工承担了这个责任，就一定可以获得增长。

有了信心，有了财务保障，再有了要为企业负责的员工，在危机中成功的企业就有了第四个特征：

四、用低价格出售品质好的产品

在沃尔玛（Wal-Mart）的商店里，我们很少见到2.99美元或者5.95美元等接近整数的标价，更多看到的是诸如2.73美元或5.22美元的价格牌。这是为什么呢？

原来，自1950年一家名为"沃尔顿小店"在阿肯色州的本特维拉市开业的近半个世纪以来，沃尔玛的创始人山姆·沃尔顿（Sam Walton）一直把最大可能地向顾客提供最低价位的商品作为沃尔玛的经营宗旨。沃尔玛的成功也得益于这个简单而又平凡的道理。

沃尔玛是怎样实现其"天天平价"的承诺的呢？它不是通过处理积压商品或质次商品，而是通过不断降低管理成本来实现的。

正是沃尔玛奉行这个简单而又平凡的道理，使得沃尔玛在遭遇经济危机的时候，可以获得持续的增长。2001年美国由于互联网泡沫破灭，经济萎靡不振，一大批重头公司赢利减少，股价暴跌，裁员成风。与此形成鲜明对照的是，前两年并不被专家看好的"旧经济"代表沃尔玛连锁零售集团稳步发展，独占鳌头。

沃尔玛在70年代的销售收入约为4000万美元，而现在已发展成为拥有100万名员工的全球最大的企业。山姆·沃尔顿曾经许诺说，如果公司业绩出现飞跃，他就会在华尔街上跳夏威夷草裙舞,后来他真的履行了自己的诺言,山姆·沃尔顿的惊人之举给很多投资者留下了难忘的印象。自从1972年沃尔玛的股票上市以来,它的股票价格年均增长率高达27%,沃尔玛股票惊人的回报率给沃尔顿家族带来了滚滚财源,直到今天,沃尔顿家族仍然持有沃尔玛公司38%的股票份额,家族中的5人包揽了全球富豪榜的第六至十位,总资产1029亿美元,沃尔玛这5名持股人组成了名副其实的全球最富家族。

接下来的观点,相信我们都会认同:企业无论是在顺境还是在逆境,终极解决的还是顾客的问题,所以能战胜危机的企业最重要的特征是:

五、坚持贴近顾客,要求企业必须成就顾客而不是自己

在美国房地产遭遇危机而出现增长停滞的时候,恰恰有个叫Build Net的房地产服务商创造出奇迹。在美国市场一般的建筑商需要盖精装修房子,还带家具电器,企业利润率为7%,经济不景气时利润不足4%。Build Net对行业分析之后得出结论:竞争激烈使购房者不停地进行价格比对;购房者一般居住15年,期间可能坏掉4万样东西,而且平均一辈子换3次房子。对此Build Net找出了自己的策略,即关注服务价值:用最好的材料盖最好的房子,以成本价出售,赚取其后15年服务带来的利润,这令其他竞争对手无法应对。现在Build Net从房地产开发商成为房地产服务商,原有的10万家竞争对手成为Build Net公司的开发商;它拥有顾客超过千万;供货商超过1万家;公司专注于服务的提供,而对房屋价格敏感的购房者并不计较换电器零部件的价格,一举扭转了低收益的局面。Build Net所做的正是和顾客走在一起,满足了顾客的需求。

如果这样看来,企业能否在市场上成为主导者,最为关键的是找准顾客并为顾客贡献价值,只要企业的顾客还在,即使没有了厂房,没有了设备,但企业还是可以有生存下去的希望。这适用于制造型公司也适用于服务型公司,抑或是技术型公司;也无论是快速增长的行业,还是停滞衰退的行业,这些都不重要,重要的是公司要知道所面对的顾客是谁,如何为其创造价值?所以问题的关键不是环境和市场,而是贴近顾客的能力,换句话说:只要能够提升对于顾客价值的认识,符合顾客期望,就可以超越环境。

六、以创新超越危机

危机和压力相对于一些企业来说,所带来的反而是创造力的迸发,正是因为创造性地解决问题,才使这样的企业拥有了全新的市场地位。

很简单的事实是,危机来临的时候,人们会发现"市场这张大饼"的增长的确在变慢,但是同样的情况是分饼的企业也在减少,这是否意味着你有机会拥有更多的市场份额呢?在我回顾近百年危机的历程中,都会发现有企业是在危机中获得新的市场格局的,而它们能够获得这样的地位的方法就是创新。

比如汽车行业,"二战"前,世界经济危机重创北美汽车业,大批中小厂倒闭,通用汽车、福特汽车、克莱斯勒公司伺机推出一批以V8发动机为主的流线型设计产品,受到市场欢迎,遂成为底特律"三巨头",雄霸世界车市半个世纪。正是创新让这三家企业在经济危机中获得全新的市场机会。

对于那些渴望度过寒冬并有所作为的人来说,我的方案不会一蹴而就,也不主张病急乱投医,我认为上述的这些特征中国企业并不难以实现,但是它需要一段时间的努力,其间领导者承担起改变自己的责任,而一旦坚持下去度过危机,在企业环境转好时,企业的发展将走入快车道。

七、经营的意志力

这是前面度过危机环境企业特征的坚实基础,拥有在任何环境下都坚持增长的理念,以及拥有实现和顾客在一起的运营能力的领导者,可以让企业在经济危机的环境中,超越环境获得发展,相反,如果因为环境的变化而出现企业停滞甚至消失的结局,大部分的原因也可以归结到领导者身上。

所以,树立信心,稳健财务,带领员工,为顾客提供期望的优质低价产品,让企业安然度过经济危机,是领导者的职责。

(原载:《经济界》,2009年第4期)

中国领先企业的管理方式研究
——中国理念，西方标准

近20年来，中国企业的经理人在不断学习各种规则与新理论，尤其是到了21世纪初，人们开始接受更多新的观点。比如：企业必须保持弹性，迅速回应竞争与市场变迁；持续标杆学习以达到最佳表现；积极采取外包方式以达到更佳的效率；为了要在竞争中维持领先地位，企业必须培养自己的核心能力；企业必须进行流程再造以获取更高层次的管理水平等。但是，正像是当中国企业界人士翘望杰克·韦尔奇中国之行的时候所最终感受到的失望一样，人们发现，GE和杰克·韦尔奇的神话无法在我们身上实现，难道是这些理论错了？不是。难道是我们没有学到真东西？也不是。以上的理论都是对的，也是真的，问题在于，我们如何放在自己的管理环境中运用，因为管理首先是一个实践学科。因此，当我们学习西方的先进管理理论和方法的时候，我们还必须清楚我们自己的状态，我们需要平静下来，慢慢地理解。了解自己的内心，了解企业的肌体反应，了解自己的消化能力，不要看到好吃的就想多吃，结果消化不良还要找医生帮忙。

一、中国理念西方标准

对于中国的每一个企业来说，仅仅是承认活着恐怕还不够，我们还需要知道怎样活着，为什么活着？这有点像哲学问题，的确也可以说是个哲学的问题，因为我们需要探讨企业作为组织，它的本质是什么，只有想清楚这个问题，我们才可以真正地了解企业组织本身，也才能够选择合适于这个企业组织肌体的有效行为方式。

西方先进的管理理论、管理方法、管理工具到了中国企业中就显得非常尴尬，同时很多中国企业的管理者也为不知道这些理论和工具的运用是否有效感到困惑，一个企业究竟要怎样管理呢？每天我们都会接受很多新的管理词汇和概念，这么多都是武器吗？都适合吗？无论是营销、市场还是生产、采购好像都是永无休止的循环；在初创阶段和发展阶段，先锋企业是怎样迅速组织和发展他们的管理团队与员工的呢？又是怎样与员工一起控制和实施各种绩效和目标的？

可以先看远一点，日本所实践的成功管理模式是戴明的质量管理思想，戴明的管理思想是典型的西方理论，质量管理变成日本的管理精髓，成为日本企业在国际市场角逐的竞争优势。问题的关键是为什么戴明的质量思想在日本能被发挥得淋漓尽致，我们需要思考的是这个。日本的成功恰恰是能够把西方的管理理论与日本的本土文化相结合，质量管理需要的是服从的文化，需要精益求精，需要对于工作的高度负责，需要一种荣誉感，这些恰好是日本文化所包含的内容，两者的结合造就了日本管理的竞争力。

回到中国，海尔、TCL、华为、宝钢、联想这些我们称之为先锋企业的中国本土企业给了我们非常充足的管理方式资源，那些深入人心的管理标语以及自成体系的管理制度都深深令我们尊敬和感悟。我们得到一个明确的结论：中国理念，西方标准。我们试图用图1来阐述我们所提出的"中国理念，西方标准"。

我们将源于西方的管理方式与源于中国的管理方式以"太极图"的方式相结合（图1），阐述先锋企业"中国理念，西方标准"的管理方法。阴阳代表中西两方，阳中阴点表示中方的管理方式中吸取了源于西方的管理方式，同样的，阴中阳点表示西方的管理方式中也引用了源于中国的管理智慧。"中国理念，西方标准"的关键在于阴阳结合，运转于无穷。事实上，这两种管理方式的结合益处及原因并不是我们研究中得出的创新的成果；很多企业（包括西方百年企业）都已先后实施并倡导这样的管理方式。我们所注重的是中国的先锋企业如何结合这两种管理方式，站在中国的文化和管理历史的角度，如何以中国的管理哲学思维来运用西方的管理科学。

西方标准是指做事的习惯，一丝不苟，遵照流程，不讲人情，完全符合标

图1　以道示法，太极生两仪

准。但是我们不能用西方的理念，西方理念是基于它的文化背景，譬如西方人比较强调自己能力的发挥，他们认为这是常识，但是我们更强调的是，你要给我平台，西方的文化是它自己创造平台，两者相差很远。所谓中国理念就是你的文化背景，你必须在这个背景下来考虑你的管理模式，不能超越这个背景来谈管理。譬如，中国文化我们有一个很重要的准则是，不管怎样，得让大家都过得去，就是面子。在管理当中，本来你可以不关心很多东西的，但是在中国你得关心。林语堂讲，对中国人来说，三个最重要的东西是面子、人情和权力，管理就得考虑这些东西。权力不一定对，但一定要记住这是其中一个。把权力用好的方法就是授权，而不要留在你那儿。然后一定要照顾大家。西方人都是说自己可以照顾自己，中国则必须我们照顾大家。

海尔说公司是"海的文化"，这是中国理念；但它做事要"日清日毕"，用的是西方的标准。"中国理念，西方标准"，我们最终要的东西是，整个企业的管理要有效。如果无效，管理就没有用了。

因此在我看来，中国先锋企业的管理方法与众不同的地方是能够结合中西管理的精髓，能够在中国的环境下运用西方的管理方法，如果我们归纳他们的做法，可以这样来界定"中国理念，西方标准"，即涵盖三个方面的内涵：一是必须以流程为基础，打碎以职能为基础的体系；二是必须以目标为导向，放弃以控制为导向的体系；三是必须以责任为核心，放弃以权力为核心的习惯。中西管理的结合关键是这三个转变。

二、执行为本

法治管理侧重"法"，即制度；而人治管理侧重"人"，即情理。在理解西方人文主义所体现的"人是宇宙中心"精神后，我们认为是西方文化追求自我价值的实现，形成独立的人格，同时强调人不应当贬视自己，而应当追求自身价值与幸福。正因如此，西方社会中人与人之间不形成宗法伦理、等级关系，而是平等基础上的契约。当社会发展需要把这种契约关系用某种法定形式规范下来时，西方社会就形成了法制社会。表现在管理上就是规范管理、制度管理和条例管理，即在管理中特别注重建立规章制度和条例，严格按规则办事，追求制度效益，从而实现管理的有序化和有效化。

以美国式西方管理为例，由于制度管理克服了传统管理的无序状态、放任状态、经济主义等方面的缺陷,因而构成了全部管理的基础。亦即任何形式的管理,如果不能经历科学管理阶段的全部内容,建立自己的科学管理体系,其管理绩效不是无效的就是低效的。相对而言,孔子的"仁义礼智信,恭宽信敏惠"之所以在中国千古不衰,是源于建立在以家为本位的社会伦理秩序的基础之上。中国特色的管理哲学十分强调"家宁""家兴"和"家顺"等理念;它不仅表现为企业本身就是"大家""厂家",更重要的是表现中国管理具有更多的"情感"特色。企业成为员工情感交流和满足需要的重要场所。

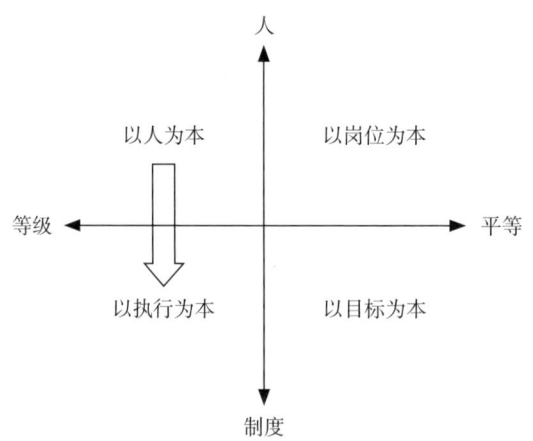

图2 不同的侧重:以中国的管理哲学思维来运用西方的管理科学

图2描绘出了中西方传统文化影响下各种不同侧重所显示出的管理特色:中国管理哲学侧重的是人、等级;这种管理由于偏重于人的作用和人的价值实现,比较不倾向于制度效应和条例管理。

先锋企业试图寻找中、西两方的平衡;按照图2所示,当管理者试图从注重人和人的平等关系转向西方通过管理制度形成的管理环境,实施"移情于法",此时的企业管理特色就从第二象限的"以人为本"自然转移到了第三象限的"以执行为本"。这就是先锋企业在短短10多年的企业经营中形成的管理方式。另一方面,各个企业的管理方式或多或少都包含了适当的人、制度,无非是各自的运作机制不同,各自的管理成本不同,由此引申出不同的管理模型和体制。

三、流程导向

先锋企业的领导者对企业向更高管理模式迈进过程中所产生的各类管理问题直言不讳，谈论他们感受到的"危机""落后"和"失败"。李东生曾在一次高层主管千人大会上做了一次事先准备好的2万多字的发言。充分授权的模式已经急需相应的组织制度和管理流程来保障，TCL管理层做出了如下决定：集团对下属企业充分授权的同时，有必要建立起对下属企业重大经营决策是否科学合理的评判机制，建立起对下属企业经营管理关键环节的流程监控，从职能导向向流程导向转变。

让我们首先通过图3来理解两种管理模式所关注的不同重点。

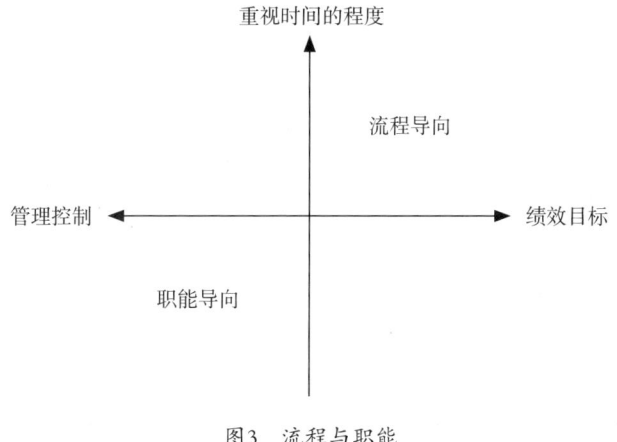

图3　流程与职能

职能导向侧重于对职能管理和控制，关注部门的职能完成程度和垂直性的管理控制，部门之间的职能行为往往缺少完整有机的联系。它没有确定时间标准，这一最重要的工作标准一般是由该部门的主管领导临时确定的，这就大幅加重了主管领导的工作量；又由于标准不确定，导致整体工作效率大幅降低。

流程导向侧重的是目标和时间，即以顾客、市场需求为导向，将企业的行为视为一个总流程上的流程集合，对这个集合进行管理和控制，强调全过程的协调及目标化。每一件工作都是流程的一部分，是一个流程的节点，它的完成必须满足整个流程的时间要求，时间是整个流程中最重要的标准之一。

我们可以通过表1了解到职能导向和流程导向的区别，"中国理念，西方标准"的管理模式就是形成以流程为导向的企业管理模式。

表1　职能导向和流程导向

职能导向	流程导向
根据垂直职能的不同划分部门	以流程为导向的组织模式重组，以追求企业组织的简单化和高效化
建立层层的行政管理控制体系，企业管理体系就是一个层级的控制命令体系	反向，即从结果入手，倒推其过程；关注结果和产生这个结果的过程
依法行事是其主要的行为准则	注重过程效率，流程是以时间为尺度来运行的
职能部门之间经常出现职能重叠、职能空缺的现象	全流程的绩效表现取代个别部门或个别活动的绩效
各不同的职能部门之间经常会出现缺少共同目标，导致目标不一致的现象	重新思考流程的目的，使各流程的方向和经营策略方向更密切配合
重叠、交叉的层级体系导致信息流通发生阻碍	强调运用信息工具的重要性，以自动化、电子化来体现信息流增加效率
管理层面以控制（扼杀创造力）、协调性（效率低下）的工作为主	鼓励各部门的成员共同追求流程的绩效，重视顾客需求的价值

毕竟在西方国家企业执行的流程管理很大一部分依赖先进的企业资源管理软件、与企业外部上下游相关的计划执行软件、客户关系管理软件等，这些软件在中国企业的应用和实施已经得到了很大关注，但仍然需要一个漫长的过程。中国先锋企业的深谋远虑即在于合理地平衡这之间的利弊，而后应用于自己的企业。这包括：决定主要流程和支持流程，避免流程太细；以主要流程规范企业的组织架构，建立企业整体流程绩效的管理标准；处于主要流程的各部门，保持职能导向的管理方式，以控制流程再造过程中产生的各种风险；对支持部门进行整合，以降低支持部门的总体管理成本。

（原载：《华南理工大学学报（社会科学版）》，2009年第2期）

中国企业必须成为独立的生命体

对于诸多中国公司的创始人来说,与职业经理人的碰撞冲突依然是个无法回避的难题。对于企业内部的高层管理者来说,对老板的不成熟感依然是个永远存在的问题,老板和经理人必须面对的困惑:①职业经理人到底是什么?是保姆?是管家?是公司的内部老板?②创始人怀疑职业经理人的深层次责任感,认为"崽卖爷田不心疼"。③创始人认为职业经理人向来纸上谈兵,职业经理人认为创始人向来草莽一世。④创始人与职业经理人成了两条河,最后搞得不清不浑,水都不流了。

一、企业到底是独立的生命体,还是企业家的衍生物

到了2009年的时候,中国已经出现了一批成立20周年的企业,这些中国本土成长起来的企业,我把它们称之为"先锋企业",它们在20年的发展中,较好地解决了企业初创阶段的基本问题,但是当这些企业开始进入组织变革和管理变革的时候,尤其是希望所有权和经营权分离的时候,对诸如如何发挥经理人的作用,如何给予经理人足够的授权等问题莫衷一是。回看历史,从20世纪末起,中国企业与它们聘请的职业经理人的戏剧性的矛盾故事,几乎没有离开过媒体的聚光灯。TCL与吴士宏、方正与李汉生、华帝与姚吉庆,整个江苏和浙江关于"富二代"接班人培养的话题……2004年的何经华和用友的"友好分手"、中瑞与中驰两大财团的高调选才和黯然收场。为什么这几年,企业与职业经理人的矛盾格外凸显?而联想的柳传志与杨元庆、美的的何享健与方洪波又让很多人非常赞赏和欣赏,但是更多的人会认为这是可遇不可求的状态。深究其原因,我们发现,如何看待企业是其根本的原因,即企业到底是独立的生命体,还是企业家的衍生

物?对于这个问题的不同回答,导致了经理人和创业型企业家之间的根本差异。

从客观的企业行为结果统计数据来看,答案无疑倾向后者。大多数的中国企业仍只是创立者的衍生物,是个人或少数人利益的承载体和梦想的实践地。这在企业前20年的发展过程中,因为怀有梦想,因为是创立者的实践园地,这个特征为企业的发展奠定了坚实的内驱力。

然而对于中国公司而言,下一个20年的商业命题应该是如何从中国公司走向国际公司!

这一质变的关键前提则是:公司作为独立的生命体,成为社会的"基础设施",具备各种资源的人都可以投资于这些"设施"来分享剩余价值,尤其是那些拥有"人力资本"的人。因此对于上述问题,我们需要清晰地回答:企业是独立的生命体,不是企业家的衍生物。所以我们就需要企业的创立者把企业的生命独立性释放出来,这不是经理人的要求,而是组织演变配合企业成长的要求。

二、组织演变需要配合企业成长的要求

战略、技术、环境和规模是影响组织的4个关键要素。当这4个影响因素改变的时候,组织需要作出相应的改变;同时我们还要知道,组织需要解决的是权利和责任是否匹配的问题,拥有权利的人必须承担相应的责任;同样我们需要清晰,组织就是解决合适的人放在合适的岗位上这个问题的,从简单的意义上讲,组织的设计更重要的是权力的分配,或者叫做授权和分权的设计。为什么一定要这样做呢?从组织理论上讲,我们可以概括性地把企业分为以下几个阶段,这些阶段所要承担的战略目标不同、所处的环境不同、对技术的要求不同、企业发展的规模也不同,导致了对于组织的要求也不同。

第一阶段,创业阶段(直线型组织架构的特点)。在创业阶段的企业,战略上更需要关注产品品质和销售数量,企业处在开创和寻找生存的机会的时候,对于这个时期的企业,最为重要的是如何控制成本,如果确保质量,相应的就要求企业组织呈现出直线型组织架构的特点,企业的创业者既是经营者,又是所有者,企业很集权,企业家本人直接对成本、质量、产品负责,没有授权和分权,决策集中。

第二阶段,成长阶段(职能型的特点)。企业经过了初创阶段,开始步入稳步发展阶段。在这个阶段,企业需要关注的是销售网络建设、规模的扩张以及品

牌的累积。因此企业最重要的是发挥企业资源的有效性，让企业在有限的资源下做到尽可能大的绩效结果。其根本标志是专业人士的引入，企业不再以经验来竞争，而是用专业的能力来竞争，所以在组织概念上是由专业人士负责企业的不同职能部门，财务是专业的财务、营销是专业的营销、研发是专业的研发、制造是专业的制造，甚至人力资源也需要专业的人力资源管理，所有的职能都是专业的职能在发挥作用，这个阶段的组织呈现的是职能型的管理特点，企业所有者部分授权给职能部门进行管理。

第三阶段，发展阶段（事业部制的特点）。当企业步入发展阶段的时候，企业开始需要关注高层经理人团队的建设、企业快速成长的安排、企业系统能力的提升。这就要求企业调动经理人的积极性和创造性，关注企业在市场中的领导者地位，要求企业能够快速回应市场的要求，并能够引领行业和市场，根据这个阶段的特点和要求，企业的组织需要呈现出充分授权以调动经理人的积极性，同时又要求经理人能够承担起责任。所以这个阶段的最主要的特征是职业经理人的引入，企业步入职业经理人的时代，所有权和经营权分离，企业家退到董事会的层面，管理交给职业经理人。

第四阶段，持续发展阶段（董事会制的特点）。当企业进入持续发展阶段后，在战略上，企业所要面对的是文化价值认同和理念认同的问题，这个时期的企业最重要的是领导团队的打造，而非一人领导。这是因为当企业发展到这个阶段，任何一个人都已经没有能力去承担那么大的责任，最为关键的保证决策是谨慎的决策。我在研究中国领先企业的时候，得出的一个结论是"行业先锋企业的决策是谨慎决策"，如果是这样，就要让企业保持在组织最优状态而非个人最优状态，因此这个阶段的组织呈现出董事会领导的格局而非一人领导的格局，其显著的特点是部分所有权和经营权又结合在一起，董事会承担起构建伟大公司的职责。

中国企业20年的发展，绝大部分企业已经进入第二阶段，部分企业进入第三阶段，而能够进入第四阶段的企业很少。如果中国企业处在第二、第三阶段，那么按照上述的阶段发展特征，大部分的中国企业都需要开始引进职业经理人了。恐怕这也是近几年引进职业经理人变成一个相对突出的企业问题的根本原因。

三、中国企业面临三个困惑

为什么中国企业家与经理人会存在矛盾,按照组织理论的发展来说,企业发展到什么阶段,组织就呈现出什么样的特点,企业家和经理人各自承担自己的角色和责任。但是现实的情况正像我们在文章开始叙述的那样,中国企业在企业家和经理人之间存在着相当大的冲突和矛盾,是否这个矛盾只是集权和分权呢?集权和分权是企业家和经理人之间矛盾的根源,但是还有一个更深层次的原因是中国企业普遍面临的3个困惑:一是企业家的角色困惑;二是企业的定位困惑;三是职业经理人的角色困惑。

(1)企业家的角色困惑。企业家常常把企业变成自己的家了,企业家个人的习性、态度、情绪往往直接影响到企业。我曾经在企业文化建设的研究中,强调在企业家文化代表企业文化的时候,企业文化建设的关键在于构建规则体系,企业家需要亲自带头遵守规则,否则企业文化是无法建立的。但是事实上,我们看到很多企业违反公司规则的恰恰是企业家本人,企业家把自己游离在企业之外,或者凌驾于企业之上,在他看来企业就是自己的家,可以作为家长来管理,让企业随着自己的情绪来改变,随意性非常大。但实际上这个企业不是他的家,企业就是企业,他只是企业中的一个成员,成员承担其中一个角色,企业家在企业所承担的角色和其他人所承担的角色没有什么不同,这些角色的一个共同特点就是遵循企业本身的特点承担自己的责任。

(2)企业的定位困惑。企业是企业家的衍生物还是一个独立的生命体?关于这个问题的正确答案我们在前面已经给出,企业一定是一个独立的生命体而不是企业家的衍生物。但是很多创业者认为企业本身是企业家生命的外化、衍生物,不是一个独立的生命体。

(3)职业经理人的角色困惑。在中国,从媒体到管理学专家,没有谁清晰地描述什么叫职业经理人。如今有三说:一曰保姆、一曰管家、一曰企业的内部老板。还有一种是对职业负责。最典型的有何经华,他曾说:作为职业经理人,我随时准备走人。这三种角色困惑决定了必然会导致企业家与职业经理人的矛盾重出,因为没有明确规则。

中国企业发展到今天,不论是企业家、职业经理人还是企业,要回答一个本源问题:我是谁?从过去来讲,创业经过高速成长时期以后,企业发展到一定的阶段以后,其实它要回归到一个最基本的问题。确确实实中国企业发展到今天,很多企业、企业家、职业经理人不知道我是谁，我在企业中扮演的是什么，我的使命是什么，我的责任是什么，这些最基本的概念都搞不清楚，出现混乱是难免的。

这里也隐含着自身价值的着眼点不一样。职业经理人必须通过业绩来评价，所以他们必须求稳，注重投入产出比例，以效率为中心，数据化、精细化地管理企业。创业型企业家成王败寇的价值观，其投资的逻辑，是以效果为中心。

四、企业因情感而深陷冲突

企业因为是一个独立的生命体，因而要求企业能够不断地长大，不断地调整自己面对外部和未来，不能够总是回顾过去和关注内部。记得丘吉尔在70多岁的时候，有人问他如何看待新一代年轻人不认识他这件事，丘吉尔高兴地说："一个擅于遗忘的民族是一个年轻的民族。"我很佩服丘吉尔这样的心态和能力，同时也知道，中国的企业之所以无法持续长大，是因为总是有不愿意遗忘的人和事存在。我们总是谈论职业经理人与企业家的矛盾，总是谈论空降职业经理人与地面部队的矛盾，很多人从各种角度来评价产生这些矛盾和冲突的原因，我认为有一个原因是值得大家注意的，这就是"企业情感"。中国文化的渊源使得中国的企业有着非常深厚的企业情感，这种企业情感不是简单的真情流露，更多意义上是企业创业者和创业时期员工的一种归属和归类，中国的企业家大都具有这样的管理风格，创业者们会经常回顾过去，进行心理按摩，回顾过去的成功经验。这不光是他自己愿意回顾，一同创业的人也愿意帮他回顾，不断提醒他。

但是，正是这样的企业情感可能使得企业陷入冲突而不能够自拔，因为这样的情感只有创业时期的员工才会具备，企业在长大的时候，会有更多的新员工加入，尤其是当企业接纳新的经理人和管理者的时候，这些全新的经理人们没有这样的企业情感，他无法和企业家们交流这样的情感，无形中让新进入的经理人感到似乎是对企业情感不够，而当企业家自己没有注意到调整这个企业情感的时候，冲突必然产生，一方以对于企业付出的时间来衡量对于企业的忠诚度，一方是以对于企业的绩效来衡量对于企业的忠诚度，两组人完全用了不同的价值标准，结果可想而知。

（原载：《经济界》，2010年第2期）

顾客价值驱动的个人与组织契合
——华为带给中国企业持续成长的启示

一、引言

个人与组织的契合是管理理论与实践都需要面对与解决的重大问题,其最常用的定义即个人与组织在价值观上的一致性,也称个人与组织的价值契合。在价值哲学中,价值是主客体之间的一种关系,用价值判断的形式将其表达成为一种描述性的假设,Schein(1984)认为价值观是个体对事物应当如何的一种根本判断,并且是个体行为的源泉。从这个角度,个体的实践成效可以追溯到价值观的层面,企业的实践成效则可以通过个人与组织是否践行了一致的价值观来解释。本文选取华为作为研究对象来为中国企业的管理实践提供指引,华为的代表性在于可以让同期的中国企业从个人与组织契合的角度认识到为什么华为能够领先于自己,同时,华为的实践也可以从个人与组织契合的角度给中国企业的可持续发展提供指导。

二、华为一贯的核心价值与管理方式

2008年,华为将公司的核心价值观确定为"成就客户、艰苦奋斗、自我批评、开放进取、至诚守信、团队合作",这些价值观的确定是基于对一个更为根本的问题的一致判断:华为人应当是一个奋斗者。当然,今天华为对奋斗者的要求应当是能够践行这些核心价值观的人。华为的核心价值观经历了一个逐渐形成的过程,而奋斗者从一开始就是华为所倡导的,为了让组织的核心价值根植于每个华为人身上,华为保持了最为基本的价值管理方式,不断地向员工传递这些价值，华为总裁任正非坚持在各种与员工的接触中反复表达这些价值的重要性，并且构建了《华为人报》这样一个传递组织价值的平台。任正非历年在《华为人报》上发表的文章以及各种场合的讲话印证了华为的组织价值不断成型的过程，而这一历程本身也意味着华为的组织价值向个人价值的逐渐渗透。表1为任正非有代表性的文章与讲话汇总。

在《不要忘记英雄》的讲话中，任正非强调，"我们会不断地改善物质条件，但是艰苦奋斗的工作作风不可忘记，忘记过去就意味着背叛。我们永远强调在思想上艰苦奋斗。思想上艰苦奋斗与身体上艰苦奋斗的不同点在于：思想上艰苦奋斗是勤于动脑，身体上艰苦奋斗只是手脚勤快。我们要提拔重用那些认同我们的价值观，又能产生效益的干部。我们要劝退那些不认同我们的价值观，又不能创造效益的人，除非他们迅速转变。"

表1 任正非有代表性的文章与讲话汇总（1994—2010年）

时间	文章/主题	说明
1994.12.25	致新员工书	《华为人报》，刊号011
1996.5.2	反骄破满，在思想上艰苦奋斗	《华为人报》，刊号028
1996.7.18	再论反骄破满，在思想上艰苦奋斗	任正非在市场庆功及科研成果表彰大会上的讲话
1996.12.13	坚持顾客导向，同步世界潮流	《华为人报》，刊号038
1997.1.30	不要忘记英雄	在来自市场前线汇报会上的讲话
1997.3.20	资源是会枯竭的，唯有文化才能生生不息	在春节慰问团及用服中心工作汇报会上的讲话
1997.4.10	自强不息，荣辱与共，促进管理的进步	在机关干部下基层，走与生产实践相结合道路欢送会上的讲话
1998.2.20	我们向美国人民学习什么	《华为人报》，刊号063
1998.2.28	狭路相逢勇者生	《华为人报》，刊号064
1998.4.6	要从必然王国，走向自由王国	《华为人报》，刊号066
1998.7.27	华为的红旗到底能打多久	向中国电信调研团的汇报以及在联通总部与处以上干部座谈会上的发言
1998.8.7	全心全意对产品负责，全心全意为客户服务	在欢送华为电气研发人员去生产用服锻炼酒会上的讲话
1998.9.28	不做昙花一现的英雄	《华为人报》，刊号075
1998.11.20	在自我批判中进步	在GSM鉴定会后答谢辞

（续上表）

时间	文章/主题	说明
2000.7.20	创新是华为发展的不竭动力	《华为人报》，刊号107
2001.2.17	华为的冬天	华为内刊《管理优化》，2001年管理十大要点
2001.2.25	我的父亲母亲	《华为人报》，刊号114
2001.6.29	北国之春	《华为人报》，刊号118
2002	迎接挑战，苦练内功，迎接春天的到来	任正非在华为2001年年会上对员工的讲话
2003.5.26	产品发展的路标是顾客需求导向，企业管理的目标是流程化的组织建设	任正非在PIRB产品路标规划评审会议上的讲话
2005.4.28	华为公司的核心价值观	任正非在广东省委中心组举行"广东学习论坛"第十六期报告会上的专题报告
2006.7.21	天道酬勤	《华为人报》，刊号178，公司党委与人力资源委员会联合撰写
2008.7.15	逐步加深理解"以客户为中心，以奋斗者为本"的企业文化	任正非在市场部年中大会上的讲话纪要
2009.4.24	深淘滩，低作堰	任正非在以"奋斗、服务、职业化"为主题的运作与交付体系奋斗贡献表彰大会上的讲话
2010.1.1	没什么能阻挡前进	任正非2010年新年致辞

在《华为的红旗到底能打多久》的讲话中，任正非指出："一个企业怎样才能长治久安，这是古往今来最大的一个问题，华为在这个问题上，主要研究了推动华为前进的主要动力是什么，怎么使这些动力能长期稳定运行，而又不断自我优化。大家越来越明白，促使核动力、油动力、煤动力、电动力、沼气动力……一同努力的原动力是企业的核心价值观。这些核心价值观要被接班人所认同，同时接班人要有自我批判能力，接班人是用核心价值观约束、塑造出来的，这样才能使企业长治久安。接班人是广义的，不是高层领导者下台就会产生个接班人，而是每时每刻都在发生的过程，每件事、每个岗位、每条流程都有这种交替行为，改进、改良、不断优化的行为，我们要使每个岗位都有接班人，接班人都要承认这个核心价值观。我们必须以客户的价值观为导向，以客户满意度为标准，公司的一切行为都是以客户的满意程度作为评价依据，客户的价值观是通过统计、归纳、分析得出的，并通过与客户交流，最后得出确认结果，成为公司努力的方向。"

以这种方式进行价值管理并非华为CEO任正非一个人的责任，在《要从必然王国，走向自由王国》中，任正非就提出了"要淡化企业家的个人色彩"的观点，这一变化也体现在《华为人报》当中。2002年以前，几乎每一期的《华为人报》的报眼位置都会有任正非的一段"总裁语录",而任正非也都是以个人的名义在《华为人报》上刊发文章。从2003年以后,"总裁语录"这一栏目渐渐取消,并且于2006年刊登了一篇关于华为核心价值的重要文章《天道酬勤》,这篇文章的作者不再是任正非个人,而是由华为党委与人力资源委员会联合撰写,文中写道,"华为正处在一个关键的发展时期,我们已经连续数年大量招收新员工,壮大队伍。新员工进入华为,第一眼看到的、处处感受到的就是华为的艰苦奋斗。一些人对此感到不理解。他们会提出这样的问题:华为为什么要艰苦奋斗?回答这个问题涉及另一个根本的问题,那就是:华为为什么能活到今天?华为将来靠什么活下去?"并从五个方面给予了回答,"第一,不奋斗,华为就没有出路;第二,公司高层管理团队和全体员工的共同付出和艰苦奋斗铸就了华为;第三,虔诚地服务客户是华为存在的唯一理由;第四,天道酬勤,幸福的生活要靠劳动来创造;第五,戒骄戒躁,继续艰苦奋斗"。

三、华为关于应当如何取胜的权变的价值判断:从狼性到顾客价值

(一)狼性的成因:在恶劣的出生环境中求生存

20世纪80年代中后期,中国固定电话网正处于由传统的步进制、纵横制向数字程控交换的转型时期,电话普及率还不到0.5%,一个拥有12亿人口的大国,蕴藏着巨大的市场商机,吸引了世界各国交换机厂商纷纷来华"淘金",形成了中国通信历史上的"七国八制",即日本的NEC和富士通、美国的朗讯、加拿大的北电、瑞典的爱立信、德国的西门子、比利时的BTM和法国的阿尔卡特,七个国家、八种制式,全中国的交换机市场全部被国外交换机厂商占据。华为就是在这样一种背景下产生,1987年10月,任正非和他人合伙投资21000元创办了华为,面对残酷的竞争环境,任正非说,"出生在民族通信工业生死存亡的关头,我们要竭尽全力,在公平竞争中自下而上地发展,绝不后退、低头,不被那些实力雄厚的公司打倒"。与此同时,中国政府也开始关注开发自己的品牌,90年代初期,国家信息产业部部长吴基传提出了我国通信业的"巨大中华"的称谓,包括巨龙、大唐、中兴、华为四家企业,当时国外厂商低估了中国农村的市场形势,认为中国农村经济落后,利润空间太小,因而全部集中在中国的城市市场上,四家企业抓住了"农话"政策的机会,以低廉的价格占据了我国农村程控交换机市场,90年代中期,"巨大中华"改变了80年代末期"七国八制"统领中国市场的

格局。

在激烈的竞争之下，90年代中期以后，中兴和华为成为国内通信设备行业内最具竞争力的中国企业，两家企业同处深圳华侨城，70%的产品拥有相同的市场，两家的竞争主要体现在电源市场和交换机市场，其中，中兴的市场份额要在华为之上，同时，在技术上中兴的优势也在华为之上。在巨大的生存压力下，华为"赢在狼性"的价值判断在与中兴的竞争中起到了重大的作用，这种狼性的行为表现在华为培养出一批像狼一样具有进攻性的市场销售员，任正非将之称为华为的"市场英雄"，并不断开大会表彰和提倡，这与中兴人形成了强大的反差，中兴人虽然更擅长做技术，但对市场缺乏更多应对的策略，在抢夺市场的过程中，华为人表现出了狼的特质，嗅觉灵敏而且进攻性强，中兴人则更多的体现了侯为贵所倡导的牛性，斯文、踏实、对技术一丝不苟。任正非在《再论反骄破满，在思想上艰苦奋斗》的讲话中就曾指出，"中兴人更善于做实，而华为人更善于做势"，中兴人提到华为时总会有些激动，用中兴人的话来讲，华为人的眼睛里随时都放着一种要去抢市场的光，他们说华为的市场人员为了抢客户可以不择手段。吉通通讯公司的吴博士这样评价华为人，"华为市场部的人员有不达目的不罢休的精神，为了让你用他们的产品，他们可以每天都到你这里来报道，有事没事地找你说话，也不管你什么态度，到了中午就请你吃饭，这样的结果就是最好让你无法拒绝他的产品，但是，中兴的市场销售员做市场方面就没有华为人那样刻苦。"1998年是中兴和华为竞争最激烈的一年，这一年过后，华为的销售额达到了89亿元，而中兴是41.7亿元。

（二）顾客价值驱动：在初具规模后追求持续发展

因为华为狼性行为的胜利，很多研究者出版了一系列关于狼性的书籍，甚至直至今天仍然有很多研究者认为华为是一种狼文化，或许狼性在一定程度上已经根植于华为人身上，但是对于华为狼性的理解必须要关注其发挥关键作用的时间坐标，这一点绝不能够忽略，否则只能得出片面的结论。事实上，2000年后，华为已经很少再提狼性，而作为任正非本人真正提到狼性也只有两次，一次是90年代初期任正非与美国某咨询公司高管的对话，任正非称当时的跨国公司是大象，华为是老鼠，华为打不过大象，但是要有狼的精神，要有敏锐的嗅觉，强烈的竞争意识，团队合作和牺牲精神。第二次是1998年在《华为的红旗到底能打多久》的讲话中任正非讲道，"企业要发展就是要发展一批狼，狼有三大特性，一是敏锐的嗅觉，二是不屈不挠、奋不顾身的进取精神，三是群体奋斗"，这些赢在狼性的价值判断其实处于华为一定的历史时期当中。1998年借助华为人的狼性，华为实现了销售额从41亿元至89亿元的增长，也是从这一年华为真正开始对"应当如何赢"有了新的判断。

华为从成立之初至今都十分重视技术的重要性，但是华为从未把依靠技术本身当作应当如何取胜的判断，尽管早在1995年任正非在上海电话信息技术和业务管理研讨会致谢辞中就提出了"技术市场化"的概念，在1997年《资源是会枯竭的，唯有文化才能生生不息》的讲话中已经提出要向用户服务中心学习，但是为了在当时的环境下生存，实际上华为将重心仍放在主攻销售的"狼性"之上。90年代中期以后，华为在国内的市场份额越来越大，华为的价值判断和市场行动也开始慢慢向国际化转变，一个重要的事件是1997年年底任正非去美国学习访问了休斯公司、IBM、贝尔实验室以及惠普公司，特别是对于向IBM的学习，促使华为做出了在初具规模后应当如何持续发展的新的判断。在1998年春天的文章《我们向美国人民学习什么》中，任正非指出需要学习IBM以客户价值观为导向，指出"中国技术人员重功能开发，轻技术服务，外国公司一般都十分重视服务"，这种导向也体现在"华为基本法"的第二十六条当中，"顾客价值观的演变趋势引导着我们的产品方向"。在1998年夏天《全心全意对产品负责，全心全意为客户服务》的讲话中，任正非对技术人员提出"我们一定要从对科研成果负责转变为对产品负责，要以全心全意对产品负责实现我们全心全意为顾客服务的华为企业宗旨"，此时，任正非已经开始将重心向"顾客价值驱动"转移。接下来华为在管理上的所有努力则是围绕如何将这一判断根植于每个华为人当中进行，特别是对于华为的技术人员，这也是华为向IBM学习IPD的关键目的所在，从此华为一直保持了这种价值判断。2005年任正非在《华为公司的核心价值观》的报告中指出，"真正认识到为客户服务是华为存在的唯一理由，真正认识到客户需求是华为发展的原动力，过去一味像宗教一样崇拜技术，导致了很多公司全面破产，技术在哪一个阶段是最有效，最有作用的呢？我们就是要去看清客户的需求，客户需要什么我们就做什么，华为的观点是，在产品技术创新上，华为要保持技术领先，但只能是领先竞争对手半步，领先三步就会成为'先烈'，明确将技术导向战略转为客户需求导向战略，通过对客户需求的分析，提出解决方案，以这些解决方案引导开发出低成本、高增值的产品"。在2008年成型的核心价值观体系中，"成就客户"被放置在了最为重要的位置。

四、华为管理者采用的价值管理方式：中国理念，西方标准

在企业实践中，华为在技术和人才方面表现出了强大的竞争力，但这些并非华为竞争力的本源，任正非在《自强不息，荣辱与共，促进管理的进步》的讲话中指出："人才是企业的财富，技术是企业的财富，市场资源是企业的财富，而最大的财富是对人的能力的管理，这才是真正的财富"，任正非在《狭路相逢勇者生》中指出："我们真正战胜竞争对手的重要因素是管理与服务，并不完全是人才、技术与资金，上述三要素没有管理形不成力量，没有服务达不到目标。"因此，在华为比技术和人才本身更加重要的是管理，这些技术和人才之所以构成了华为的资本是因为华为通过管理实现了将华为认为的赢的判断根植在每个华为人当中的转变，因此这种对于价值的管理成为华为真正竞争力的根源，华为采取的正是基于制度和流程的"中国理念，西方标准"的管理方式。

（一）理念制度化：通过"法治"实现"治人"

在"中国理念，西方标准"的管理方式中，华为的第一项管理实践就是制定"华为基本法"，将华为的管理理念以制度的形式体现出来，成为华为人明确的行动导向。王育琨（2008）认为，"企业需要有统一的价值尺度和标准，于是任正非发起了制定"华为基本法"的工程，任正非通过"华为基本法"，把一个与时俱进的价值罗盘置于每位员工的心里，从而使老板与员工的思维和行为方式有一个共同的始发点，达成一定的心理默契"。项兵（2009）认为，"一部起草3年的"华为基本法"在1998年正式实施，这是中国第一步总结企业战略、价值观和经营管理原则的'企业宪法'和制度体系，任正非开始寻找建立世界级企业的制度保证，他希望通过学习"华为基本法"这种方式，能够将存在于自己大脑之中的价值观有效'移植'到新的管理层大脑之中"。任正非制定"华为基本法"的初衷是要达到淡化其个人色彩的二次创业的目的，让所有的华为人都拥有华为的价值判断。

在《再论反骄破满，在思想上艰苦奋斗》的讲话中，任正非指出，"我们在进行第二次创业活动，从企业家管理向职业化管理过渡。我们正在进行"华为基本法"的起草工作，"华为基本法"是华为公司在宏观上引导企业中长期发展的纲领性文件，是华为公司全体员工的心理契约。要提升每一位华为人的胸怀和境界，提升对大事业和目标的追求。每个员工都要投入到"华为基本法"的起草与研讨中来，群策群力，达成共识，为华为的成长做出共同的承诺，达成公约，以指导未来的行动，使每一个有智慧、有热情的员工，能朝着共同的宏伟目标努力奋斗。使"华为基本法"溶于每一个华为人的行为与习惯中"。

"华为基本法"用制度的形式体现了华为人应当具备的价值判断和行为准则，除此之外，与这些制度同等重要的是"华为基本法"的制定过程，因为这决定了制定"华为基本法"这种管理方式的有效性，制度本身和制定过程共同决定了华为价值管理的成效。

"华为基本法"的起草人之一吴春波说，"三年起草，是一个灌输、认同和信仰的过程，通过这三年的不断折腾，每条大家都已经烂熟了，如果三个月拿出来，恐怕就是另外一个结果"。最初任正非与起草人一同探讨了华为在过去、现在和将来的关键成功因素，希望将这些理念变成华为人共同认同的管理大纲。1996年3月，由彭剑锋、吴春波、包政、黄卫伟、杨杜、孙建敏等人大教授组成了华为管理大纲起草小组，起草小组一成立就驻扎在华为公司，与华为人一起研究起草管理大纲。经过一年多的写作，完成初稿，1996年12月26日，"华为基本法"第四讨论稿刊登在第45期《华为人报》上，任正非要求所有干部职工带回去读给家人听，回到公司后提出自己的意见和建议。经过1997年一年的讨论、修改，基本法修改到了第八稿，到最终1998年3月的定稿。基本法前后一共进行了10次删改，从开始筹备到成稿的过程经历了3年时间，这一过程本身就是理念与时俱进，同时也是逐渐深入人心的过程。起草人之一彭剑锋对"华为基本法"的评价准确地表达了基本法对于华为的意义："将企业家个体的思维转化为组织的思维，使企业家个人对企业未来的前途、使命、内部等的思维真正在企业内部达成共识。过去，企业发展、企业的未来等思想一直都在企业家一个人的脑子里，没有实现传递，使得上下之间不能沟通。"华为基本法"最大的作用，就是将高层的思维真正转化为大家能够看得到、摸得到的东西，使彼此之间能够达成共识，这是一个权力智慧化的过程。这是中国民营企业首次对自身未来成长和发展的基本命题所进行的系统思考，对中国民营企业的发展具有划时代的意义。"华为基本法"筹备、起草历时3年，经历了华为从1995年的800多人，到1998年近两万人的高速发展过程。从不足千人到近万人，'如何同化？如何使其方向统一、步调一致？'成为华为的重要问题。无疑，"华为基本法"在统一思想、凝聚员工等方面的作用不可估量。"

（二）职能流程化：实现全员的顾客价值驱动

"华为基本法"中包含许多"我们要"的条项，这些都可以看作华为"狼性"的体现，但是整个过程中华为已经展开了国际化的学习，因此，"华为基本法"又不仅仅包含了指导当前市场战斗的狼性，还包括华为为了更长远打算的顾客导向问题，并且提出了流程化的解决方案。第八十五条就指出，"流程管理是按业务流程标准，在纵向直线和职能管理系统授权下的一种横向的例行管理，是以目标和顾客为导向的责任人推动式管理"。因此，接下来就是华为要进行的第二项管理实践：将职能流程化，特别是针对技术人员已经习惯的自我为中心的价值判断，流程化使问题得到了根本的解决。

华为职能流程化管理经历了三个重要的阶段：第一个阶段是任正非在1998年提出的"职务轮换"，可以看作是职能流程化管理的萌芽；第二个阶段是"IPD流程管理"，开始于1999年华为投资数千万美金邀请IBM提供的管理咨询，是华为职能流程化的最为关键的时期，可以看作是华为职能流程化的成型阶段；第三个阶段是"矩阵式结构"，开始于2004年华为邀请美世提供的管理咨询，可以看作是华为职能流程化的成熟阶段。

1998年在《华为的红旗到底能打多久》的讲话中任正非指出，"研发人员去搞中试、生产、服务，使他们真正理解什么叫做商品，那么他才能成为高层资深技术人员"，因此，为了避免研发人员只追求技术先进而缺乏对市场的感觉，每年研发部门必须安排5%的研发人员转做市场，同时有一定比例的市场人员转做研发。

集成产品开发（integrated product development，IPD）是一种对产品及其相关流程的整合再造的系统方法，其重要特征是在整个流程中，一贯强调顾客需要的优先性，追求顾客满意。IPD实际上是IBM在5年的管理实践的基础上总结出来的方法论。20世纪90年代初期，郭士纳推行的这一管理实践让技术雄厚但管理混乱的IBM重新变得富有成效，完成了IBM从技术向市场的转变。1997年底任正非参观了IBM后决定在华为开始进行IPD流程管理；1998年初，华为开始设计并自己摸索实施IPD，但是由于自己设计的IPD方案的欠缺，流程在实际运行中有诸多不合理之处而遭遇失败；1999年初，由IBM作为咨询方设计的IPD变革在华为正式启动，华为成为国内第一家引进和实施IPD的企业。根据IBM咨询的方法，华为IPD项目划分为关注、发明和推行三个阶段，在关注阶段，进行大量的"松土"工作，即在调研诊断的基础上，进行反复培训、研讨和沟通，使相关部门和人员真正理解IPD的思想和方法，发明阶段的主要任务是方案的设计和选取3个试点；推广阶段是逐步进行的，先在50%的项目中推广，然后扩大到80%的项目，最后推广到所有的项目。最终IPD让华为从技术驱动型转向了顾客驱动型，改变了华为人的价值判断和做事方式，技术人员不再以自我为中心，而转变为以顾客为中心，技术人员与市场人员一起以团队工作的方式来解决顾客的问题，而华为也因此增加了一个营销工程部门，负责顾客需要在团队之间的分配。

早在1998年的"华为基本法"的第四十八条就对"矩阵结构的演进"做了说明，"当按职能专业化原则划分的部门与按对象专业化原则划分的部门交叉运作时，就在组织上形成了矩阵结构。公司组织的矩阵结构，是一个不断适应战略和环境变化，从原有的平衡到不平衡，再到新的平衡的动态演进过程。不打破原有的平衡，就不能抓住机会，快速发展；不建立新的平衡，就会给公司组织运作造成长期的不确定性，削弱责任建立的基础。"2004年华为邀请美世咨询公司对华为的组织结构进行调整，从以往按照部门设立的职能性组织转变成为流程性组织，华为将组织结构正式调整为矩阵式结构，正式从结构上确保了华为人的一切行动都源于顾客价值的判断。

五、华为的案例总结

德鲁克曾经说过，企业的唯一目的就是创造顾客，企业如果不能以顾客接受的价格向顾客提供满足他们需要的产品，就是管理的失败。2009年，面对金融危机，华为实现销售额1490.59亿元，同时利润增长132.8%，高达182.74亿元，华为的产品得到了全世界范围内的认可。华为在研发上每年都保持销售额10%的高度投入，华为的人力资源投入也是业界最高的，华为之所以能够持续将这些高度的投入变得非常富有成效，根源就是来自管理，或者说，管理者真正担当起了管理的责任。具体而言，这些成效来自于管理者进行的价值管理实践：不断的交流、适时的调整，以及中国理念，西方标准。华为最基本的价值判断来自于公司的总裁任正非，二十年来任正非充分利用了与员工接触的各种机会，如各种讲话以及内刊《华为人报》这一重要平台，将"华为人应当是一个奋斗者"的价值判断传递给华为员工。早期的华为人是在为了争抢市场而奋斗，"华为基本法"清晰地向每一个华为人表达了这种强烈的欲望，这一时期华为人，特别是华为的销售人员的行为充分体现了"赢在狼性"的价值判断，在获得初步成功之后，华为人开始真正为了成就顾客而奋斗。为了让华为人，特别是华为的技术人员摒弃以自我为中心的价值判断，真正转化成不是唯技术本身而是服务于顾客的判断，管理者采取并坚持了职能流程化的管理实践，最终使得华为人成为真正服务于顾客的奋斗者。在2009年华为年报总裁致辞的最后，任正非写道，"我们始终坚信，只有客户的成功才有华为的成功；我们坚信企业内部以奋斗者（包括投资者与劳动者）为本有利于更好地为客户服务。企业长期坚持艰苦奋斗的精神，坚持艰苦朴素的工作作风，才能实现及时、准确、优质、低成本交付。华为将继续聚焦客户的压力与挑战，匹配客户的战略需求，为客户创造新的价值。我们要衷心感谢客户和合作伙伴一直以来的支持和信任！感谢我们长期保持艰苦奋斗精神、在全球各地全力以赴服务客户的华为员工。面向未来，华为全球95000多名员工将继续秉持成就客户、艰苦奋斗等核心价值观，与客户一道，为丰富人们的沟通和生活而不懈努力"。这些致辞本身就是在进行价值管理，而正是这些点滴的管理实践造就了今天的华为人和华为今天的成功。

六、结语

华为的实践过程反映了全世界的企业都需要重视的一个问题，企业的实践成效从根本上讲得益于个人对组织的贡献，而个人的行为归根于价值观的影响。因此，对于任何一位管理者而言，实现个人与组织的价值契合都是一件要事。同时，华为的实践更加反映出很多中国企业的成长现实，迫于生存的压力，组织首先表现出"狼性"和"规模"的追求，在这一阶段，可以做到个人与组织价值契合的企业获得了初步成长，这是在今天看来很多中国先锋企业的共同成长之路，但是，今天中国企业真正面对的是下一步如何去走的问题，更加重要的现实是，无论中国的企业愿不愿意，都已经处在了顾客时代里面。华为的实践给了中国企业很好的指导，基于顾客重新确立组织价值，更重要的是这些价值不再是理念，而是一种行动，在这方面，组织与个人是否能够再次契合并且行动起来，就是中国企业成长的下一个机会。

（原载：《第三届"管理学在中国"学术研讨会论文集》，2010年；合作者：刘祯）

中国企业的下一个机会：成为价值型企业

一、价值型企业的提出

就成长而言，30年，中国企业有了很多引以为傲的收获：市场规模、企业规模、产品要素、成本能力、科学技术、管理体系、人力资源等。这一切都是30年间中国企业得以快速成长的原因，也是30年来中国企业的积累和沉淀，但是论及发展，一个企业就需要有发展的能力和基础。发展依赖于两个最基本的要素：第一，把握并顺应环境发展的趋势；第二，具有内在的驱动力。

（1）全球化。无疑，全球化是中国企业必须面对的环境发展的最大的趋势，因此不管中国企业是否具备相应的能力，迎接全球化是必须的，也是必然的。为此，需要了解在全球化背景下，什么是国际运作规则，要懂得"国际化"的内涵——文化的问题、政治的发展、市场的运作、竞争生态的改变、新思潮的涌现等。唯有如是，才能知道价值标准，也才能够运用自如。"中国撼动世界"和"中国世纪"是近几年海外传媒追捧的话题，在纳入全球化轨道的过程中，洋人的忧虑甚至比国人还要多。要真正融入全球化，并谋取到座席与话筒，就不能仅仅停留在"忘我"的竞争状态中，中国企业需要用符合国际惯例的方式、中国智慧以及透明的方式来获得真正的认同，这就要求中国企业具有全新的发展能力。

（2）内在驱动。内在的发展驱动力来自于企业制定战略和实现战略的能力，特别是市场经营环境已经进入顾客时代，如何从简单地理解市场转化为理解顾客，是这个时代和下一个时代的分水岭。以往中国企业习惯了动用人力成本、自然资源、政策调整来加快发展；随着全球化的深入，随着人力资本强化和资源深化的要求，中国企业需要有全新的增长方式，不能再依赖于规模增长、投资增长和单纯的劳动力增长,这个新的增长模式笔者称之为价值增长。由此,可以确定中国企业发展的下一个机会是成为价值型企业,之所以这样判断是源于经济增长方式的转变。

经济增长方式一般分为粗放型和集约型两种:粗放型增长方式是指主要依靠生产要素的数量扩张而实现的经济增长,其表现是高投入、高消耗、低产出、低效率。集约型增长方式是指依靠生产要素的科学合理配置、科技进步和提高劳动者素质,通过提高生产效率而实现的经济增长。转变经济增长方式,关键是要通过深化体制改革,形成有利于集约型经济增长的经济运行机制。20世纪90年代以来,中央关于从粗放型经济增长方式转变到集约型经济增长方式的一贯要求是:经济增长从主要依靠增加投入、追求数量,转到主要依靠科技进步和提高劳动者素质上来,转到注重质量和以提高经济效益为中心的轨道上来。

看看西方国家走过的路:萨缪尔森将工业发展分为3个阶段,发展道路和增长道路也分为3种:第1阶段是起飞前阶段,以英国为主。主要是依靠土地投入,局限性很大,易陷入"马尔萨斯陷阱"(即土地资源被完全占用后,经济无法继续增长)。19世纪经济起飞后,英国并未陷入"马尔萨斯陷阱",原因是经济增长靠的是物质资本投入,用机器代替人工,发展重工业。霍夫曼将19世纪英国、美国工业化初期和中期阶段的增长方式外推到工业化后期阶段(第2阶段),表明重化工业还要发展得更快,要占支配性地位,这就是霍夫曼经验定理。为什么马克思在19世纪末说资本主义丧钟已经敲响?这不是从政治角度提出,完全是通过经济分析提出的。从20世纪20~30年代的发展情况看,并未实现霍夫曼定理,于是萨缪尔森将这段发展时期称为现代发展(第3阶段),即经济增长不是依靠物质资本积累和资源的投入,而是效率的提高。

历史上,率先实现工业化的国家在向后工业化过渡时期也曾遇到过经济发展与环境和资源紧张关系带来的所谓"增长极限"问题。跨越这一极限,消解这一极限的重要手段之一就是构建新型工业化。

在当代,内涵式扩大再生产不仅意味着生产要素在更广范围、更大程度上的优化组合及合理使用,更意味着生产要素以及生产各环节间的科技含量比重的不断扩大。最近几十年,由科学理论到应用技术,再由应用技术到终端产品之间的转化速度不断刷新。科技进步为经济发展创造了新前景,开辟了新道路,科技进步日益成为经济持续发展的关键性因素。

在经济发展中,中国企业要逐步确立企业技术创新和科技投入的主体地位,增强企业的研发能力,坚持先进技术的引进、消化、吸收和自主创新相结合,实现市场开拓、技术创新和生产经营一体化。这样的生产方式,这样的经济增长方式,就是以科技创新为前进动力和发展潜力的内涵式扩大再生产的增长方式。新型工业化道路的真正意义之一是靠效率提高,而不是靠资源投入实现增长。第二是靠信息化带动工业化。由此带来了企业增长方式的全面改变。这就是笔者提出价值型企业的时代背景。

成为价值型企业是中国企业迎接未来发展的下一个机会。一旦价值增长的执行帮助企业走上全球化发展正轨,企业自然会把这种价值意识融入接下来的发展之中,从而通过企业的文化和管理发展战略产生进一步影响。实施价值模型可以让企业从摇摇欲坠的本土企业成长为充满价值意识、富有合作群体意识的国际化企业。价值型企业模型见图1。

二、价值战略

伯格曼(2004)告诫我们:"战略控制命运。"成功的战略和不成功的战略都决定着企业的命运,新的战略资源为未来命运造就可能性,有助于企业的发展。战略作为取得和维持对一家企业现在和未来命运控制的手段,成为贯穿成功企业演进历程的主线。

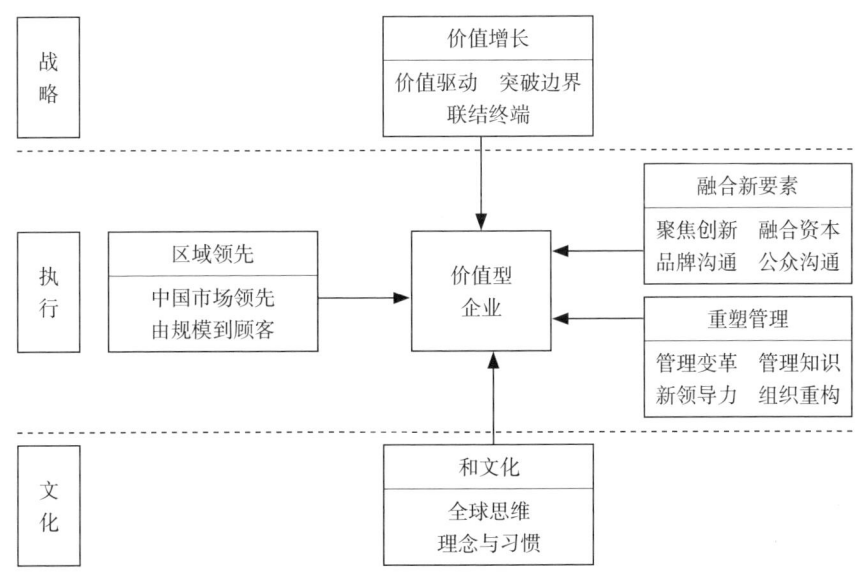

图1 价值型企业模型

狭义上，战略包括资源利用、目标实现以及获得竞争优势；广义上，战略还涉及理性地确定一家企业的重大利益及其目标选择。因此，战略涉及那些对企业命运产生根本性影响的内部和外部的力量。由此，战略需要具有前瞻性。从这个意义上讲，战略具有思维和思想特征，战略需要在极其复杂的情况中做出判断和选择。今天的企业正处在一个急剧变化的环境中，更加需要具有预见性的战略思想，需要企业领导者能够为企业获得持续生存的能力做出选择。

企业增长作为首要考虑的问题，应建立在核心业务基础上。如果说以往的增长是基于市场需求整体增长的原因，那么中国企业在这个过程中虽然普遍得以成长，但有很多企业在发展进程中夭折就很正常，因为依赖于市场自然增长带来的企业成长会有停滞的时候，只有建立在核心业务基础上的成长才能带来持续成长，具有这种成长能力的企业才能走得更远。

增长型企业领导者都是基于明确理解顾客价值需求，他们不断关注以下几个问题，这些问题使得他们了解激烈的竞争和变化的市场所带来的顾客价值需求：第一，因为市场成熟度的形成和增加，企业必须找到和回答什么是自身发展的驱动因素。第二，因为面临全球竞争，企业必须清晰了解自己的产品（服务）在哪里竞争和如何竞争。第三，因为产业合并的不断加剧和普遍发生，企业必须知道自己需要推出哪一类业务以适应当下的商业环境；第四，因为资源成为竞争的主要因素，企业必须做出明确的判断，应该把重点放在哪个发展机会上；第五，因为新技术不断涌现，企业需要回答怎样使增长和发展持续下去。这些问题已经是今天的企业领袖们必须面对的问题，而解决这些问题的关键共同点就是顾客价值的实现。

战略逻辑的清晰和持久性决定着一个企业是否可以获得持续的价值，价值型企业必须具有明确的价值驱动能力，要求战略的重心从价格转移到价值，从产品转移到产业，从市场转移到顾客。也就是说，企业具有与外界广泛沟通的能力，能够打破商业间的边界，突破企业与顾客（消费）间的界限，最终实现顾客价值。

三、价值实现

价值战略的实现，需要集合公司内外的所有资源，同时还要调动公司所有员工的积极性，必须让管理层都明确必须做出改变和更新，这些改变集中在3个最重要的执行方面：第一，集中于市场占有率。没有足够的市场占有率无法支撑企业拓展到新市场中，所以价值型企业一定具有非常明确的、领先的市场占有率。所有成功的企业都经历了在本土市场领先之后，再进入到新的市场区域发展的历程。第二，集中于资源。战略的实现依赖于资源的整合和运用，这就要求企业能够融合资源要素。在全新的经营环境中，不同资源的有效性也发生了巨大的变化，以往所熟悉的资源可能已经不再能够带来竞争优势，因此需要融合新的资源。第三，集中于管理效能。战略的实现还依赖于管理的有效性，因为技术、信息以及网络化和全球化，管理面对全新的挑战，所以重新塑造管理的内涵是管理者必须解决的问题。由此，价值型企业在价值实现中需做出3个努力：

（1）区域领先的市场能力。本土市场的领先能力，决定企业能否实现价值增长，因此，中国企业必须首先在本土市场保持领先，没有本土市场的领先经历，企业无法真正了解市场要素和价值成长的关系，也无法获得海外市场增长的资源和基础。需要强调的是，规模领先并不真正代表市场领先，一味追求企业规模并不代表具备市场能力；获得市场能力来源于企业对顾客和顾客层的专注。

（2）融合新的要素。价值型企业的驱动要素表现在创新、资本、品牌、沟通。创新即自主创新、模仿创新或合作创新；资本即资本融合，以资本驱动市场；品牌即品牌塑造，通过品牌释放消费的商业价值；公众沟通即透明公开的公共沟通，以获得更广泛的资源。

（3）重新塑造管理。全球化不仅改变了经营模式，而且还改变了管理本身的定义，管理不再简单承担原有"计划、组织、领导、控制"的功能，知识和变革赋予管理全新的内涵。组织中个人能力和认识的突显，推动管理者领导力的提升，构建全新的领导能力。领导者必须从影响他人转化到信任个人和引领组织，组织所承担的功能也从追求效率转化为推动组织系统整体成长，打造一个高效的组织工作平台。

四、价值持续

有人说：文化就是解决问题的方式，文化作为一种意识形态和控制机制，能够引导和塑造员工的态度与行为。企业所具有的文化特性决定了企业所有成员的行为选择，同样也决定了企业面对环境所采取的解决问题的方式，进而决定了企业和环境之间、企业和顾客之间的能否保持持久关系的能力。

企业文化的本质是创新，这就使企业不断引导创新，适应变革和鼓励改进，所以构建属于今天的全新的企业文化是价值型企业必须探讨的内容。面对今天的变化，全球化成为中国企业需要理解并能运用的环境，但是如果让全员了解全球化对于思维和行为方式的调整要求，就需要企业营造适当的环境来激励企业内的变革。实际上，任何一个成功的变革必须是在企业领导者愿意采取创新活动的前提下进行的，无论是人与人之间的情谊或企业中所弥漫的气氛，都会影响创新活动的成败，而企业文化正是塑造这些非正式的人际关系与企业气氛的主要动力。企业文化若能激励与支持变革，将能进一步增进服务全球化的机会，因此，创建基于全球化为基础的新文化有着非常重要的意义。

全球理念的形成需要有全球思维的确立，只有借助于全球思维能力的培养，中国企业才能够在全球化进程中不再遭遇挫折和障碍。事实上，中国人非常有智慧，也有很强的学习能力，但是作为思维方式的调整，却是一个非常困难的事情。笔者一直在大学讲授"企业文化管理"的课程，人们知道文化最重要的特征，也是最重要的特性就是思维方式，作为文化的表现方式的思维决定人们的行为选择，因此，如果中国企业还是习惯于用固有的思维方式和行为在全球市场上竞争，结果一定是欲速则不达。

需要确立全球思维，在内部原因方面，中国企业需要跨越这些成功陷阱：改变单一产品的成功、改变单一资源的成功、改变企业家个人的成功、改变没有付出规则成本的成功。中国企业如果不跨越这4个门槛，是不可能持续做大的。企业必须挑战以往成功的惯性思维，对市场环境变化有充分的认识。在外部原因方面，企业经营的外部环境也使具有全球理念成为发展的必需：首先，中国企业所面对的是具有全球理念的跨国企业，它们要求中国遵循国际规则参与竞争；其次，中国市场已经是全球市场，来源于消费者的选择迫使中国企业具有全球理念。

融合的价值取向与勤奋的习惯。从1978年开始的劳务输出，到代工输出，到产品输出，到资本输出，再到文化输出，中国用融合的理念，不断地融入这个全球的大环境。当中国学者还在争议"对待章子怡是否要像对待孔子一样"的问题的时候，姚明和刘翔已经成为又一类"中国名片"，他们已经是全球化的象征。李嘉诚在总结自己成功的九大因素时，认为第一个因素就是"勤奋是一切事业的基础，要勤奋工作，对企业负责，对股东负责"。李嘉诚的勤奋可以说是华人的一个缩影。有华人的地方就有唐人街。唐人街与当地其他地方不同的神奇景象不在于熟悉的乡音，也不在于满眼的方块字招贴，而在于早起晚睡的生活场景，而这正是华人融入世界的坚实基础。

企业一方面需要在全球视野下确立新的思维方式，另一方面需要在传统文化基础上进行选择和扬弃。只有适合发展和适应变化的文化，才能推动企业成长。笔者将这个新文化称为"和"文化，即求和的心态，融合世界的价值取向以及全球理念。

五、结语

面对下一个机会，对于中国企业的发展，笔者认为有理由在理性心态下保持乐观态度，其原因有三：第一，有3种事物对国际化影响巨大，又可以跨越文化、语言的屏障，那就是网络、技术标准和社会基本价值观。这样中国企业就有了一个与以往完全不同的平台，这个平台不会受到中国企业的比较劣势的局限，企业可以借助它实现跨越。第二，今天比以往任何时候都更强调合作与分工，企业间是竞合关系。中国的传统文化中对于人和人之间的竞争、合作有较深的开掘，讲究"协作""合纵连横""内敛开放"。竞合环境恰恰是中国人比较熟悉和擅长的。第三，中国企业拥有良好的背景——中国的国家实力和影响力在持续攀升，作为一个巨大的经济体，它吞吐要素的能力越来越强。每个国家都要和中国平等对话，与中国做生意，都希望进入到中国这个快车轨道上来。

今天，中国企业有能力改变一切，这个能力的获得来源于中国迅速融入新生的知识世界当中。在融入的过程中，中国拥有了令人吃惊的吸收能力，中国企业也因不断融入，不断为自己创造出发展的机会；同时还获得了包括共同解决问题的能力在内的、未来力求获得知识资源的企业所必须具备的能力。

（原载：《管理学报》，2010年第11期）

两部企业宪法蕴含的中国本土管理元素探析
——基于"鞍钢宪法"和"华为基本法"的研究

鞍山钢铁公司和华为公司是我国工业和信息领域的重点企业,这两个公司是各自经营领域的佼佼者——鞍山钢铁公司是国内五大钢铁公司之一,华为公司是国内第一和世界前三的通信设备制造商,其发展和成功模式凝练而成的两部企业"宪法"分别成为计划经济时代和市场经济时代企业经营管理的丰碑,影响了一个时代的企业和企业家。今天,当中国管理模式、管理学成为学界和业界关注的焦点时,发掘两部典范性的企业宪法中蕴含的中国本土管理元素,必将对"管理的中国理论"发展和中国企业管理实践的进步具有重要的参考价值。

一、两部企业宪法的产生与研究价值

(一)两部企业宪法的产生

计划经济时代,"鞍钢宪法"产生有其复杂的政治、经济和社会背景,本文重点不在于阐释"鞍钢宪法"政治和意识形态的价值,而是从经济和管理角度分析鞍钢宪法作为计划经济"管理范本"产生的必然性。中华人民共和国成立后,鞍钢作为"共和国1575第8卷第11期2011年11月管理学报Chinese Journal of Management Vol.8 No.11 Nov.2011钢铁工业的长子",在产能、技术革新和科学管理方面不断取得新的成就,其钢铁总产量在"一五"计划中占全国的50%以上,仅1953—1955年制定和修改的技术标准就达到243种,技术规程417种。在企业管理方面,鞍山钢铁建立了保障生产经营的人事考勤、经济核算、生产调度、班组管理、生产标准等专业化管理制度;而在领导和人事管理方面,鞍山钢铁在实践中并没有完全遵循（后来更是质疑）当时苏联的"马钢宪法"的集权化管理的"一长制"模式，而是结合中国国情和厂情，实行市委和厂党委领导下的厂长负责制，干部与群众结合，鼓励工人积极参加生产管理，打破车间和部门界限进行大协作，鼓励大胆地进行技术革新和实验。鞍山钢铁公司的业绩和管理模式恰好与毛泽东反对"马钢宪法"的"一长制"，发展中国特色社会主义工业管理的思路不谋而合，而鞍钢又有了很好的实践基础，因此，毛泽东主席将鞍钢的经验，结合自己工业管理理念，进行理论提炼从而形成了"鞍钢宪法"，并要求在全国工业领域进行参照学习。

与"鞍钢宪法"不同，"华为基本法"是在市场经济时代，充分运用学习型组织模式总结企业成功经验，剖析企业成长存在的问题和潜在风险，引领未来发展的一套企业纲领。它没有国家政治的烙印，专注的不仅仅是生产和组织管理，还是企业生存竞争和永续发展的企业价值链管理。在"华为基本法"产生之前，华为通过把前期经营盈利的全部资金投入到数字交换机的研究开发和市场运作上，获得了里程碑式的发展，从名不见经传的交换机代理商，跃升为国内信息领域有影响力的通信设备生产商。华为的高速增长、大比例高薪吸引高校毕业生工作、"狼性管理"、床垫文化等现象吸引了业界、学界和社会的"眼球"。不过就在华为进入高速增长的快车道时，华为的开拓者和领航者任正非（2003）却越发不安（1998年，他发表了《华为的红旗到底能打多久》的讲话来表达这种忧虑并提出战略发展思路），尤其是万国证券总裁管金生的垮台加剧了任正非对企业越做大似乎离溃败越近的焦虑，所以他下定决心，邀请外部专家在全公司范围内发动一场轰轰烈烈的企业基本法的研讨，"破釜沉舟，把危机意识和压力传给每一个员工，使内部机制永远处于激活状态"。"华为基本法"从1995年开始起草，历经3年，八易其稿，终于在全公司发布，成为公司发展的纲领性文件。之后，公司保持了快速发展的势头并走向国际化，全球金融危机的2008年，华为销售收入为183.3亿美元，2009年突破300亿美元。

（二）两部企业宪法的研究价值

"鞍钢宪法"和"华为基本法"是我国前后两种经济体制中产生的经典企业管理纲领，这两个企业亦是两种经济体制中的标杆性企业，目前依然是行业的领军企业，它们的成功管理模式具有比较浓厚的本土特征，对当下的管理理论和管理实践具有重要的研究价值和应用价值。

1. 两部企业宪法的成功经验和管理模式具有可参照性、可移植性和有效性

两部企业宪法根植于中国企业经营管理自主探索，根植于中国经济的土壤和中国的管理情境，与西方公司的管理理念和经验相比，它们不存在文化传统的差异和水土不服问题，因而，其成功经验和管理模式具有可参照性、可移植性和有效性。鞍山公司的管理模式正是在反对传统和权威的苏联工业企业管理模式基础上，由领袖、干部、工人和技术人员在内的全体员工通过思想革命、相互协作、集体奋斗和勇于创新而"炼成"的，是群众的实践和领袖的智慧相结合的结晶。"华为基本法"反映的是缺乏技术优势和资源优势的民营企业在与知名跨国公司及国有企业竞争中站稳脚跟、确立市场地位和优势，持续、快速、健康发展的经营哲学和管理思想。

2. 两部企业宪法都蕴含着本土特色管理哲学，值得本土企业和企业家批判借鉴

"鞍钢宪法"是在批判借鉴苏联工业企业管理模式基础上，探索计划经济条件下中国工业企业管理原理。"华为基本法"是在市场经济中面对民营企业的生存困境、国外行业对手的垄断性优势，企业实践探索获得的有关中国本土企业在高科技领域创业成长并引领行业的经营哲学。从宪法的产生和实践过程来看，它们体现了中国企业和企业家对企业经营管理的独特本土思考，是对整体主义、平衡管理、精神管理、英雄领导等本土管理哲学思想成功的运用。

3. 两个企业及其宪法得到了市场和社会的认可，并对国内外管理的理论和实践产生了积极的影响

"鞍钢宪法"产生后其经验和管理模式以政府文件的形式下发到全国的工业企业进行效仿学习；"鞍钢宪法"还对西方的企业生产管理和质量管理产生了深远的影响，被誉为"后福特主义"的代表，对丰田生产方式的产生具有启发借鉴价值。华为的成功激励了更多的民营企业和企业家坚定发展民营企业的信心，为它们"做大、做强、做壮"提供了范本。在"华为基本法"产生后，国内许多企业纷纷效仿探索适合自身的企业管理法条。而华为公司凭借其扎实、稳健和灵活的经营管理模式跨出国门，在与思科等通信设备知名公司的竞争中显示了强劲的实力，成为全球电信设备领域的前3强。

4. 两部企业宪法比较系统完整，具备较为丰富的提炼中国式管理模式的知识元素和实践素材

这些都值得中国本土管理研究者总结和推广，而实际上，这两个企业和两部

宪法已经引起了国内学者的积极关注，近5年直接针对这两部宪法的研究文献已经逾20篇。

二、两部企业宪法的核心内容简析

欲探讨两部企业宪法蕴含的中国本土管理思想和管理元素，首先应当释读两部宪法的主要内容和思想，然后解读和剖析其本土管理特征。

（一）"鞍钢宪法"的主要内容

"鞍钢宪法"是我国现代企业管理史上的重要里程碑，不过，其宪法原则却是比较简练和明晰的。概括而言，"鞍钢宪法"的主体内容是"两参一改三结合"。

1. 干部参加劳动和工人参加管理（两参）

"鞍钢宪法"反对领导者和管理者脱离生产和经营一线的管理，要求管理者融合到下属员工和一线工作中，一边从事生产经营，一边进行"现场管理"；而工人不仅是生产者也应当是企业生产和运营的管理者，应当民主地参与企业的管理工作。

2. 改革不合理的规章制度（一改）

当时的中国企业管理几乎是照搬苏联的企业管理模式（主要的范本就是"马钢宪法"），基本照单全收。苏联企业的管理制度确实有其大工业运营管理的优势，但是其坚持的"一长制"和绝对的专家权威指导制度也有明显的缺陷，比如，厂长脱离党集体领导的绝对权力、专家忽视具体情境盲目指导和指挥、否定普通员工的革新智慧等。由此，"鞍钢宪法"要破除影响企业高效生产的不合理制度，其反对的核心就是苏联工业模式的"一长制"。

3. 工人、干部和技术员三结合的群体协作的集体主义模式（三结合）

三结合实际上是两参一改的深化或者是其结果，要求打破福特制的过于精细化的流水线分工和韦伯科层制的"本位主义"、官僚主义，围绕生产和经营的中心问题开展群体技术协作，发挥集体主义精神，通过集体的力量和智慧进行技术创新。1960年鞍钢提交到党中央的报告还重点阐述了放手发动群众，通过"大协作结合"、技术革命和技术表演结合获得技术创新和产量大增的经验。

（二）"华为基本法"的主要内容

相比于"鞍钢宪法"，"华为基本法"内容更加丰富、更加体系化，其表述更加科学严谨。从管理思想角度来审视"华为基本法"，它的主要内容可以概括为如下几方面：

1. 塑造基于价值链的集体奋斗精神

集体奋斗精神（许多人将其称为狼性管理、床垫文化）贯穿于"华为基本法"的始终。这种集体奋斗精神不是盲目奋斗或者追求单一目标的奋斗，而是建立在产业价值链和管理价值链基础上的。例如，华为坚持"机会牵引人才，人才牵引技术，技术牵引产品，产品牵引更多更大的机会"的增长价值链；不让老实人吃亏，奉献者获得合理回报，人力资本不断增值目标先于财务资本增值目标的资本价值链；"坚持效率优先，兼顾公平，可持续发展"的价值分配的基本原则；在顾客、员工与合作者之间结成利益共同体，以顾客需求和满意度作为价值终端来塑造公司的流程管理，打破部门界限。华为认可个人"基于能力主义"的奋斗精神，但优先推崇和支持集体主义奋斗精神，"员工应努力扩大职务视野，深入领会公司目标对自己的要求，养成为他人做贡献的思维方式，提高协作水平与技巧。"

2. 自省、谨慎和协调的增长观和管理观

"华为基本法"和总裁任正非的几次重要讲话（《华为的冬天》《华为的红旗到底能打多久》）都充分证明华为公司奉行的自省、谨慎而协调的增长观和管理观。华为公司强调从公司到个人、从领导层到普通员工都要有自我批判精神和危机感，坚持谨慎的乐观。任正非在华为高歌猛进的时代就喊出"华为的冬天不远了"，要求全体员工做好准备。在规模成长方向上，"我们不单纯追求规模上的扩展，而是要使自己变得更优秀。因此，高层领导必须警惕长期高速增长有可能给公司组织造成的脆弱和隐藏的缺点，必须对成长进行有效的管理……始终保持造势与做实的协调发展。"在组织结构上，追求稳定的动态平衡，不断适应战略和环境变化，从原有的平衡到不平衡，再到新的平衡的动态演进。在企业创新方面，认为企业要创新但不能盲目创新，"小改进，大奖励；大建议，不鼓励"。

3. 集中突破的压强管理

一是在选定的战略生长点上，以超过主要竞争对手的强度配置资源。要么不做；要做，就极大地集中人力、物力和财力，实现重点突破。二是通过影响每个员工的切身利益传递市场压力，不断提高整体响应能力。

4. 民主、服务、放权和跨部门的领导管理制度

华为公司的决策"从贤不从众",设立各专业委员会参谋议事和决策监督,"防止一长制的片面性"。管理者既要做好对下属的服务和放权,又要全面承担责任。每个管理者都有义务培养下属的才能,"下属人员才干的发挥与对优秀人才的举荐,是决定管理者的升迁与人事待遇的重要因素"。围绕项目和流程要建立跨部门和跨职能的项目团队,因此领导管理既要确保正向直线职能系统运作,"又要对逆向和横向的求助系统作出及时灵活的响应,使它最贴近顾客和最先觉察到变化和机会的高度负责的基层主管和员工"。

三、两部企业宪法蕴含的本土管理元素

两部企业宪法都是鞍钢和华为在吸纳各自时代的先进管理思想和经验后,在企业经营的成功实践基础上,提炼各自成功的经验而产生的管理价值观和管理原则。两部企业宪法都对各自时代的企业管理产生了巨大的反响,也引起了不少争议,但作为在中国土壤上产生的较为成功的草根管理思想和"法条",其产生过程和核心内容都蕴含着中国本土特征的管理元素。

(一)整体平衡的管理哲学

中国人的哲学思维和处事风格与西方人的显著差别在于中国人习惯于从系统、综合、互为关系的整体角度去理解周遭的世界,并以辩证、阴阳平衡、中庸、和谐等平衡哲学来处置复杂的外部关系(即人、群体、组织、社会、自然之间的关系)。"天人合一""天下为公""天下大同""对立统一""全国一盘棋""识人体顾人局""高屋建瓴"等国人耳熟能详的语汇都反映了中国人的整体主义认知风格。基于对自然、社会、人生的整体性理解,中国人倾向并偏好使用各种实用的辩证平衡方法来动态地维护自身与外部世界关系的整体和谐,达到人我合一的"致中和"境界。"兼容并包""搞平衡""平均主义""相生相克""低调做人高调做事""协调同步""德才兼备""吃亏是福""无为而无不为""互谅互让"等都是中国人常用的为人处世之道。

中国文化传统所形塑的思维与处世的"国民性"也不可避免地浸淫到中国人的商业和管理活动中,企业的经营管理者在商业实践中,不断权变地应用这些管理哲学智慧运作生产经营,以适应复杂竞争的市场环境。以下我们结合两部企业

宪法，从3个方面展示中国企业经营的整体平衡管理哲学。

1. 把企业经营管理视为有机整体

从整体出发科学地界定企业经营管理各组成部分的功能与工作目标，强调各个部分之间的有机协调和有效配合，促进各部门均衡协调发展，打破部门和等级界限，促进人员交流互动，使异质性资源和信息能在"整体"中得到分享和不断激活，取得"三个臭皮匠赛过诸葛亮"的管理效果。"鞍钢宪法"要求干部、工人和技术人员三结合，不同部门和车间开展紧密协作，用群体的智慧和组织学习的力量来促进技术创新和提高产品质量。"华为基本法"通过建立各部门交叉协作的矩阵结构，高级主管实行职务轮换政策，组建围绕顾客需求和产品流程的集成化管理来破除部门之间、管理者之间的"本位主义"，提高对市场、对顾客、对机会的反应效率，保持公司的一体化和灵活性。

2. 重视柔性管理，以动态平衡及和谐来促进个体和组织的发展

企业和管理者通过亲情管理、关系型领导、换位思考、自省与自我批判、争过让功的"吃亏"精神、以义致利的经营理念、扬长补短的资源配置、留足面子做足"里子"的面子管理等手法使企业的经营和管理保持对市场的"敏捷"应对、对员工的认同吸引、对社会的和谐共建。"鞍钢宪法"要求干部参加劳动是要干部深入群众，建立干群和谐关系，解决现场问题，保持日常管理的平衡；同时，通过提升工人的管理地位激励工人的工作干劲和创新行为。"华为基本法"鼓励员工的创新热情，重奖"小改进"，允许员工把握机会"便宜行事"，要求管理者以服务下属能力提高为己任，等等。两部宪法都坚定地反对"一长制"，认为不受制约的领导权力影响组织的稳定性，力主建立权力制衡的领导制度。

3. 协调平衡的成长和利益分配

要求企业领导者和管理者始终用"一盘棋"的整体思维，把企业置于复杂的社会、市场和内部组织的系统中，保持资本、资源、人才、市场之间的动态平衡，预防资金链断裂、人才断层、市场脱节等失衡现象的产生。在利益分配上，主张打破"平均主义"和"论资排辈"，按能力、贡献甚至包括个人奉献进行利益（收入、机会、福利）分配，但又要兼顾公平，使落后者看到进步与机会，使领先者看到弱点与不足；推崇利用集体激励方式使领先者有动力和义务去帮助落后者，使落后者能够赶上和超越领先者，从而最大限度地激发组织的能量。"华为基本法"在企业的成长模式、企业的机会观、人力资源政策、各事业部的发展政策等方面追求稳定的动态平衡，不断适应战略和环境变化，从原有的平衡到不

平衡，再到新的平衡的动态演进。尊重和重视知识资本，奉行效率优先，兼顾公平的分配原则。

（二）"集体主义"的组织行为

以儒家思想为传统的中国社会，是个垂直集体主义程度很高的集体性社会，个体的生活境遇依赖于集体，社会集体利益是个人利益得以正当实现的前提、保障和合理的形式；个体服从集体规范，甚至为了集体目标可以牺牲个人目标。和西方基于个人主义的组织观不同，集体主义意识和价值观深入到中国国民心理结构中，儒家文化认为组织不仅应当是理性的更应该是有情感的，个人参加组织不仅仅为了获得经济报酬，还应当获得精神和情感的某种关照。存在集体主义文化的社会和组织，其社会动员性、集体行动的协同性、集体行动的效能、集体行动的社会影响力都是松散的个体或组织难以比拟的。集体主义的组织其组织行为的优势和典型特征就是组织的协同一致、行动士气高、协调成本低、集中突破能力强等。

然而，当我们看到中国社会集体主义组织的优势时，我们也经常看到这种优势并没有或者不能持续性地得到体现，甚至集体主义组织成为一种"虚空"状态。我们认为这与中国人对"集体概念"的理解和集体中的特殊个人主义有关。在华人社会中，普遍存在的集体概念一般而言并不是"大集体""大社会"，而是"靠近自己的集体"，也就是自己投入工作或生活，关系切身利益和情感的集合体。更进一步地说，中国人只在自己的集体中表现出集体主义精神和行为，而在社会和其他集体中则表现出强烈的个人主义倾向，即使在自己的集体中，个体也经常会为了个人特殊利益相互勾结形成"帮派""山头"等非正式组织，这种特殊的个人主义又阻碍了中国集体组织的健康发展，降低了组织化的效率，使集体组织经常面临"人为因素"引致的不确定性危机，影响了组织生命周期的延续，这也是中国企业寿命周期普遍不长的重要原因。

面对中国社会的集体主义传统和现实问题，企业和企业家应当如何做才能扬长避短，获得集体主义的长效收益呢？两部企业宪法在启动集体主义精神和集体主义组织行为方面给予了回答：

1. 群众路线与员工主体性的激发

"一切为了群众，一切依靠群众"的群众路线是中国共产党建党立国和克敌制胜的法宝，也是"鞍钢宪法"的管理精髓之一。我们"悬置"群众路线的提出和应用的意识形态背景，从管理学的视角来看，"群众路线"就是有中国特色的"红色管理"元素。"一切为了群众"是将员工的群体利益视为组织的优先目标和最终价值取向，这种群众观很容易拉近员工和组织距离，建立组织的归属感、责任感，提供强有力的组织承诺。"一切依靠群众"是一切为了群众的体现，也是《道德经》中"是以欲上民必以言下之，欲先民必以身后之"的垂行。一切依靠群众要求领导者和管理者放下职能权力的面纱和地位身份的束缚，深入到员工的生产生活中去，参与现场管理，通过与下属的"心理对等"的紧密互动，缩短双方的信任半径，建立基于"群众利益"的关系型领导，树立权威，从而塑造员工"组织公民"情结，最大限度地激发员工的工作主体性。

2. 集体无意识或集体价值关联

为了激励个体奋斗和努力，人们通常用经济工具和成就机会辅之以精神奖励，这些在团队激励中同样可用，但有了这些个体性激励未必就能建立"有机团结"，能产生集体主义力量，提高团队生产力。在激励个体融合到集体中最大限度地发挥集体的优势，激励个体为集体奋斗方面，两个企业提供了很好的样本。鞍山钢铁公司生产能力的不断突破，技术革新不断涌现，乃至"鞍钢宪法"获得命名都与那个时代鞍钢企业员工集体（从基层员工到领导者）的集体无意识密切相关。这种集体无意识表现在：一是当时对领袖的高度崇拜和对领袖意志的自动自发地服从。鞍山钢铁公司是党中央和毛泽东主席高度关注的大企业集团，是毛泽东探索中国社会主义企业管理道路的"示范基地"，鞍钢的全体员工都深切感受到领袖的关怀与关注，都全情投入到企业生产当中，按照领袖期待的目标和组织模式去奋斗。二是长期的革命奋斗凝聚的集体利益至上的精神，工人翻身成为（公司）生产资料主人，工作权利、政治权利、人格尊严都得到尊重，由此而形成的"主人翁"意识和为国家建设奋斗的集体热情，这些都潜移默化地"濡化"到当时全体员工的社会心理结构中，成为激励鞍钢企业员工积极工作行为的集体无意识。

和"鞍钢宪法"不同，"华为基本法"虽然也推崇集体奋斗和个人奉献的精神，但是它的集体团结和团队生产力的获得，与它建立的集体价值关联有直接的关系。"华为基本法"通过确立"不让雷锋吃亏，奉献者定当得到合理回报"、模范员工持股和进入管理层、将管理者培养下属才能作为考核和晋升的主要依据、"小建议，大奖励""人均年收入高于区域行业相应的最高水平"、给予"最贴近顾客和最先觉察到机会"的基层主管和员工授权和机会等一系列推动集体合作的制度，建立员工和公司之间的基于"新集体主义"的价值创造和回报的路径。这些集体价值关联路径环环相扣,合理、可操作和实用,能够将所有员工汇聚到集体主义价值链,持续提高公司的运营水平。

3. 跨界协作和集合行动

"分工"是西方企业现代化和生产现代化的主要理念,分工带来的专一化、专业化、精细化和责任明确化是西方公司提高经营效率和竞争力的制胜武器之一。然而,过于追求精细和专业的分工导致的条块分割、组织机构的"大企业病"、冗多运营节点的流水线,大大降低了企业经营效率(违背了分工的目的),延滞了企业应对动荡复杂和快速变化的市场需求和市场竞争的时间。同时,过度分工也导致了因工作单一化带来的员工工作满意感下降、工作转换成本过高、拒绝岗位职能外的合作等问题。中国的集体主义传统则向来强调同舟共济、通力合作、"众人拾柴火焰高"、集中力量干大事等协同合作理念,讲求"工作有分工,合作无界限"的"模糊分工",要求打破职能和工作界限,集中力量进行集体攻关,共享各个职能部门和个体的经营资源,形成合力,突破经营管理的难点,建立经营优势,并将协调合作作为员工"职能行为"的一部分列入考核。两部企业宪法都非常强调协作和利用集体力量解决企业经营管理的关键问题,赋予基层员工足够的民主权利或授权。"鞍钢宪法"强调工人、干部和技术员的群体协作,集中优势进行技术创新和产品质量的改进。鞍山钢铁公司内部推行"技术表演赛"和"联合表演赛",通过工人合作学习提高工人技术能力和产品质量。"华为基本法"要求打破部门界限,按照产品和流程进行协作,赋予靠近产品终端和顾客的部门和员工足够的权力。华为的"压强管理"则是通过集合整体力量集中资源、聚焦目标,逐级传递市场压力、目标压力,这样一种跨界整合集体行动,促进了企业持续发展和市场竞争力的不断提升。

(三)英雄领袖的领导

两部企业宪法不仅在核心思想和内容方面有着明显的中国本土管理元素,而且其产生和推行本身具有鲜明的中国特色,显示了组织领导者对组织的独特控制和影响力。从两部企业宪法的产生过程来看,两部企业宪法都是企业最高领袖对企业发展思想的高度概括和领袖意志的体现,并因其领袖地位与魅力得到完全的贯彻和执行,显示了中国领导力特色——英雄领袖的魅力型领导。

基于中华人民共和国成立初期鞍山钢铁公司在国家工业中的特殊地位,虽然鞍山钢铁公司的直接领导者是鞍山市委和厂党委,但真正对这个企业发展方向和管理模式有重要影响的却是毛泽东本人，鞍山钢铁公司可以看作是毛泽东工业建国和工业企业管理思想的具体执行者。进一步而言，"鞍钢宪法"的主体思想和"鞍钢宪法"的命名就是在鞍钢实践基础上由毛泽东提炼和命名，并通过当时的工业部在工业领域进行推广的，成为计划经济条件下向重工业倾斜的有中国特色的生产管理方式———种政治导向的"技术中心主义"。

"华为基本法"的出台乃至后来全公司强力推行的IBM的集成流程管理都与华为"教父"任正非的前瞻性预见和管理定见密不可分，是任正非有关华为企业成长和企业组织的系统管理思想的体现。"华为基本法"有关压强原则、不让雷锋吃亏、不迁就有功的员工、物质文明和精神文明转化、提倡焦裕禄式的奉献、知识资本化、民主决策权威管理……都是任正非军人背景和创业奋斗经历的"经验印迹"。此外，任正非主导并参与了基本法的制定，显示了其在根本大法制定过程中的文化灌输、控制的非凡才能。

中国企业需要什么样的企业家才能发展，中国企业需要什么样的领导才能持久，一直是国内业界和学界关注的商业焦点，通过对两部企业宪法的产生和推行的剖析，结合国内有关中国企业领导风格研究成果以及领先企业的经验，我们"谨慎地"认为，英雄领袖的魅力型领导既是中国企业的创造，也是符合中国本土企业管理国情的领导模式之一。成为企业创业、克服危机、直面风险、敢当责任、创造奇迹、专业权威、行业领军、培育英才的企业英雄（至少具备其中3项以上特征），是英雄领袖式领导的领导魅力、卓越领导力的主要来源。伯恩斯认为，英雄型领袖与只能赢得民众好感的领导者不同，他们通常是从经历着深刻危机的社会中产生出来的，利用每个潜在的追随者的需要和要求，发掘追随者潜在的动机，并能够用独特的智慧或方式推动变革，改变现状，创造奇迹。从中国企业实践来看，活跃在中国工商业舞台的本土领先企业，其领导者（当前多为第一代领导人）几乎都是其企业乃至行业长期的英雄领袖，比如任正非、何享健、张瑞敏、董明珠、宗庆后、柳传志、鲁冠球、刘永好等，都有一部创造奇迹并保持增长的奋斗史。陈春花（2004，2008）通过研究中国领先企业的成长轨迹，提出先锋企业的领导者应当是英雄领袖，英雄领袖的特征应当是"引领行业的战略、创造新市场、慎重决策、发展自己发展他人"。

英雄领袖式领导的有效性另一重要来源是其魅力型领导的感召力。Conger（1999）认为，魅力型领导指的是领导者主要通过调动追随者对愿景在情感上的承诺与一系列价值准则的共享等途径来影响追随者。魅力型领导体现在其愿景使命的吸引力、战略远见的正确性、企业家精神的行动力、道德品质的感染力、情感承诺的感召力、赋予下属能力的影响力等。董临萍等（2008，2010）通过对中国企业情境下魅力型领导风格、群体效能感与群体绩效的实证研究证实，魅力型领导善于提供有助于将下属的个人认同感与集体认同感连接起来的充满感情的、理想化的阐释；善于通过强化追随者集体动机的能力，并且将群体协作与群体的成功联系起来，这种激励策略能够强化群体成员的效能感。成为企业与行业的英雄，创造卓越的成长力，并能恰如其分地展现魅力型领导风格，从而汇聚一大批精英人才，造就一批批企业的成功者，这是中国企业英雄领袖成功的路径。当然，这种领导模式是否能够在企业的第2代、第3代乃至更久以后的领导者中得到传承与发展，是否能在他们身上获得成功，还有待于时间的检验。

（四）3种本土管理元素的内在联系

通过对两部企业宪法和两家企业管理实践的分析，我们提炼出其中的中国本土管理元素：整体平衡管理哲学、集体主义组织行为和英雄领袖领导，但这3种管理元素并不是孤立存在的，而是存在内在逻辑和实践关系。

1. 整体平衡的管理哲学是后两者的"大脑"

整体平衡的管理哲学深刻地嵌入到两个企业的组织和领导文化中，引领企业经营和领导的方向。没有高屋建瓴的整体思维和集体优先意识，没有下属与领导在管理话语权上的平衡让渡，没有群众与领导的关系和谐，没有均衡的成长观等管理哲学和理念，领袖的领导将失去平衡，或者陷入盲动主义，英雄的魅力与权威难以保持。

2. 英雄领袖的魅力型领导是串联整体管理哲学和集体主义组织行为的"中枢"

只有领导者接触并认同了整体平衡的管理哲学，他们才会创造性地将其运用到企业的经营管理实践中，在组织建设、部门合作、组织运营和员工管理中创造集体文化，建立集体与个人的价值关联和平衡关系，打造集体主义组织。并且，具有英雄领袖气质的领导更容易获得全体员工持久的集体认同、集体遵从，这样又有利于英雄领袖的领导运用非权力影响力传播整体平衡的理念，凝聚集体主义的士气。

3. 集体主义的组织行为是整体平衡管理哲学和英雄领袖领导的"抓手"

整体平衡的管理哲学要求企业全员的组织行为从整体和全局出发，关注利益相关者的价值平衡，发展协作共同体，促进组织公民行为的产生和提高；另一方面，英雄领袖的领导只有在不断塑造下属乃至企业全体员工的集体主义文化和提高集合行动的水平方面体现自己的卓越领导力，才能增强和延续其英雄领袖的地位。

四、结语

关于什么是中国式管理，管理的中国理论应当具有怎样的理论体系，近年学术界在这些基本问题上各抒己见，百花齐放，但多数学者都认为中国式管理或中国管理科学应当立足于中国企业的实践，应当来自于大量的中国企业的实践经验的积累，从中抽取概念，形成命题和发展理论。"鞍钢宪法"和"华为基本法"都是中国本土企业长期实践经验总结的成果，两部宪法对当下的企业实践产生了示范效应和学习效应，主导宪法的两个企业依然是行业的标杆企业，我们认为研读两个企业的宪法，观察两个企业的成长之路确实能让我们看到它们身上蕴含的有价值的中国本土管理思想。当然，仅仅通过两部宪法就试图全面概括中国本土管理元素，并建立其理论结构，那是难以企及的。

（原载：《管理学报》，2011年第11期；合作者：乐国林）

组织的战略行为、企业文化与中国本土企业成长
——"央视财经50·成长"获奖公司的实践经验

一、引言

彼得·德鲁克在《管理的实践》（1954）中曾经告诫：对于企业而言，成长是最大的问题。之于企业而言，成长本身就意味着有效的实践，这种实践的价值还在于：实践经验的总结可以帮助自身和更多企业获得更有效的成长，从而形成实践和成长的有机循环。经过改革开放30余年的发展，中国也成长出了一批优秀的本土企业，本文旨在通过分析在"成长"方面有代表性的本土企业，来说明这些企业在成长过程中进行了哪些重要的管理实践，以此为更多中国企业的成长提供借鉴。在企业选择上，首先明确选择的目的是要找出真正具备代表性的企业，这样从经验本身及经验推广的角度会更有意义。具体到如何来选择，通常需要制定一些标准和详细论证来做出选择，如吉姆·柯林斯在《基业长青》（1994）、《从优秀到卓越》（2001）以及《选择成就卓越》（2011）中所制定的一系列指标，从二手资料上来看，目前已经有权威机构经过大量论证甄选出吻合本文所需的分析对象，因此，本文没有通过直接甄选的方式，而是间接借鉴了权威机构评选出的相关企业来进行分析。

2012年6月6日，深圳证券信息有限公司和中央电视台财经频道发布了央视财经50指数，以易于现有企业的评价和未来企业的导向。央视财经50指数样本公司的评价流程包括五个步骤。第一步，确定评选对象：按照基础筛选条件，从2200家上市公司中，筛选出991家沪深A股上市公司作为"央视财经50指数"样本股的评价对象。第二步，设计指标体系：由五大院校学术支持单位分别设计"创

新、回报、成长、治理、责任"五大指标体系。第三步，确定候选样本公司：五大院校学术支持单位根据指标体系，围绕上述五个维度，确定候选样本公司各30家名单，合计150家。第四步，样本公司初评：主办方牵头，由专家评价委员会分别投票，选出50家公司作为"央视财经50指数"样本公司，评选结果作为权重之一。主办方组建来自券商研究所、公募基金、私募基金的50家权威机构对候选公司进行投票，选出50家公司评选结果作为权重之一。第五步，样本公司终评：主办方依据评价委员会、50家投研机构的共同选项，最终确定"创新、回报、成长、治理、责任"五大维度样本公司合计50家。

表1　央视财经50·成长获奖公司

央视财经50·成长	
获奖公司：云南白药、苏宁电器、美的电器、中联重科、格力电器、福耀玻璃、包钢稀土、贵州茅台、青岛海尔、福田汽车	
公司成长评价指标体系	营业收入增长指标体系
	净利润增长指标体系
	营业收入增长与投资回报增长比较指标体系
	净利润增长与投资回报增长比较指标体系

资料来源：CNTV官方网站Http: //Jingji.Cntv.Cn/Special/Ssgsfh2011/shouye/.

依据本文的研究问题，如表1所示，本文选择"央视财经50·成长"获奖公司作为研究对象，对这些上市公司及集团相关的基本情况进行了如表2所示的描述汇总。从汇总表中的一些描述性特征来看，这些企业除了满足权威机构论证的各种指标以外，也表现出了利于本研究经验分析推广的一些特征：首先，这些企业来源于多个行业，这就避免了成功经验只能局限在某一行业内企业应用的限制。其次，这些企业来源于多个地区，这就避免了成功经验只能局限在特定地区内企业应用的限制。再次，从规模上来看，这些企业本身的规模并不相同，尽管都是具备一定规模的上市公司，但这里面一部分是超大型企业如海尔和美的，突破千亿级规模，也有些是相对较小的企业，这样，之于不同规模企业应用的指导性就相对强一些。最后，从成长时间上来看，这些企业的高速成长多发生在2000年左右及2000年以后的时期，这个时期对于中国企业的竞争环境而言已经较为激烈，这样就在一定程度上反映了这些企业的成长更多的是来自于自身所采取的努力而非仅仅是来源于外部环境的运气，这对于当前同样处于激烈竞争环境中需要自身有所成长的企业而言更有说服和指导意义。当然,这些特征并非绝对,每个企业还需要结合自身情况来学习和应用这些经验。

表2 相关企业的描述性特征汇总表

组织名称	成立年份	行业/业务	地区	当前业绩概况	高速成长的大致时期
云南白药集团	1971年6月,云南白药厂成立,1993年5月3日在深交所挂牌上市	中西药原料/制剂、个人护理产品、原生药材、商业流通	云南省昆明市	2011年,集团收入113.12亿元,利润14.07亿元	1999年至今。1999年集团收入2.32亿元,2000年收入7.95亿元,2003年收入13.45亿元,2006年收入32亿元,2009年收入71.72亿元,2010年收入100.75亿元
苏宁电器集团	1990年,苏宁创立,2004年7月21日,苏宁电器在深交所上市	3C电子(家电、电脑、通信)家电连锁零售	江苏省南京市	2011年,集团收入1562.23亿元,苏宁电器收入938.89亿元,利润48.21亿元	2000年至今。2000年,苏宁收入40亿元,三联家电收入53亿元,国美收入30亿元。2011年国美电器收入598亿元,利润18亿元
美的集团	美的集团创立于1968年,旗下有美的电器、小天鹅、威灵控股三家上市公司	以家电制造业为主,同时涉及房产、物流等领域	广东省佛山市顺德区	2011年,集团收入1400亿元,其中,美的电器收入931.08亿元,利润55.6亿元	1998年至今。1996年集团收入25亿元,1997年收入30亿元,1998年收入50亿元,2000年收入100亿元,2004年收入320亿元,2006年收入570亿元,2010年收入1000亿元
中联重科股份有限公司	1992年创立,2000年在深交所上市,2010年在香港联交所上市	工程机械制造业:建筑工程、能源工程、环境工程、交通工程等基础设施建设所需重大高新技术装备	湖南省长沙市	2011年,总收入850亿元,其中,中联重科收入463.23亿元,利润96.02亿元	2000年至今。2000年中联重科收入2.44亿元,2004年收入33.8亿元,2006年收入46.25亿元,2007年收入89.73亿元,2008年收入135.49亿元,2009年收入207.62亿元,2010年收入321.93亿元,2011年收入463.23亿元
珠海格力电器股份有限公司	1991年成立,1996年11月18日上市	专注于空调产品的大型电器制造商	广东省珠海市	2011年收入835.17亿元,利润63.29亿元	成立至今。1991年收入1.03亿元,1992年收入1.62亿元,1993年收入6.47亿元,1995年收入25.64亿元,2003年收入100.42亿元,2007年收入380.41亿元,2011年收入835.17亿元

(续上表)

组织名称	成立年份	行业/业务	地区	当前业绩概况	高速成长的大致时期
福耀玻璃工业集团股份有限公司	1987年成立，1993年，福耀玻璃在上海证券交易所上市	汽车安全玻璃和工业技术玻璃	福建省福州市	2011年收入96.89亿元，利润17.72亿元	1999年至今。1999年收入6.08亿元，2005年收入29.11亿元，2007年收入51.65亿元，2009年收入60.79亿元，2010年收入85.08亿元
内蒙古包钢稀土高科技股份有限公司	始建于1961年，1997年在上海证券交易所上市	稀土行业	内蒙古包头市	2011年收入115.28亿元，利润72.76亿元	2009年至今。2009年收入25.9亿元，2010年收入52.58亿元，2011年收入115.28亿元。2000年收入为3.92亿元
贵州茅台酒股份有限公司	1999年成立，2001年8月27日在上海证券交易所上市	酒业、饮料、食品、包装材料	贵州省仁怀市	2011年收入184.02亿元，利润123.35亿元	2006年至今。2006年收入48.9亿元，2007年收入72.37亿元，2010年收入116.3亿元，2011年收入184.02亿元。2001年收入16.1亿元，利润6亿元
海尔集团	1984年成立，1993年青岛海尔在上交所上市	冰箱、空调、洗衣机、热水器、厨电产品等白色家电	山东省青岛市	2011年集团收入1509亿元，青岛海尔收入736.62亿元，利润44.14亿元	1994年至2004年。1994年集团收入25.65亿元，1997年收入108亿元，2000年收入406亿元，2002年收入711亿元，2004年收入1016亿元
北汽福田汽车股份有限公司	1996年8月28日成立，1998年6月在上交所上市	商用车（早期以从事农用车生产为主）	北京市	2011年收入516.46亿元，利润13.42亿元	成立至今。1998年收入2.19亿元，2000年收入33.22亿元，2003年收入143亿元，2004年收入230亿元，2008年收入300.7亿元

资料来源：作者根据公司官方网站、上市公司报告以及中国企业五百强榜单数据整理。

在企业实践经验素材的收集上，鉴于这些企业全部为上市公司和知名企业，已有各种媒体和平台有这些企业丰富的信息，本文主要选择了二手资料的方式。同时，鉴于这些信息非常之多，因此，在二手资料的来源上，本文重点把握甄选资料的方法，以确保材料的真实性、可靠性和相关性，从而尽量做到一手材料的品质保证。包括：首先，尽量选择是经过一手调研的资料，如某记者或研究者对于某公司董事长或内部人员的采访或调研，或者是公司内部人员自己撰写的记录包括书籍或文章，或者是公司官方网站的资料，通过这三种做法尽量保证二手资料的真实性；其次，资料尽量来源于较为权威的媒介，如知名媒体的报道以及权威学术期刊的研究，以此来提高二手资料的可靠性；最后，选择的资料来源的期间尽量发生在企业高速成长的时期范围内，这样，相对而言，在这一时期内企业所进行的实践与企业的成长就有更为显著的相关性。

二、核变战略：演变、裂变与聚变

核变是组织通过进行一系列重大的转变而获得成长的战略行为，包括演变战略行为、裂变战略行为以及聚变战略行为。演变是指自身业务的演变，组织通过自身业务的调整来适应环境从而获得成长；裂变是指自身结构的分拆，组织作为一个系统，通过自身结构的分拆获得更多成长的子系统，从而实现组织整体的成长；聚变是指内外部资源的整合，是企业自身发展的一种外部结果，企业借助自身发展所赢得和积累的财富来对外部利于组织更大发展目标的资源进行整合，从而获得组织更大范围的成长。

（一）演变实践

叶康涛等（2012）在《北大商业评论》上撰写的案例"云南白药牙膏：让传统中药融入现代生活"被新华都商学院评选为中国年度最佳管理案例，给出的获奖理由是其很好地描述了云南白药是如何通过自身的演变为老字号赢得继续成长的。如同作者所描述的，白药牙膏的成功，不仅是一个产品的成功，更印证了一个事实：传统中药通过产品创新，重塑消费模式，完全可以和现代生活完美融合，并推动传统中药产业实现突破式增长，这恐怕是白药牙膏的成功给我们最大的商业启示，也是其能成功复制的商业基因所在。

创建于1902年的云南白药，至今已有百余年历史。"云南白药"由曲焕章在1902年创制，当年，这位云南名医在植物王国云南境内遍寻中草药物，终于制成这种神奇的中药疗伤药物，被誉为"中华瑰宝，伤科圣药"，1956年被列为国家保密处方和工艺。尽管是百年老字号，但显然，百年老字号是企业所做努力的一种结果，而非是成功的原因，如同云南白药集团党委书记戚太云所讲，"老字号并不能成为可以继续生存和发展的灵丹，必须以全球资源应对市场，提升核心竞争力，才能应对来自世界制药强国一流高科技产品的激烈竞争。"

如本文表2所总结的描述性特征所示，云南白药尽管是一个老字号，其真正大幅的成长是在1999年之后，在此之前，甚至曾经一度在竞争中走到市场的边缘。从1988年10月美国百事可乐收购北京北冰洋汽水开始，"洋品牌"陆续登陆中国并使得中国的传统品牌受到了重大的冲击，1992年，当云南白药的宣传还停留在板报和简讯的时候，美国强生公司以邦迪品牌开始进入中国，对国内相关产品在市场上发起了巨大的攻击，这其中，也包括受到"国家绝密"保护的云南白药。

在此之前，中国小创伤护理市场一直由白药散剂占据着，但邦迪，这种用弹性纺织物与橡皮膏胶粘剂组合而成的长条胶布，迅速抢占了国内止血产品市场。白药散剂销量急转直下，到1998年，各大城市药店中已鲜见其踪影。1998年年度报告中，云南白药进行了如下阐述：疗效显著，深得用户的好评，但市场疲软，需求不旺。这位96岁的老字号，说出自己销售的终端工作刚起步，对市场开发能力不强。为了增加收入，云南白药在当时采取了提价的策略，1998年元旦，白药散剂（精）出厂价突然上浮178%，结果是当年销量骤降50%，至此，当时已有96年历史的云南白药几乎走到了生命周期的最末。

1999年6月，云南省医药集团调令，37岁的王明辉开始任云南白药总经理，其核心任务便是如何通过战略变革，令云南白药重新获得成长。王明辉很快意识到，传统白药产业市场容量有限，即便把市场占有率提到100%，企业的增长空间依然非常有限，这种思维的转变也标志着云南白药自身演变的开始。1998年以前，云南白药以云南白药胶囊、散剂和云南白药气雾剂等为主，为了突破成长瓶颈，2000年，云南白药集团做出了发展创可贴项目的决定，以适应市场的需要。一方面，成立上海透皮技术研究有限公司，独立完成创可贴的核心技术环节——添加云南白药成分的保护性复合垫的研发，另一方面，与在皮肤护理、伤口护理、技术绷带和黏性贴等具有全球领先技术优势的德国拜尔斯多夫公司合作。强强联合策略促使云南白药创可贴迅速完成市场导入。2001—2003年三年，云南白药创可贴分别实现销售回款3000万元、6500万元和5800万元。

表3 云南白药的演变轨迹

时间	能力演变	核心产品演变	产品定位演变	
1998年前	以"曲焕章百宝丹"为基础进行整合、创新	云南白药胶囊、散剂、云南白药气雾剂和宫血宁胶囊	跌打损伤用药、手术止血和妇科用药（消炎）	中央产品
2001年	与德国拜尔斯多夫公司合作，重组机构、整合资源，进行核心技术创新	云南白药创可贴	含药创可贴	两翼产品
2004年	在已有资源上，根据市场需求，整合市场资源，并进行技术转移、结构重组和产品创新	云南白药牙膏	高端口腔护理产品，治疗牙龈出血等	
2006年	与爱尔兰Alltracel制药公司合作，引进止血技术和材料，进行资源整合、创新	新型止血创可贴、散剂等产品	从药品转向医疗器械	
2006年	在现有云南白药牙膏的基础上，考虑市场需求，进行产品转变与创新	金口健牙膏	由药性牙膏转向日常护理和保健	
2008年后	在云南白药和核心能力的基础上，通过吸收、转移、整合、重组能力等进行产品创新	云南白药急救包、"理肤套装"、千草堂"滇橄榄含片"、云南白药痔疮膏等产品	含药的个人护理品	

资料来源：江积海和张贺梅（2011）进行的案例研究。

如表3所示，云南白药以创可贴作为自身演变的开端，进行了一系列符合市场规律的演变，其中，云南白药牙膏是最为重要的一种演变产品。云南白药通过推出白药牙膏等一系列个人护理产品，试图将传统中药引入人们的日常生活保健之中，此举不仅让这家百年中药老店焕发了新活力，更重要的是，他们改变了人们消费和使用中药的通常模式，使得传统中药与现代生活更加紧密地联系和结合在了一起。

2004年，云南白药推出了白药牙膏，与普通牙膏相比，云南白药牙膏最明显的差异就是增加了白药的成分，利用白药止血、活血、消炎、消肿的功用，来预防和治疗牙龈出血和口腔溃疡等疾病。从2004年试销到2008年短短5年间，白药牙膏销售总额已突破11亿元。2008年，云南白药牙膏进入全国牙膏市场销售额前5名，在部分城市仅次于佳洁士和高露洁，排名第三，成为连锁大卖场、专业卖场等现代渠道的第一民族品牌，也是功能性牙膏的第一品牌。

白药牙膏成功的根源就在于其有效地将云南白药演变成为可以解决顾客所最为关心的口腔健康问题的简单产品，通过白药和牙膏的结合，使得传统中药以一种更为方便、快捷和舒适的方式融入了现代生活。在演变的过程中，云南白药巧妙地把握住了三点：首先，白药牙膏将白药的使用过程简化为每天刷牙那么简单，这些都极大降低了消费者的交易成本；其次，白药牙膏摆脱了对传统中药销售渠道的依赖，传统中药一般依赖于中医院或中药铺来销售，然而，由于种种客观原因，相对于西医，传统中药销售渠道一直处于萎缩状态，这直接阻碍了传统中药业务的发展，而白药牙膏虽然是中药产品，但却以现代日化产品的形态出现，从而使销售渠道迅速扩展到现代零售体系，大到各类商场、超市，小到社区门市部，都成了白药牙膏的销售渠道，这摆脱了传统中药销售渠道不振对中药发展的负面影响，也使得中药产品一举进入人们主流的生活方式，可谓一举多得；最后，白药牙膏重塑了传统中药的形象，为了扭转白药在消费者心目中的品牌老化问题，云南白药利用推出白药牙膏的机会，邀请濮存昕担任形象代言人，不仅使得"让健康的口腔享受生活的快乐"这样的现代生活理念更加深入人心，也逐步扭转了传统中药的"守旧"印象，重塑了中药在消费者心目中的形象认知。

如同国务院副总理张德江在考察云南白药后作出的评价，"照这样去发展，云南白药可以把白药变成'百'药，这样的话，不仅完成现在的57个亿，还可以完成上百亿，数百亿！"云南白药的成功实践经验表明了企业自身的业务演变对于成长的重要性。除此之外，包钢稀土的成功与白药牙膏也有相似之处，北汽福田也是企业成功进行战略演变的典范。

包钢稀土近年的成长尤为迅速，很多分析师给出了外部的一系列原因推动：资源垄断、配额减少、需求增加和国家一系列利好政策的推动。包钢稀土的高速成长在一定程度上得益于其业务与外部环境的匹配，包括我国的国家政策以及市场需要，稀土元素与新能源产业密切挂钩，同时国家对稀土行业进行了大力整顿和支持，这些都使得包钢稀土成为最大的受益者。尽管这些外部因素可以视为原因，但更重要的原因还是在于包头钢铁公司自身的战略选择，在相同的环境中率先进行了自身的演变从而适应环境并获得了高速成长的机会。1997年，包头钢铁公司以所属稀土三厂及选矿厂稀选车间为基础，联合嘉鑫有限公司（香港）、包钢综合企业（集团）公司以募集方式，经内蒙古自治区人民政府内政股批字（1997）第1号文批准，设立内蒙古包钢稀土高科技股份有限公司，类似于从白药到白药牙膏，从包钢到包钢稀土这一战略选择和行动奠定了其未来成长的基础。

北汽福田汽车股份有限公司目前是中国品种最全、规模最大的商用车企业，其成立于1996年8月28日，自成立之日起便经历着高速成长，这种"福田速度"在很大程度上得益于北汽福田清晰的战略演变路线，这些演变都准确地把握了市场的脉搏。1996年至2000年，北汽福田从一家农用车企业演变为一家汽车企业。北汽福田最早生产农用车，适应了改革开放后农村经济发展的需要，尽管如此，当时全国农用车的产值也只有300亿元，而汽车产值则有3000亿元。改革开放要走向深入，农用车更多的是一种过渡产品，随着升级换代，必然要与汽车接轨，这是当时北汽福田进行演变战略的基本逻辑。从农用车企业向汽车企业演变，福田汽车将方向定在轻卡，福田汽车用3年的发展证明了这次演变的正确。1999年，福田汽车轻卡销量全国第一，2000年福田轻卡销量达12万辆。

2000年后，国内很多农用车企业也跟随北汽福田进行相似的演变，此时农用车市场的竞争变得异常激烈，福田汽车此时再次进行自身的演变，将方向定在了当时国内低迷的重卡市场，这种选择与很多企业在进行战略选择时有所不同，更多的企业会把焦点放在当前市场良好的行业当中。事实上，北汽福田的战略逻辑依然非常清晰，适应环境的变化。福田汽车对宏观经济环境和市场环境进行了深入细致地分析，认为中国在加入WTO后，将进入重工业阶段，基础设施和房地产的迅速发展将大大刺激商用车的发展，因此，福田决定抓住商用车中价值量最大、科技含量最高的中重卡业务，率先实现突破，并逐渐向商用车的全系列发展，实现从单一轻卡业务向全系列商用车的演变。当2000年我国重卡销量突破100万辆的时候，作为演变的先行者，福田汽车已经成为这一曾经是低迷行业的最大受益者，这也正是福田过去高速成长的空间所在。

（二）裂变实践

美的集团的高成长始于20世纪末期开始的裂变战略。2005年9月11日，温家宝总理在时任广东省委书记张德江、省长黄华华的陪同下来到了美的集团，在美的历年的销售增长图面前，美的董事局主席何享健先生信心十足，向温总理汇报时说，"美的1997年才30个亿，1998年50个亿，1999年80个亿，2002年150亿，去年320亿，今年的销售收入预算是450亿，我们的预算相对来说保守一点，还可以做到更好"。温总理当时称美的的增长趋势为"珠穆朗玛峰"。事实上，创立于1968年的美的集团的质的增长始于1998年，这一增长正是得益于事业部裂变战略，这种裂变带来的成长是基于这样一种逻辑：1996年美的业绩滑坡，说明美的的驾驭能力达到30亿的规模已经是一个很难跨越的门槛，如果把组织切分为更小的个体，这样，每个事业部现有的规模就变为5亿，在增长到他们的成长天花板30亿之前，还有5倍的成长空间，而对于美的整个公司而言，整个组织的天花板就变成了180亿，以化整为零的方式打破企业成长规模的边界。

美的在1997年遇到增长的瓶颈，空调销售从原来的市场前三名下跌至第七位，整个美的的收入进入停滞状态，当时一个普遍的问题就是，销售员既要卖空调，又要卖电饭煲，精力严重被分散，结果使得销售业绩变成"1+1<2"。当时的美的已经拥有由空调、风扇、电饭煲等五大门类构成的1000多种产品，而这些产品完全由美的统管，这种增长的瓶颈并非是经营本身出现问题，而是因为管理并没有真正解决经营的问题，因此，何享健当时提出了"要向管理要效益"的观点。1997年美的推行了事业部制，以产品为中心将美的拆分为5个事业部，1998年美的事业部制出现成效，空调销量增长80%，风扇、电饭煲销量占国内市场份额的首位，电机、小家电也都名列前茅，全年实现收入50亿元，而1996年和1997年分别为25亿元和30亿元，之后根据市场需求美的又进行不断的裂变战略，继续拆分出更多新的事业部，美的收入也开始保持增长。从2004年开始，美的集团和事业部之间增加了二级平台，事业部专注于用市场需要的产品来实现业绩增长的目标，二级平台在集团与事业部之间起到了很好的协调作用。

通过裂变形成各产品、地区、市场等业务领域单位的事业部，把生产、销售、利润责任和权限交给事业部经理，成为"企业里的企业"，这本身也是一种管理层收购。因此，美的在1997年进行的事业部制改革可理解为在下属业务单位进行的管理层收购，这种裂变也变成了激励管理层的重要方式。与这种权力和利益相伴随的还有美的的业绩考核，连同管理层收购的激励方式一起保证了裂变的成功。美的有一条非常严厉的高压线，<u>业绩不达标，就面临下岗的危险</u>，在美的内部，也有一种不成文的惯例，经理人员的排名是按照当年业绩的好坏顺序而定的，竞争十分激烈。关于业绩，美的有三个硬性的考核指标，一是利润，二是销售规模增长，三是费用控制，用何享健的话说就是"我既要规模，也要利润"。具体而言，美的每年都会与职业经理人签署一份绩效考评书，指标包括赢利水平、市场占有率、营业额、基金管理、风险控制能力、经理人管理能力等，所有的职业经理人都是在强大的压力下进行工作，但与之相对应的，美的给予的物质奖励以及年轻人的发展机会在业界中也是非常之多。

这种有效的裂变战略及相应的管理措施使得美的集团开始了从30亿到100

亿、再到1000亿的持续成长，当然，最大的好处还不在于这些业绩本身，而在于美的因此拥有了一大批出色的职业经理人团队，方洪波、朱凤涛、黄建、蔡其武、周正芳等年轻的经理人的一个共同经历就是在30岁左右的时候就担当起事业部管理的重任，这是对一家大型组织有持续作为的必要安排。2009年，42岁的方洪波接任何享健成为美的集团"少帅"，美的集团也成为中国家电行业乃至中国所有大型企业中少数的"老板低调"的公司，同时也是恰当地处理好家族关系的集团。由此，裂变在帮助企业整体成长的同时，也裂变出一系列优秀的管理者，而这又为企业未来的成长奠定了更好的基础。

　　受益于裂变战略的还有进入新世纪后高速成长的中联重科。如同中联重科的董事长詹纯新在2008年对于中联重科成长战略的阐述，"以产品组团为基础，以品牌、技术和资产为纽带，链接国际国内同行业知名企业，裂变出多个专业子公司，通过持续的'裂变'，最后以中联重科为核心，形成一个国际化的工程机械产业集群。中联重科目前也就五六个孩子，但中联重科最终要带50、60个孩子，这才是真正的家大业大"。除此之外，美的集团和中联重科的成长还体现一种"裂变"与"聚合"的联合互动，美的集团通过早期的裂变积累起了资本帮助美的在进入新世纪后同时进行"裂变"与"聚变"成长，中联重科则依靠产品品质为企业赢得了资本，从而进行这两种成长。

（三）聚变实践

　　如表2的描述性特征所显示，1994年至2004年这一历史时期是海尔成长最为快速的时期，期间海尔历经十年时间收入从25亿增长至1000亿。海尔是中国企业品牌管理的先驱，海尔从一开始就树立起"高经营起点"。1985年，张瑞敏分析了当时电冰箱市场品种繁多、竞争激烈的形势，提出了"起步晚、起点高"的原则，制定了海尔发展的"名牌战略"。张瑞敏指出，"家电企业的优秀品牌=高质量产品+优质的售后服务"，基于此，海尔率先制订出以名牌战略为中心，追求高质量的产品和优质的售后服务为经营方针。

　　1984年至1991年，是海尔基于"名牌战略"专注做冰箱的时期。1985年，张瑞敏从消费者的信中发现了产品存在的质量隐患，为了真正唤醒员工的质量意识、市场意识，"砸冰箱"事件成为海尔历史上强化质量观念的警钟。1988年，海尔冰箱在全国冰箱评比中，以最高分获得中国电冰箱史上的第一枚金牌，从此奠定了海尔冰箱在中国电冰箱行业的领头地位。海尔冰箱在此期间在全国各地拥有非常出色的销售业绩，甚至出现断货、提价仍然抢购的现象，这种专注和承诺使得海尔赢得了重要的资本积累。

从1991年海尔成立集团开始，正式进入了海尔多元化发展的阶段。而1994年至2004年的十年高速成长正是直接得益于聚变的战略行为。无论是裂变还是聚变都有一定的前提条件，裂变的基本条件是企业成长到一定规模之后，如美的集团在成长至30亿左右的销售规模；而聚变的基本条件则是要求企业具备一定的资本积累，如海尔通过七年的专注赢得的积累。尽管聚变是一种可以驱动高速成长的方式，但在企业的实践当中，聚变又是一种需要小心谨慎操作的方式，如表4中的汇总，既要看到聚变本身对于成长的贡献，同时还要注意到聚变所产生的一些问题，甚至包括对于成长的影响，这是企业在借鉴经验时尤为需要重视的。例如，海尔集团实现从25亿至1000亿的成长只用了十年的时间，相比之下，美的集团实现从25亿至1000亿的成长用了十四年的时间。但是，在这种"海尔速度"之后，海尔的成长出现放缓，2004年，海尔集团营业收入达到1016亿元，成为山东省首个营业收入破千亿元大关的企业；2005年，海尔集团营业收入达到1039亿元，比上年增长仅为2.3%；2006年，营业收入增长41亿元，比上年增长不到4%。作为对比，在开始进行《领先之道》的研究时，海尔已经开始向千亿的成长迈进，美的则因为尚未达到200亿的标准在当时只能列入候选企业，经历了十年的成长，今天的美的与海尔两者已经基本持平，而美的目前的成长速度相对更快，这与两者的成长方式相关。对于海尔聚变之后带来的成长放缓问题，一方面原因在于聚变的速度过快，一方面是因为与美的的裂变不同，海尔的聚变并没有发展出支撑未来更高速成长所需的高层管理者团队，而美的同时采取的裂变和聚变的成长方式分合有道，帮助美的在集团成长的同时培养出了更多杰出的管理者，这就比单一依靠聚变的成长更加扎实。

三、文化资本：人品合一

当文化可以真正为企业成长带来竞争力时，文化才能称之为资本。文化资本并非指文化本身的内容，真正难以复制并带来竞争力的并非是文化本身，而是文化资本，包括人力文化资本与产品文化资本。当企业的文化可以切实做到以人力资源和产品品质为载体来呈现给顾客时，才能变成真正对企业成长有推动作用的资本，企业才真正拥有品质。

表4 企业聚变实践汇总表

企 业	聚变历程	聚变经验
海尔集团	1995年7月,原红星电器有限公司整体划归海尔集团,海尔以"吃休克鱼"的方式,通过输入海尔文化,盘活被兼并企业,使企业规模不断扩展。1997年9月,以进入彩电业为标志,海尔进入黑色家电、信息家电生产领域,与此同时,海尔以低成本扩张的方式先后兼并了广东顺德洗衣机厂、莱阳电熨斗厂、贵州风华电冰箱厂、合肥黄山电视机厂等十八个企业,企业在多元化经营与规模扩张方面,进入一个更广阔的发展空间。2001年6月19日,海尔集团并购意大利迈尼盖蒂公司所属一家冰箱厂的签字仪式在海尔集团总部举行,这是中国白色家电企业首次实现跨国并购,继美国海尔之后,海尔在欧洲也实现了设计、制造、营销"三位一体"的本土化经营	(1)包容性聚变。聚变过程不仅仅是资本输入的过程,更需要有文化的包容,如海尔所倡导的"海尔是海"。 (2)适度聚变。保持适度的聚变速度,同时结合其他成长方式与聚变一同使用从而获得聚变的持续成长
美的集团	2003年,相继收购云南、湖南客车企业,正式进军汽车业,进入多元化发展。2004年,与东芝开利签署合作协议。先后收购荣事达、华凌,制冷产业实力全面提升。2005年收购江苏春花。2008年控股小天鹅,为做强做大冰洗产业搭建新的平台。2011年,收购开利拉美空调业务,成立美的-开利拉美空调合资公司,加快推进国际化进程	实证聚变。来源于美的对于汽车业务的尝试(2003—2008),聚变过程可以通过尝试来小求证,一旦不合适,及时收缩
中联重科	2001年11月23日,中联重科正式收购英国保路捷公司。2002年12月21日,中联重科承债式兼并湖南机床厂。2003年8月30日,中联重科完成长沙建机院和浦沅的重组,这就使得中联重科在起重机械领域占有了全国的优势地位。2004年4月22日,收购了中国环卫机械行业第一品牌。2007年3月,中联重科董事会审议通过一揽子收购大股东资产的议案,自筹资金4.48亿元收购大股东旗下经营性资产和投资性资产的部分股权,以及所属的土地、设备、建筑物等配套性资产,实现大股东的整体上市。2007年12月18日,中联重科收购大汉汽车项目,总投资2亿元,主要生产混凝土搅拌站和60吨混凝土搅拌车。2008年3月25日,中联重科董事会审议通过以3400万元的价格收购陕西新黄工机械有限责任公司,标志着公司正式进军土方机械产品领域。2008年4月28日,中联重科收购大汉汽车制造有限公司老厂(原湖南专用汽车厂)资产项目。2008年6月23日,中联出资1.5亿元收购湖南汽车车桥厂,占注册资本的84.9%。2008年6月25日,中联重科获得了全球排名第三的混凝土机械制造商CIFA公司100%的股权。2008年7月28日,中联重科收购华泰重工82%股权	(1)聚变以整合资源为目的。如同中联重科董事长詹纯新所说,"中联重科在1997年时就已经提出技术、资本、市场三根纽带,通过参股、控股、联合兼并等方式联结国内建机行业企业,整合行业资源的战略"。 (2)基于产业链发展的聚变逻辑。如中联重科收购长沙建机院的资产,资产收购完成后,有利于强化中联重科主业,进一步做大做强和做优,打造一条完整的产业链

资料来源:作者根据公司官方网站及相关报道整理。

如在聚变战略中所述,企业的成长是一个系统问题,有些企业经过聚变之后并没有取得理想的成效,原因在于企业自身品质的缺失,而这是企业成长更为基础的部分。几年前，行业第一的国美进行大幅聚变，先后斥巨资收购另外两家大型企业永乐和大中，结果是，几年之后，如表2的描述性特征所示，国美非但没有保持领先位置，反倒是被一直没有采取大幅聚变的苏宁全面反超。苏宁的成长正是体现出了企业内力的作用，外部的战略如果想获得成功，需要有自身的品质作为保障。

企业自身的品质需要以可以更好地满足顾客价值的产品作为最终的形式来体现。当国美还停留在大规模扩张门店，向规模要效益的时候，苏宁已经耗费巨资、大规模地建设物流中心和信息中心，仅信息化建设的投资就高达3亿元，还引入了IBM这样的顶级咨询公司来提升管理水平。这种投入为苏宁赢得了细节的优势，顾客到苏宁的门店买了一台空调，销售员当时就会将顾客的资料输入电脑，并且匹配到苏宁的物流基地，12小时即可实现送货上门，如果顾客特别着急的话，增加少量费用还能实现3小时到货，这种精细水平国美是做不到的，直接的体现就是苏宁门店的单位面积营业额远高于国美，苏宁新开一家门店能够做到一年内盈利，而国美就做不到。

贵州茅台的成长更加体现了人品合一的文化资本的力量，企业文化不在于描述的是否光鲜，而是体现于员工和产品的品质。贵州茅台两位董事长都曾专门撰文讲述贵州茅台的内生式成长。贵州茅台的前任董事长季克良在《价值观将决定成长为怎样的企业》一文中写道：在我们对2011年表达"你好"的时候，我更愿意阐述，国酒茅台坚守与成长的关键是什么？换句话说，中国传统企业，如何巩固自身的核心价值观？掐指算来，我在中国白酒业已经服务了47年，目睹了这个行业太多的起伏艰辛，也目睹了很多你方唱罢我登场的案例。很多人感兴趣，贵州茅台为什么能从当年几个破旧的小窝棚成长到今天，在英国《金融时报》连年入围全球上市企业500强？我可以肯定地指出，国酒茅台从半个多世纪前走到今天，靠的不是短促的营销策略，也不是点石成金的魔术，而是一种持之以恒的企业信念——要做世界上品质最好的白酒。如果你去茅台参观，那些酿酒的工人们也许说不出什么大道理，但是他们对工艺和品质倾尽一生的专注，胜过任何语言的宣誓。这种东方式的质朴精神支撑我们走到现在，成为中国最有品牌价值的传统企业。

贵州茅台的现任董事长在《变革中，寻找成长的力量》一文中对"要做世界上品质最好的白酒"从人员和产品上做了更加细致的阐述：很多人好奇，"茅台模式"的核心动力是什么？为什么一个距离全球经济最发达地带这样遥远的企业,能频频亮相于世界知名媒体的企业排行榜?在竞争激烈的全球化时代,传统企业如何做到可持续发展?如果你去贵州茅台参观就会发现,很多车间,比如制曲,仍然保留了大量的人工操作工序。培养一名熟练的制曲工人,至少需要五年以上时间。贵州茅台拥有世界上最先进的科技设备,但是在很多核心环节,还是采用延续了上千年的传统工艺。为什么这样多人喜欢茅台酒?为什么人们愿意把它当作最为珍贵的礼物?茅台的高附加值从何而来?每一滴茅台酒,从发酵到出厂,至少需要五年时间——从高粱种植,到制作酒曲;从发酵酿造,到勾兑调配,再到成品入库储存——最好的种子、最好的有机肥料、最好的制曲师、最好的酿酒师、最好的技术人员、最好的监测设备,以及独一无二的微生物环境,环环叠加,"炮制虽繁必不敢省人工,品味虽贵必不敢减物力"。无论是苹果电脑还是那些制作精良的世界名车,你都能在品质追求上看到类似的情节。做实业的人常有这样的愿望,要做世界上最好的产品。这是一个企业安身立命的根本。

  本文的这十家企业中有两个是来源于广东的家电企业:美的以及格力,事实上,广东这几家著名家电企业的竞争与成长也呈现出了一些有意思的特征。十几年前,当美的以裂变与聚变的方式开始实现持续巨大成长时,这种成长也给行业的对手带来了巨大的压力,特别是对于处于同城及同区域的对手而言,然而面对这种巨大的竞争压力,不同的企业却采取了不同的应对方式,也因此带来了不同的成长结果,最为典型的是与美的同城的格兰仕以及与美的同处广东和珠三角地区的格力。美的裂变和聚变的表现形式是美的集团开始向几乎白色家电领域内所有行业发起了冲击,包括微波炉行业处于第一的格兰仕,以及空调行业处于第一的格力。然而,面对这种冲击,格兰仕却有些迷失了方向,将焦点更多地转移到竞争对手而不是自身品质和顾客之上,格兰仕也开始像美的一样进入多个行业,从而规避竞争带来的风险,如格兰仕空调、格兰仕热水壶等,前者是格力的强项,后者是美的的强项。格力则采取了与格兰仕完全不同的成长策略,格力关心自己的顾客多过关心对手,将焦点放在更具品质的空调上,坚持"掌握核心科技",用最好的技术人才专注于最高品质的产品,这种不同反应的结果是,格力借助自身的品质实现了与美的借助核变获得的同样的超高速成长,而相比之下,格兰仕这些年的成长速度则相对放缓,原本自身处于绝对领先的微波炉行业地位也大幅降低。或许格兰仕也有相似的企业文化,但如果这些文化的关注度不如对手的关注度,这些文化不能真正体现在员工和产品之上,就不会带来真正的竞争力,也就不能称之为真正的资本。

福耀玻璃是一个通过回归品质获得成长的典范。20世纪80年代末，大量走私汽车进入中国，为主打汽车维修市场的福耀带来了很好的发展机会，福耀在几年间获得了迅速的成长，开始处于国内玻璃行业的领先位置。为了实现更大的增长，90年代初期，福耀玻璃开始迅速进入加拿大的售后服务市场，但此次国际化的行动却并不理想，原因是福耀玻璃品质不合格，遭遇投诉并全部退回，导致当时的福耀支付了六七十万美元的高额赔偿金。这次失败的经历令福耀玻璃意识到产品品质对于成长的重要性，董事长曹德旺下定决心做"能够满足轿车工业需要"的玻璃工厂，投资6000万美元，引进国际上最先进的人才、技术和设备，新建与国际接轨的工厂，这种对于品质的回归成为福耀玻璃未来成长的基础，这种高品质的标准也令福耀玻璃自1998年以后成功进入美国市场。至今福耀玻璃总部大院里，都挂着长长的横幅"全面满足人类对玻璃的需要是我们永恒的追求"，这种品质的坚持正是福耀玻璃成长的文化资本。

四、结语

表5 实践经验小结

成长的方式		实践规律	成长的导向和基石
			文化资本
组织的战略行为	演变	实践（1）：云南白药从云南白药演变到云南白药创可贴、云南白药牙膏、云南白药健康护理品的"百变"，但百变不离其宗：云南白药。 实践（2）：包钢集团从包钢到当前最具市场价值的包钢稀土。 实践（3）：北汽福田从农用车演变到轻卡、重卡等全系列商用车。 规律1：组织与环境动态匹配，演变始终以最适合成长的业务为目标，并且进行持续演变，但演变不等于彻底质变。如演变后依然保有白药、包钢	产品文化资本导向。演变的目标正是文化作为资本所要求呈现的结果：持续提供可以满足顾客价值的产品品质
	裂变	实践（4）：美的集团的持续事业部分拆帮助美的成功突破了成长瓶颈，完成了从25亿至1000亿的成长，并培养出了一批卓越的经理人。 实践（5）：中联重科以带孩子的方式实现家大业大。 规律2：裂变是一种突破成长瓶颈的有效方式，裂变以改变系统内部结构的方式来改善组织，一方面，以更多的子系统支撑起更大的系统，更重要和具有深远意义的是，裂变为组织未来的成长培育出大量的管理者	人员文化资本导向。裂变的目标正是文化作为资本所要求呈现的结果：持续提供可以满足组织成长的卓越人才

(续上表)

成长的方式	实践规律	成长的导向和基石
		文化资本
聚变	实践（6）：海尔集团以品牌管理积累的资源迅速进行持续的大规模聚变，以最快的速度完成了从25亿至1000亿的成长，但成长之后增速放缓。 实践（7）：美的集团在以裂变成长获得了初步的原始积累后展开了一系列聚变，获得了从25亿至1000亿以及1000亿以后的相对稳定的持续成长。 实践（8）：中联重科基于产品品质在全产业链范围以内同时进行的聚变与裂变成长实践，把握了品质、速度与规模的协调。 规律3：聚变的前提是资本积累，聚变是一种快速实现成长的战略方式，但聚变是一把双刃剑，极速成长反而又影响到成长的持续性。从方式上，聚变不宜独立使用，与裂变一同使用达到分合有道；从范围上，聚变宜以产业边界或产业链为界，聚变应当以合理的方式和范围实现适度成长	聚变的前提正是文化作为资本带给企业的成长基石。中联重科之所以可以在短时间内完成相对稳定的聚变，一是因为品质赢得了资本的积累，二是因为专注于品质保证了聚变过程的稳定性

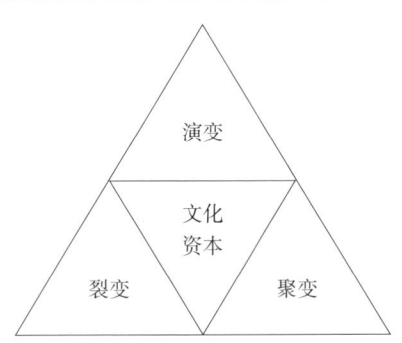

图1　企业成长的来源

中国企业经过改革开放30余年的发展，成长出了一批优秀的本土企业，如本文这些企业的成长经验所示，之于企业的成长，抛除外界环境的运气，企业自身需要有所作为：采取演变、裂变、聚变等不同方式的战略行为，而人品合一的文化资本又作为核心推动了这些行为，构成了成长的根基。更多中国企业在成长过程中或许需要更多地自问在既定的环境中对自己的成长做出了哪些付出和坚持，而非去争议环境的是非好坏，当中国企业再去渴望成长和竞争力时，不妨回归文化资本的基点和恰当的战略选择，当自己可以做到这些时，成长和竞争力就是随之而来的结果。

（原载：《人力资源管理评论》，2012年第1期；合作者：刘祯）

阿里巴巴：
用价值观领导"非正式经济事业"

有三种类型的经济活动：正式经济活动，非正式经济活动，非法经济活动。只要最终产品是合法的，活动就不会是非法活动。实际上，非正式经济活动唯一的特征取决于产品生产及分销的非正式过程，而非由最终产品的合法性来决定。这意味着，在合法产品的前提之下，由于一些法定程序的消除，如在政府注册以及诸如税收费用的节约，在某种程度上可以令交易过程变得更加容易，交易成本也会变得更低。简言之，非正式经济的意义在于更加有效地提供产品，从而令供应者受益匪浅。然而，这在实际操作中非常困难，特别是对于中国的小供应者，很多诸如农民及个人之类的供应者因为太小而无法承担起复杂的程序及税费，即便这些小的供应者可以负担得起，他们仍然会受困于两个重要的问题：顾客在哪里，为什么顾客可以相信他们提供的产品是合法的，因为他们太小了，或者因为他们没有法定的身份。更重要的是，所有的大企业也都是从小企业成长过来的。

因此，可以进行合法和有效的"非正式经济"活动是这些供应者的真正需要，并且如果这些供应者被视为顾客时，这种"非正式经济"可能成为一种重要的顾客价值。在实践中，这些供应者的生存和兴旺造就了一家成功的企业——阿里巴巴。"非正式经济"作为一种顾客价值构成了阿里巴巴的经营逻辑：让天下没有难做的生意。他们提供的平台可以支撑许多小供应者在不经过政府注册的情况下做生意。但是，一个伟大的经营逻辑本身还不足以造就一家企业的成功，有效的管理令成功的经营得以实现。阿里巴巴的经历验证了有效的价值观领导实践。

一、非正式经济、事业及价值观

（一）非正式经济的本质

众所周知，交易形成了市场，并且市场需要有其规则，最为基础的规则是交易的产品至少应当是合法的，不会对人造成伤害。这个过程并不是统一的，如果所有的交易都可以由政府来规范和监管，市场将会完全理想地合法，但是，现实并不等于理想。政府作为一个监管者，为了很好地行使这一任务，需要将交易者记录在案，并且需要运营的费用，这就必然要有一个合规的程序并产生一定的成本。而事实上，这些程序和成本同产品和交易本身并不相关，为了保证最终产品的合法性，这对于一些大公司和大的交易或者特殊行业非常有必要，也就是通常所说的正规经济，但这并不意味着所有的活动都应当通过这种方式来完成。例如，甲有一本乙需要的书，乙在市面上没有找到此书，后来得知甲有，同时甲也愿意出让，但问题出在如果他们不得不到政府注册并且缴纳税费的话，他们就无法负担起为这一简单交易所要求的程序和成本，结果就是乙的需要无法实现。甲乙两人仅仅是社会的缩影，还有更多类似的需要，如想着如何销出蔬菜的农民，想更便宜地买到与商店相同产品的百姓，想更有效地处理一些小商品但却因为没有更好的选择而不得不将其扔掉的人，想通过做点小生意来养家糊口的贫穷的无业人员。

非正式经济通常被定义为一些不是由法律监管而是由习俗或个人关系来监管的活动。就像非正式组织的存在一样，非正式组织的任务在于满足那些正式组织无法实现的员工需要，非正式经济也对这些由个人需要构成的社会需要承担责任。数据显示，非正式经济承担了中国2.83亿城市就业人员中的1.68亿就业人员，因此，非正式经济已经成为一种重要的社会职能和器官。除此之外，大部分世界的经济活动都是以非正式的形式发生，许多发展中国家的产出中有一半以上来自非正式经济，经济的进步也见证了非正式经济活动的增长。个人和非正式经济系统指的是人们探索其自身的需要并试图以其自己的方式来满足需要，基于这种理解，本文将非正式经济总结为一种社会需要同时也是一种满足这些需要的工具。研究非正式经济不应当聚焦于其合理性或合法性，而是应当去研究如何有效地运用非正式经济以释放其价值。借用一篇文章曾经用过的题目，就非正式经济而言，你说其不合法，我说其合法，只要其能够满足人们的需要并对我们的社会有益。毕竟，正式化或合法性本身并非经济的目的。

（二）非正式经济和事业

任何组织，不论是否是商业性质，都要有事业理论，这事关组织"做什么"。对于各类组织而言，成果只存在于外部，企业的成果在于满意的顾客，医院的成果在于康复的病人，学校的成果在于培养出学有所成的学生。在企业内部，只有成本，并且企业只有一个目的就是创造顾客，因此，当非正式经济被视作一种需要和顾客价值时，非正式经济和企业事业就建立了关联。根据中国2010年第六次人口普查的最新数据，中国的总人口为1 370 536 875人，即便是政府已经严格实行了计划生育政策，过去十年的人口增长仍然超过了1亿人。而温家宝总理在2010年中国发展高层论坛上表示目前中国的失业人口已经高达两亿人。更严重的是，根据国家统计局的数据，2010年中国人均月收入为2230元人民币，约合350美金，对比中国GDP总量世界第二的位置，中国政府承载了巨大的社会压力。当然，从长远看，巨大的人口可能意味着无数的顾客，大量的失业人员在未来有从事经济活动的巨大潜能，理想上讲，如果这些人口资源的潜能可以大大地实现，结果也会带来他们相应的高收入。理想与现实之间的鸿沟形成了商机，正如德鲁克所讲，企业的事业是由社会和经济所创造，因此，正是未满足的社会需要和非正式经济创造了"非正式经济事业"的合理性。

（三）价值观和企业绩效

文化被发现对各种组织的过程能产生影响，实践者对文化在某种条件下可以成为持续竞争优势的一个来源很感兴趣。为了让组织文化提供持续竞争优势，巴尼（1986）提出了三个条件：第一，文化必须有价值，其必须能够使一个企业所做的事情带来高的销售收入、低成本，以及高的边际收益，或者让企业以其他方式增加财务价值，因为财务绩效是一个经济概念，为了产生绩效，文化必须要有积极的经济效果；第二，文化必须是稀有的，其必须有与其他大多数组织所不同的特点；第三，这种文化还必须是难以模仿的，没有这些文化的企业无法开展那些该文化所特有的活动，如果它们试图模仿这些文化，相对它们试图模仿的企业它们将会遇到许多不利情况（声誉、经历等）。企业文化的本质是行为习惯而非概念，当文化从理念转化为行动时文化才能奏效。

作为文化的核心，价值观应当满足上述的所有要求以有资格成为一种核心竞争力。无疑，价值观本身非常重要，这是为什么几乎所有的中国企业都一直在通过模仿发达国家的成功企业来构建他们的价值观的原因。但事实上，很多公司误解了这些成功公司的秘密并且高估了价值观本身的功能,甚至相信价值观可以自动转化成为生产力,表面上看很多中国企业都有伟大的价值观,但这些企业中仅有少数是成功的。以三鹿集团为例,其因三聚氰胺奶粉毒害婴幼儿而迅速破产,然而,其宗旨却是为了大众的营养健康而不懈进取,其核心价值观是"诚信、和谐、创新、责任"。很明显三鹿在过去的高绩效更多的是因为不充分的竞争以及中国市场在1978年改革开放以后的巨大增长,而不是因为三鹿自身的真正实力。由此,价值观是否能够产生绩效不仅仅取决于价值观本身,也包括价值观的管理。事实上,正是价值观的管理而不是价值观本身令竞争对手难以模仿并构成了组织真正的竞争优势,这个逻辑很像一句格言:每个人都知道如何成功,但只有少数人能真正去做。

二、马云和阿里巴巴的基本品质

(一)马云的品格

新东方创始人俞敏洪有一个观点:长相和教育背景不能决定一个人是否能够成功,用于支撑其观点的论据就是马云。马云因长相奇特曾被称为"外星人",三次高考失败,最后考入杭州师范学院,他的文学学士学位与企业和电脑技术根本不相关,但这种长相和教育却都没有阻止他获得成功。此外,马云出生在一个普通的家庭。

尽管家庭出身、长相和教育背景作为关键成功因素的论断站不住脚,但却不能忽略人格在一个人成功过程中的必要作用。回顾马云的童年,有两点能够从某种程度上反映出他可能领导企业的品格。首先,他小时候很爱打架,然而,打架的原因每次都是为了他的朋友,因此,他被认为是一个很讲义气的人;第二,他酷爱武侠,崇拜《笑傲江湖》中的风清扬,因为风清扬是一个低调的武林高手,并且成就了武林高手令狐冲,马云也梦想成为商场上的风清扬。这从一定程度上反映出马云"发展他人"的倾向,而只有一个乐于发展他人的人才能领导一家小企业变大,否则,一个企业永远不会成长。

困难的经历也形成了马云永不放弃的精神。1995年马云获得了去美国的机会,看到了互联网的巨大潜力,因此,决定构建一个名为中国黄页的网站来帮助中国企业上网,中央电视台的一位记者曾经记录了这一艰苦时期,为了实现他的梦想他拼了命去销售这个网站,但却四处碰壁,尽管最后得到的只是失败,但马云并没有放弃。企业和个人每天都在面临种种困难,最重要的是对于梦想的坚持以及用务实的态度去克服困难的勇气。马云的这一品格在阿里巴巴的创立过程中也有显著的体现。

总之,一个乐于发展他人的领导者,一个怀有远大梦想但同时又能脚踏实地克服困难的领导者,这些结合构成了一个领导者的真正魅力,这些品格也是用价值观来领导一个企业的基础。

(二)价值观驱动型企业的诞生

1998年至1999年,马云担任由中国对外经济贸易合作部下属中国国际电子商务中心成立的一家信息技术公司的负责人,当时马云和他的团队成员已经月薪过万,但是,马云却关注他们工作的真正价值,他并不认为把他们过去四年来积累的宝贵知识和经验继续用在这个项目上是有价值的,这并不符合他对互联网在中国巨大应用前景的判断,因此,他决定放弃这样一份好工作并开始他梦想的新事业。

这是一个非常困难的决策,特别是对于那个由他的17个朋友组成的团队。1998年,马云带领他们从家乡到北京,经过辛苦工作获得了高薪的回报,当他们刚刚步入正轨时他们又不得不面对新的选择,如果他们选择了新的事业,他们就不得不放弃高薪,以500元的月收入,回到杭州老家马云的家中办公,一边是利益,一边是梦想,不能兼得,结果是他们在经过五分钟的考虑后一致选择了后者,正是这种共同的价值观而不是利益驱动他们做出了决策。

离开北京之前,创业团队第一次来到长城,发誓要做一个真正由中国人创办的在世界上伟大的企业,这个企业的使命就是要让天下没有难做的生意,这一阿里巴巴恒定的价值观也匹配了有效的非正式经济的理念。阿里巴巴的顾客通常是小型和中型的供应者,阿里巴巴的战略包括了企业对企业,企业对用户,用户对用户以及其他与实现非正式经济事业相关的交易平台。

三、阿里巴巴的价值观管理实践

(一)在创立之初确立基本的价值观原则

1999年9月10日,一群对企业未来有同样价值观的人结合起来组成了阿里巴巴。就组织的具体运作而言,阿里巴巴首先确定了约法三章,包括实践中工作的基本价值观原则,这些价值观的目的是确保所有的人员拥有统一的解决问题的方法以及提高组织的效率，换句话说，是解决传统的组织效率低下的问题。这些价值观包含如何正确地对待矛盾、会议以及顾客的原则。

首先是解决矛盾的原则。马云及其伙伴制定了矛盾双方必须面对面解决矛盾的原则，一方面，所有员工矛盾必须要解决而非被忽视或者拖延，马云坚信办公室政治实际上是源于没有解决的矛盾的积累，矛盾的忽视可能粉饰了组织，没有一个组织可以承受起这一积累的巨大爆发，这就是为什么矛盾常常被认为是有害的，但是这第一个原则可以使矛盾变得有建设性。另一方面，矛盾必须坦诚地面对面解决，很多中国人会非常含蓄以至于不愿意直面矛盾并当面解决，这是为什么矛盾被认为是难以解决的原因。由此，这一原则帮助人们改变了解决矛盾的不好习惯并且实现了矛盾的价值。

第二是开会的原则。所有的会议必须要有一个明确清晰的主题，必须只能让相关的人员参加，并且必须要有主题的成果，这一点的目的是提高会议的价值。会议是一个所有组织应用都非常频繁的活动，但会议的本质却应当是一个解决问题的工具而非一种活动形式。因此，会议必须要有一个清晰的主题，否则就是对整个会议的浪费。参会者必须是少数的相关人员而非全体管理者或员工，一些企业喜欢众人参加的大会，但这对于不相关人员而言则是一种浪费。此外，即便会议有清晰的主题和相关人员，如果会议没有成果也毫无意义，而这也是许多组织的不良习惯。

第三是对待顾客的原则。他们达成了对待顾客的"简单、诚实、友好"的原则，这一原则后来逐渐演变成了顾客第一的价值观。这些阿里巴巴初始时期的价值观对构建未来价值观以及阿里巴巴的成长极具价值。

（二）当组织变得较大时形成系统的组织价值观

自1999年创立以来，阿里巴巴取得了较好的发展。然而，2000年底阿里巴巴遇到了成长的瓶颈，部分是由于外部互联网行业环境的萧条，即"互联网的冬天"，阿里巴巴在财务压力下无法负担起高额的人力成本，更重要的是，相比初期的18个人，阿里巴巴已经变得更大，拥有了数百名员工，一些新员工没能对阿里巴巴的价值观有一个很好的认识，因此，阿里巴巴开始调整人力资源以获得合适的员工。阿里巴巴裁掉了那些与组织价值观不相符的员工，并且，最重要的举措是对首席运营官的甄选，首席运营官的任务是设计出系统的组织价值观。关明生，这个曾经在通用电气有过15年工作经验的职业经理人，成了最佳人员，因为诸如通用电气等成功企业一直都是阿里巴巴学习的榜样。

在关明生的帮助下，阿里巴巴构建了系统的价值观，被称为"独孤九剑"：群策群力、教学相长、质量、简易、激情、开放、创新、专注、服务与尊重。同时，阿里巴巴发起了"整风运动"，这是从毛泽东主席1942年"延安整风运动"学习而来，这一运动的目的是统一思想，如马云所说，就像延安整风运动，首先要统一思想，什么是阿里巴巴的共同目标？要做80年持续发展的企业、成为世界十大网站、只要是商人都要用阿里巴巴。我们告诉员工，如果认为我们是疯子请你离开，我们要做80年的企业，整风运动要把价值观贯彻到每一个人身上。此外，阿里巴巴还发起了一个名为"百年大计"的销售培训，培训的最重要的内容不是销售技能本身而是组织的价值观，在培训中所有的管理者都变成了培训师。关明生负责讲授价值观，彭蕾负责讲述阿里巴巴的历史，孙鹏宇和李旭辉的任务是营销技术，而马云则会告诉每一个员工，销售员只有一个使命就是帮助顾客成功，这是阿里巴巴最重要的价值观。阿里巴巴的逻辑非常清晰：先构建价值观，再构建销售团队。总之，"整风运动"和"百年大计"都是可以强化系统设计的新价值观的有效教育工具。

（三）当组织长大时进行员工的价值观考核

1. 阿里巴巴的考核体制

"整风运动"和"百年大计"之后，阿里巴巴经历了高速成长并很快成为一家在2003年拥有数千员工的大公司，尽管价值观的培训曾经是一种有效的措施，但此时已经不够了。阿里巴巴开始了一项新的方法来进行价值观管理，这一方法被称作价值观考核，这与那些仅仅聚焦于关键业绩指标的一般公司的考核体制非常不同。图1中两个基本的考核维度分成了四个象限，一个维度是传统的业绩因素，另外一个是创新的价值观因素，一个有高业绩的人在一般的企业里会有很好的评价，但是，在阿里巴巴还不够，如果价值观得分很低，也不会是一个胜任工作的人，从而落在第一象限，这类员工被比喻为"野狗"，相反，有的人可能在价值观上获得高分，但如果不能取得高的业绩也不合格，会被称作"小白兔"，落在第三象限中。只有第二象限的员工是被鼓励的，被称作"阿里人"，价值观得分和业绩都很高。由此，第一象限和第三象限的人应当自我调整以成为"阿里人"。当然，没有公司会要第四象限中的价值观和业绩都低的人。马云欣赏中国的太极哲学，其由阴阳两面构成，阿里巴巴考核机制的原理正是基于这种哲学，

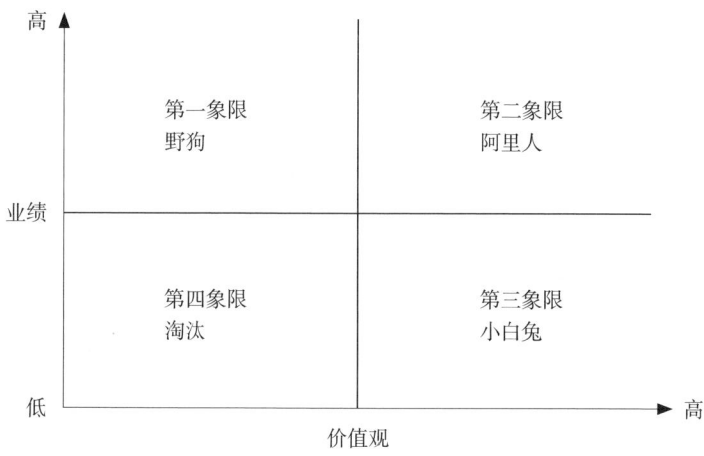

图1　阿里巴巴的考核模型

如同马云所讲的，价值观的功能就像是道德相对于法律的作用一样。

2. 价值观考核的原因

阿里巴巴人力资源总监彭蕾从三个方面对此做出了解释。第一，阿里巴巴的大多数员工是中国的年轻人，他们需要做额外的功课以弥补中国传统应试教育的缺陷，在这种教育下，他们完全没有机会学习如何与他人交往，结果是多数年轻人都善于做出成绩，但很难很快自我调整适应团队和社会，多数公司的年轻人不懂得如何与他人沟通，这在西方的公司里就比较少见，因为西方的教育可能相对自由，其培育出来的年轻人会懂得如何尊重、倾听和与他人合作。因此，价值观考核的目的就是要教会年轻人如何很好地与他人相处。第二，阿里巴巴员工的数量每年都在成倍增长，阿里巴巴发展速度太快以及新员工价值观如此多元化以至于阿里巴巴的核心价值观将会被冲垮，如果不对价值观进行考核的话，即便那些持有相反价值观的员工能够获得高业绩，成果也仅仅是短暂的昙花一现。第三，阿里巴巴对阿里巴巴价值观本身的意义有信心，如果员工能够按照阿里巴巴的价值观进行思考和行动的话，那么从长远来看，他们本人将会非常受益。

表1　阿里巴巴的核心价值观指标

六脉神剑理念	解释	项目描述	分值
客户第一	客户是衣食父母	尊重他人，随时随地地维护阿里巴巴形象	1
		微笑面对投诉和受到的委屈，积极主动地在工作中为客户解决问题	2
		与客户交流过程中，即使不是自己的责任，也不推诿	3
		站在客户的立场思考问题，在坚持原则的基础上，最终令客户和公司都满意	4
		具有超前服务意识，防患于未然	5
团队合作	共享共担，以小我完成大我	积极融入团队，乐于接受同事的帮助，配合团队完成工作	1
		决策前积极发表建设性意见，充分参与团队讨论；决策后，无论个人是否有异议，必须从言行上完全予以支持	2
		积极主动分享业务知识和经验；主动给予同事必要的帮助；善于利用团队的力量解决问题和困难	3
		善于和不同类型的同事合作，不将个人喜好带入工作，充分体现"对事不对人"的原则	4
		有主人翁意识，积极正面地影响团队，改善团队士气和氛围	5
拥抱变化	突破自我，迎接变化	适应公司的日常变化，不抱怨	1
		面对变化，理性对待，充分沟通，诚意配合	2
		对变化产生的困难和挫折，能自我调整，并正面影响和带动同事	3
		在工作中有前瞻意识，建立新方法、新思路	4
		创造变化，并带来绩效突破性地提高	5
诚信	诚实正直，信守承诺	诚实正直，表里如一	1
		通过正确的渠道和流程，准确表达自己的观点；表达批评意见的同时能提出相应建议，直言有讳	2
		不传播未经证实的消息，不背后不负责任地议论事和人，并能正面引导，对于任何意见和反馈"有则改之，无则加勉"	3
		勇于承认错误，敢于承担责任，并及时改正	4
		对损害公司利益的不诚信行为正确有效地制止	5

（续上表）

理念	解释	描述	分值
激情	永不言弃，乐观向上	热爱工作，认同阿里巴巴企业文化	1
		热爱阿里巴巴，顾全大局，不计较个人得失	2
		以积极乐观的心态面对日常工作，碰到困难和挫折的时候永不放弃，不断自我激励，努力提升业绩	3
		始终以乐观主义的精神和必胜的信念，影响并带动同事和团队	4
		不断设定更高的目标，今天的最好表现是明天的最低要求	5
敬业	用专业的态度和平常的心态做非凡的事情	今天的事不推到明天，上班时间只做与工作有关的事情	1
		遵循必要的工作流程，没有因工作失职而造成的重复错误	2
		持续学习，自我完善，做事情充分体现以结果为导向	3
		能根据轻重缓急来正确安排工作优先级，做正确的事	4
		遵循但不拘泥于工作流程，化繁为简，用较小的投入获得较大的工作成果	5

  阿里巴巴价值观考核的内容和方法如表1所示，考核的核心价值观被称作"六脉神剑"，由分别包含五个项目的六大方面构成。考核的方法是"通关制"，对于每一个由五个项目构成的方面，如果一个人的第一个项目没有做到，那么即便他的其他项目都做到了，也没有任何作用。以客户第一为例，第一个项目是"尊重他人"，这是一个基本的项目，最后一个项目是"具有超前服务意识，防患于未然"，一个人可能由于天资聪明及具有交易技巧，就能够在这一点上表现很好，但是，如果他非常傲慢并且不会尊重别人，那么他在这一方面的得分仍然是零分。采用"通关制"的原因是由各个项目的递进逻辑决定的，以第五个方面"激情"为例，第一个项目是热爱工作，很难想象一个对工作没有这种热爱的人可以持续做得很好，第四项是"始终以乐观主义的精神和必胜的信念，影响并带动同事和团队"，如果一个人不能对其工作表现出激情和热爱，这一项目也是不可能的。

  具体而言，考核周期及程序为：每季度考评一次，其中价值观考核部分占员工综合考评分的50%；员工先按照30条价值考核细则进行自评，再由部门主管进行评价；部门主管将员工自评分与被评分进行对照，与员工进行绩效面谈，肯定好的工作表现，指出不足，指明改进方向。考核说明有5点：员工自评或主管考评必须以事实为依据，说明具体的实例；如果不能达到1分的标准，允许以0分表示；只有达到较低分数的标准之后，才能得到更高的分数，必须对价值观表达从低到高逐项判断；小数点后可以出现0.5分；如果被评估员工某项分数为0分、0.5分或者达到4分（含）以上，经理必须注明事由。每个方面的总分是5分，及格线为3分，评分结果有四个等级，27~30分为优秀，23~26分为良好，19~22分为合格，0~18分为不合格。对于价值观评分的结果，价值观得分在合格及以上等级者，不影响综合评分数，但要指出价值观改进方向；价值观得分为不合格者，无资格参与绩效评定，奖金全额扣除；任意一项价值观得分在1分以下者，无资格参与绩效评定，奖金全额扣除。

3. 闻味官

闻味官是阿里巴巴的创新设计，用来考察求职者的价值观并选择出与阿里巴巴价值观相匹配的新员工。如阿里巴巴的两个考核维度所示，尽管阿里巴巴需要那些有能力胜任各种工作的人才，但是在选择测试中能力也仅仅是一种必要但不是决定的因素。2009年，在阿里巴巴成立十周年之际，阿里巴巴在全国开展了一次大规模招聘，这次招聘的不同之处在于闻味官的涉入并且在面试过程中权力巨大。

闻味官通常是在阿里巴巴工作超过五年并且深知深信阿里巴巴价值观的资深员工，这些官员负责通过仔细观察应聘者的言行来嗅出应聘者的价值观，并且根据他们的经验来选出那些价值观与阿里巴巴最为相符的应聘者。例如，阿里巴巴是一家非常强调梦想和使命的公司，因此，当面试人员不厌其烦地告诉求职者阿里巴巴的价值观时，闻味官会观察求职者的表情、态度以及行为，那些表现出较低的兴趣并且聚焦于工作收入的求职者将毫无疑问地被淘汰。此外，阿里巴巴也是一个鼓励合作的公司，并且是一个将组织目标看得比个人利益更加重要的公司，因此，闻味官可能去闻求职者的自我感觉，很多求职者会因为太以自我为中心而不能被选中。有些求职者声称他们非常热爱阿里巴巴，但他们却无法具体说出热爱哪一方面，这些人也同样会被淘汰，因为他们不诚信，这与阿里巴巴的核心价值观是相违背的。总之，不论求职者是否有很强的能力，在招聘过程中闻味官拥有一票否决权，闻味官的面试已经成为阿里巴巴价值观考核的重要方面。

（四）在成长的过程中发展价值观

从"约法三章"到"六脉神剑"，阿里巴巴的价值观并非一成不变的。1999年阿里巴巴创立的时候，阿里巴巴确定了"约法三章"作为所有员工的基本原则。2001年当阿里巴巴两岁的时候，阿里巴巴努力确定了"独孤九剑"作为阿里巴巴的价值观。2004年当阿里巴巴五岁的时候，阿里巴巴正式将"六脉神剑"作为阿里巴巴的核心价值观，这也成为考核全体员工的内容。在这一发展过程中，阿里巴巴的价值观越加清晰和具体。

1. 寿命愿景从80年到102年

阿里巴巴曾经邀请教授到阿里巴巴进行了一项实验，所有的管理者被分成三组，第一组要求在15分钟内找出手表的15个近义词，10分钟后，这一组刚好完成了15个，第二组要求在15分钟内尽找出可能多的近义词，结果这一组找出了7个，第三组被告知他们要找出35个否则他们就失败了，并且35个只是及格线，这种高要求驱使第三组在同样的时间内找出了39个近义词。由此，阿里巴巴意识到有挑战性的具体目标的价值。就寿命愿景而言，阿里巴巴在1999年开始时确定要成为80年的组织，2004年，阿里巴巴已经成为中国的一家成功公司，在其成立五周年之际阿里巴巴又提出了新的更高的要求，阿里巴巴将目标定为至少102年，这是阿里巴巴的新价值观：一个真正伟大的组织应该能够跨越三个世纪，因为阿里巴巴成立于1999年，因此102年成为阿里巴巴梦想成为一个伟大组织的基本标准。

2. 新商业文明

2009年9月10日，在阿里巴巴成立十周年庆典上，阿里巴巴宣布在下一个十年阿里巴巴将不遗余力地构建新商业文明，马云表述了新商业文明的价值观：我们有一个梦想，正如马丁·路德·金一样，十年之后，商人不再是一种唯利是图的象征，商人将成为社会发展的主导力量，由互联网创造的商人将是诚实的、开放的、负责任的和全球化的。这种价值观的具体指标是：阿里巴巴将会创造一千万家小企业的电子商务平台，要为全世界创造一亿个就业机会，要为全世界10亿人提供消费的平台，通过一千万家企业的平台，让所有的小企业可以通过技术、通过互联网、通过电子商务，跟任何大型企业进行竞争，希望阿里巴巴的消费者，能够享受真正的物廉价美的产品，更希望在阿里巴巴的服务面前，让任何一个老太太，不要因为少交了60元电费去银行门口排队，利用阿里巴巴的服务，让他们跟工商银行的董事长享受一样的权利。

3. 坚持核心价值观

尽管阿里巴巴的价值观在过去多年获得了发展，但是有些价值观是一直坚持的。它们是阿里巴巴的使命——让天下没有难做的生意，以及阿里巴巴的永恒原则——顾客第一，员工第二，股东第三。

（五）分享成果，不让雷锋吃亏

雷锋精神的核心是无私的奉献组织，这一精神在阿里巴巴倍受鼓励，但是，马云坚信是组织环境决定了这种奉献的存在，换句话说，这是组织的责任而非员工的责任，只有当组织不让雷锋吃亏时组织才能创造出真正的雷锋精神。

2007年11月6日阿里巴巴在香港上市，创造的百万富翁空前之多，招股说明书披露，当时有4900名员工持股，平均每名员工有9.05万股，以11港元的招股中间价计算，每人通过IPO得到的财富正好是100万港币，阿里巴巴上市造就的千万富翁也有千人之多，当年跟随马云创业每人每月只有500元收入的员工更是得到了超乎想象的回报。

尽管阿里巴巴的百万富翁的人员远远多于同行，但马云在《胡润IT富豪榜》中的财富和排名远在其他IT同行领袖之后，因为马云在这些领袖当中持有的公司股份最低，例如，盛大网络的主席陈天桥，其持有了75%的股份，百度的主席李彦宏，其持有了25%的股份，相比之下，马云只持有了5%。如果那些可以全心全意实践组织价值观的员工被称作"雷锋"，确保这种努力的最有效的办法就是与他们分享组织的成果并且绝不让他们吃亏。

四、结语

经过10多年的发展，今天的阿里巴巴集团已经成长为有超过25000名员工、年总收入达到152亿元人民币的大型企业。阿里巴巴的B2B业务平台"alibaba.com"，已经创造了7970万注册用户；阿里巴巴的C2C业务平台淘宝网，已经创造了超过3.7亿的注册用户，淘宝网2010年的交易总额达到了4000亿元人民币，相比2007年的300亿元，这是一个巨大的增长，更重要的是，到2011年11月30日，淘宝网已经帮助246.3万人直接就业，其中包含2.034万名伤残人士；淘宝商城（天猫）在2011年6月从淘宝网中分离出来成为专业的B2C平台，其单日的最高交易金额纪录接近十亿元人民币，2011年淘宝商城交易额为1000亿元人民币，同比增长3.5倍；支付宝是阿里巴巴在2004年首创的安全便捷的第三方支付平台，现在已经有超过6.5亿的注册用户。关于市场表现，根据中国专业调查公司艾瑞的数据，C2C是最受中国消费者欢迎的网络消费平台，淘宝网在2011年第一季度占中国C2C的市场份额为90.5%，而淘宝商城也占到了B2C市场的46.9%。无论是之于顾客价值的贡献，还是自身成长，阿里巴巴在过去这些年从整体上都取得了不错的表

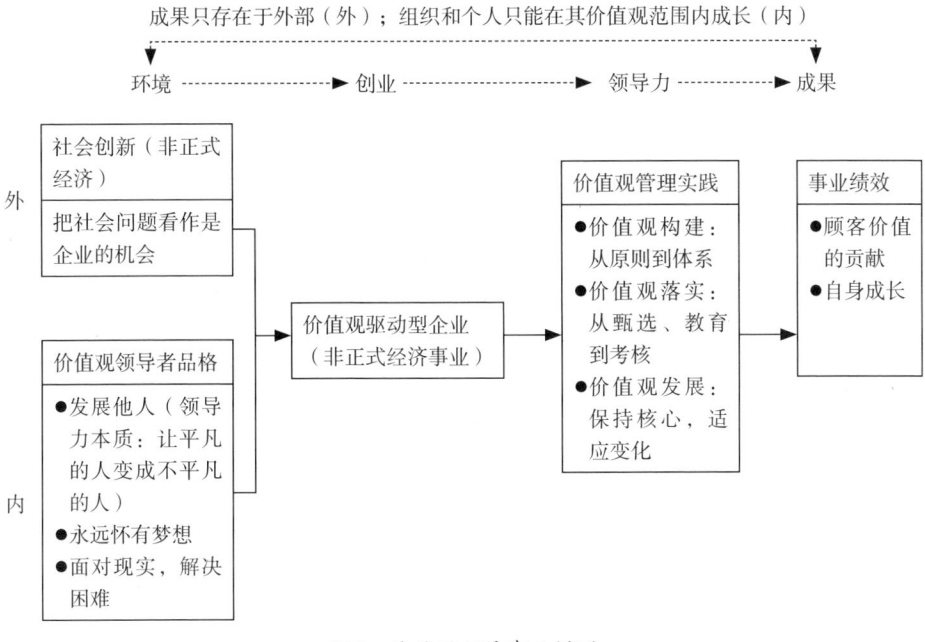

图2 价值观领导事业模型

现,而这种事业的成功正是建立在价值观的领导基础之上。

由图2可知,如同阿里巴巴所呈现的,价值观通常包括:使命,愿景,核心价值观以及一些行为准则。价值观的内容本身仅仅是价值观管理的一部分,另外一部分是要驱动所有的组织成员来真正信仰并执行这些价值观。对于价值观的管理有两个基本的要求,这些要求也是产生价值观驱动型企业的前提。

第一,领导者的领导风格富有魅力。阿里巴巴集团的创始人马云不是一个技术专家,也仅仅毕业于一个普通学院,但是他却从未向任何困难低头,并且总是竭尽全力地运用影响力来说服所有的员工去贡献组织的目标,他关注组织作为一个整体的成长远远多过关心他个人的成长,作为一个领袖,他的个人财富无法和其他同行的领袖相比,但是,从发展他人的角度,作为组织的阿里巴巴却创造了比其他任何同行都多的百万富翁员工,总之,做一个既充满理想而又脚踏实地的人,在今天这个很多人仅仅是充满幻想的时代,会成为一种非常稀缺的结合,这也成了价值观领导者的内在条件。

第二,一个有价值的组织是为了外部及外部的利益而非自己而存在,是价值而非利益构成了组织的目标,一个以自身利润为中心的组织还没有达到可以构建合理价值观的条件。之于阿里巴巴,非正式经济作为一种社会需要成了阿里巴巴成长的机会。因此，从某种意义上，企业的职能就是通过把社会问题转化为企业的机会来满足社会的需要，也因此得以为本机构服务，即要进行社会创新。

阿里巴巴的实践表明了价值观管理的一般过程，这个过程也伴随了一个组织的成长：第一个阶段是初步形成组织价值观的雏形，包括组织未来的大体方向以及一些基本的在组织中的行为原则。这一阶段的组织通常处于创立时期，组织的规模很小，但是务必要确保这些人可以在这些价值观上达成共识。第二阶段是将价值观进行具体化并且构建一个相对完整的价值观体系，这对一个渐渐发展的组织而言至关重要。这一阶段的组织规模中等，但仍然没有太多的员工。第三阶段是当组织成长为一个大企业时要实现员工与组织在价值观上的一致性。组织人数非常之大以至于非常难以确保所有的员工都能信仰组织的价值观，规模的迅速成长导致了个体价值观的多元化及组织价值观的稀释，当许多中国大企业投入越来越多的精力在考核员工的关键绩效指标时，阿里巴巴放弃了这种传统的评价方法，创新性地强调对员工价值观的考核，这一措施使得全体员工遵守组织的价值观，也只有当全体员工可以很好地践行这些价值观时组织才能得以成功。此外，在这个过程当中，价值观本身也在为了更好地适应组织的成长和动态环境而不断发展，例如，阿里巴巴的核心价值观从"独孤九剑"变为"六脉神剑"，对于阿里巴巴寿命的愿景从80年变为102年。当然，阿里巴巴的使命从未动摇，因此，价值观的发展也是价值观管理的一部分。

从经营的角度，一个好的价值观可以为人们创造好生活；从管理的角度，管理好一个好的价值观可以创造一个好的事业，这正是用价值观来领导事业的基本内涵。

（原载：《管理学报》，2013年第1期；合作者：刘祯）

卓越的作为：
中国好企业的行为习惯

一、研究主题

德鲁克告诫我们：对于企业而言，成长是最大的问题。2004年，销售额已经接近400亿的本土家电企业TCL宣布了龙虎计划，提出2010年达到1500亿的销售规模，跨入极具竞争力的国际性大企业行业。同年，销售额刚刚达到60亿的万科在成立20周年的庆祝活动上发布了第三个十年中长期发展计划，提出了有质量的增长的目标。所谓有质量的增长，即把握好三个方面：资源回报率（指投资回报率和人均效率）、客户忠诚度以及产品与服务创新。并指出，如果可以做到上述有质量的增长，作为水到渠成的结果，到2014年，万科的销售规模将增长到1000亿。

实践证明，TCL成长得非常艰辛，2010年销售额为502.53亿，远远低于规模的预期。万科保持了持续成长，2013年销售额为1740.6亿，位居行业首位，比预估的水到渠成的结果还高出许多。看重规模的企业没有赢得规模，看重有质量的增长的企业收获了意想不到的规模。这是中国本土企业成长的实际经验，令人担忧的是，很多中国企业依然在被规模所诱惑。面对成长，不得不思索，成长的逻辑在哪里。大企业固然令企业向往，但大企业却不应当成为出发点，企业首先应该是好企业，才能成为大企业。好企业意味着企业应当有所作为，这些作为的重要性远远高于规模本身。TCL令人尊敬之处在于，在经历了规模驱动带来的失利之后，TCL开始了鹰的重生，使得今天的TCL又开始不断成长。这种成长源于逻辑的遵循，在企业成长的问题上，向好要比向大重要。

在如何成长上，尽管有些企业会将失败归因为环境的不确定性和复杂性，甚至认为是自身的运气不好,但是总有一批企业无论环境如何变化都可以保持良好的成长。因此,驱动成长的不是规模,影响企业成长的根本也不在于环境,而是要回归到企业的作为上来。庆幸的是,尽管随着全球化和互联网时代的到来,中国企业面临的环境越来越充满不确定性,但是我们依然看到有这样的本土企业出现,虽然数量并不多。面对未来的成长,中国更多企业需要这样的标杆或榜样,需要学习中国好企业的所作所为,以此作为向好的指导。因此,本研究将主题聚焦于中国好企业的卓越作为。本研究希望能够找到一些中国好企业的代表,用它们的卓越作为来呈现中国企业在变化环境中缘何持续向好的答案,从而为更多中国企业的成长提供一些经验和借鉴。

在选择企业上,为了突出向好而非向大的出发点,本研究并没有直接从五百强企业中选择,而是从表现更为全面的备受赞赏和尊敬的企业中选择。尽管这些选出的好企业最终也多会进入中国甚至世界五百强的榜单。但如同本文的观点,这些是向好的结果。除了向好的出发点,在选择上,更重要的依据在于持续性,即多年来不论环境如何变化都可以拥有出色的表现。因此,持续性成为好中择好的准则。

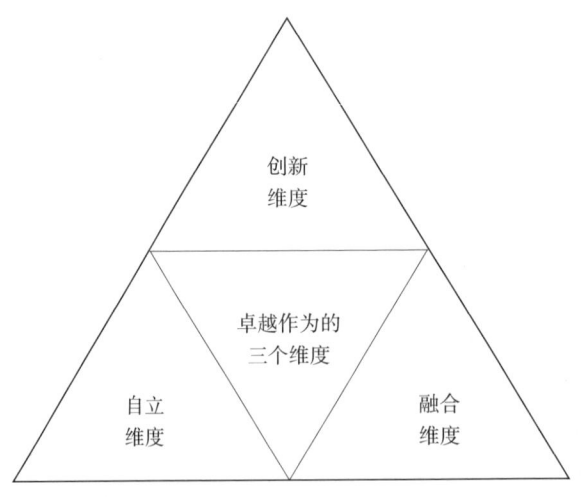

图1 卓越作为的三个维度

具体到研究内容,如图1所示,本研究聚焦三个维度来研究中国好企业的卓越作为。基于中国好企业的管理实践,每一个维度的作为又可以进一步细分为若干具体的行为习惯。因此,卓越作为最终由中国好企业的若干行为习惯构成。首先是自立维度。选择自立缘于企业本身应当能够成为一个独立的生命体,由此,才可能生长。其次是融合维度。选择融合缘于企业个体的力量是有限的，企业如果想突破个体的成长瓶颈，必须要借助于融合。最后是创新维度。选择创新缘于在生命周期中，企业可以借助创新来延续自己的生命，因为创新，企业的生命才得以持续。这三个维度对于持续向好的中国企业而言，缺一不可。

二、研究设计

（一）研究方法

研究采用中国企业管理实践的经验研究方法。包括四个步骤：①科学地选择样本企业；②采集中国企业的管理实践资料；③根据所收集的资料，对中国企业的实践维度逐一展开研究；④对中国企业管理实践的经验进行总结。

（二）研究样本

1983年，美国《财富》杂志首创了全球最受赞赏的公司（World's Most Admired Companies）排行榜，旨在表彰那些不仅规模领先，而且在其他多个领域表现同样出色的企业全能冠军。在此影响下，2001年开始，北京大学企业案例研究中心和《经济观察报》开始在中国寻找这样的好企业，推出了中国最受尊敬企业名单。2006年开始，《财富》中文版开始针对中国本土企业进行调查，推出最受赞赏的中国公司排行榜。至今为止，已有81家企业登上中国最受尊敬企业名单，69家企业登上最受赞赏的中国公司榜单，这些企业都是中国不同时期的好企业。当然，为了聚焦对企业的研究，本研究并没有研究这些全部的好企业，而是从中选择了一部分作为好企业的代表。这部分企业不论时间如何变化，也不论评价标准有何不同，都可以持续赢得赞赏和尊敬，是持续向好的中国好企业。

本研究主要样本的选择标准体现在三个方面。第一，企业现在是中国最受尊敬企业，这表明其符合以下6项指标：①企业注册地或主要经营业务60%以上在中国；②经营业务属于健康性产业；③运营时间至少在三年以上；④企业在细分行业处于领先定位；⑤企业处于竞争性市场领域，非垄断行业；⑥企业在三年内无CSR（Corporation Social Responsibility，即企业社会责任）重大问题。第二，企业现在是最受赞赏的中国公司，这表明其在以下9项指标上有出色表现：①长期投资价值；②公司资产的合理使用；③创新能力；④管理质量；⑤财务表现；⑥吸引和保留人力的能力；⑦产品和服务的地位；⑧社会责任感；⑨全球化经营的有效性。第三，企业是最具持久力的中国最受尊敬企业和最受赞赏的中国公司。这表明，从开始评选至今，不论时间和环境如何变化，企业都持续符合上述6项指标，并在上述9项指标上有出色表现。

2001年至今，持续获评中国最受尊敬企业的有5家，分别是万科、联想、凤凰卫视、招商银行以及IBM中国有限公司。2006年至今，持续获评最受赞赏的中国公司的有12家，分别为海尔、华为、联想、格力、招商银行、万科、宝钢、娃哈哈、青岛啤酒、贵州茅台、美的、中国移动。根据上述选择标准，主要研究样本最终确定为3家中国本土企业：联想、招商银行以及万科。

除此之外，随着互联网时代的到来，中国亦崛起了一批出色的互联网企业。从持续性上来看，相比较上述企业，这些企业依然需要更长时间的检验。但鉴于它们的出色表现，研究亦选择出其中的代表性企业作为候选企业。它们在某些方面与上述3家企业拥有共同的成功经验，因此可以进一步强化本研究的结论。这些候选企业为：阿里巴巴、百度以及腾讯。它们最近4年在最受赞赏的中国公司榜单上持续名列前茅。其中，阿里巴巴在最近5年持续进入前两名，3年位居榜首。

综上，研究选择了联想、招商银行以及万科3家企业作为主要研究样本，同时选择了辅助研究样本来协助研究，包括阿里巴巴、百度、腾讯3家候选企业。这些样本企业的基本信息整理于表1。

表1 样本企业的基本信息

样本企业	创立时间	行业	主要经营业绩
联想	1984年	电子、电器	销售额340亿美元，《财富》世界五百强企业
招商银行	1987年	银行	资产总额超过3.6万亿元，《财富》世界五百强企业
万科	1984年	房地产开发	销售额1740.6亿元，位居国内行业首位
阿里巴巴	1999年	互联网、互联网服务	淘宝、天猫平台销售额超过10000亿元
百度	2000年	互联网、互联网服务	全球最大中文搜索引擎、最大中文网站
腾讯	1998年	互联网、互联网服务	QQ即时通信活跃用户数量7.982亿

数据来源：企业官方网站。

（三）研究资料

样本企业的研究资料来源于：①企业官方网站的企业介绍、发展历史、组织文化以及企业要闻；②企业家撰写的与企业实践有关的书籍和文章；③企业年度报告；④领导者内部讲话；⑤企业家访谈及公开讲话；⑥企业内部人员出版的企业书籍；⑦外部观察者出版的企业书籍和文章；⑧国内主流媒体对企业实践的报道；⑨行业研究报告的统计数据。

三、自立维度

（一）提供最好品质的产品或服务

2007年，王石在接受《财富人生》专访时说，成功企业的标志是可以用最短的时间来概括，并用6秒钟将万科概括为：中国城市主流住宅开发商，上市公司蓝筹股，物业管理很好。

由此可以看出，出色的物业管理对于万科成功的重要性。王石（2014）在《道路与梦想》中写道，对地产行业而言，质量和成本是一对矛盾体，强调一方面往往会忽略另一方面，万科的成本质量的落脚点应该在质量，质量是万科地产的生命线。万科的质量是全面质量，除了选项质量（如产品类型和地点的选择）和建造质量以外，更有发展商与客户的关系质量，即物业管理。万科自1988年介入房地产开始，就非常强调物业管理，始终把为客户提供优质满意的服务作为公司的重要经营理念。很多万科第一批的客户都因此继续购买了万科第二个、第三个物业的住宅。

万科进入上海市场的实践可以表明高品质物业服务之于万科的价值。上海万科城市花园是万科历史上第一个集居住、商业、教育、娱乐和休闲为一体的大型社区。但是，飞机噪声却成了城市花园的一个无法回避的负面影响。10年后的2004年，万科对此进行了一项调查，73%的购房者认为飞机噪声确实会有不好的影响，但是，因为万科出色的物业管理，仍有高达84%的人愿意选择长期在此定居，只有2%的人希望离开。事实上，这批住户还是万科在上海的推销员，万科1995年的调查显示，超过50%的人是经过城市花园住户的介绍而知道万科的。

招商银行也有类似重要实践。20世纪90年代初期，招商银行成为第一家将分行设立在上海浦东新区的商业银行。但是，刚刚开办时，因为业务很少，招商银行被称作看不见的银行。为此，招商银行决定从服务上进行突破。一改银行往日的姿态，推出上门服务，主动上门为企业办理结算、票据传递等业务。同时，推出异地快速汇款，借助传真，将进账时间从三天缩短到半天。优质的服务为上海分行赢得了广泛的客户，甚至中信集团的下属公司会放弃自己集团的金融机构而选择招商银行。

1993年，国外电脑品牌开始大举进军中国市场，国内计算机行业陷入了十分困难的境地。1994年9月，柳传志在给电子工业部的汇报中指出，只强调民族工业是会引起反感的，老百姓要求用好货，而不是国货。提倡国货没有问题，但不能让市场标准改变来适应企业，更不应该要求制定保护性的标准，企业不可能用爱国两个字让老百姓掏钱买质次价高的东西，而批评消费者不买国货就不爱国的说法是没有道理的。自那时起，联想一直秉承让用户用得更好的理念，致力于为用户提供最好的科技产品。2001年公司级质量管理部的设立以及2012年复盘质量管理的引入，都是基于该理念的行动。

尽管上述多是传统企业在20世纪的管理实践，但这并不意味着好品质在今天的新兴企业中就不重要。能够提供高品质的产品和服务是任何成功企业的立命之本，不论时代和行业如何变化。2001年中国互联网的冬天，在百度最困难的时刻，李彦宏提出，百度必须要做出最好的中文搜索引擎才能活下去。在这种高品质信念的驱使之下，百度15名技术人员夜以继日地奋战了9个月，终于让百度占据了中文搜索领域的龙头位置。2009年，已经拥有7000名员工，并占据76%市场份额的百度又进一步提出Best of the best（极致）的心态。例如，针对已经是国内第一的视频搜索，在Best of the best的心态下，就一定还有空间。因此，在产品的品质上，百度的行为习惯不仅仅是让产品比过去有所改进，而是让产品比市场上所有的竞争产品都好，并且是明显的好。

拥有良好物业管理的万科、可以提供优质服务的招商银行、致力于提供好货而非国货的联想以及对产品精益求精的百度，它们的共同实践表明，好企业首先要有好产品或好服务，这是安身立命的前提。

（二）锻造规范化的中国企业人

如同质量管理专家刘源张（2010）院士所讲，制造者的素质是质量稳定的基础。中国企业能否提供最好品质的产品和服务，与人的行为规范息息相关。而企业要做的，是锻造出更加规范的企业人。为了做到这一点，中国好企业如同军队一般，军纪严明、作战有序，联想有天条，招商银行有铁律，万科致力于做最规范的企业。

联想自成立之初便定下几个天条，例如，不许吃回扣、不许收红包、不许利用工作关系谋求私利，天条后来逐渐演化为一项项制度。天条意味着包括管理者在内的所有企业人都必须遵守。例如，联想规定开会迟到又不请假会被罚站，柳传志曾因电梯故障困在电梯里而迟到，也被罚站。2007年，柳传志曾讲，定迟到罚站的制度时，联想才几百名员工，今天已经达到一万多人，制度需要经常宣传，年年都有被罚站的，这样制度才能得以进行下去，因此，定了规章制度，就要非常认真地执行并宣传。

在联想，承诺如同天条，要说到做到。在联想官方网站上，联想把这一点写入了联想成功的基石。2012年，柳传志讲述过一段亲历，他在欧洲问一位德国经理，你明知完不成目标，为何要答应CEO？那位经理说这是对CEO的尊重，柳传志进一步问，完不成目标为什么没有受到处罚？那位经理说这是CEO对下属的宽容。虽然有尊重有宽容，但这样做是绝对不可以的。在这点上，联想规定，一定要说到做到。即求实，要想清楚再承诺，承诺后一定做到。

类似于联想的天条，招商银行也有铁律。2000年，招商银行提出质量是发展的第一主题的经营方略。与此同时，定下了十个严禁的铁律，对于不执行信贷纪律、违规经营、违法操作的行为，坚决追究责任，不搞下不为例。只用了一年的时间，不良资产率下降了4.37%，招商银行开始步入资产质量不断优化的快车道。2003年，招商银行又进一步确立了"一三五"铁律，指一个协调、三个理性以及五大关系。一个协调指坚持效益、规模协调发展。三个理性指理性对待市场、理性对待同业、理性对待自己。五大关系指把握好管理与发展、质量与效益、眼前利益与长远利益、股东客户与员工、制度与文化建设的关系。

在《道路与梦想》中，王石（2014）写道，从谋求股份制改造开始，万科就需要把规范化放在核心的地位，要做中国最规范的企业。在大多数企业不规范的现实下，走规范化的道路可能有走不通的风险，但将来市场规范了，万科不仅能继续生存下去，还会处在一个制高点，走在前头成为标兵榜样。1995年，上海万科城市广场工程部4人接受贿赂，被送入监狱。王石（2014）在《大道当然》中对此写道，项目不成功可以重来，人一旦失足，不但自己终生悔恨，对公司的影响也是长远的。自此事件之后，万科在项目决策时增加了人力资源部的参与，并且拥有一票否决权，即即便项目利润很可观，如果人力资源跟不上，可能造成管理失控的话，项目就绝不会启动。

在互联网企业当中，阿里巴巴是树人的典范。阿里巴巴自创立之时便提出约法三章，用于规范创始人的行为，随着阿里巴巴的成长，阿里巴巴最初的原则逐渐发展成为体系化的价值观。在多数企业停留在对KPI的考核时，阿里巴巴创造性地开始实施价值观考核，目的是锻造真正的阿里人，他们不仅仅有业绩，更要遵守规范。2011年，卫哲的离职也反映出阿里巴巴的价值观如同铁律一般。

联想人、万科人、招行人、阿里人等，这些令员工感到责任与自豪的中国企业人的称谓，来源于联想、万科、招行、阿里等中国本土企业在锻造人上的作为。因为有这些符合规范的中国企业人在，让这些企业可以贡献更高的品质。它们的共同实践表明，好企业离不开规范化的企业人，这是企业得以立足的源泉。

（三）集中资源打造自己的核心专长

2007年，王石在接受专访时将万科简单概括为中国城市主流住宅开发商，这正是多年来万科聚焦资源而打造出来的核心专长。1984年以贸易起家的万科到1993年已经涉足十几个行业，包括零售、广告、货运、服装、家电、手表、电力、影视等，房地产只是其一。王石曾提到，在这个时期，他被称作金手指，只要王石涉及的投资，稳赚。1993年发行B股时，王石得意地向渣打高管说，以后你们在中国投资投万科就行了。对方的回答是，现在投万科是因为中国的上市公司太少，没有选择，否则，是不会投万科的。王石当时就意识到，从长远来看，一家企业必须在某个行业有竞争力，不然投资者是不会选择的。

到1998年，万科用了5年时间，成为一家80%营业收入来自房地产业务的专业住宅开发企业。2000年，除了房地产业务，万科只保留了万佳百货。此时，万科在地产和零售两个行业都很有前途，被称作小长江实业。一手房地产有赢利来源，一手零售有现金流，要赚钱有房地产，要规模有连锁零售。王石曾写道，如果一心向大，就选择连锁零售，因为这个行业诞生了世界上最大的企业沃尔玛。但是，万科有更为理性的权衡：万科资源85%在房地产业，零售业只有15%；人力资源95%在房地产业，5%在零售业；从行业地位看，房地产已经是行业第一，而零售排在全国13位。万科最终选择了更为擅长的部分，2001年，万科将万佳出售给华润，彻底退出零售业。这笔出售也为万科赢得了丰厚的资金，万科将此注入房地产，为万科房地产的发展起到了很大的助力作用。

万科能够抵制住规模的诱惑，联想也有类似的经历。联想能够抵挡住赚钱的诱惑，而专注于自己的电脑事业。2011年，柳传志在《做一个伟大公司》中写道，20世纪80年代，机会主义盛行，当时很多同行本来做电脑，可是为了赚钱都转去倒外汇了，联想之所以能坚持下来，就是因为不管别人怎么样，联想一心朝着自己的目标努力，决心要用自己的技术，做自主品牌的电脑，这就是联想做人、做事的原则：把企业想做的事做好，不受其他事情的诱惑。在这一点上，柳传志倡导的一个决策标准可以很好地说明联想对建立核心专长的重视，即不长本事的事情不会去做。

1993年时，招商银行的企业业务占据业务总量的93%，而个人业务仅有7%，由于网点少且规模不大，招商银行在同质化竞争中一直处于劣势。马蔚华加入招商银行后开始强调零售业务的价值，认为，对公业务竞争激烈，零售业务虽然起步时业务量小，但后期会出现几何级增长，零售业务讲积累，越往后越稳定。2004年，招商银行正式提出将零售业务视为招行未来发展战略的重中之重，同时也定义了零售业务的新内涵，不再是简单的储蓄存款，还包括个人贷款、理财、信用卡和结算等。自此，零售业务成为招商银行的重要支撑，并且为招商银行赢得了良好的口碑。

2004年，马化腾在获得CCTV年度经济人物新锐奖时说，荣誉是暂时的，腾讯还要坚持一贯的作风，专注、务实。马化腾认为，产品质量是腾讯成功的一个重要原因，而质量来源于专注地做自己擅长的事情。在即时通信服务上，起初多数企业采用外包的形式开发，而不是自己去做，只有腾讯专注于核心技术，致使后期唯有腾讯可以支撑起大规模用户的使用。因此，专注使腾讯有了技术的积累，从而变成行业的强者。

专注于住宅开发的万科，不长本事的事情不做的联想，突出零售业务专长的招商银行，以及掌握通信核心技术的腾讯，它们的共同实践表明，好企业会集中资源来培养自己的核心专长，从而令自己变得更强。

四、融合维度

（一）从外部借力完成自己想做的事

2001年，招商银行开始运作信用卡项目时，全球信用卡发行量第一的花旗银行曾有意为招商银行提供技术和管理经验，但前提是用花旗的LOGO，并且以后要全额收购信用卡公司。这种条件被招商银行拒绝，因为招商银行志在建立自己的品牌。但凭借一己之力难以完成，招商银行找到了台湾中国信托银行来合作，该银行信用卡利润贡献度与花旗不相上下，并且在台湾市场打败花旗。2002年招商银行首发了自己的信用卡，随后，双方保持了持续的合作。值得一提的是，十年之后，2012年，台湾中国信托银行与招商银行合作，在大陆发行了第一张具有国际标准的一卡双币信用卡，正式进入大陆市场。

对于联想收购IBM全球PC业务，常被形容为蛇吞象。但联想却并不是想借助IBM的规模来让自己变得更大，而是看重IBM的品牌、技术，以及国际化的资源（包括团队、销售渠道、客户和供应链），借助这些联想可以弥补自身的不足，从而更好地让联想进军国际市场。这是联想在收购之前认真考虑的驱动因素，而不是规模。基于合理的成长逻辑，规模会成为成长的结果。今天的联想已经成长为全球第一的PC厂商，销售额达到340亿美元，连续两年进入《财富》全球最受称赞的公司行业榜，并从第7位升至第3位，仅次于苹果和EMC。

外部借力，除了借助于企业，还可以借力于外部的人才。2007年，万科的销售额已经接近500亿，万科意识到，要确保未来的增长，眼下要做的最重要的是寻找人才，万科需要用更加专业化的水平来自我提升。而当时国内房地产的整体专业化水平还不够高，由此，万科开展了"007行动"，目标是在全球寻找跨国企业高级经理。万科副总裁、北京万科总经理毛大庆便是当时万科找到外部人才之一。加入万科之前，毛大庆任职于新加坡凯德置地，在该企业已工作15年。为了争取到这一外部人才，万科执行副总裁解冻用两年的时间与毛大庆持续交流，总裁郁亮与其持续交流也有一年之久，王石与凯德置地董事长去信沟通，最终邀请到毛大庆的加入。值得一提的是，在《大道当然》中王石写道，对毛大庆而言，如果选择跳槽，他期待的是一家职业经理人驱动的公众公司。

阿里巴巴和百度都有着借助外部人才的力量来完成要事的经历。2001年，随着阿里巴巴从创业十几人到几百人的成长，阿里巴巴越加意识到价值观建设的重要性，阿里巴巴将通用电气视作学习的榜样，并请到了在通用电气有15年工作经验的职业经理人关明生担任阿里巴巴首席运营官。在关明生的帮助下，阿里巴巴系统地建立了独孤九剑价值观，为阿里巴巴后来的价值观管理实践奠定了重要基础。2004年，为了在美国纳斯达克上市，百度邀请普华永道亚洲合作人王湛生担任首席财务官，在王湛生的帮助下，百度成功上市，王湛生被百度称为全世界最好的首席财务官。可惜的是，王湛生于2007年意外去世。随后，百度请来了在通用汽车工作多年的李昕皙担任首席财务官，2008年至2009年金融危机之时，李昕皙用优秀的财务管控能力为百度向纳斯达克交出了令人信服的业绩。

招商银行借助中国信托的帮助实现了信用卡业务的突破，联想借助IBM的优质资源进入国际市场，万科借助国际水准的外部经理人提升了万科的专业化水平并进一步奠定了成长的基础，阿里巴巴借助关明生构建了阿里巴巴的价值观体系，百度借助王湛生和李昕皙分别完成了美国上市和金融危机中的良好业绩。这些标志性的成长实践无一不借助于外部的力量。因此,招商银行、联想、万科、阿里巴巴、百度的共同实践表明,好企业善于集结外部力量来实现自己想做的大事。

(二)采取适宜的方式契合当地环境

联想之所以能够融合好IBM这一外部力量,离不开联想基于契合国际化环境而采取的恰当做法。联想在国际化收购时预估了两项风险。一是客户的流失,即如果变成了中国的牌子外国人不买了怎么办。二是员工的流失,联想担心美国人无法接受由中国人来领导。这些风险来源于对当地环境还不够了解。如柳传志所讲,如果把联想的打法在不知道水深水浅时就搬到国际市场去,可能会全军覆没,水深水浅还是先由外国人试最合适,确实我们对国际上很多东西不懂。为此,2004年,联想请IBM的高级副总裁斯蒂芬·沃德担任首任CEO,柳传志在其卸任时说,其完成了两项任务,一是保留了客户,二是挽留了员工。第二任CEO由戴尔高级副总裁兼亚太及日本业务总裁阿梅里奥担任。2009年,阿梅里奥任期结束,经过5年对当地环境的适应与学习,联想找到了行得通的打法,柳传志重新担任董事长,并由杨元庆担任CEO。

值得一提的是,联想当时做法的恰当性除了体现在契合国际化环境以外,还表现在保护了联想原有的高管。如柳传志在2012年所讲,收购后如果直接让杨元庆担任CEO,不能适应国际化环境,一年之后业绩不好就会被炒掉,那是联想最大的损失。因此,柳传志退下来,由杨元庆任董事长,而请外国人任CEO,在适应国外环境的同时,也保护了联想高管。

2009年,马蔚华在《感悟华尔街》中写道,联想对IBM全球PC业务的整合是招商银行可以借鉴的宝贵经验。2008年,招商银行收购了香港历史最悠久的银行之一永隆银行。永隆银行拥有丰富的国际化经验,但以家族式管理为主,开拓进取不足,发展较为缓慢。招商银行则拥有规范的治理结构和良好的渠道开发能力,双方优势互补,可以相互借助彼此的力量。

为了更好地发挥这种力量,招商银行也采取了一定方式来契合当地环境。针对永隆员工普遍关心的去留问题,招商银行承诺,未来18个月内不裁员,员工都表示消除了疑虑,会安心工作。此外,在企业文化上,马蔚华经过了一段时间与永隆员工的接触,发现永隆银行的企业文化与招商银行有很多不同之处,但文化应该服从和服务于永隆银行的发展战略和经营管理风格。马蔚华提出"一二五"战略,一年打基础,两年见成效,五年获成功。2013年永隆建行80周年之际,根据招商局的官方数据,自2009年以来,永隆银行总资产年复合增长率达到17.7%,净利润年复合增长率达到45.3%,均超过香港银行业平均水平。在收购永隆银行的5年里,根据年报数据,永隆银行的总资产从2008年的991亿港币增长至2013年的2172亿港币,取得了良好的增长。对比2002年已经拥有617亿港币的永隆银行,足以看出招行收购取得的成效。

如果企业的做事方式本身就与当地环境融合,企业自然会收获融合的力量。作为地产企业,万科的成长离不开与城市的互动。王石在《大道当然》中撰写了城市的性格,他对武汉赞叹不已,并用顺字概括了万科在武汉的发展。2001年,武汉万科销售面积为77.1万平方米,在集团内各一线公司排名第二名,并且连续两年占据本地市场第一。王石在分析原因时提到,武汉是中国较早发展现代工业的城市。1911年,武汉较大型的官办、民办企业有28家,资本额达1724万元,在全国各大城市中居第二位,教育、金融、交通等方面都取得了长足进展,是我国城市早期现代化的一个样板。武汉在那个时代的开放过程中,已经接受了西方商业文明,这种现代文明,讲的是童叟无欺,按合同办事。这种规范化与万科的做事方式相契合。所以,很多做事奸诈的企业在武汉待不下去,而万科在武汉却成绩斐然。

面对国际化收购带来的机遇与挑战,联想采取了用当地经理人负责管理的方式来适应当地环境,取得了良好的成效。招商银行吸收联想的经验,关注到了当地人最为关心的问题并且在文化上做出适应永隆银行的改变,使得招商银行也收获了良好的成效。而万科规范化的做事方式与武汉的契合更是为万科在武汉赢得了出色的成绩。联想、招商银行以及万科的共同实践表明,地域融合的力量来源于是否采取了契合当地环境的恰当方式。

(三)通过公益行动推进与社会的融合

如同在受赞企业标准中所显示的,在现代文明当中,对于优秀企业的评价,不仅仅是从商业绩效的角度出发,还有社会责任的考量。与外部伙伴或人才带给企业的融合力量相比,企业与社会融合所带来的力量并不是那么直接和立竿见影。但是,受到赞赏本身就是一种健康成长的肯定,从长远看,这种美誉也有助于企业的发展。作为一家受益于社会公众而拥有良好业绩的企业,好企业会把回馈社会看作是一种责任和感恩的行动。作为践行社会责任的结果,赞誉会随之而来。企业回馈社会,承担社会责任,未必都要以相对感性的方式进行巨额慈善捐赠。从本研究关注的企业实践来看，中国好企业感恩社会的方式既朴素，又专业。

2013年，柳传志在接受《与卓越同行》访谈时，针对微利时代如何对待员工的问题，讲到联想在钱很少的创业时期是如何做的。联想做了两点。首先，在创业时期，能够赚到的钱非常少，这个时候创始人尽量少拿钱，把尽可能多的钱分给员工。其次，由于给到员工的钱不多，这个时候可以想办法为员工提供一些福利。于是联想建了一家养猪场，目的是让自己的员工能有肉吃，生活好一些。柳传志说，钱不够多的时候没有办法帮助其他人，拿出这些钱来多给自己的员工做一些事情也是在做善事。这种做法很朴素，但却显示了好企业的担当。

德鲁克将救世军称作美国社会最高效的组织，德鲁克指出，没有任何组织在使命的明确、创新的能力、结果的测量、奉献精神以及最大限度地利用资金方面能够与救世军相提并论。事实上，卓有成效的公益组织也是成熟社会不可或缺的部分。公益非易事，中国好企业在这方面充当先锋，主动探索中国社会的公益之路。

2011年1月11日11点11分，由联想柳传志、万科王石、招商银行马蔚华、阿里巴巴马云、腾讯马化腾等担任理事的深圳壹基金正式揭牌，由王石担任执行理事长。王石在《大道当然》中详述了壹基金的创业历程及意义，并呼吁这是一份全新的事业，大家共同努力。壹基金最初的理念很朴素，源于李连杰提出的人人公益的理念，即每人每月一块钱、大家是一家人。公益让不同行业、不同地区的诸多中国好企业实现了共同的合作。这些好企业及领袖共创壹基金的目的在于，为中国社会提供更专业和规范的公益机构。这是基于共同的社会责任，也是良好的社会结构所应该具备的一部分。

壹基金在雅安地震中的表现体现出了公益专业化对于社会的价值。例如，阿里巴巴对公益网络化的推动。雅安地震后仅两天，已有45万人借助支付宝提供援助，其中90后占据三成。根据壹基金年报，支付宝捐赠收入高达6205万，已经占到捐赠收入的13.2%。互联网公益所带来的效率，也为阿里巴巴和壹基金赢得了赞誉。

壹基金揭牌之时，马蔚华担任预算委员会主席。2013年5月，卸任招行行长后，马蔚华谢绝了很多经营的事情，把大部分精力投在了壹基金。2014年2月，理事会选举马蔚华担任第二届理事长。随后，马蔚华在全国两会提出《关于我国公益慈善基金管理制度引入信托机制的提案》。马蔚华在接受《公益时报》专访时讲道，做公益、做壹基金不是一帆风顺的，有很多的矛盾、困难甚至是争议都会出现，公益和别的事情不一样，他要在这个领域做探索，为国家的公益事业做出贡献。

从上述中国好企业的共同实践来看,它们会采用更加理性的公益方式来承担社会责任。联想在初创时期,在自己的限度之内尽量承担其对于员工的责任,就是一种担当和感恩的表现。联想、万科、招商银行、阿里巴巴、腾讯对于公益的共同实践表明,企业对社会的感恩可以通过有效的公益行动来实现。并且公益可以突破企业的边界,促成共同的合作。这种行动会促进彼此与社会的融合,而这本身之于现代文明企业而言就是一种成长和进步。

五、创新维度

(一)在理解用户的基础上创造差异化

1987年2月,招商银行开业之前,给新员工出了一个当时还极为新鲜的作文题目——顾客就是上帝。招商银行在还没有一位顾客的时候,顾客就已经进入到招行最重要的位置。20世纪90年代初,沈阳分行开业,工作人员笑脸相迎,同时提供免费的牛奶和咖啡。一些开始时只是为了免费牛奶和咖啡而来的人,时间长了,碍于面子,也逐渐成了招行的顾客。进入新世纪以后,当类似的做法被同行业广泛使用时,招行继续在理解用户的基础上在国内率先做出创新。第一个推出叫号机,解决前拥后挤的排队问题。第一个建立24小时自助银行,让金融服务不受营业时间限制。第一个建立网上支付银行,与互联网时代的生活方式相匹配。在这些引领整个行业带来巨大改变的创新行动上,招商银行始终走在前沿。

万科地产率先在国内成为优质物业管理的典范,来源于万科对于用户的深度理解。90年代初期,万科开创优质物业管理源于这样的逻辑,万科旨在推销一种新的生活方式,这是万科与其他地产迥然不同的地方。万科开发房地产,不是单纯为人们提供居所,而是从满足人们追求舒适、便利、完美的生活方式出发。为此,每个项目都力求规划合理,设计完善,保证人们处在优雅、宁静、清洁、安全、便利的生活环境中,处处感到万科对他们的关心和尊重。万科还邀请业主参与物业管理,共同营造完美温馨的生活氛围。这种有预见性的对用户的深度理解带来了万科在物业管理上的创新,同时为万科在物业管理上的竞争优势打下了基础。

联想之所以产生,来源于具备企业家精神的科研人员所做的创新行动。创办联想之前,柳传志是中国科学院计算技术研究所的科研人员。当看到大量的研究成果被束之高阁时,柳传志思考的是如何将这些科研成果转化为市场的成果。因此,1984年,柳传志和10位同事一起率先尝试高科技产业化,创办了联想。2013

年,柳传志在访谈中谈到,创新来源于对用户的理解,并列举了联想的一个重要事件。1996年和1997年,联想电脑和方正、同方都差不多。1998年和1999年,互联网已经有了,但是老百姓却很少有上网的,联想开始调查背后的原因。联想发现,上网对于老百姓而言是件很麻烦的事。要上网,必须要打开台式机的盖,加一个Moderm卡,还要增加软件,还要到电信机关去登记,非常复杂,所以很少有人去做。基于此,联想开发了一键上网的电脑,并在全国300个城市展销。这一创新行动解决了用户上网的难题,为联想创造了大量顾客,远远甩开竞争对手。由于技术创新的成本并不高,这项创新还为联想带来了高额的利润回报。

2011年1月21日,一款名为微信的智能终端通信软件出现。2012年3月,微信用户达1亿,2013年1月,用户达3亿,2013年10月,用户突破6亿。马化腾说,如果微信是另一家企业做的,腾讯现在已经不在了。这也从另一个侧面反映了微信为腾讯带来的竞争力。马化腾将微信的创新归结于洞悉用户内心需求。他把自己比作腾讯最大的产品经理,任何一个产品都会去看,要知道一个产品或服务到底好不好用,问题出在哪里。对用户心理最直接的表达,如同"微信之父"张小龙所言,人是越来越懒的,懒会推动科技进步,这种懒会导致我们希望沟通更简单一点。仅2011年,微信就发布了45个不同终端版本的微信,平均1.15周发布一个,目的就是让用户的沟通简单再简单。

不断引领行业创新的招商银行、可以创造物业管理优势的万科、可以有效创造产品差异化的联想以及创造出极具竞争力的微信产品的腾讯,这些有价值的创新来源于他们共同的实践——对于用户的深度理解。以此为基础,来解决用户的问题或满足用户的需要,从而创造出更大价值。

(二)通过变化不断创造新优势

2010年万科销售额突破1000亿,2011年突破1200亿,2012年突破1400亿。本该享受春天的万科却在2013年开始为冬天做准备,主动提出转型。2013年6月,继王石后登顶珠峰的郁亮在回来后正式宣布,万科开始向城市配套服务商转型。这种转型是基于对冬天的预判。郁亮表示,尽管现在看似行业的春天,但是如果现在不进行转变,未来十年万科必然会遇到成长的瓶颈,因为住宅需求量会稳定下来甚至萎缩。2013年,万科销售额突破1700亿,继续保持行业首位,转型中的万科持续取得了骄人的业绩。

2010年,柳传志在联想启动移动互联网战略时说,IT企业与传统企业不同,传统企业不创新如温水煮青蛙慢慢死，而IT企业不创新则会猝死。在移动互联网时代来临之前，联想已经在主动求变。基于对未来五年移动互联网终端将会超越PC市场的预判，2009年，联想以双倍价格收回两年前1亿美元出售的手机业务。并明确要在中国市场与洋品牌竞争。柳传志说，如果联想不背水一战，1994年中国PC产业被洋品牌大举入侵的情况就会重演。事实证明，联想的主动求变取得了良好的成效。今天的联想不仅仅是全球第一大PC厂商，还是全球第四大智能手机厂商。如同联想官方网站的介绍，联想专注于为全球用户提供卓越的个人电脑和移动互联网产品。根据联想2013—2014财年第三季度财报，联想单季度销售额达到107.88亿美元，在全球销售了3260万部设备。其中，个人电脑销量1530万台，智能手机和平板电脑销量达1730万台。

如同联想从专注PC到专注PC和移动终端的转变，2009年，招商银行开始二次转型，核心之一就是进行业务创新，争取更有潜力的小微客户。招商银行提出再造第二个优势，如马蔚华所讲，招商银行不奢求面面俱到，招行要得到一个长远而稳定的成长需要做好两件事，一是维持原有的优势，把零售业务做深做透，二是再造第二个优势，即两小战略，指小企业和小微企业业务。招行的转变也取得了良好的成效，就增量而言，招商银行小微贷款在行业持续保持了最大的增长，目前已经进入行业前两位，并且优势越加明显。2013年，民生银行以4047亿排在首位，增速为27.88%，招商银行以3000亿位居第二，增速达49.7%，中信、光大、平安、兴业四家则在1000亿左右。

2003年，阿里巴巴在建立了B2B的优势之后，主动向C2C领域发展。2006年，Ebay在淘宝的大力冲击之下退出中国，阿里巴巴在B2B之后进一步确立了自己在C2C的新优势。2011年，马云提出要在阿里巴巴最强盛的时候革自己的命，将淘宝拆分为三家企业，淘宝网、淘宝商城以及一淘。2012年，淘宝商城正式更名天猫，以进一步加强其平台定位。在B2B、C2C之后，阿里巴巴继续通过变化力求创造在B2C上的新优势。2012年，淘宝和天猫平台销售额突破10000亿，2013年11月11日，淘宝和天猫平台单日销售额突破350亿。

2014年，成立于1984年的万科和联想均到达而立之年，成立于1987年的招商银行也已近而立之年。万科、联想、招商银行，这三家中国老牌企业以及阿里巴巴这家中国最早的电商企业，它们之所以可以持续保持有效的成长，来源于它们的共同特点——敢于创新，通过不断变化为自己持续创造出新的优势，从而不断延续自己的生命力。

（三）理性地对待成败

相比一些可能会被胜利冲昏头脑的企业，好企业更能够在胜利时依然保持理性的思考，这种差异化的作为本身也是一种创新的表现。2010年年底在万科浙江公司，当媒体聚焦在万科实现1000亿的销售额时，郁亮讲，万科的目标从来不是一个数字，当年万科的目标定为有质量增长，不是一个数字，1000亿只是产生的结果。郁亮说，到浙江公司来不是来庆祝1000亿的，并依然回到质量增长的角度向浙江公司提出三个目标。第一，万科做的无论是产品的品质和服务的品质，要求不输于任何一个对手。第二，万科要在人文关怀方面比任何一个对手要强。第三，在行业的某些领先方面做些努力，比如说在绿色环保标准建立方面，每一个项目都可以做到绿色三星标准。

德鲁克在《创新与企业家精神》中将意外的成功和失败视为一种创新机遇。柳传志把复盘称为创业者必须要有的修炼，这也是联想得以持续成长的重要原因。复盘也被称作复局，通常指下棋对局完毕后，复演该盘棋的记录，以检查对局中招法的优劣与得失关键。联想最早引入复盘的思想是在20世纪80年代，那时更多的叫法是总结。2001年柳传志正式提出联想复盘；2006年联想将复盘写入联想的企业文化，与联想的核心价值观并列；2012年，《联想复盘方法论》开始作为联想之星第四期课堂上独立的一门课程。

在官方网站联想的企业文化中这样解释复盘，复盘原本是一个围棋术语，在联想是指在工作中注意回顾总结，不断校验和校正目标，不断分析得失便于改进，不断深化认识和总结规律。不同于一般企业的简单总结，联想已经将复盘升至一门方法论。例如，将复盘分为四个步骤：①回顾目标，即回顾当初期望的目标；②评估结果，即结果与原来的目标相比是高了还是低了；③分析原因，即如果高于原来的目标，从主观和客观两个方面分析成功关键因素，如果低于原来的目标，从主观和客观两个方面分析失败根本原因；④总结规律，即认真得出结论，同时制定行动计划。

当企业成功时，能够通过复盘来认知总结成功的原因，是一种理性对待成功的方式。除此之外，如同万科在行业春天的时候为冬天做准备，能够在成功的时候平静下来思考未来的挑战，这种危机意识或居安思危也是一种理性对待成功的方式。2008年，招商银行可以在金融危机中做到逆势增长，离不开冬天的准备。2007年，招商银行成立二十周年时，马蔚华讲道，这个世界想不到的事情天天发生，在你认为稳居前列的时候，说不定哪天早上醒来，发现别人已经超过你了。

同年，马蔚华在中国企业领袖年会上提出了繁荣离危机并不远的观点。在场的马云也提出了类似的观点，提出，繁荣如果是夏天，那么意味着冬天很快就来。2008年，如马蔚华和马云所料，金融危机爆发。从科学的角度看，并非是料事如神，而是基于企业持续保有的危机感，这是好企业的可贵之处。

2006年新年来临之际，当百度已经成为行业领先企业时，面对成功可能带来的自满，李彦宏为百度员工写了《百度离破产只有30天》的邮件，以此来驱动百度不断创新。李彦宏指出，在享受股价高企的骄傲时，不要忘记，百度离破产永远不到30天，百度处在变化莫测的行业，技术的变革、资本的无情移动、消费者面对越发多元化选择时的不稳定，都让百度终日乾乾，如履薄冰。这种冷静的思考让百度保持着持续不断的创新。2006年4月，继2004年百度贴吧和2005年百度知道之后，百度继续创造出百度百科，形成了百度社区知识搜索的三驾马车。

无论是万科、联想、招商银行这些中国最早一代的企业，还是阿里巴巴、百度这些互联网企业的先锋，它们之所以可以持续不断地保持创新，离不开它们共同的实践——理性地对待成败。好企业不但可以在面对失败时从中总结教训，更重要的是，这些经历过持续成长的企业，在面临成功时可以保持冷静的思考，甚至居安思危。这种理性促使企业平静下来回归零点不断创新和成长，这是持续向好的企业所必须有的作为，也是它们的与众不同之处。

六、总结与讨论

（一）总结

中国企业在过去的成长过程中出现了一些这样的好企业，它们拥有良好的企业业绩，同时拥有良好的社会口碑，并且能够多年来不受时间和环境的影响持续向好。这样的企业是值得中国企业学习的好榜样。为此，本研究找到了一些这样的中国好企业，通过研究这些企业的作为并总结出它们的行为习惯来为更多努力向好的中国企业提供一定的理论参考。根据万科、联想、招商银行、阿里巴巴、百度以及腾讯的管理实践经验，本研究最终概括出了中国好企业的9项行为习惯，如表2所示，包括：品质立业；树人为本；专长强业；借力而为；因地制宜；感恩社会；善解用户；主动求变；保持冷静。

表2　中国好企业的行为习惯

行为习惯	描　　述	维　度
品质立业	提供最好品质的产品或服务	自立
树人为本	锻造规范化的中国企业人	
专长强业	集中资源打造自己的核心专长	
借力而为	从外部借力完成自己想做的事	融合
因地制宜	采取适宜的方式契合当地环境	
感恩社会	通过公益行动推进与社会的融合	
善解用户	在理解用户的基础上创造差异化	创新
主动求变	通过变化不断创造新优势	
保持冷静	理性地对待成败	

为了更为清晰地展现这些行为习惯，本研究总结了中国好企业的行为习惯模型，如图2所示。

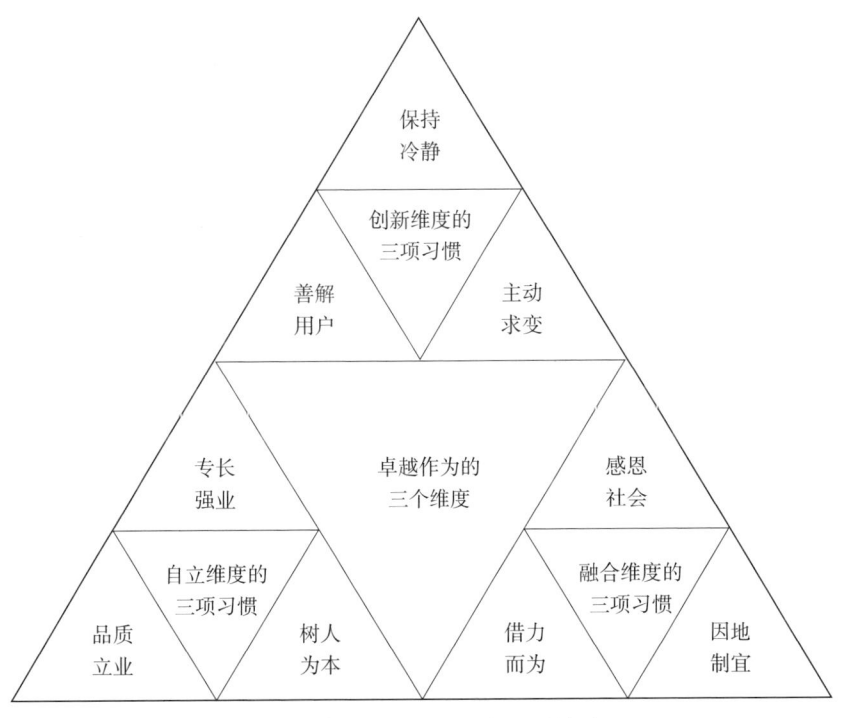

图2　中国好企业的行为习惯模型

概括起来，中国好企业的9项行为习惯体现在自立、融合以及创新这三个维度的作为中。这三个维度的作为对于一家持续向好的中国企业而言都不可或缺。品质立业、树人为本以及专长强业，这三项行为习惯共同构成了企业自立的作为，它们为企业的成长奠定了重要的基础，三项行为习惯对于企业的自立而言同样是缺一不可。借力而为、因地制宜以及感恩社会，这三项行为习惯共同构成了企业融合的作为，这些行为习惯让企业的成长不再是完全依托企业个体的力量，帮助企业与外部力量一起协同成长，外部的人力资源、合作伙伴以及社会，这些都可能为企业更为广阔的成长创造条件，这三项行为习惯可以帮助企业实现与外部更好地融合，对于企业融合而言都是不可或缺的好习惯。善解用户、主动求变以及保持冷静，这三项行为习惯共同构成了企业创新的作为，这些行为习惯不仅可以帮助企业构建竞争力，更重要的是可以帮助企业持续成长，缺少了这些行为习惯，企业的成功可能会仅仅停留在过去。因此，面向持续向好的未来，中国企业需要有创新的作为，这三项行为习惯对于企业的创新而言亦不可或缺。

（二）讨论

1. 好企业是否是成功企业的另外一种表达

如果对成功企业的定义仅仅为规模的成功，即大企业就是好企业，好企业就应该是另外一种表达。一个真正的好企业，应该有良好的业绩，同时也应该赢得社会的赞许，更重要的是，可以持续保持。这就是好企业的基本标志——持续向好。这是企业应该努力的成功方向。一个持续向好的企业会变大，但一个持续向大的企业未必会变好。因此，大企业并不等于好企业，好企业不是持续向大，而是持续向好。

2. 好企业是否是在承担巨大风险

柯林斯和波勒斯（2009）在《基业长青》里提出了"玩火"一词，用来形容伟大企业的风险，认为伟大的登山者完全有可能比对照登山者的死亡率更高。持续向好本身就是一种巨大挑战，因此，持续向好的企业的确是在玩火。但是，因为有基于自立、融合、创新三个维度的作为构成的扎实而牢固的框架，持续向好的企业实际是在有准备地玩火。因此，面对同样的环境和挑战，它们有更高的把握获得成功。相反，如果企业不具备卓越的作为，或者仅仅是具备其中的一两项作为，都有更高的可能会玩火伤身。

3. 为什么用行为习惯而不用管理理念

作为一项管理理论研究成果，这些总结称之为管理理念也没有问题。如同《从理念到行为习惯》的题目所表达的，本研究更希望这些管理理念能够真正转化为企业的行为习惯，而非停留在理念上。因为企业的成效不仅仅是来源于理念的知晓或认可，更来源于理念的行动。

4. 是否应该逐一来做这些行为习惯

单纯从逻辑上讲，好企业应该首先自立，有了自立才可以更好地融合，而创新则帮助企业实现更持久的成长。从这个角度，这些行为习惯具备一定的递进关系。但是，在现实中，基于实践成效的考虑，企业不可能逐一来实践这些行为习惯。这些习惯对于企业而言同等重要。在管理的实践中，为了降低上述玩火伤身的风险，好企业需要同时具备这些行为习惯。例如，好企业在提供最好品质的产品和服务时，这些产品和服务必须是基于深度理解用户而创造的差异化产品和服务才有价值，否则，会玩火伤身。

在实践中，万科提供了最好品质的物业管理，之所以这种最好的品质可以创造价值，是因为选择物业管理是万科基于对用户的深刻理解。招商银行之所以可以专注于零售专长的培养，离不开其最初与信托银行的合作。联想在使用天条来锻造联想人的同时，也在用朴素的方式来感恩，尽其所能地来改善联想人的生活。因此，卓有成效的管理实践要求好企业可以同时做到这些习惯，这也恰恰是好企业的与众不同。相比之下，一般企业或略为逊色的企业则只具备了其中某项或某几项行为习惯。

5. 本研究与以往的研究是否契合

1982年，彼得斯和沃特曼（2009）在《追求卓越》中，通过对美国卓越企业的研究，总结了卓越企业的八项特质：采取行动；接近顾客；自主和创业精神；以人为本；亲身实践、价值驱动；坚持本业；组织单纯，人事精简；宽严并济。1994年，柯林斯和波勒斯（2009）在《基业长青》中，通过对美国伟大企业的研究，总结了伟大企业的十项成功习惯：造钟，不是报时；超越利润的追求；保持核心，刺激进步；胆大包天的目标；教派般的文化；择强汰弱的进化；自家长成的经理人；永远不够好；起点的终点；构建愿景。2004年，陈春花、赵曙明和赵海然在《领先之道》中，通过对中国领先企业的研究，总结了领先企业的4个导入因素和4个产出结果。导入因素包括：英雄领袖；中国理念、西方标准；渠道驱动；利益共同体。产出结果包括：企业文化；核心竞争力；快速反应；远景使命。

与前人研究一样，本研究亦是对成功企业重要特征的研究。由于成功企业会具有一些普遍的共性，因此，以往的一些研究结论在本研究中都得到了支持，特别是接近顾客、以人为本、教派般的文化以及企业文化。但由于企业所处的国别、时代等环境的不同，一些研究结论也有所差异，同时也有新的结论出现。

对于《追求卓越》中的坚持本业，本研究发现，中国好企业是在一定时间范围内的坚持本业，在持续向好的过程中，这些企业实际是在通过不断变化来为企业不断创造新的优势。之所以会有如此不同，可能的原因在于，研究企业所处的环境差异。相比《追求卓越》的研究时代，中国企业今天面临的环境的不确定性更大，全球化和互联网时代的到来进一步加速了环境的变化，致使中国企业必须做出持续的变化与创新。在这种环境下，即便是曾经的伟大企业，如果不能保持变化，也难以继续成功甚至走向失败，例如诺基亚。

对于《基业长青》中的自家长成的经理人，中国好企业有自家长成的经理人，但也有从外部请到的经理人，因此，对于该结论，并不绝对。从本研究的发现来看，经理人的关键并不在于内外的形式，而在于经理人为企业带来的价值。万科从外部请到的经理人帮助万科进一步提高了管理的整体水平，阿里巴巴从外部请到的经理人在阿里巴巴的价值观建设上起到了关键作用，百度从外部请到的经理人帮助百度成功完成了上市计划。在中国好企业中，内外经理人是并存的。除了自家长成的经理人以外，好企业尤为善用有价值的外部经理人。之所以与《基业长青》的结论不同，可能的原因在于，中国企业个体能力的有限性与不确定环境下对企业能力的高要求促使企业需要从外部借助力量，所以，当中国企业面对全球化和网络化带来的越加竞争的环境时，为了实现自我提升和适应这种环境，中国好企业并不排斥外部经理人的选择。而《基业长青》中的百年企业在经历了百年的历练之后已经拥有了相对成熟的企业能力，因此，自家长成的经理人可能会更多地适用于20世纪的美国企业。即便如此，面对今天的环境，想继续成长的企业都不可能不去融合外部的力量。

除此之外，相对于《基业长青》中的胆大包天的目标，中国好企业的表现会相对保守一些。从研究的发现来看，中国好企业并非胆大包天，而是更加理性。这种理性一方面表现在中国好企业并不会把目标确立得非常大，甚至有些保守，但是其会更加关注如何脚踏实地地做，例如万科在2004年曾展望过2014年可能会有1000亿销售额，但万科将目标定的是要做到有质量的增长，相对于提前4年完成的所展望的1000亿，这个数字并非是胆大包天。另一方面表现为中国好企业的居安思危和对成败的理性对待，甚至可以这样说，这些中国好企业越处在顺境和越成功的时候，它们会越小心，而不是更加胆大包天，这种做事方式成就了它们的创新和成长。之所以会有如此不同，可能在一定程度上源于东西方文化本身的不同。美国文化强调英雄主义，而中国文化则相对中庸保守。因此，美国成功企业可能会首先考虑胆大包天的目标，而中国成功企业则可能首先考虑的是有备而战。

本研究相对于《领先之道》而言，有差异，也有传承和发展。本研究在选择企业时，融入了对企业社会责任的考量。之所以如此，源于有些曾经在行业中领先的企业在后期实践中的社会责任缺失表现。例如曾经拥有百亿规模的三鹿在后期带给社会的损失，这种损失不仅不益于社会，对企业的影响也是致命的。除此之外，距离2004年已有十年，从时间上本研究又考量了十年的连续性，使得最终的企业有差异，也有交集。与《领先之道》共同研究的是联想，但是即便是同一家企业，也增加了十年的新实践。新企业则有相对而言的后起之秀万科和招商银行，以及作为候选企业的阿里巴巴、百度以及腾讯。

新的中国企业实践也带来了新的总结发现，这是对已有研究的传承和发展。第一，品质立业。尽管这一结论看似并不新鲜，但这在万科和招商银行的成长中却起到了重要的作用，品质立业不会是一个时髦的概念，但却是今天更多中国企业需要认真实践的。第二，树人为本。树人为本是对以人为本的发展，或者是一种更为明确的表达，尤其以阿里巴巴的实践为代表，打造出中国企业人才能真正释放人的更大价值。第三，因地制宜。尤其以联想为代表，作为国际化的先驱，因地制宜实现有效的融合成为联想自2004年以后得以持续成长的重要原因。第四，感恩社会。中国好企业以朴素和专业的方式来感恩社会，从长远来看，这种与社会的良好融合亦会更利于组织的成长。第五，主动求变。包括联想、万科、招商银行、阿里巴巴在领先之后的共同实践是通过变化来继续为自己创造新的领先优势。第六，保持冷静，这成了企业在领先状态时继续向好的必要前提。

除了研究结论的内容以外，从理论架构的形式上看，与《基业长青》《领先之道》一样，本研究也最终总结出理论架构。《基业长青》的架构是阴阳图，表达了保持核心与刺激进步。《领先之道》的架构是系统图，表达了输入因素与输出结果。本研究采用了三角形图，表达了三个维度的作为之于中国好企业的合力。每一个维度又继续用三角形来表达，进一步表达了每个行为习惯之于每个维度的合力。三角形具备一定的稳定性。在架构设计时，自立侧重于个体、融合侧重于外部、创新侧重于变化。自立、融合、创新三者对于一家持续向好的企业而言，缺一不可。三者的组合让企业在向好的过程中有更强的能力来迎接挑战和机会，从而让自身保持稳定，持续向好。而这三者又进一步由稳定的三角结构构成，更加保证了企业系统的稳固。

6. 如何看待好企业的过去、现在与未来

企业的好与不好、强与弱、成与败，都需要与时间相连。如果将时间控制在一定范围内，微软可能是比苹果更加成功的企业，例如在20世纪八九十年代。因此，在企业的好坏上，只要时间在走、同时企业依然在成长，就不存在绝对或者永恒的好与不好之分。联想、万科、招商银行、阿里巴巴、百度、腾讯等企业的未来如何，要看它们是否能够持续地让自己有所作为，并且要比竞争对手有更加出色的表现。同样，也可能会有新的好企业出现。不确定的未来会继续为中国管理实践研究提供持续的动力。

七、结语

企业应该是持续向好的，这是对卓越的追求。将对卓越或持续向好的追求从梦想或愿望转化为现实，企业必须要有所作为。时间不会停歇，追求抑或永无止境。但当中国企业在践行这些好习惯时，就已经走在持续向好的路上，这本身就值得称赞。

（原载《第三届中国人力资源管理论坛论文集》，2014年；合作者：刘祯、徐梅鑫）

"和""变""用"管理思想与领先企业实践的探索性研究

中国经济的改革开放,不仅使国内企业经营管理者领略了国外企业先进的产业经营、技术创新、资本运营、品牌运作的谋略与方法,也使他们见识和学习了各种管理知识与理念、管理技术与方法、组织设计与策略在企业成长和竞争能力的型构中发挥作用的机制与方法。许多行业在对西方领先企业的学习和模仿中,尤其是在国内市场与西方领先企业的同台竞争的追赶与竞争中,涌现了一批国内持续领先的企业,它们甚至成为全球有影响力的公司,如通信行业的华为公司(简称华为)和中兴、饮料行业的娃哈哈、钢铁行业的宝钢与鞍钢、家电行业的海尔与TCL、电商领域的阿里巴巴、计算机行业的联想集团、金融领域的招商银行与民生银行等。这些在中国文化土壤中产生,并在与西方领先企业的较量中取得国际或国内"后发优势"的企业不仅吸收了西方先进的管理思想与技术,更重要的是它们融合了中国传统文化与管理哲学的智慧,形成了合于行业大势、符合管理常势、适合企业情境的经营哲学和管理方法论。

领先企业的产生及其对管理实践的持续影响力,激发了管理的研究者和传播者(主要是管理咨询服务机构)探索、发现和传播中国本土领先企业的"本土管理元素"、中国式管理理念与方法、华人文化特征的经营和管理模式,使商界和学界更加坚信基于中国本土情境的管理理论和管理思想,能够成为揭示本土管理文化特征的理论。一方面,这些领先企业的企业文化和经营风格蕴含着中国文化特征的理念和方法,如娃哈哈的"家文化"、华为的"不让雷锋吃亏"的心理契约和居安思危的自省精神、联想的"求实文化"、阿里巴巴的"同心共赢文化"等,它们推动了这些企业持续成功,成为行业和商界的管理标杆。另一方面,许多研究者已开始从中国的人文精神、文化传统和管理实践的结合中,探索中国领先或一流企业创造领先、持续成长、基业长青的"领先之道"。

然而，在提炼中国本土文化因子来探索中国领先企业的成长轨迹，并成为本土企业可资借鉴的管理理念方面，当前的研究仍处于广泛探索阶段。本研究试图从构建中国本土管理的文化因子角度，探究中国领先企业持续成长并形成竞争优势的本土管理元素。作为探索性研究，通过追踪观察几家在国内行业中保持领先的企业，如联想、华为、TCL、阿里巴巴、美的、娃哈哈、新希望、南方报业等，取得了相关研究成果。通过追踪调研，从这些企业的管理实践中，得到了领先企业嵌入中国本土文化的管理痕迹。本研究在方法论上，先根据前期的追踪研究和中国管理文化，提炼出"和""变""用"3个本土管理元素，并阐释其蕴含的管理思想和概念维度。继而，通过以华为为典型的领先企业研究案例，论证领先企业经营管理中的"和""变""用"管理思想的可及性、实践性与实效性。最后，在案例分析基础上，进一步推导并提出"和""变""用"管理思想嵌入企业经营管理的理念模型和方法论。

一、"和""变""用"的管理思想内涵与维度

在探析中国传统文化蕴含的管理思想和千百年来中国行政与社会管理实践的传统中，可以从文化典籍和国人"常人生活"中找到"和""变""用"的社会基因和行为样式，它们的丰富蕴含使中国人的组织关系及管理行为呈现常然默会性与似然多变性。

（一）"和"的管理思想内涵与维度

从传统文化来看，"和"的思想渗透于各种文化典籍之中，如孔子在《中庸》中提出的"发而皆中节，谓之和。中也者，天下之大本也。和也者，天下之达道也"、老子的"万物负阴而抱阳，冲气以为和"、朱熹的"和者，所以语情之正，而显道之用"等。从我国历古至今的社会传统而言，"和"的思想与价值观贯穿于中国国民的社会实践之中。为政者，在政事管理中追求"和"，推行政通人和、天下大同、以和为贵、平衡协调、和谐同心等；为生者，在交往及持家中追求与实行和气生财、家和万事兴、和衷共济、和睦相处、谦和平顺等。

在当今中国的企业经营与管理中，"和"的文化及思想同样被学界与商界所推崇与推行。结合企业经营管理实际，参考近年来以"和谐管理"为主题的研

究成果，本研究提出"和"管理之内涵，即在经营与管理中最大可能地聚合容纳异质性管理要素，并使其协调链接和谐一体，实现互利共享性目标。简言之，就是和而不同、合众成势、互利共赢。"和"管理包含3个属性维度：①经营管理的包容性——聚"和"：最大限度地接纳不同层次、品质的经营管理要素（如技术、设备、资金、人员技能、人员素质），并能够有效地将其有机组合，发挥各类要素的经营能量，形成合力。企业聚"和"实际上体现了"和"的"效率"精神，就是发挥公司经营系统的全要素能量，最大化地形成或提高企业的经营效率。②管理的和谐性——联"和"：强调人、组织、市场与社会之间的关系平顺、和洽、协调。能够友善地处理各种关系，能够在不同利益纠葛、机会选择、矛盾关系、力量不平衡当中进行恰当的利益协调、资源调配、化异求同，使企业经营管理的内外环境取得动态平衡，使其能在多种竞争情境中保持稳健地运行。③经营管理的共享性——利"和"：顾名思义，是企业利益相关者对业绩产出效益的分配预期与效果，实际上是一种基于集体和共赢理念的互惠性合作行为与利益分配原则。员工或合作企业之间可以为了创造整体利益最大化而分享资源信息，舍得"小我"以利大我——吃亏利他，共同创造商业价值。然而，在目标利益获得后，应当本着互惠、互让、心理利益交换的原则分享既得"利基"或分配剩余索取权。

（二）"变"的管理思想内涵与维度

企业的经营管理无时无刻需要面对变化的内外部竞争环境，从而调整和改变自身的经营和管理要素，建立和保持企业的竞争弹性。然而，如何认识和应对环境的变化，我国的企业家和经理人不仅需要从西方的管理思想中找到方法和点子，也需要从中国古代的管理文化中发现智慧和灵感。"变"者，"更也"（见《说文解字》），中国的传统文化和社会生活中包含有丰富的"变更"的管理思想和智慧。《周易》作为中国最古老的文化典籍之一，也是一本"变法"的奇书，它认为变是一种常态，事务只有穷尽变化，才能长久，"变动不居，周流六虚，上下无常""易穷则变，变则通，通则久"（《易·系辞下》）。清代哲学家王夫之提出"变化之无常而不爽其则"的"变"和"常"的矛盾统一观，即变和常"在人物则灵蠢、动植、圣狂、义利、君臣、治乱之分体，而各乘其时……皆自然必有之化"。

"常中有变，变有规则"的"常变"观是中国人理解、分析和管理周遭更易人事的文化传统，所谓"执常以迎变，要变以知常"。由此，提出"变"的管理蕴含：经营者和管理者自省图强，参变时机，顺势改变经营管理的要素结构使其适合萌之而未发，发之而可见的复杂竞争环境，或使其能够挑战乃至达到更高目标。简言之，就是参察时机与条件，主动求变，并止于至善。"变"之管理包含3个属性维度：①自我超越——"自"变，自动自发。无论顺境和逆境，有强烈的责任担当意识、危机感和保持内省、自谦的行为习惯，会自觉地提出要颠覆、要转型和要革自己的命，彻底地寻求回归"零点"，再次出发，再造企业。②顺势而为——"势"变、权变。《孙子兵法》中讲："任势者，其战人也，如转木石。木石之性，安则静，危则动，方则止，圆则行。故善战人之势，如转圆石于千仞之山者，势也。"企业的经营管理成功当以解企业外部形势、识企业内部优势、企业发展趋势这"三势观"来推动企业的变革发展。作为企业的高管，应善于发现机会，寻找改革、创新的机遇和条件，形成发展、提升的"势"借势而上，使企业的经营和管理在特定的环境和要素形成的"势"当中"强筋壮骨"、做大做强——经营上层次，管理上水平。③持续完善——"量"变，渐进渐变。通过点滴的小变，更正和更新经营管理的不合理、不完善、滞后的"生产力"要素，渐进性改变不合理的企业"生产力"和"生产关系"，或者使现有的制度、机制、技术和工艺达到最优。通过渐进性量变，能将阻碍企业经营扩张，提升外部竞争力的各种内外阻力因素"最小化"，甚至"化反为正"，从而提高企业的适应力和竞争力。

（三）"用"的管理思想内涵与维度

"实用主义"作为一种哲学思想在美国有深厚的知识根基，不过，中国自古不缺"实用主义"的文化修为。当代哲学家李泽厚在他的系列著作中提出中国是一个有着"实用理性"传统的国度，关注现实的、此岸的价值，发现、归纳能解决国计民生和个人"入世"问题的思想和做法。上古的《黄帝内经》、春秋的《论语》、战国的《孙子兵法》、明朝的《菜根谭》、近代的"三民主义"等思想典籍都体现了这种"求用""实际"的实用理性。在当代中国，"实用主义"作为为人处世的一种生活方式，反映了中国人国民性中的"实用"生活（生存）观。进一步，在中国的传统文化中，"体用"哲学与思想也反映了中国人对于人、社会、自然之间价值转换和运行的思维与行动模式。《中庸》即是反映这一思维模式的文化符号表征。根据《说文解字》，中庸的"庸"即"用也，从用，从庚。庚，更事也。"中庸是中正平和，不偏不倚，连续可用之道。南宋永嘉学派更是强调事体、本体应当以其实际效果和实际利得来衡量，即"道不离器……既无功利，则道义者无用之虚语尔"。

企业作为追求效率和效益的社会组织，"实用、管用、好用"必然是组织决策和结果评价的重要参考依据，结合本土的"体用"文化和"实用"生活哲学，从企业经营目标结果考虑，提出"用"的管理内涵应为：能有效预期对企业经营管理状况产生良好价值，符合企业运行情境并明显改变了企业的经营业绩。简言之，就是预期"有"用，过程"作"用，结果"管"用。"用"之管理思想包含3个属性维度：①事功主义——"实"用、效用：能够对企业经营管理活动产生关键作用，改变、提高和创造企业的盈利模式，并切实给企业带来直接效益（利润增长、组织效率提高、核心能力增强等）。②立足现实——"适"用：所采用的技术、管理模式、生产方式、营运流程、合作模式、投资决策，所引进的项目和产业等经营管理课题，是从企业自身和外部环境的现实状况和限定条件出发的，"实事求是，对症用药"，切实能够产生恰当的功效。③结果导向——"管"用：所有的经营管理工作，所有的运营环节，不论其过程如何，最终都必须有一个科学合理的"SMART"标准（或准则），经营管理和企业运用都能参照明确的标准或指针评价其是否管用，管多大用。

二、华为的"和""变""用"领先管理实践的案例探索

"和""变""用"管理思想可以视为中国企业持续成长和竞争的重要本土管理元素，不仅因为它们深植于中国传统文化和国民性中，更主要的是它们在领先企业的成长轨迹和管理实践中得到应用并使企业获得持续增长与战略竞争力。华为持续成功的背后能够发现其深嵌的"和、变、用"的文化基因和组织惯习。

（一）聚和兴利的"和"管理

1. "拿来主义"原则

在管理思想和方法方面，华为坚持异质糅合"拿来主义"原则。华为向来重视管理和管理创新给企业持续成长带来的决定性影响力。华为是改革开放后第一个以企业法条——"华为基本法"形式确立并实施企业文化体系的公司。然而，以任正非为代表的华为管理团队并不迷信某一种或某一派管理思想和方法对

华为成为世界领先企业的作用和价值,他们更愿意相信并践行"异质相和,华为所用"的"灰度管理"。"管理上的灰色,是我们的生命之树。我们要深刻地理解、开放、妥协、灰度。"这种管理理念是一种"谦卑求和的'羊性'",是对市场、战略合作者、客户甚至竞争对手所采用的一种宽容、柔性和弹性的经营方法。在华为,自省危机的儒家管理思想、移植于IBM的集成管理模式、来自于美国Hay Group咨询公司的人力资源评价体系、任正非的"兵家"管理宣言都有市场。任正非强调东方智慧固然重要,但要实现华为的国际化,必须实现"道术合一",必须超越管理的"体用之争",而不是争论所谓的"中体西用"、全盘西化,按照有利于华为长期战略发展,"糅合"东方和西方先进的管理理念和技术方法,在继承的基础上变革,在稳定的基础上创新,坚持原则和适度灵活处理企业中的各种矛盾和悖论。

2. 集成协同价值链

在公司运营流程方面,建立客户价值导向的集成协同价值链。为什么中国优秀的公司难以比肩全球知名公司?为什么许多公司的研发和专利难以实现商业价值?华为从它和世界优秀的公司,如IBM、摩托罗拉、爱立信、朗讯、思科等的比较中找到了答案:资源运行效率低、浪费大,组织官僚化造成的信息阻滞和执行不畅,研发生产"听不见市场的'炮声'"——企业的经营要素不能"和谐同步",企业的经营与市场变化不能协调同步。这种"失和"在企业经过一个高速发展期之后必然显现出来,成为企业成长的"瓶颈"。1998年,华为开始从业务领域引入IBM公司咨询团队,启动了大规模"集成化改造",要"削足适履",换来系统的和谐运行;坚持围绕客户建立整合的流程价值链,使参与研发、中试、产品设计、生产、营销和工程方案的所有人员都始终围绕为客户创造价值,他们不再是公司组织的各个相互分割的"职能/业务部门",而是流程团队,为实现项目和产品的商业价值进行"和而不同"的合作。而每个客户订单或产品价值的实现,服务于这一运营价值链的每个流程都从中获利;反之,如果订单损失或产品销售不利,则每个流程也要承担相应的经营责任。集成化的流程管理大大降低了"科层""人治"给公司运营管理带来的机会损失和资源内耗,所有资源能够"聚和"一致地对接市场变化、客户需求与市场竞争,所有经营资源倾听市场呼声,听命于流程规范,这为华为建立全球管理体系奠定了基础。

3. 化异求同,"利出一孔"

在员工管理和激励方面,坚持化异求同,"利出一孔"。任正非在创业之初即坚持华为是全体员工事业和利益共享的平台。公司创业时6人持股，1990年实行员工全员持股制度，后来建立了更成熟的按业绩和贡献比例持股制度，解决了许多公司没有解决或做到的让"知识和贡献"获得公司应有的"剩余索取权"的问题，凝聚了人心。在业绩评价和职务晋升上，坚持团队整体、能本主义、"利出一孔"的评价体系，使层次、等级、参差有别的员工能够和衷共济、共承得失、协同前进，做到"胜则弹冠相庆，败则拼死相救"。在华为，学历、专业背景、工作经验、职务不是评价员工差别尤其是工作业绩的重要标准，所有在项目和团队工作中的员工都必须放下这些"包袱"。能否将人的头脑中的价值提炼出来，在团队合作中做出确实的业绩，是工作报酬和职务晋升的重要依据。更为重要的是，公司为了能够使全体员工利出一孔，通力合作，激励集体奋斗，破除"搭便车"现象，推行了"利益链带制度"：①完不成绩效承诺的主管降职或免职；②副职不能晋升为正职，把副手跟主管绑在一条船上，所以他得跟主管肩并肩一起奋斗；③这个部门所有员工不能加薪，又把员工绑在一条船上；④从本部门调出的主管降职使用，没有退路。

（二）自省日新的"变"管理

《大学》有云："苟日新，日日新，又日新。"指的是只要某一天开始有新变化或革新，就应保持天天新，在革新基础上还要每日有更新。以此来说明"变"管理的本质，用于华为的创新行为惯习再合适不过。华为能够从一家创始资金2万余元的通信贸易公司，发展到今天拥有2200亿元（2012年）资产，成为世界第二大通信设备制造商，其成功之道的核心便在于"自省日新"。"自省日新"指的是企业家和经理人要时刻保持对企业内部经营管理和外部经营环境的警醒与危机感，保持对自身经营管理行为的"自我纠错和危机存在感"，不满足于既有管理创新的成绩，而不断进行改进，日积月累的小改进促进大创新。简言之，就是用"战战兢兢"的成功促进企业不断地新陈代谢。华为的管理创新充分体现了"自变""势变""量变"的中国特色的"变"管理文化传统。

1. "自省危机"存在感

华为以企业经营的"自省危机"存在感，使整个企业无论处于何种发展态势和行业地位都保持自我加压、提前求变的"心理弹性"。"组织疲劳症"是导致许多商业组织衰变的"看不见的手"，对胜利、业绩、经验、历史、实力过分迷恋和留恋的企业都将在自己构建的"疲劳圈"中发生"老化"之变而非"强壮"

之变。华为认为自省（自我批判）和"耗散制度"是思想、品德、素质、技能创新的优良工具。作为创始人和领袖，任正非激发企业全体员工保持这种危机"常变"的心理弹性。1996—2001年间，他先后在公司内部以演讲和文章的形式阐述了一系列关于华为和"华为人"要不断反思求进、居安思危、创新自强的思想观点，如《反骄破满，在思想上艰苦奋斗》《华为的红旗到底能打多久》《在自我批判中进步》《创新是华为发展的不竭动力》《北国之春》《一江春水向东流》等。1997年"华为基本法"在公司通过以及1998—2001年进行的系统化的集成管理流程再造成功，可以看做是"自省求变"深植华为员工的精神系统和行为惯习的标志。华为的这种"主动"自省求变的危机存在感，引领着华为从技术创新到经营创造的不断爬升。从2000年华为第一次提出"过冬论"到2012年，其销售收入从152亿元增加到2202亿元，成就其在世界通信行业的翘楚地位。就在华为确立其在通信行业领先地位之时，已然看到传统通信行业渗透率饱和时代的到来，看到信息和通信技术融合的未来技术和市场方向。于是从2010年开始，华为在全球通信行业率先围绕其界定的4大技术服务领域——物联网、移动宽带、云计算和家庭网络做"4个超越"的战略转型。

2. 突破经营管理模式

华为重视由"机会顺势"和"加压造势"而获得经营管理的突破。华为能够从贸易型、制造型"后发"通信企业，成为研发创新型行业的领军企业，是因为在企业创立之初就意识到：一方面，通信设备技术创新是中国政府和行业主导支持产业领域，即使已经有朗讯、思科、爱立信、阿尔卡特等通信科技领域的先驱，但是通信技术发展在彼时仍存在技术竞争的不确定性空间；另一方面，中国的地理环境和市场区间相对复杂多样，国外通信企业产品尚不能满足国内客户的产品结构需求，这些都为华为的通信技术创新和市场拓展提供了"创新机会""创业机会"和实现商业价值的机会。由此，华为利用代理国外通信产品的销售收入，大幅度投入到通信产品的技术研发和产品开发；大幅度招聘高学历的研发人员，突破通信设备的技术瓶颈，终于拥有了一批具有"自主知识产权"的产品。由此获得扎实的技术储备和人才储备，成就了其在通信科技领域的核心竞争力。华为不仅能认势而变，而且善"加压造势"提升创新和经营能力。华为的经营管理坚持"压强"原理，即在选定的经营方向、竞争领域和重点项目上，集中"优势兵力"——最优秀的人拥有充分的职权和必要的资源去实现分派给他们的任务，按照超过主要竞争对手的强度配置资源，投入经营资源要素，并将来自市场一线的竞争压力和企业目标压力层层传递到公司每个部门，从而促成在选定领域、方向和项目方面的竞争"优势"的突破。

3. 坚持创新

华为坚持以"小改变"成就大目标的"渐进式"创新方法。华为虽然赞同创新变革是保持公司竞争力的关键，但不支持盲目创新，不把创新炒得太热，并且认为要把模仿引进和自主创新结合起来，做企业不是做科学研究，追求的是创造商业价值。由此，在企业技术乃至管理模式提高方面，为了缩小和竞争对手的差距，华为主张"拿来主义"的"请进来"战略，将购买核心专利和自主创新相结合，力图在产品的工程设计、工程实现方面有所突破。在支持员工创新方面，华为贯彻"小改进大奖励，大建议只鼓励"的方针。华为一直坚持通过持续改进、不断改良来推进变革创新而不是盲目变革、多头出击、"组织清洗"这种轰动式的创新。华为的六大制度变革从 IPD 变革开始，由易而难逐步扩展到事关各阶层员工的人力资源管理、财务系统的变革上，最终较为平稳地渡过了公司集成变革创新的"阵痛期"。华为反对员工心存高远地站在山顶上看未来，只要员工在岗位工作范围内不断有改进和提升，将每个缺陷都自觉弥补起来，而不是只提大的建议，就能为公司做出重要贡献。

（三）执两用中的"用"管理

理想主义可成为鼓舞公司前进的梦想，但这一梦想的实现则必须立足"实用主义"的战略和行动。华为 20 多年的奋斗史，无不体现着理想主义的感召以及实用主义的依归。

1. 坚守管理的实效原则

在吸纳先进的管理理念和方法、创新战略经营方面，长期贯彻根据"司情"目的与效果来选择和评价管理的思想、技术和方法，不追求新颖时髦、特色个性的管理做法，更不随波逐流、"从众"经营。无论是在企业文化建设上，还是企业流程再造；无论是在企业经营的专注与多元化，还是国际化道路的选择上；无论是员工选拔标准，还是员工薪酬评价上，华为无不坚持根据实际效果和业绩来确定和评估——"茶壶里的饺子只有倒出来才能证明水平高"。以华为企业文化建设为例，它不做"墙面企业文化"，而是请来专家在全司范围内经过全体员工 3 年的长期争论和修改，最后形成了"华为基本法"。基本法的起草争论的过程，就是企业文化的"内生""塑造"和"内化"的过程。基本法公布之时，企业文化已经在全体员工的精神和行为中扎根落地，真正使其成为公司持久竞争力的核心能力。

2. 坚持"适用"的原则

在企业经营的战略选择和组织管理完善上坚持"适用"的原则，从现实出发，"摸着石头过河"。在研发创新方面不追求唯技术创新而创新，而是追求市场驱动的创新和领先对手"半步"的创新，只有"让客户惊叹，让对手信服"的研发创新才是华为"适用"的研发模式。华为针对困扰电信运营商的多路线网络演进带来的多设备、多网络交叉运营的管理难题和成本攀升，在业界首创性推出Single RAN解决方案，完美地解决了上述问题，且能实现面向未来网络发展的平滑演进。方案一经推出，即获得包括中国、比利时、拉美、加拿大、芬兰等国家和地区运营商的欢迎。在市场开发上，无论是在企业的创业积累阶段，还是企业国际化经营的初期，华为的营销战略都采用了"农村包围城市"的市场竞争模式，规避国外品牌的竞争锋芒，通过农村、三四线城市、发展中国家等大品牌相对忽视的市场经营获得充足的资金流，然后用于技术和产品突破，用于反攻国外知名通信品牌占据的主流市场。事实证明，这种商业战略非常有效，1993—1997年，其国内营业收入连年翻番，从4.1亿元上升到50亿元，成为当时国内第一大通信设备公司；其海外经营自1996年起步，从举步维艰发展到2011年，为140多个国家和地区提供通信产品和解决方案。又如华为的"压强管理"原则也是"适用"并"管用"的组织管理工具。华为十分清楚，作为通信行业的后起之秀，无论是在品牌、技术和人才方面，自身都无法和通信行业既有的跨国公司比拼，公司在生产要素资源方面更是捉襟见肘，要追赶这些领先企业，并超越它们，光有"愿景"和梦想是不够的。为了能够和这些大牌公司直面竞争，就必须集中资源在某个领域以"雷霆万钧"之势获得"不对称"优势，从而建立自己在通信行业的竞争位势。以C&C08万门机的开发为例，华为采取了"压强原则"，将所有研发人员都投入到这项产品的开发上。华为原本在2000门交换机的研发上落后于主要竞争对手，但通过集合优势开发人员的集中攻关，华为较之竞争对手提前几个月开发出了功能和质量均得到有效保障的C&C08万门机，并利用这几个月的时间差打开了城市通信市场。

三、"和""变""用"管理思想促进企业领先成长的价值链探索

从华为20多年由无名的小企业发展到今天成为通信设备领域的领军企业的案例中,发现"和""变""用"管理思想是成就华为以小博大、创领全球的"精神基因"。推究华为的经营管理实践,以及这些中国本土管理元素与企业经营管理实务的关系,本研究探索性地提出"和""变""用"管理思想促进企业领先成长和持续成长的价值模型,作为后续研究或验证中国领先企业本土管理思想的结构性元素。

(一)"和""变""用"管理思想嵌入企业经营管理的价值链逻辑

中国的传统文化能否推动企业经营实践的发展、塑造企业持续高速成长,主要取决于企业的组织管理能否建立传统管理文化与企业经营管理的内在逻辑链,从而摆脱应急自发、"手段因果"等碎片化使用传统管理文化来解决当代的管理问题。本研究认为,引入波特的价值链工具,让中国本土管理元素依循价值链结构来推动企业领先成长,应当能够使"和""变""用"管理思想成为有迹可循、"价值因果"、链式驱动的企业竞争领先的正能量。

根据波特的价值链理论,可以把企业创造价值的过程分解为一系列互不相同但又相互关联的经济活动,或者称之为"增值活动",其总和构成企业的"价值链"。企业的价值链可以分为基本增值活动的价值链和辅助增值活动的价值链,前者主要是在设计、生产、销售、交货和售后服务方面所进行的各项活动的聚合体;后者主要是围绕前者而形成的组织结构、领导、人力、财务、计划、后勤等各项活动的功能体,这二者协同耦合使企业获得生存和竞争的核心能力。

"和""变""用"管理思想必须嵌入这种"二维"价值链的活动中,成为企业价值创造和循环的灵魂,并能在企业的实践活动中被行动者识别和自觉运用,才能改变企业成长的运行轨迹(见图1)。就企业的基本增值活动价值链(即运营价值链)而言,"和"的经营应当把握"常势",善造"变势",以自增强的核心能力和界面友好的商业模式,凝聚和容纳企业内外环境的利益相关者,以客户和市场为导向凝固原料、研发、商业设计、生产和营销的经营团组,锻造一条企业"适用"、利益主体"受用"的"无边界组织"形态的共赢价值链。就企业的辅助(功能)增值价值链(即组织价值链)而言,舍利为常与顺利聚合的"和"领导,"长善救人"、化异求同的团队组织,和随"俗"而变、效

率优先的职能管理，以及自动自发、日清日高的全员执行，塑造了一条"和以有力，变以有能，能尽其用，用必以成"的功能增值价值链。

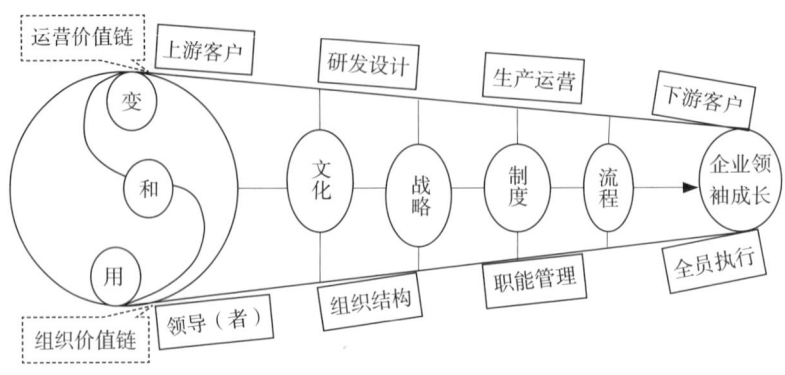

图1 "和""变""用"管理实践的价值链逻辑

"和""变""用"嵌入的二维价值链，要沿着上述逻辑链发生作用，还必须有一套能够映射、粘连和耦合二维价值链的"文化（或精神）行动机制"，它不但能够使企业的"管理基因"落地生根，而且能够使整个企业组织的内外机体协同发展。"和""变""用"的文化行动机制是由"文化—战略—制度—流程—操作"等组成的内隐的管理能量"传送带"。这一机制可以简述为：非"常变"的"和"文化，牵引"知常迎变"格局大用的企业战略，此二者决定并依循"执当可用、稳健可靠"制度，并最终落定在实战实用、相对稳定、应时而变的流程和操作上。需要说明的是，企业中的不少经营管理流程其本身具有很强的规则性和标准性，如发货流程、质量控制流程、信息管理流程等，因而具有了企业制度的机制特性。文化行动机制作为企业经营管理的一种中枢系统，首先驱动了以"领导（者）"为主导的组织功能价值链，依据"和""变""用"的组织文化与战略，围绕运营价值链和运营目标，设定、协调、整合、激活、改变企业的组织结构和职能管理及其制度与流程。

（二）"和""变""用"管理思想嵌入企业经营管理的方法论

联想集团董事长柳传志在论及联想企业文化形成与效应时，指出企业文化要起作用，必须包含两个部分的内容：①核心价值观——应该是什么和怎么样；②方法论——企业应该有自己的方法论，公司怎么去做事情，怎么样形成自己的管理模式。中国传统管理文化嵌入企业经营管理要有章可循，实效彰著，除了要有正确的逻辑价值链和思想火花外，更重要的是应有使其落地实施的行动方法论，减少传统管理思想使用的随意性、盲动性，增强其可参照性、可复制性。

1. 厘清"和""变""用"3种管理思想的关系

这3种管理思想都是中国企业和企业家在经营、竞争和管理中长期运用的理念和价值观，它们可以独立或联合起来对企业的经营和组织管理产生影响。从内在关系上看，这三者也比较符合中国文化传统的"太极"图式：①"和"居于中，它既是手段更是目的，属于企业经营管理的"自组织系统"。作为手段，通过合作、协调、化异、协同、和气、谦和，保持企业的稳定并最大可能地整合资源和经营能量；作为目的，它包含了无论企业如何"变革"管理，如何"达用"经营，都必须实现"利和"，都必须使企业内外利益主体、经营和竞争要素保持"动平衡"与和谐性——"平天下"就是企业最高的"和"图腾。企业之"变"、企业之"用"都是"和"的形而下之"器"，故"和"居于企业太极的中心点。②"变"是企业经营管理的"动力系统"。处于太极图一端，它在不断地打破企业系统内部、企业与市场系统之间各种经营要素之间的均衡与不均衡关系，使企业在"阴"和"阳"的矛盾关系中获得成长，建立、维护或改变核心能力与竞争力。如华为建立的基于能本的绩效考核体系和管理者升降级机制，就打破了过去依赖资历、学历及职务等级来推动资源分配、利益分配和职务晋升的组织生态平衡，树立了能力实绩、事本优先、下属成长、团队绩优的"新公平"组织生态，大大激发了员工的成就欲和行动力，在华为"火箭提拔"、新员工领先老员工、下属"指挥"上司的现象屡见不鲜。③"用"是企业经营管理的"能效系统"，处于太极图另一端，它以功能、效果、目标或标准的形态反映企业组织管理和经营的要素互动、运作的绩效，呈现组织资源张力与平衡的形态。企业之"变"、企业之"用"是企业改变、创新的过程指示器和目标指针，一旦经营之法、管理之变、竞争之略、创新之果在实践运作过程中没有产生预期功用，结果未达预期效用，或激化了经营管理要素之间的矛盾，那么，新的"改变"动力就必须产生，以保持企业的动态和谐与稳恒发展。

2. 把握"和""变""用"管理思想在价值链各节点的应用方法论

在企业经营管理的不同价值活动中，3种管理思想各自的应用价值、表现形态与特征应坚持"同中有异，异中有同"的应用方法论，即在管理思想的精神内核上保持一致，但依据价值活动的功用和组织情境需求对同一管理思想强调的焦点不一；管理思想在价值链节点的表现形态和特征有明显差异，但本质特征保持协调统一。

（1）"和"的管理思想在客户价值链节点和组织结构节点有不同区分。一方面，在客户价值链节点上强调利"和"为本，联"和"为稳。就是要建立客户和企业整体的利益上共赢契合的制度与行动，使企业与外部利益相关者保持动态的平衡协调、和气生利的"和"生态。这一点，国内许多领先企业都创造了不少好的做法，如华为延伸到客户的"利出一孔"的利益捆绑制度、娃哈哈的"联销体"制度、海尔的顾客服务体系等。另一方面，"和"的管理思想在组织结构的价值链节点上强调聚"和"以效，联"和"以续。就是要使职能各异、背景各异、能力各异、目标各异的员工和团队能够聚合到一套组织框架体系中，发挥各自的优势而又能克服或消释缺陷与冲突，从而建构和保持组织的效力。联想的"搭班子、定战略、带队伍"的建队模式、华为的集成化流程组织体系、娃哈哈不设副职的高层直管组织体系都使各自的企业保持了"政通人和"的执行力和经营效率。

（2）"变"的管理思想在研发设计价值链节点和生产运营价值链节点焦点不一。在研发设计价值链节点上要"势变"以突破，"量变"以提高。就是要引进和集中企业技术研发、产品设计开发、工艺流程开发方面的知识资本和创造资源，在某一时段和某一领域实现突破性创新，也要通过不断地小规模或单兵作战的探索获得技术、工艺的提高。华为的"压强管理"模式（或称为狼性管理）、联想的创新铁三角模式、娃哈哈的"差异化产品创新"模式都在传递协同造势的研发设计价值。在生产运营价值链节点上，"变"管理主要聚焦在"渐变"为主，顺势而为。就是要通过不断地小改进和局部创新，以提高产品和服务的质量和品质，增强生产运营的高效能和稳定性。华为的集成化生产供应链和"小改进大奖励"制度、海尔的OEC生产管理模式都在追求生产运营环节的稳步创新与持续提升。

（3）"用"的管理思想对企业而言，其核心应当是"效用"，但在不同价值链节点上其效用预期、适用条件和管用结果有明显的差别。如在职能管理方面主要强调"适用"和"效用"，因为其对人对事的影响面涉及价值链的各个环节，因而任何管理事项的变更、管理制度的实施、管理技术和方法的选用，都必须和企业的资源条件、技术水平、竞争环境、企业文化相协调，都必须能通过科学地计量或通过"试验检验"预期其对企业经营效能产生的目标效用。华为在

1998年推动公司职能管理的集成化改造,是华为已经在国内通信行业处于领先、"华为基本法"已经落地、竞争高地将从国内逐步转向国际的企业资源基础条件和行业地位条件下开启的,且这种集成化管理在IBM于20世纪90年代的成功转型中取得了决定性的成功,说明这一流程再造技术确有效用。事实证明,华为的集成化改造对华为在全球化经营中站稳脚跟,追赶和超越国际竞争对手发挥了其管理的价值效用。就生产运营或客户运营而言,"用"的管理思想则着重强调效果——"管用",然后是适用,确实对生产管理、营销管理的过程效率提高、工作业绩提高有明显的效果。海尔的OEC日常管理方法、娃哈哈的联销体运作方法、邯郸钢铁生产的"模拟市场核算,实行成本否决"的生产管理方法等都是稳定质量和队伍,提高经营和竞争效能的有效的管理方法。

四、结语

柯林斯等把在业界保持持续领先的企业视为高瞻远瞩的组织,认为它们是每一种管理文化的"造钟师",它们在永远不变和应时而变当中寻求到一种动态和谐。在他们设计的模型中巧妙运用了中国易经阴阳太极图,以揭示这种动态变化的平衡。而"中国式企业管理科学"课题组历时6年的研究,也精要地提炼出9个"管理元素"来反映企业经营管理的各个功能单元。这说明本土文化确实蕴含能够激发或保持本土企业持续成长或竞争优势的管理思想元素。本研究基于多家在我国各行业中长期保持领先企业经营管理经验的长期研究(其中对华为、TCL、格力、海尔、联想、新希望等公司的跟踪观察时间超过15年),并以华为作为其中的代表例证,提炼了其合于本土文化传统的管理元素,初步得到了能揭示并可被国内企业借鉴使用的管理理念框架。作为探索性研究,无论在元素提炼的依据、元素结构和维度的理论构架合理性、理念框架的实践迁移可行性方面,都存在许多不足,因此在后续研究中将对上述问题展开进一步的论证。

(原载:《管理学报》,2014年第7期;合作者:乐国林)

水样组织：
一个新的组织概念

一、引言

  组织是一种重要的集体行动方式。企业在20世纪成为有代表性的组织，也成为社会发展的主导力量（Scott和Davis，2007）。企业最大的问题是成长问题（德鲁克），21世纪是受到全球化、网络化、数字化、智能化深刻影响的时代，企业面临着更加复杂、动荡的竞争环境。资本、技术、智力的全球化流动使得企业竞争趋向于无国界，互联网和移动互联网技术解决了组织在地理位置上的分散问题，数字技术和人工智能技术正在重新塑造制造业和服务业的产业格局，市场需求变得更加多样化和个性化，持续的变化正在成为一种常态。在环境持续变化的今天，企业要保持成长，需要做出怎样的组织变革？

  本文从组织形态的角度研究企业组织变革和持续成长问题，并初步提出水样组织的概念。组织研究可分为组织本身的研究和实践导向的组织研究（Scott和Davis，2007）。前者以研究组织本身为目的（如巴纳德对组织定义的研究），为基础研究（巴纳德，2009）；后者的研究目的在于改进组织绩效（如通过科学管理提升效率），为应用研究（泰勒，2007）。本文侧重于实践导向的研究视角，认为组织形态本身就在影响着组织的表现，组织只有持续成长才能不断贡献价值，而要持续成长，组织的形态就要随环境而不断演变。

  所谓水样组织，是指像水一样可以灵活应对环境变化的动态组织。水样组织是组织内部驱动力与外部适应力的统一，呈现出"内在坚韧、外在柔和"的品性，主要有坚韧性、个体能动性、动态适应性、融合性四大特征。本文首先从实践基础、理论背景和东方智慧三个角度阐述了提出水样组织概念的依据，其次分析水样组织的内涵和特征，然后探讨水样组织与企业持续竞争优势的关系，最后是研究结论和展望。

二、提出水样组织概念的依据

组织研究与企业实践密不可分。提出水样组织的概念，首先是基于对管理实践的观察和研究。本文选取新希望、海尔、塞氏公司、专有标签、毕马威这五家国内外企业，考察了它们在面临环境变化和成长困境时，是如何通过变革组织形态来发挥企业效能的，发现这些现代企业与旧的"金字塔组织"不同，其组织形态变得更加灵活多样。其次，本文简要梳理了实践导向的组织研究的脉络，展现了水样组织概念与该研究脉络的有机联系。最后，之所以提出水样组织的概念，也是基于对东方文化中水的自然之道的领悟。

（一）水样组织：实践基础

通过研究发现，很多优秀现代企业的组织形态已经与传统的组织概念迥然不同了。这些组织创新的实践构成本文提出的水样组织的实践基础。多年来，本文作者一直扎根企业进行实验验证，通过组织研究探索企业成长的原因。这里仅以6家企业的组织变革和转型为例加以说明。参考循证管理的主要证据来源，以管理者经验和企业数据作为研究资料，通过亲身实践以及与张瑞敏等高管对话，研究了新希望、海尔两家本土企业当前的组织转型特征，同时，结合相关企业的传记、著作及论文（塞姆勒，2016；阿什肯纳斯等，2016；戈尔曼等，2015）研究了3家国外企业在关键成长时期的组织变革和转型实践。从这些企业的实践来看，相比于西方传统组织，今天的很多组织形态已经变得像水一样灵活。

1. 新希望：组织转型驱动增长

《财富》2016年评选了A股市场投资回报最高的5家公司，新希望超过万科，成为排名第一的上市公司。2013年第一季度公司净利润同比下滑17%，股价从23元降至8元。三年后，2016年第一季度净利润同比增长28%，其中，农牧业务盈利大增，近400%，屠宰加工业务获得84.73%的毛利增幅。这一增长源自新希望过去三年的组织转型努力。

为了更加贴近消费者，新希望努力从一家饲料企业变为一家食品企业。在组织生态上，新希望从区域职能分工变为供应链型企业，保证了食品安全的可追溯一体化。在结构形态上,新希望从原来的层级结构变为完善的网络结构,具体包括"化小业务单元""聚落一体化"。如将体量最大的青岛片区一拆为五,建立五个特区,随后又将集团从四个大的事业单元拆分为40多个业务单元。转型之前的业务单元,饲料、屠宰、养殖等各自为政,而现在则打通农牧产业链,变成从种子到肉的一体化,聚落按照区域划分,现在山东变成二十几个聚落。通过化小业务单元以及聚落一体化,新希望为更多人搭建了平台,激活了更多员工,尤其是需要释放价值的年轻人。

此外,新希望进行了自我瘦身,让组织本身变得更加简单高效。这一点非常关键,因为企业转型需要利润支撑,而在利润空间有限时企业则难以转型。新希望在转型过程中将销售下调,以砍掉落后产能。将产能低的整体砍掉,把落后的产品剔除,尽管销售额有一定下降,但确保了利润的增长,而这是有效转型的关键所在。事实证明,新希望的转型创新努力取得了好的成效。这当中宝贵的经验是,组织不是为了转型而去做转型,而是为了增长去转型。通过转型,组织能力得到提升,才能为未来的长足增长奠定基础。

2. 海尔:用户定义组织生态

海尔在最近十年聚焦于一件事情——基于互联网的制造企业转型。在张瑞敏看来,传统企业最大的问题是,企业基于用户,但细化不到每个人。为此,海尔把整个组织打碎,要求个人和用户合一,并建立起与传统组织完全不一样的组织,变成"自组织"。在一家数万人的企业当中,三个人就可以是一个经营单元。无论是"倒三角"还是网络结构,都让海尔员工可以更为自主地为顾客服务,在更为灵活的结构中,每位海尔员工都可以成为CEO。海尔力图基于用户将组织打造成一个生态圈,这个生态圈的理念、组织全部由用户来决定,通过"用户签字""竞单上岗,按单聚散",这种"自组织"和"动态合伙人"模式让海尔在互联网时代继续保持领先,甚至收购了通用电气的电气部门。

3. 塞氏公司:圆环组织激活个体

塞氏公司(Semco)是巴西最大的货船及食品加工设备制造商。里卡多·塞姆勒(Ricardo Semler)子承父业,率领这家濒临灭亡的公司重新走向繁荣。在巴西经济萎缩的大环境之下,塞氏公司在12年里利润增长5倍,收入增长6倍,生产效率增长7倍,成为IBM、通用汽车、福特汽车、雀巢、奔驰等世界级企业学习的对象。

1988年,困惑于组织转型的塞姆勒到加勒比度假,受到海浪的启发,塞姆勒设计了一种更具灵活性的圆环组织来代替传统的金字塔模式。新的组织形态由三个同心圆组成：位于内里圆环的人是公司顾问，包括塞姆勒及公司副总。中间圆环为合伙人，由各业务总监组成。外层圆环为伙伴，指一线员工。圆环之外则是协调人，由职能主管构成。

圆环组织的直观特征是层级少、没有头衔、没有组织结构图。借助圆环组织，塞氏公司把层级从12层降到3层；投票权和收入不再由头衔决定，员工的责权、薪水不再由组织结构图来决定，而是由员工自己决定。任何员工都可以在电脑上查到某个员工花了多少钱、收入多少、创造的利润是多少。这种灵活性为人才成长创造了更自由的空间，充分激活了员工个体。

4. 专有标签：打破边界激活组织

"专有标签"是杰克·韦尔奇上任时曾决定出售的信用卡业务部，由于没有买家愿意接手，最终只得留在通用电气。然而，在随后的20年，专有标签每年增速都在两位数，并成为通用电气净收入最高的部门。奥秘在于，业务负责人埃克达尔让专有标签变成了一个无边界组织。

首先，埃克达尔与团队打破既有的顾客边界，将顾客由消费者延伸至零售商，并基于满足顾客需要的流程来建立组织。其次，职能部门为寻找顾客解决方案而相互协作，从而打破了水平边界，进而围绕关键流程建立起零售商金融服务部（RFS），此后又在RFS内部建立起无垂直等级边界的营业中心。营业中心没有经理，唯一的焦点是让零售商变得更加成功。最后，由于美国零售行业的下滑，RFS开始跨越地域边界，进入全球消费金融市场，并为此打造新的独立分支GCF，其规模很快成长为原来母公司的两倍。

5. 毕马威：打破僵局重塑形象

与很多百年企业一样，毕马威的发展也离不开有效的组织变革。鉴于审计业务日渐饱和，从20世纪90年代开始，毕马威向担保及战略咨询等新的业务方向转型。当时的毕马威有300名合伙人，每位合伙人都各占地盘，固步自封。董事会主席科迪杰克通过召开全体合伙人会议，组建"百人团"等全新的工作方式来破除僵化的格局，推动组织变革。当原有的僵局被打破后，员工的激情、想象力和创造力就被释放出来。工作小组确定的新型业务成为公司新的增长来源。毕马威也完成了战略转型。新的组织方式带来的不只是收入增长，也不只是新业务的出现，而是毕马威的全新形象——在公司内部，可以看到一位年仅28岁的女审计员在指导许多年长的高级合伙人。这是转型之前没有的现象。

从上述企业实践可以看到今天组织内外发生的一些变化。首先，企业成长并不是简单的规模变大。事实上，当企业成长为大企业之后，如果变得不够灵活，反而会成为持续成长的障碍。其次，个体的能力升级。尤其是以新生代为代表。尽管每个时代都有新生代，但今天在全球化、互联网、科学技术快速发展的外部环境下成长起来的新一代员工，相比以往有了更为显著的能力升级。再次，组织关键成功因素的改变。如阿什肯纳斯等（2016）的观点，20世纪有四个关键因素影响了组织的成功——规模、角色的清晰性、专业化、控制，但21世纪组织需要一套截然不同的新成功因素，包括速度、灵活性、整合、创新。金字塔式的结构匹配了过去的成功要素，但未必有利于今天的组织。最后，组织生态的转变。近20年来理论与实践界都在关注组织生态（Adner，2017）。在以开放、合作、共享为特征的共享经济时代之下（陈春花，2016），不论是传统企业还是互联网企业，系统越封闭，越阻碍组织的成长。

因此，企业若要取得成效就离不开组织本身的改变。首先是组织灵活性的提升。无论是塞氏公司的圆环组织，还是新希望的化小业务单元，都显著提升了大型组织的灵活性。其次是个体的激活。毕马威的百人团激活了看似僵化的个体，而海尔的自组织也让个体与顾客紧密结合。再次是组织结构的打破。塞氏公司已经没有组织结构图，海尔的"倒三角"和网络结构则彻底颠覆了传统的组织结构。可见，这些新的组织具备一些共性特征，但从结构形态来看，它们已经变得非常"另类"，如有的变成了圆环、有的变成倒三角、有的变成聚落、有的变成生态系统，这些多变的组织，就像水一样灵活。

（二）水样组织：理论背景

组织变革是管理的中心问题，也是管理需要持续关注的问题（Suddaby和Foster，2017）。组织研究正是在组织管理实践的推动下不断演进的，同时，基于实践导向的组织研究反过来又推动了组织变革的探索实践和组织绩效的提升，从而形成了组织研究与实践的良性循环。以实践导向为视角的组织研究，德鲁克无疑是最重要的代表人物。这里重点梳理以德鲁克及其后继者为主线的组织和组织变革研究的演进脉络。

德鲁克是从社会学的视角开始其组织研究的。1942年，德鲁克在《工业人的未来》中得出结论：组织将成为未来社会的基本单元（德鲁克），美国社会的自由信仰将依托于组织来实现，优秀的组织会赋予人以真正的自由和成长。早在

1911年,《科学管理原理》的出版曾引发了美国的效率革命(泰勒,2007)。实施效率工程的福特汽车公司在20世纪20年代虽然占据过半的市场份额,但是成长并没有延续,福特汽车逐渐由盛而衰。与之相反,通用汽车却开始由弱变强,取得了持续的成长。德鲁克深入通用汽车公司,研究其成长的原因,于1946年出版《公司的概念》,总结了分权组织的管理概念(德鲁克)。

德鲁克对比了福特汽车与通用汽车,发现福特汽车在高度集权和监控之下,组织失去了自由和成长的空间,因此,福特汽车在当时并未成长为一家真正意义的大型企业。原因在于亨利·福特没有根据环境的变化调整组织模式,当企业由小变大时,他依然沿用小企业的集权方式来组织大企业;通用汽车的分权组织模式则能够顺应环境的变化。20世纪50年代以后,福特汽车开始转换组织模式,通过学习通用汽车的经验,向事业部分权组织转型,重新恢复了生机。

1977年初,麦肯锡公司开始了对管理有效性的应用研究,一组研究战略,一组研究组织有效性。后者由Peters、Waterman、Pascale、Athos等进行研究。在分权组织的基础上,他们进一步研究了结构之外的其他要素,系统地提出了组织的七项要素,即麦肯锡7S模型。Pascale和Athos以此为基础研究当时快速成长的日本企业,完成《日本企业管理艺术》(Pascale和Athos,1982)。Peters和Waterman以此为基础研究拥有创新表现的美国卓越企业,完成《追求卓越》(Peters和Waterman,1984)。Peters和Waterman将卓越企业定义为不断创新的大型企业,通过研究43家美国企业,他们得出结论:企业卓越的原因在于一系列文化特质(cultural attributes)。Peters和Waterman(1984)、Pascale和Athos(1982)、Deal和Kennedy(1982)、Ouchi(1981),标志着组织文化研究的开始(赵曙明和裴宇晶,2011)。

1988年,斯坦福大学的Collins和Porras对组织"愿景"(vision)一词产生兴趣,此后该词被广泛使用,但内涵模糊。他们延续了Peters和Waterman(1984)的研究,总结了美国18家高瞻远瞩企业(visionary companies)的成功习惯,完成《基业长青》(Collins和Porras,1994)。该研究对联想、阿里巴巴等中国企业的实践产生了一定的影响。

《追求卓越》《基业长青》与德鲁克的组织研究一脉相承,均为管理学术史上的名著(陈春花等,2004)。德鲁克开辟的基于实践导向的组织管理研究理路在中国逐渐获得一批学者的响应。如赵曙明认为,"我们唯有秉承德鲁克先生的学术态度和学术精神,才能够实现中国管理学术研究的腾飞"。德鲁克本人也认为，在取得一定发展之后，需要从实践入手研究中国企业管理的特征（德鲁克、马恰列洛）。于是，在这些西方管理学术研究和中国企业发展的双重基础上，陈春花和赵曙明（2004）率先提出了中国优秀企业研究的方向，开展了中国先锋企业的研究，完成《领先之道》，总结了中国大型优秀企业的八项特征。随后的十年，他们继续对中国优秀企业进行跟踪研究，再版了《领先之道》（陈春花等，2016），同时，总结了中国领先企业的本土管理元素，完成《中国领先企业的管理思想研究》（陈春花等，2014）。

除了以德鲁克等为主线的脉络之外，组织研究还有两位重要代表人物——法约尔和巴纳德，他们都是基于自己担任企业经理的经验来研究组织的。法约尔与泰勒时期接近，不同的是，他从组织整体的角度提出管理的职能以及组织的一般原则（法约尔，2007），其职能学说为管理学科的体系奠定了基本框架。巴纳德与德鲁克时期接近，德鲁克基于企业实践描述出具体的组织形态，而巴纳德则聚焦于探讨组织本身。其重要贡献在于揭示了组织存在的前提以及组织构成的基础（巴纳德，2009）。巴纳德将组织看作是一个合作系统，组织因目标而存在，而组织本身则是一种合作关系。巴纳德阐述了组织的合作机理和形成原理。

上述组织研究脉络沿着两个主导方向展开：一是组织的价值，二是组织的形态。基于前者，如德鲁克的观点，成功的组织可以实现人的价值，可以贡献社会的发展，因此德鲁克致力于研究组织成功的规律，这也在一定程度上反映了组织研究的社会学意义（Scott和Davis，2007）；如巴纳德（2009）的观点，组织需要实现一定的目标；如Peters和Collins等的观点，组织应该有使命感，一个伟大的组织要做到基业长青（Peters和Waterman，1984；Collins和Porras，1994）。这些观点综合起来，意味着组织需要持续成长才能贡献其价值。基于后者，如巴纳德（2009）的观点，组织从形态上可以看作是一系列合作关系，但这种关系又有所不同。依循泰勒的分工学说和法约尔的职能学说，形成了组织的基础结构，即职能制；依循通用汽车和IBM则有了两种助力企业成长的结构——事业部制和矩阵制。从这两个主导方向来看，持续成长的目标或要求是不变的，但要做到持续成长，当环境发生改变或有所不同时，组织的形态也需要改变。因此，组织本身既是目的又是工具，作为目的，组织需要持续成长才能贡献价值；而作为工具，组织本身又必须变为适应环境的形态，才能让自身持续成长。这意味着，组织形态的变化本身就在影响着组织的成长。

当然，德鲁克等人仍是在"金字塔"架构下思考组织分权问题，无论是事业部制还是矩阵制，也都并未从根本上摆脱"金字塔"组织模型的窠臼。但是如前所述，当今实践领域已经涌现出多种多样更具颠覆性和灵活性的组织形态，并为组织价值和组织效能的实现开辟了广阔的空间。我们将其归纳为"水样组织"，是为了赋予其更加自由、灵动的组织文化内涵，也是在组织文化方面传承和弘扬德鲁克"以人为本"的组织研究理念。可以预期，在德鲁克描述的知识社会中，水样组织将更能契合知识工作者自由合作、自由发展的需要。

（三）水样组织：东方智慧

水样组织概念的提出，也源于东方文化和东方智慧的启示。东方管理学派的创始人苏东水先生认为，观水悟道，是有益处的。有了一定的收获或遇到挫折的时候，再反过来以道观水，将会更有启示。中国自古以来的贤达哲人多有崇尚水者，而水的自然之道值得管理者学习（苏东水，2005）。如老子说，"上善若水。水善利万物而不争，处众人之所恶，故几于道"（《老子》第八章）。至高境界的善行有如水的品性，水造福人间万物而不争名利，能接纳百川不分浑浊污垢而自质清洁，因此最接近于"道"。水的这些特质与水样组织在组织价值维度上相契合。再如《论语·雍也》中说，"智者乐水，仁者乐山"；《孙子·虚实篇》中说，"水因地而制流，兵因敌而制胜。故兵无常势，水无常形，能因敌变化而取胜者，谓之神"。水无常形，时刻在主动适应环境而变化，能因地而制流，这些特质与水样组织在组织形态维度上相契合。李平和周是今（2017）就曾以水为象征解释了企业从创业、腾飞、成熟到再造的成长变化。又如陆亚东和符正平（2016）以"隐喻"为方法提出水式管理的思路，在将中国古典哲学与当代管理实践相互连通方面做出了有益的探索和尝试。基于东方的哲理和智慧，本文提出了"水样组织"的概念。

三、水样组织的内涵和特征

本文主要从组织形态的角度考察水样组织灵活应对外部环境变化的能力，因为组织形态的变化本身深刻影响着组织的成长。当然，水样组织是"形"与"神"的统一、"体"（目的）与"用"（工具）的统一，因此在探讨水样组织的内涵和特征时，不能脱离价值层面单纯地谈水样组织的形态特征，本文只是更侧重于水样组织形态方面的属性。

(一)水样组织的内涵

本文提出的"水样组织",是指像水一样可以主动、灵活地应对环境变化的动态组织,它是内部驱动力(价值观、激活个体等)与外部适应力(协同、竞合、共享等)的融合体,呈现出"内在坚韧、外在柔和"的品性内涵。

水样组织首先强调组织持续变革的重要性。在组织环境日益复杂多变的当下,组织需要成为一个可以持续变化的动态组织,组织只有具有足够的灵活性才能把握机遇,应对挑战,不断成长。塞氏公司、专有标签、毕马威、海尔、新希望等企业,皆因组织自身的改变而令组织重新或持续获得成长。相反,如果不做出改变,已有的竞争优势就会丧失。

其次,组织变革的动力不仅来自外部制度、竞争和消费者等环境压力,也来自组织内部的主动重构,以更具前瞻性的视野、更有效的手段夯实组织价值观,凝聚愿景,激发员工潜能。因此,水样组织必须把内部驱动力与外部适应力有机地融合起来,使其成为外柔内刚、既柔韧灵活又无坚不摧的新型组织。

西方的组织理论主要从理性系统、自然系统、开放系统三个视角来看待组织。在理性系统视角下,组织本身并不是目的,而是实现特定目标的工具或手段,因此,组织是为实现特定目标而设计的。在自然系统视角下,组织不仅仅被作为工具,其本身就是目的,维持组织存在本身就是组织的目标,因此,组织需要不断加固和维护自身。理性系统与自然系统视角相对封闭,开放系统不再将组织视为封闭系统,而是认为环境是组织生存与延续所需能力与能量的根本来源(Scott和Davis,2007)。

水样组织是一个开放系统。水样组织观也认同环境对组织成长具有重要作用,也强调组织只有通过与环境的交互才能打造持续竞争优势,然而,更注重组织自身主动变革的能力,而不是简单地对外部环境的适应力,因为在日益复杂动态的环境下,与外部环境协同变化的能力已经成为组织最大的资产。

从"水"字和"永"字的起源可以体悟水与组织的匹配性。"水"字为象形字,图1的甲骨文呈现了水流之形。如图2的甲骨文所示,当水流分出支流之后,便有了"永"字,"永"字的本义即为"水流长",因为水涓流不息,汇流成川,"永"才有了"永远""永久"的意思(左民安,2015)。从"水"字的起源来看,其意义本身就与一个伟大的组织相吻合。水流的分支像是组织结构,而水的流动又像是组织的成长,永流不息又意味着一个组织的基业长青。这也正是一个伟大的组织要做的——持续成长。更重要的是,在流动的过程中,可能会出现种种障碍，但因为水自身的一些特质，使得水可以冲破障碍，持续流动。在开放的环境里，水是永动不止的，暗示了企业持续发展、永不止步的精神（陆亚东和符正平，2016）。

图1 "水"字甲骨文　　　　　图2 "永"字甲骨文

综合来说，水样组织是合乎"道"的组织。它顺应开放组织的本性，智慧包容，"无为而无不为"，不虚骄，不造作，如水一般随形而化，灵活多变，因激活个体而具有强大的内部驱动力，同时也追求与外部环境的和谐、平衡、共生、共享的"自然"生态。

（二）水样组织的特征

水样组织具有坚韧性、个体能动性、动态适应性、融合性四个主要特征。陆亚东和符正平（2016）提出的"水"隐喻的理论特性包括动态性、辩证性、灵活性、适应性、渗透性、开放性、持续性等，这些特性也适用于水样组织。本文主要基于对组织形态变化的考察，从水样组织的内部驱动力（坚韧性、个体能动性）和外部适应力（动态适应性、融合性）相统一的角度做简要概述。

1. 坚韧性

坚韧性体现了组织强大的内部驱动力。老子认为："天下莫柔弱于水，而攻坚强者莫之能胜，以其无以易之。"（《老子》第七十八章）水看似无比柔弱，在攻坚克强时却威力无比，无可替代。这是由于水在积蓄势能时具有极其强大的忍耐力，因此能够做到滴水穿石。水样组织也具有这样坚韧不拔的品性。水样组织即使面临恶劣的环境，仍然可以借助自身的能力突破逆境，获得成长，犹如水滴石穿。事实上，塞氏公司、专有标签、毕马威、海尔、新希望，几乎都是从逆境中逆势成长。塞姆勒接手塞氏公司时，公司已近乎崩溃，专有标签处在通用电气的低谷期，海尔处于中国竞争最为激烈、大企业高度集中的家电行业，转型前的海尔也在业绩超过千亿元后"沉寂"了几年,而转型之前的新希望也处在业绩的相对低谷时期,但最终这些企业全部突破了逆境。因此,水样组织拥有的坚韧性,让其具有极大的内在力量,可以不受逆境的左右而保持增长。

水样组织的坚韧性来源于企业的精神、理念、文化所体现的核心价值观,如顾客至上、精诚服务、关怀员工、自强不息、努力不懈、永续前行等理念。这些稳固的价值观构成水样组织持续成长的基因和酵母,只有深植于管理者和全体员工的脑海、内心,毫不动摇,才能积蓄成强大的凝聚力和持续的竞争力。

水样组织的坚韧性与其组织柔性的关系:本文认为,水样组织之所以能具有持续竞争力,一方面是因为水样组织是随环境而变的一种柔性形态,这种柔性提升了组织在动态环境中的适应能力,另一方面是因为水样组织自身强大的内在力量,这种"刚性"可以使组织在逆境中依然保持增长。当然,这里的"刚性"并非指组织制度的严苛,而是组织作为整体所具备的力量。从"阴中有阳,阳中有阴"的角度看,水样组织的"柔性"包含着理性成分,组织要成长,必须顺应环境而改变;而"刚性"包含着非理性成分,不论组织内外环境如何,即便是环境再恶劣、再艰难,水样组织都可以逆境而生,甚至可以超越环境、改变环境、创造环境,达到"境由心造"的境界。前者体现了水样组织的外在形态,后者体现了水样组织的内在信念,这使得水样组织成为一种刚柔并济、动静相宜的综合体。水样组织具备柔性,但柔性并不能完全代表水样组织。水样组织需要变化,就需要支撑做出变化的内在动力。因此,水样组织是组织内部驱动力与外部适应力的统一,两者缺一不可,这是水样组织的核心。只是由于组织形态的变化更为显露,而"刚性"则更为"内敛",水样组织才呈现出"外在柔和、内在坚韧"的如水品格。

2. 个体能动性

水样组织的坚韧、灵活的组织能力最终来源于员工个体的能动性。个体能动性是指每个员工的行动意愿来自其自我激励,同时也来自其对组织核心价值观的高度认同。当组织形态需要改变时,就意味着从领导者到一线成员,组织全员都需要激活并做出改变。只有激活个体才能激活组织,才能真正赋予组织活力,使其成为灵活应对环境变化的主体。

在互联网、大数据、人工智能等快速变化的技术环境、人文环境下成长起来的新生代员工尤其适应分布式、自我激励的工作场域。他们就像随意分离又不断变幻、聚合的水分子,赋予组织以动态能力。可以说,今天的个体已经高度自组织化，个体员工之间蕴藏着自由合作的无限可能性。水无常形，水样组织需要打破固有的组织内部和外部疆界，变身为众多自组织的联盟或平台。例如，海尔就将数万员工化整为零，让其组合成细小灵活的经营单元，或者说成为"人单合一"的自组织，每个人都变成"竞单上岗，按单聚散"的"动态合伙人"或者创业者。这些以创造顾客价值为目标的举措，极大地发挥了员工的个体能动性。新希望也通过化小业务单元以及聚落一体化为更多人搭建了平台，激活了更多个体，尤其是需要释放价值的年轻人。

3. 动态适应性

动态适应性意味着水样组织是能够积极应对外部环境变化，也能够随环境而发生改变的动态组织。水无定形，随万物之形而不断改变，汇聚成江河湖海各种情状，水样组织也具有这种动态适应性。水的流动性、适应性、非抵抗性这些灵变顺势的特征，显示了水样组织的一种战略柔性和顺势对应。这种柔性不仅表现在与制度环境的对应上，也广泛表现在企业与业界生态圈的各种伙伴关系和应对市场变化上（陆亚东和符正平，2016）。这包括对企业自身的战略定位、行业选择、市场定位、组织架构等不断进行适应性调整，以及企业在新环境、新市场、新行业下开辟市场、不断探索、不断试错的创业与成长（陆亚东和符正平，2016）。

全球化和互联网技术的发展，使竞争与合作都在空前广阔的空间中展开，不仅在实体空间中展开，也在向虚拟空间延伸。组织外部环境的不确定性日益加剧，使动态适应性成为组织必须具备的一项战略能力。打造水样组织将有利于企业培育动态适应能力和变通能力。

4. 融合性

融合性意味着水样组织与内外部合作伙伴之间、顾客之间、竞争对手等利益相关者之间的关系需要和谐相融。河海不择细流，故能成其深。水样组织犹如江海，具有深远广大的包容性。随着组织与外部环境的相互依赖日益加深，水性中的共生、共通、共享、开放、融合等理念对组织成长也越来越具有重要意义。

水样组织的融合性特征是其动态适应性特征的延伸和提升，对组织内部驱动力的要求也更高。这需要组织具有更加开放的视野和海纳百川的胸怀，也需要组织在多元、差异的环境中具备不断学习的能力，更需要生态体系的整合能力和竞合、共赢、跨界共享的能力。例如，腾讯就是一家具有卓越融合能力、渗透能力的水样组织，公司市值目前已进入全球市值最大的10家公司行列。腾讯公司一向沉稳低调，伏地而行，如水趋下，周流不殆，忠于客户，持续改进。它依托强大的网络社交平台，专业、稳健地推进互联网金融和普惠金融实践。以微信支付、QQ钱包为移动支付产品的核心，不断向线上线下商业支付渗透，并不断完善金融应用产品的基础支撑，使其成为支付宝最强劲的竞争对手。

通过融合，组织能力得到提升，进而可以更好地实现战略意图。例如，新希望在转型中希望在保持原有养殖端优势的基础上进一步拓展消费者业务，因此，在适应"互联网+"的新环境之下，新希望积极开展了与京东等电商平台的合作，从而进一步提升了新希望贴近消费者的能力，为新希望食品业务的发展打下了基础。

四、水样组织与持续竞争优势

本文认为，水样组织可以帮助企业在动态环境下创造持续竞争优势。

组织形态的变化服从于组织价值的持续成长。当组织的外部环境的变化加快，变得日益复杂、越来越不确定时，组织形态的变化可以激发和释放组织进行价值创造的潜能，让企业持续成长。相反，组织形态僵化则会造成组织价值创造能力的萎缩，使组织丧失竞争优势。水样组织是一种像水一样可以灵活应对环境变化的动态组织。水样组织"内在坚韧、外在柔和"的品性，以及坚韧性、个体能动性、动态适应性、融合性等特征可以帮助企业在不确定性不断增加的环境下创造持续竞争优势。

本文提出水样组织的四大特征，在一定程度上是对资源基础观的发展。资源基础观认为构成竞争优势的基础是组织所拥有的资源，而对于水样组织来说，组织本身就是竞争优势的来源。Barney（1991）提出了资源的四个标准——价值性、稀缺性、不可模仿性、难以替代性，具备这些特性的资源可以使组织拥有持续竞争优势。但在发挥竞争优势的逻辑上，水样组织与之有所不同。在具体内容上，资源难以被竞争对手模仿和复制是资源基础观的重要逻辑。资源的四个标准可以追溯到Barney（1986）对组织文化与竞争力的探讨：因为组织文化符合有竞争力资源的标准，所以可以带来竞争力。因此，Barney（1991）资源基础观的内容基础实际上是组织文化。20世纪七八十年代日本企业的崛起引起了诸多学者的关注，研究结论的焦点落脚在组织文化上（赵曙明和裴宇晶，2011），Barney（1986）的组织文化研究也是基于这样的时代背景。组织文化的确难以复制，因为它是在长期实践过程中形成的，对手要模仿，也非短时间内可以建立起来，但组织文化本身的这种特征，也为其在实践中带来局限：组织文化固然让对手不易被模仿，但也会让组织自身难以改变。

在日益动态的环境下，模仿竞争对手的组织即便可以做到模仿和复制，也难以获取竞争优势，因为环境对组织和资源的要求可能发生改变。这就意味着，对于被模仿者而言，即便拥有对手无法模仿的组织资源和能力，也可能无济于事，因为这种资源和能力可能已经被时代淘汰了。从更大范围来看，日本企业20世纪七八十年代的迅速崛起来源于独特的组织文化，而这种成功因素在一定程度上也成为日本企业后来成长的阻碍，造成日本企业成长的整体放缓。韩国的李健熙则主张"除了妻儿，一切皆变"，带领三星重新恢复活力。中国更是在改革开放的进程中涌现出一批优秀企业，这些企业受益于变化的环境，更是得益于自身随环境而改变。

因此，动态环境下的成长逻辑并非复制，而是改变。换言之，动态环境下，竞争力的来源不是试图去模仿和复制竞争对手，而是让自身发生改变，去适应不断变化的环境。这时，带来竞争优势的关键，则是组织的改变能力。企业在转型时期必须具备这种能力。新希望在《变革一线共同学习》的内参中指出，过去新希望可以通过吃小鱼的方式成长，但今天很多小鱼都长成了大鱼，新希望要持续领先，必须自己做出改变；海尔的张瑞敏一直在探索全新的管理方式，作为领先者，没有对手可以模仿，甚至需要颠覆传统；任正非说，华为已经进入无人区。与稳态环境相比，动态环境带给组织的一个不同可能是，组织不再具有模仿的对象，而要通过改变为自己创造未来。在动态环境下，资源的有效期缩短，领先企业要保持领先必须做出改变。改变而非停留在固有优势上，是水样组织在动态环境下创造持续竞争优势的逻辑。

水样组织观认为，组织能否生存和延续，最主要的生态变量不再是年龄和规模，而是可以不断变化的组织自身。依据传统资源基础观的企业统计特征，组织的年龄和规模是最主要的生态变量，组织的年龄与规模同时成长，而两者都与死亡率负相关，与小企业相比，大企业更不容易死亡（Scott和Davis，2007）。考察企业竞争力需要看组织的过去积累与传统，小企业由于缺乏一定的基础，存在新生劣势与小型劣势。年轻组织与利益相关者关系不够成熟，从环境获取资源的能力较弱，因而成长困难（Scott和Davis，2007）。水样组织的观点削弱了组织既有资源的权重，更加重视组织应对环境变化的能力。不同规模企业的成长起点归零,不论是大企业还是新创企业,都可能创造或失去竞争力,关键在于自身对于动态环境的适应性。这时,所有企业站在同一起跑线上,小企业则可能更为灵活。因此,海尔、新希望这些传统的大型企业必须让自身变得更为灵活,否则就无法保持竞争力。

这时,不仅仅是规模、年龄与死亡率之间不存在绝对的负相关性,年龄与规模之间的相关性也降低。因此,水样组织从组织自身的结构和形态视角拓展了资源基础观对企业持续竞争力的思考(图3)。

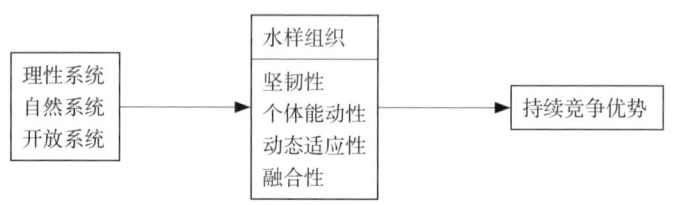

图3 水样组织与持续竞争优势

五、结论与展望

企业实践和理论研究表明,组织的价值创造活动与组织形态的变化息息相关,企业若要持续创造价值,就必须顺应内外部环境的变化持续推进组织变革。本文主要基于组织形态的视角,从实践基础、理论背景和东方智慧三个角度阐述了提出水样组织概念的依据,并初步分析了水样组织的内涵和特征及其与企业持续竞争优势的关系。水样组织作为动态组织,本文突出探讨了其像水一样可以灵活应对环境变化的形态和能力,认为水样组织是组织内部驱动力与外部适应力的统一,呈现出"内在坚韧、外在柔和"的品性,主要具有坚韧性、个体能动性、动态适应性、融合性四个特征。打造水样组织可以帮助企业在动态环境下创造持续竞争优势。

本文提出的水样组织概念可以丰富和拓展现有组织理论的观点和维度。组织研究的特点在于处在学术研究与管理实践之间,组织研究从实践中寻找值得研究的问题,并为实践提供有效的理论指引,组织研究领域的著名学者如德鲁克、明茨伯格、波特等,通过对组织理论的贡献赢得学术声誉,同时也将大量时间用于企业咨询(Scott和Davis,2007)。基于这种特点,本文遵从了组织研究的方法论,研究组织成长过程中的关键管理实践,以此发现组织成长的原因(Scott和

Davis，2007）。本文目前只是对水样组织这一新的组织形态进行初步探索，更进一步探讨和界定"水样组织"这一概念还需要持续的努力。虽然水样组织目前还只是一个描述性的概念，但是我们也想借此去理解全新的管理实践变化，寻找理论的价值创新与实践契合的方向。这个方向不仅有助于水样组织的理论发展，同时也有助于中国管理学或东方管理学的发展。令人欣喜的是，作为能够动态应对环境变化的组织，水样组织的组织形态已经被越来越多的企业实践所关注。

本文试图抛砖引玉，希望有更多的学者参与系统地构建水样组织理论。以下研究方向可能有助于进一步推动水样组织的研究。

第一，水样组织内涵的探索性研究和验证性研究。在中国文化中，"水"是"道"的原型（余佳，2013），具有极为丰富深厚的人文内涵。本文只是基于组织形态的视角初步考察了水样组织的内涵和特征，未来需要就水样组织的内涵和特征要素开展探索性研究，同时也需要借助案例研究或其他实证方法来验证或修正本文提出的四个特征要素，以便提升水样组织的构念效度。

第二，水样组织与持续竞争优势的作用机理研究。本文提出了水样组织可以为企业带来持续竞争优势的基本命题，未来还可以从以下两个方面对此做进一步的解释，一是研究水样组织通过何种构念来影响持续竞争优势，二是研究有哪些情境因素影响了水样组织与持续竞争优势的关系。

第三，水样组织的前因变量研究。本文提出了水样组织的重要概念，认为打造水样组织可以为企业创造持续竞争优势。接下来需要系统探索的是：如何成为水样组织？换言之，水样组织有哪些形成条件？这项研究对于管理实践至关重要，因为实践界不仅关心水样组织的构念及其重要性，更关心如何建构水样组织、如何发挥水样组织效能的问题。

第四，水样组织的其他关联性研究。上述三个研究方向均以水样组织作为主线来研究，未来还可以将其融入其他主效应。例如，在讨论领导力与绩效的关系时，水样组织本身也可以作为情境变量来提升两者关系的解释力。

（原载：《外国经济与管理》，2017年第7期；合作者：刘祯）

"共同生长"战略逻辑下，如何成为领袖

一、万物之中，生长最美

有人问我，你怎么看一个企业有没有未来？我回答：我只看平均年龄。对于同业的前三名企业，我真的只在乎平均年龄，不太在乎企业今天的规模、位置。平均年龄只能说明一个问题：谁的竞争力更强，或者谁更有未来。

最近三年，新希望做的最重要的一件事情，就是将核心管理层的平均年龄从接近60岁降到低于40岁。为什么要做这么大的调整？很简单，因为最重要的事实就是——市场、社会、自然其实都是新淘汰旧，这是任何人都不得不接受的一个自然规律。所以我对自己说：我唯一要做的事情就是想办法逆生长。

（一）今天的战略逻辑就是回归自然逻辑

在今天的社会环境中，无论从商业逻辑、市场逻辑，还是社会逻辑去看，有一点都是最重要的，就是一切逻辑都已经改为"万物生长"。

看看企业战略的变化。

20年前，战略课程中最重要的是"竞争战略"。为什么竞争战略能够成功？因为有比较优势，有比较优势就一定可以用竞争战略——竞争战略的核心就是你输我赢，所以你有比较优势就一定可以成功。

10年前，出现了一个很时髦的词叫做"蓝海战略"。为什么叫蓝海战略？因为竞争不可能让你有优势，你必须退出红海寻找蓝海。2007年，我自己在写的书叫做《超越竞争》。这时候最重要的概念不再是竞争，而是离开竞争。

但是5年前的话题又变了。5年前，我们不谈竞争，也不谈离开竞争，而是谈双赢、多赢、共赢。为什么会走向这个方向？主要的原因是企业没有办法独自占

有资源，独自占有资源获得成功的时代已经一去不复返。

20年前，10年前，5年前，战略的逻辑一再发生变化。到了今天，最重要的是共同生长。

为什么今天的战略逻辑是生长？因为今天你必须与更多的人与要素融合，与自然融合。以前为什么可以不讨论这个话题？因为以前企业发展或者人类发展所需要的自然资源，与自然之间没有那么大的冲突，今天我们所用的资源实际上冲击到自然环境了。自然大过人类，所以你的逻辑需与之一致，这是一定要知道的改变。我们今天在战略上的逻辑，就是回归自然的逻辑，叫做万物生长。

（二）比别人先走一步，才可能成为真正的领袖

从战略来看，领袖的核心是什么？比别人先走一步。比别人先走一步，才可能成为真正的领袖。比别人先走一步，从商学院的角度来讲，就是训练学生的战略思维。第一，要很清楚地知道，我们处在一个什么样的战略格局下。第二，要知道自己处在一个什么逻辑框架下，否则难以做出正确选择。

我去参加中国制造业的年会，主办方觉得现在制造业很辛苦，希望我去给大家鼓鼓劲，并告诉我，这是中国最有情怀的一群企业家。在他们看来，制造业的情怀就是坚守这个行业，但是每个人都活得太苦了。

一个制造业的成功企业家作为主讲嘉宾发言，他认为制造业不要受互联网企业忽悠，不要整天听人家讲数字化就紧张，那跟你没有关系。他举例说无人驾驶汽车还离我们很远，就北京这种堵车方式，无人驾驶汽车肯定不可能上路，所以，他给大家鼓励，做制造的不用焦虑、不用紧张，把产品做好就可以了。

那是一个约2000人的大会，这位嘉宾讲完话后，下面热烈鼓掌。我虽然同意制造业把产品做好是关键，但是无人驾驶汽车真的离我们很远吗？真的不需要关注数字化吗？到我发言的时候，我说：制造业专注于产品，我特别接受，但是这个逻辑对吗？够吗？我同意无人驾驶汽车在北京如此堵车的路上是开不了的，但是我不久前刚好在德国听了德国博世集团的介绍，其新业务方向之一就是无人驾驶汽车，做什么？博世认为，人们到一个地方，去停车场的那段时间是浪费的，尤其是到处找车位的那段时间，是没有意义的。所以博世集团的做法是，你到了要去的地方之后，无人驾驶去停车场。我相信这个产品可以很快进入我们的生活。

博世集团的逻辑与这位发言企业家的逻辑，或者说与一些中国制造业的逻辑

最大的差异在于，制造业今天要解决的不仅是产品质量问题，更要满足顾客真实的需求，如果你能立足于顾客的真实需求，为顾客提供成长空间，顾客当然会跟你在一起。

要成为未来的商业领袖，你的思维和训练要比别人领先一步。制造汽车的人，可能打败你的不是做汽车的人，而是做了一套无人驾驶系统的人。这就是现在你遇到的思维方式调整，知道在一个什么样的竞争格局里，你才能真正成为领袖。

（三）你有一个梦想，有伙伴，愿意行动，你就可以生长

关于生长，从个体的角度讲，生长需要三个要素——梦想、伙伴、行动。行业好不好做，或者企业做得好不好，跟外部环境关系不大，实际上是这三个要素在起作用。应对变化的方法非常简单，就是把这三件事情做到。

首先需要解决的问题是你的目标是否激励所有人。

我刚到新希望的时候，新希望有一个很明确的企业愿景，那就是"打造世界级农牧企业"。这个愿景对我很有吸引力，因为我一直希望中国企业真正具有国际竞争力；这个愿景也是老板的梦想，他大会和小会都会讲，新希望一定要成为世界级农牧企业。但是，员工都觉得这事和自己没有关系。

所以我与老板一起把这个梦想与员工关联起来。我把愿景做了一个梳理和更新，变为"打造世界级农牧企业，打造美好公司"，打造美好公司有三件最重要的事情：

第一件事情——奋斗者收入翻番。

第二件事情——给大家建立事业合伙人的共同成长平台。

第三件事情——给大家设立学习的平台，保证每个人每一年有一定的学习时间。

你会发现这个梦想是跟所有员工相关的。其实很多时候企业出问题，可能就是因为企业追求的目标跟员工没有关系，企业领导者就不可能有伙伴，没有伙伴就不可能在市场上取胜。成功最终都是人的成功，人是你唯一可以把握的资源，其他任何资源都是不可控的。

最后，不能只有团队，你得有行动。就像我，不能光喊个口号："打造世界级农牧企业加美好公司！"这个口号讲完了，员工只会高兴一点，然后你得让他发现这个目标跟他相关。员工观察一段时间之后，发现美好公司跟他没有关系，他就不信了。所以你必须有行动，让他感受到。

对于企业或者个人而言，如果想成为领袖，你确实得有跟随者，如果没有的话，这个梦实际上无法实现；同时这个梦想反过来要能够驱动追随者。最后是你有行动，有了行动之后，梦想才能变成现实。

二、领袖企业的生长力密码

碧桂园2016年的业绩超乎他们自己的想象。2015年，碧桂园的销售额接近1500亿，2016年上半年实现合同销售金额约1250.7亿元。碧桂园管理层没有想到销售额增长如此之快，他们希望讨论，如何打造新的组织能力与组织系统，以配合这样的增长。但是碧桂园打动我的，不是巨大的销售额，真正打动我的是碧桂园为什么可以有这样的成长性？

（一）如果你有生长力，哪怕你今天非常小，可能未来是你的

如果想成为一个行业领袖，你的成长一定要超过行业的平均成长。其实核心还是成长的可能。有时候我们看一个企业，并不是看它现在的大小，而是看它是否具有成长性——对于趋势的理解和推进，与市场融合、认知顾客和发展人的平台构建能力，这种生长的可能性实际上是极其重要的。

如果你有生长力，哪怕你今天非常小，可能未来是你的；如果没有生长力，哪怕今天你非常大，也没有任何意义。

对于把自己定位在领袖位置上的年轻人，我不去判断你今天的大小，以及你未来要成为什么，我只有一个要求：你要成为一个具有生长性的人。你有未来不是因为年轻，而是因为你拥有了一种能力，这种能力叫做生长性。

我一直在看中美企业之间的差异。与美国企业竞争，你会发现你很被动。为什么呢？因为美国企业的战略安排都提前10~20年，你会发现你没办法领先它，这是优秀的美国企业最厉害的地方。

多年前，我到华为参观。那时候没人知道华为要做手机，我说，华为手机一定会做到第一。为什么？因为我看了他们的研发展示——2G技术的时候，华为已经储备了5G技术的产品，也就是说提前20年做储备。所以今天做手机的时候，他们不着急，可以按照自己的逻辑布局及生长。焦虑是因为你没有安排你的生长能力，所以别人一竞争你就焦虑。但华为不会。

（二）优秀企业的标准——一是经历过经济周期，二是经历过代际领导人更换

优秀的企业到底为什么优秀呢？为什么优秀企业可以活几百年？我跟踪领先企业做研究20年了，到现在也没有下结论中国有优秀企业，原因是我们还没有经历过两个最重要的挑战。

1. 挑战一：经济周期

我们国家现在GDP增长降到6%，有人预测还会降一些，但是我没有特别悲观。我们运气真的很好，改革开放以来，中国经济一直增长，我们没有遇到负增长的经济周期，我们的企业没有经历过恶劣的经济环境，所以我们其实并不知道中国企业有多厉害。我们看一个企业优秀与否，要从两个生长周期来判断。一个是逆经济周期，经济完全下滑，企业反而正增长，这就叫生长力很强。

2. 挑战二：代际领导人更换

第二生长周期就是代际领导人更换，因为只有代际领导人更换的时候，我们才知道这个企业是不是可以自己生长。中国到现在为止还不能说有优秀企业，绝大部分企业都还未经历代际领导人的更换，包括华为、海尔，目前来看美的做到了。

企业要经历过代际领导人更换，以及逆经济周期两个阶段才叫做优秀，这种企业一般会活过100年，甚至几百年。为什么做得到？实际上就是做好了三件事情。

第一，用增长去应对变化。应对变化只有一个办法，就是增长，没有其他的办法。

第二，不断地自我变化。绝对不等环境逼着改变，一定是自我改变，被环境逼着变不算生长能力强。

第三，尊重市场规律和客观规律。一定要特别尊重市场规律和客观规律，因为只有尊重市场规律和客观规律，你的生长才有真正的内在动力。

所以，一个自我生长的企业，其内涵是什么？有两点：第一点是持续变革转型；第二点是不断地自我更新。

（三）在任何环境下你都可以成为商业领袖

我从1992年开始研究优秀企业，后来发现没有，所以只有选择那些行业领先企业，我称之为"先锋企业"。

这些企业我跟踪了两个10年：第一个10年是1992—2002年；第二个10年是2002—2012年。

这两个10年我分别出了一本书。这两本书的名字都叫《领先之道》，只不过10年更新了1/3。我连续追踪的5家企业，分别是海尔、华为、TCL、联想和宝钢，并选了3家对比企业——诺基亚、苹果、三星。

之所以这样选，是因为要选各种治理结构的企业，国企、民企、上市的、非上市的，市场化程度高的、市场化程度不高的。按照这些维度，最后选出这5家企业。我下面介绍的是2002年到2012年它们的表现。研究为什么它们在脱颖而出之后还可以持续保持领先。

1. 海尔：用户至上

我们看第二个10年海尔做了什么。首要原因是他们真的是用户至上。我比较的对象是海尔与诺基亚。诺基亚曾经是多强大的企业！2008年全球金融危机时，诺基亚还可以说：此时此刻全球9亿人，因为诺基亚沟通无障碍！可是到了2013年的第一季度，诺基亚世界第一的位置就被三星拿掉了。

这10年中为什么巨头这么快被淘汰？期间一个最重要的转换就是企业组织必须面向顾客和用户。但是大部分的巨头组织其实是不面向顾客的。用杰克·韦尔奇的话来说："我们都是屁股对着顾客，脸朝董事长的。"所以海尔创造性地建立了倒三角组织，也就是让所有人"脸对着顾客，屁股对着董事长"，做到这一点，这个组织才能真正的用户至上。但是坦白来讲，这在中国非常难。我觉得海尔非常棒的地方是它做了10年的基于互联网的转型，使得整个公司都面向了顾客。

2. 华为：自我批判文化

第二个是非常有影响力的华为。我今天反复强调的自我变革、自我驱动，恰恰是华为组织与文化的核心——华为从来不等别人来推，一定自己主动求变。华为的考核跟所有的考核都不一样：你这一年做了什么，只占一半的比重；另外一半要求你做360度的自我批判，也就是说自我批判到位了，公司认为你对过去一年的理解是对的，你对你不足之处的理解是对的，你就可以胜任下一年的职位。

华为对中国文化的理解非常深，所以选择自我批判文化而不是批判文化。华为的管理，我觉得真的很难学习与复制。比如说上级为直系下属打分做考核，这个分数就决定奖金，而每一档的奖金差异很大。打分要对外公告，下属可以与上司讨论评分是否合理。华为的整个考核都是这么打分评估出来的。这种打分法最重要的特点是什么？每个人对别人的评价要负责任，这个责任大到可以决定他一年的收入，自己的也是一样，要被别人评估打分。有意思的是，在这件事情上很少有投诉，大家觉得非常客观，非常尊重这个分该怎么打。

华为就是这样真正能自我批判的公司，自我批判不仅仅在组织层面，也形成了所有人的行为习惯。所以这个公司能够以这样的方式去增长，以这样的方式不断去创造奇迹。

3. TCL：鹰的重生

TCL是在我第二个10年的研究中唯一一家亏损过的企业。2006年，TCL因为国际化战略遇到重创，当年的亏损超过了20亿。李东生董事长连发了5篇文章叫做《鹰的重生》：鹰是飞行动物中生命最长的，为什么？当它40岁的时候，它会拿出150天把毛、喙这些东西都拔掉，期间它除了能喝水之外什么都不能吃，但是如果它能够活下来，它接下来的生命时间是30年，所以它有70年的寿命，这是鹰最厉害的地方。

TCL当时面对的是由国际并购导致的巨大亏损。但我非常欣赏这个企业，他们把失败变得很有价值，他们通过调整，改变了许多文化的核心，更重要的是他们做了"鹰的重生"，进行了一系列"鹰"的工程——"新鹰计划""精鹰计划""雄鹰计划"。因为要有全新的增长，就得让年轻人成长起来；也正是年轻人与大家的一起努力，使这个企业走上了重新生长之路。

4. 联想：向强者学习

联想有个非常大的长处，就是在学习中去竞争和成长，不断地跟惠普、IBM以及今天的苹果这样行业最强的企业去合作、竞争、学习，这使得联想找出了属于自己的路。

5. 宝钢：蓝领创新

我也选了一个国企叫宝钢，宝钢目前是国企中做得比较好的公司。宝钢创立了一种自生长的能力，叫做"全员创新"——不仅仅是技术人员创新，最成功的是蓝领工人创新，很多的创新来源于工作现场。宝钢在钢铁行业非常困难的形势下逆势成长，就得益于他们的蓝领创新。

以上五家企业的成功说明，如果想成为商业的领袖，无论在任何环境下你都可以成为领袖，你不能说老一代人有机会，新一代没有机会，你不能说新兴企业有机会，老企业没有机会，你不能说互联网有机会，传统企业就没有机会，其实生长是不受影响的。

这5家企业持续领先的要素如下：

要素一，回到顾客价值，唯一能够救你的人就是顾客。

要素二，自己驱动改变，不要等到外部来推动你变，或者你的对手来让你变。

要素三，遇到低谷、困难都没有关系，最重要的是把低谷和困难变得有价值，产生新价值。

要素四，你向谁学，与谁合作，怎么去学。

要素五，让创新成为你的DNA，不仅仅是你自己，你的管理层、员工都应该有这些创新基因。

这五个因素使得这些先锋企业在第二个10年依然领先。这5家企业一直能够生长，源于他们一直在变革，一直在转型。变革转型的选择，其实最重要的是自我选择。但是这样的自我选择难在什么地方？难在要完全脱胎换骨，一个人最难的不是学习新东西，而是放弃旧的东西。

三、未来是青年人的

对于任何一家企业的可持续研究，都会聚集到其成长性上，但是请大家记住：保证三个成长性——员工成长、行业成长、顾客成长。

企业的一系列改变，无论是变革、转型、超越，都取决于一个人，这个人就是领导者。我要求领袖具有的非常重要的内在特质，他是一个驱动生长的领袖，最好的企业的最重要标志就是要有成长性，而成长性体现在三个方面。

第一，员工成长。如果你的员工没有成长，你就不是一个好的领导者。今天的华为拥有很多优秀的年轻学生。在华为的薪资系统中，本科生起薪就是月薪1.2万——重要的不是工资本身，而是华为做了智力投入，这些投入保障了华为的成长。你必须保证员工能够成长。

第二，行业成长。因为你，你所在的行业是进步的，而不是把这个行业做到谁都不愿意做。中国很多企业总想在行业中居于一个有利地位，并认为获得这个地位需要把同行干掉，为了达到这一目的，常常选择伤害行业总体价值的做法，但是一旦选择伤害整个行业总体价值的做法，这家企业也就无法得到成长。推动行业成长，这才叫做有成长性。

第三，顾客成长。为顾客创造价值是企业之根本所在，所以企业需要有能力推动顾客的成长，从而获得企业自身的成长。

好企业一定要保证这三个成长性。确保你的企业具有成长性，你才有机会成为商业领袖。成长性企业一定有一个驱动生长的领导者，一个驱动生长的领导者是什么样子？

笔者研究了20年的5个先锋企业，到今天还是活得很好，正是源于这些先锋企业的领导者是"英雄领袖"。我之所以把这些先锋企业的领导者称之为"英雄领袖"，是因为他对行业做出了贡献，所以叫做"英雄"；同时在企业内部他一定是培养人的，所以叫做"企业领袖"。

我得出了先锋企业领导者的模型：从培养人的角度来讲他应该发展自己、发展他人；从市场的角度，他应该引领行业的战略，创造新市场，以及慎重决策。所以一定要了解怎么样发展自己，发展他人，只有把这个做到，你的企业才能够做大。

四、重构知识、重构思维、重构认知

真正想成为一个驱动生长的领导者，你还需要全新的认知。

我和几个朋友聊天，一个人问产品、内容、渠道的问题，说"内容和传播哪个更重要"？结果回答这个问题的人水平非常高，他说："内容即渠道，渠道即传播，传播即内容。"这是两种不同的思考逻辑。一种逻辑是线性的，只能择其一；另外一种逻辑是关联而非线性的，变成共生关系。所以一定要有全新的认知，如果还用经验和线性思维思考问题，就无法理解今天的变化。

我们需要做三个方面的重要重构——重构知识、重构思维、重构认知。

不同的思维，你会发现答案不太一样。笔者之所以特别喜欢年轻人，是因为你会发现年轻人的答案跟你想的不一样。我现在跟90后的人在一起的时间比较多，因为我担心自己被知识的重构冲击淘汰了。

在和90后交流的过程中，我发现其实我的知识、思维、认知都要重构，不重构连跟他们对话的能力都没有了。我在一个商学院也很特别地招了一个90年的EMBA学生，就是想知道这个年龄的人思维、认知到底有多大的差异。

知识沉淀得越多，重构越难；我们被证明过的成功越多，重构越难，因为认知常常是基于经验。所以我非常希望大家沉静下来，对固有的东西进行重构，这个重构不见得会给你更多的帮助，但是至少能够让你与最新的方向去交流，你要知道年轻人在想什么，因为几年后他们就是主流。

（原载：《清华管理评论》，2017年第3期）

不是增长型思维，
你已经开始自我淘汰

20多年来深入做"中国领先企业的研究"过程中，我最深的感受就是中国企业在发展到一定阶段时，遇到的最大挑战是组织的瓶颈和惯性。我们常常说改革难、转型难，很大原因是整个组织由于思维惯性而卡了壳。

管理学界和商界人士大多将企业的战略思维或者战略作为企业的成功关键，但是在企业发展的实践过程中，另一个也需要关注的视角是组织思维，组织思维对企业的成功至关重要。一个企业组织在平稳发展之时，最可怕的是怠惰，是组织疲劳，就像人们说的"温水煮青蛙"；最可怕的是固步自封，活在自我的成就上，活在过去的功劳上。这样的组织已经开始自己淘汰自己，而不是因为环境或者技术，更不是因为对手或者竞争者。

因此，组织思维惯性是一个非常值得关注的问题，这也是那些优秀企业在企业文化与组织建设中极为重视的一个方面。如华为顾问田涛先生在一次报告中所言："组织在早期要强调活力，要有海盗精神，甚至匪性。我们说华为把秀才造就成了战士，忽略了一个中间环节，那就是首先第一步是把秀才变成土匪，让他们有匪性很重要。这难道是中国人的发明吗？这其实是真真正正的人类普遍的组织成长的价值观。欧洲人怎么走到今天的？几百年前的西班牙、葡萄牙怎么能够成为当时的世界霸主？靠的是什么？靠的是海盗精神。当他们富裕起来的时候，就开始搞资本市场，金融至上，开始忽视实业，开始普遍享乐，澡堂多于教堂，那种狂欢的文明，衰落一定是必然的。后来英国怎么崛起的？当时的英国女王给那些到全世界掠夺财富的英国海盗们颁发了批文，叫'探险'。正是这种掠夺式的探险，才使得大英帝国在它的巅峰时期统治了整个世界的一大半。"我想田涛先生用"海盗精神"作比喻，只是强调一个组织文化中，需要有不断冒险的精神,而不是安于现状。

一个组织到底有什么样的思维惯性,这对企业来讲是至关重要的。很多时候人们会认为组织管理主要是管控,尤其是在一个大型的组织里面——这种想法导致企业形成一种组织思维惯性。是否陷入思维惯性,一个重要的区分在于,是一个增长型的思维,还是非增长型的思维。非增长型的思维就是把KPI完成,不要冒险。但如果是增长型的思维,就会去不断地努力,在任何情况下看到的都是机会,不会仅仅看到挑战和压力,所以不可能有焦虑。如果你有焦虑,那么一定是你的思维方式错了,如果你的思维方式没错,你看到的应该是机会,因为今天的商业机会是那样的丰富和多元化。

增长型组织思维是极为重要的,它包含三个方面的内容:从外向内看的思维原则,鼓励探索与宽容失败的思维模式,打破边界的思维方式。

一、从外向内看的思维原则

这个原则需要企业组织与企业管理者能够基于外部而不是内部,基于顾客而不是自我,基于市场而不是产品,基于行业而不是资源,基于变化而不是历史来分析问题,理解企业自身,我将此定义为思维原则,是坚持要求企业组织要严格按照这个基准展开思考与工作。从外向内看的思维原则有以下几个最核心的内容:第一是必须从外审视你的企业;第二是不断扩大对市场、对行业的理解;第三是利用一切技术和机会明确顾客需求;第四是不断重构企业核心能力。

我们都知道今天的经济进入了一个新常态,记得海闻教授对新常态用了三个概念——增速开始调慢,结构开始调整,新技术产生。我非常认同海闻教授这三个判断,这也说明企业发展的整个外部环境的确发生了很多变化。在中国,大部分产业都遇到产能过剩的结构问题,比如中国饲料产能利用率只有38%左右。这样一个完全产能过剩的概念中,你的增长从哪里来?我与我的同事们说增长点只可能在结构内不可能在结构外,结构内的增长和结构外的增长,这两者对企业的要求是完全不一样的,这需要新的能力。

新的技术出现,不仅仅是互联网,我们看到更多新兴的技术对各个行业都产生了非常多而且巨大的挑战,所以这就需要大家一定要明白,在这样巨大的变化下,我们要问自己这条路应该怎么走下去,我相信这就是今天企业组织所要面对的最重要问题:怎么确定自己的增长之路?如果组织掌握从外向内看的思维原则，就能够在这样的环境下找到增长的机会。以我自己最近三年的实践举例，在2013年10月，我与中国饲料行业的许多同行交流，这个行业最大的变化是什么？以前是农民来评价饲料企业好不好，现在是消费者来评价饲料企业好不好，产品安不安全。行业的评价体系完全改变了。如果从农民的角度评价，最重要的是企业服务方不方便，成本低不低，质量好不好；但是消费者评价，就是看企业产品安不安全，可靠性如何持续保障。整个评价体系变了，你对行业的定义就要变。

我相信所有的行业也一样遇到这个难题，这个难题就是行业的定义会变，你不能用你的经验、历史再来规划你的行业，如果是那样，我相信你被淘汰也是必然的。所以我个人认为，从某种意义上讲如果能重新定位，其实机会更多，所以一定要从外而内来看企业。

二、鼓励探索与宽容失败的思维模式

这种模式需要企业组织与企业管理者能够在内部形成一种默契的文化——包容与支持团队成员不断探索，不断尝试。这样组织才会不断创新，获取主动从而迎接挑战。

过去很长一段时间，资本与资源稀缺，所以资本与资源的支配力更大一些。现在情况变了，现在，尤其是未来，人才以及人的创造力会成为稀缺以及决定性因素，资本要附着在人才身上，才能够真正发挥价值。在今天，人的创造力决定着企业的成败。我把这个定义为思维模式，是需要企业组织，尤其是核心管理团队能够养成这种默契以及评价习惯。

这个思维模式有以下几个最核心的内容：第一是在企业价值共识约束下的自由发挥；第二是奖励探索；第三是包容失败。

强调企业价值共识约束是前提条件，人才的培养最重要的是价值共性的形成——有明确的价值观指引，才能保证行动的有效性。对于人才本身而言，他们具有创造力，同时也可能带来破坏力。因此共同价值观约束是一个极为重要的前提条件。

企业中流行着一种"能人"的说法，这些能人的确直接影响着企业的经营绩效，如果"能人"不作为，绩效立即波动，也因此"能人"常常要求企业为他打破规则，为他做出很多组织约束上的让步。请理解，在这样的情形下所获得的企业绩效，是极为危险的，因为无约束力的人才，是一种极为不负责任的创造力，这并不是我们所提倡的。企业价值观共识前提下的创造力，才是我们所提倡的。所以，我坚持企业需要"对的人"而不是"能人"。华为提倡的"以奋斗者为本"之"奋斗者"是对的人；英特尔公司提倡的"我们欣赏战败的人而不是气馁者"，战败者也是对的人；杰克·韦尔奇在GE强调的所谓忠诚，是在外部市场上取得胜利的人，这也是对的人。真正的人才，不是你创造了多少业绩，而是你在共同价值观下创造的价值。

在《激活个体》这本书里，我特别介绍了谷歌的"创意精英"的组织管理模式，谷歌所做的实践，就是缔造了一个让每一个成员能不断探索的组织。我们看到基于新技术，特别是基于互联网技术的新兴公司之所以充满活力，正是因为他们的组织都是一个鼓励成员探索的组织。这样的组织需要打破层级、岗位以及分工；这样的组织给员工提供各种资源，以促成员工探索的可能。3M公司的组织管理体系中，准许员工跨部门成立工作小组，准许员工拿出工作时间的15%自己支配，去做与本职工作不相关的事情，为员工设立创新工作的氛围与平台。这样的结果是，3M公司最近五年来的新产品贡献率，绝大部分都是来自于内部员工在15%的自由时间里的价值创造。

包容失败是获取创新的一个根本性基础。有关因失败而获得创新与机遇的例子数不胜数，我不在这里去列举。之所以把这一点作为核心内容提出来，是因为中国传统文化中固有的习惯，是不能够包容失败。里约奥运会上，中国女排的胜利让中国人极为振奋，我是那振奋中的一个人。2016年8月21日守在电视机前观看女排决赛的收视率，接近70%这一惊人的数据。30多年来，女排精神鼓舞着我们整整几代人，逆境中崛起，永不放弃、永不言败的团队精神是女排精神的核心。只是，在女排处在低谷的时光里，并没有得到这样的关注和肯定，所以郎平才会说：女排精神不是赢得冠军，而是有时候知道不会赢，也竭尽全力！我们实在需要在遇到低谷时获得帮助和支持，也在别人低谷时给予帮助和支持。

我喜欢华为对于创新与研发的设计。华为每年把销售收入的10%～15%投入到研究和开发中，大家都知道这是一个巨大的数字。其中30%用于研究。研究是一个不确定性的工作，需要鼓励探索与冒险。对于不确定性工作，华为设定了一个收敛值是0.5，也就是说允许有50%的失败，在华为看来，这不叫失败，叫探索。看到这里，大家会明白，华为走到今天，为什么有如此巨大的竞争力与增长能力。

三、打破边界的思维方式

这种思维方式需要企业组织与企业管理者能够突破固有的边界、管理方式以及体系，为市场与顾客服务，而不是为组织内部的制度和系统服务。打破边界的思维模式有以下几个最核心的内容：第一是用平台取代层级；第二是协同提升分工；第三是整合优化资源。

传统的组织管理是一个围绕着层级结构而展开的权力与责任体系，在这样的体系中，层级有着巨大的影响作用，不同层级有着不同的权力分配以及信息传递，不同层级之间有着一种心理契约，无法突破，并形成一种隔阂。在层级结构之下，无论多么强调合作，无论花费多大的努力去打造一个合作的企业文化，一旦回归到岗位角色，每一个人必然会本位主义，"屁股指挥脑袋"。因此，优秀的企业都会在企业内部设立众多的发展平台，打破层级结构。海尔的"人人是创客"以及"人单合一"的组织管理模式，华为的"轮值CEO"组织模式，新希望六和的"划小单元""四大创新平台"设立，都是设立平台型组织的有效尝试，并都取得了明显的成效。

我们都很清楚环境带给组织的挑战，也都清楚组织柔性是多么重要。如果要获得组织柔性，就必须解决分工如何发挥协同效率的问题。大家知道管理成为科学就是从分工理论开始的，因为分工才有了提高劳动效率的途径。因此只要是谈论管理问题，一定是解决效率问题。现在管理者遇到的挑战是分工似乎成了阻碍效率实现的因素。我自己也亲身经历了这样的情形的发生，在我去调研的很多企业中，这甚至是普遍的现象。解决这个难题的途径是用协同提升分工，这就要求每一个成员能够用系统思维和整体意识来对待自己的分工，用配合他人、达成整体绩效作为自己的工作准则，在组织内部有奉献，才会有价值创造。

整合优化资源是一个需要管理者真正理解并力行的思维方式。

我们先从战略层面来看这个思维模式的重要性。首先，看看谷歌创造价值的模式。使用谷歌的搜索服务是免费的，免费吸引全球20亿人上网搜索，搜索服务提供者把这20亿顾客资源卖给第三方，即所有想通过谷歌把他们的信息传播给这20亿顾客的个人或机构。这样，谷歌搜索的年收入能够达到2000亿美元，但如果直接向顾客收费，不可能获得这样的结果。再看苹果，苹果不仅把手机作为一个商品，更把手机做成一个平台，因为平台可以整合第三方，把那些和手机用户有价值关联的企业或顾客整合到手机这个平台上。可见整合优化资源是多么重要，运用这一点的谷歌与苹果，都成为持续增长的优秀企业。

我们再从组织层面上看这个思维模式的重要性。华为最近有一个大讨论，其核心思想是任正非先生提出的"炸开人才金字塔，与世界交换能量"。在这个讨论与共识之下，华为开始无限扩大外延，用华为分管人力资源高级副总裁的话说，就是"使内部领军人物辈出，外延天才思想云集"。这位副总裁分享了几个例子。隆巴迪先生（Renato Lombardi）是著名的微波研究专家，意大利人。五年前，华为因为他把华为微波研究中心设在米兰。克里纳先生（Martin Creaner）是全球知名商业架构师。两年前，华为为了他在爱尔兰科克市——一个不知名的小城市，设立了研究所。如今，这个"一个人的研究所"也有了二十多人的专家团队。马修先生（Mathieu Lehanneur）曾是卡地亚、三宅一生等品牌的设计师，现在，他是华为法国美学研究所的首席设计师。人才在哪里，资源在哪里，华为就在哪里，这就是华为的组织管理逻辑。

增长型组织思维对于企业组织来说是极为重要的，但很多企业还没有形成这样一种组织思维模式，大部分的企业是一种非增长型的组织思维惯性，满足于完成企业的KPI，满足于已经取得的核心竞争力，满足于自己对于行业的经验，不愿意去冒险，不愿意尝试新东西，这样的组织就是非增长型的组织，是需要彻底做出改变的。

（原载：《清华管理评论》，2017年第4期）

导航中国企业转型，
中国企业转型理念与实务

企业转型是一个根本选择。如果不选择持续转型，企业发展就不可持续。远不止步于理念和哲学，陈春花教授还从新希望六和的成功实践中提炼出了清晰而严谨的企业转型实操模型，这是迄今为止最适合中国企业的转型变革实操模型。

2016年，罗振宇问我："2016年你被问到最多的话题是什么？"我说，企业的转型。

2016年被更多地问到转型问题，我认为有两个原因。一是我们今天的经济环境、行业界定，甚至我们面对的消费人群，都在被重新定义。外部环境被重新定义，迫使企业不得不去转变。二是很多企业发展到一定阶段，都会遇到一个挑战，叫做可持续增长挑战，不管是传统企业还是新兴企业，这种可持续增长的挑战都存在。新兴企业以全新的商业模式进入一个领域，进行商业创造，获得创业成功，但是新商业模式同样不可持续。

一、转型，才能持续

企业为什么要转型？

道理很简单——不可持续的确就是无法持续。

这是句大白话，但是为什么不可持续是无法持续的？因为"持续"其实是由你决定的——如果你没有去设计"持续"，那么结果就是无法持续。比如说，很多人说，如果这个组织离开这个人，这个组织可能会出问题。我说，如果组织设计就是让组织依赖于这个人，这个人离开当然会出问题；如果在组织设计中，组织不依赖于这个人，那任何人离开，组织都不受影响。组织其实是有能力离开任何一个人都可以活下去。但如果从来没有那样去设计，一定要让组织靠这个人，那坦白讲，这个组织真的离开他就不行。所以，是否可持续取决于对持续性的安排：如果你对持续性不做安排，那么就不可持续；如果对持续性做安排，那么不可持续这个现象就不会出现。

这句话有另外一个意思——一个企业的改变和转型其实没有终点。我回到新希望六和，主持第一次组织转型，然后第二次组织转型，同事就问我，陈老师，什么时候转型告一段落？我说你问对了，答案是没有告一段落的时候，必须永远在转型的路上。3年里，我做了5次组织转型。

因为外部市场不会停在那里，永远在不断地变，所以你如果不安排"可持续"，那么你就不可持续了。

希拉里大家很熟悉，去年参加美国总统大选，2008年她也参加了总统大选。2008年，你会发现她是中心，大家都拍她；到了2016年，你就会发现她变成了背景——年轻人基本上都是以她为背景自拍。为什么是自拍？因为对年轻人而言，他拍的时候一定要把自己放进去，其他人都是背景。我最近被拉着照相的时候，年纪大的像2008年那样拍，90后就是像2016年那样拍。所以，世界真的在变，哪怕是同一个人，面对同一件事情，在不同时间点的行为逻辑也完全变了。

有人问我，什么是不变的事情？我的回答也很简单——不变的就是变。

所以，企业转型是一个根本选择。如果你不做转型的选择，持续转型的选择，结果就是不能够持续。

二、可持续，一定要做好三件事

我一直认为，任何时代，任何环境，任何行业，都会有超过平均水准的优秀企业。做不好，不是因为环境，不是因为这个产业，一定是因为你自己。

优秀企业怎么安排可持续性？我们来看看，一直优秀着的企业做了些什么。我固化了几个最重要的优秀企业案例，连续跟踪了20年。这些企业做了三件事情，让它们在任何环境下都不会受到太大冲击，甚至总能抓住机会。

第一件事情，不断地追求增长，绝不放慢脚步。不把外部环境的挑战和冲击当借口，而是永远找机会，永远寻求增长来应对变化。

2017年两会前后讨论最多的是实体经济跟虚拟经济之间的冲突。在我看来，实体经济跟虚拟经济之间根本不是冲突关系，而是融合关系。实体经济好不好，关键在于自身的效率高不高。在市场产能过剩、供大于求的情况下，对企业最重要的要求是效率，是精准。有精准和效率，市场机会才是你的。所以不是虚拟经济、互联网技术冲击或者颠覆了实体经济，是实体经济自己的效率不够。如果调整效率，机会还是实体经济的。

GE（通用电气）2009年开始调整，卖掉了两个业务，一个是财务公司，一个是家用电器。如果熟悉GE案例，你会知道，杰克·韦尔奇上任的时候，把GE由制造企业转型为服务企业，最重要的就是卖了财务公司，以驱动制造业的提升；而家电是GE赖以起家的业务。但是，GE把曾经战略上最重要的两个业务单元都卖掉了。因为GE要解决效率的内生问题，认为这两块业务对整体效率的贡献不够。进行了这样大踏步的变革后，GE焕发了新的青春。2013年，GE总裁很骄傲地说，在新技术驱动的市场环境下，GE再一次跑在前面。

为什么新技术驱动的市场对GE是机会而不是挑战？这个问题我们要自己问自己。

第二件事情，革自己的命，这件事这些企业做得更彻底。

很多企业无力应对变化或者无法持续的很大原因，就是革自己命的努力不够——不断调整，彻底改变自己的努力不够。如果不足够努力自我革命，就没办法保持增长。

我以前最多能跑两百米，我甚至跟人开玩笑说，我是个短跑运动员。但是后来我发现，现在所有的事情都是长跑，那我就得不断地去突破。这个突破的过程是非常痛的，跑步不行的人去跑步，真的是痛。穿越戈壁、跑马拉松，脚指甲盖都跑掉了，再重新长一遍。这种撕裂的痛都是要经历的。经历过这个痛苦的过程，你会发现，噢，我超越了。要经历这样不断持续的自我更新，你才可以做到真正的改变。

我们都认为华为很了不起。那华为这30年的努力中，做的最重要的事情是什么？自我批判！华为文化的根本核心就是三个关键词：奋斗者、危机意识、自我批判。由于这种文化，华为做了非常多的极端动作。比如说，公司到了几千人的时候，做了一个全员下岗的动作，包括任正非，全部重新上岗。比如说，华为一直要求，将军也必须当班长，所有人的晋升都必须要从市场中打拼而来，不能从二线直接提拔起来，所以在整个华为，不在市场打出来，是不可能得到晋升的。比如说，华为把自己的结构不断打掉，他们最新的方法是"炸开人才金字塔的顶端"——顶端的人很少，那就把顶端炸掉，才可以让更多人才成长起来。华为的口号就是：能够打败华为的永远是华为自己。所以华为不断说，没有成功只有成长，他们不断地自我批判，不断地要求公司有危机意识，没有要为胜利庆功的感觉。

转型中最难的是什么？其实就是自己蜕一层皮，自己革自己的命。企业转型成功最重要的是什么？其实就是要对自己足够狠，你对自己不够狠的时候，实际上没有办法完成转型。而对自己够狠的过程，完全要靠自己去做到。

我们都知道稻盛和夫是日本的经营之神，在日航重生过程中，他让日航当年就盈利，这绝对是奇迹和神话。当他决定去救巨亏的日航，所有人都想不到他可以在当年内创造了日航历史上最高的盈利。日航为什么在当年就可以盈利？最大的原因是，超过50%的利润来源于自我成本的削减，这叫自我变革。

所以，今天有人告诉我企业不能盈利，我从来不同意。我说，那看你的决心，只要下的决心足够，绝对会盈利。因为这取决于你对自己的调整。

类似的案例还有三星。三星在1997年崛起，就是亚洲金融危机的时候。亚洲金融危机的时候，大家都认为没有机会，三星恰恰在这个时候绝地反击。1997年，三星以不亚于任何人的努力降低成本，进行变革。"除了老婆孩子，一切都要变"是李健熙的变革口号。1997年之前，我们几乎不知道三星，而恰恰在金融危机期间，三星这个亚洲的电子企业超越欧洲的企业，成了全球最强的电子品牌。

所以，变革和转型的时候，真正的动力完全在于自己否定自己，自己变革自己，否则没有办法真正转型，这对管理者的挑战其实是非常高的。

第三件事情，回归市场，回归到市场发展的客观规律。

这些企业会非常认真地去理解市场的变化和规律，然后不断地回归到市场规律这个原点，而不会脱离市场的客观规律做事情。

我从来不会认为，哪一个行业，哪一个市场，哪一个地方没有机会。我到新希望六和，很多人跟我说农业太落后，基本没机会，行情不好，产能出问题，市场价格不可控……但我认为这些都不是最重要的要素。最重要的要素就是对市场规律的理解：为顾客创造价值的产品一定会有人买单，这跟行情无关。

马云正在讲新零售，其实我们都知道新零售是什么，因为亚马逊已经做出来给我们看了——Amazon Go不用排队，不用收银员。新零售是什么？就是更加智能、更加有效率、更加简单、更加便利。如果零售不能从这个方向去做，就真的被淘汰了。所以很多人说，做百货、做购物广场，是不是没有机会了？恰恰传统零售业有很大机会。大家一定要真正地理解，改变是彻底否定自己，而不是对自己的经验津津乐道；要回归到顾客价值来彻底重构自己的商业模式。

这三点是优秀企业保持优秀的根本原因。这就是为什么我们会说，一个变革的时代，企业转型是一个根本的选择。不仅仅是传统企业，新兴企业也同样必须得变。新兴企业以新商业模式进入市场，用商业创造获得成功，但新商业模式同样不可持续，同样需要设计持续性，不断转型。

三、三件事中最难——革自己命

前面说了很多，总结而言，转型就是能够自己否定自己——你革别人的命都不算，你只有革自己命才算变革。但很多时候，领导们都觉得要变革，恰恰变到自己就不动了。

举些简单的例子。公司开会，是不是领导永远坐第一排？开会是不是最后永远是领导说了算？财务的会，为什么不能财务的人说了算？营销的会，为什么不能营销的人说了算？领导不能老是变别人，自己管不住自己。

再比如，我们工作中，日常习惯做的比较多的动作是什么？非常在意总结过去，而不在意面向未来。开月度分析会议的时候，你会发现，十分钟发言一定花九分钟总结上个月，一看还剩一分钟，赶紧讲下个月。但是，过去的一个月意义已经不大，未来一个月的意义更大。这样的习惯为什么不改？因为过去一个月有东西可讲，未来一个月没有太多东西可讲，因为没想。所以我在开公司月度会的时候，严格卡时间，过去一个月只能讲1/3的时间，如果时间用完还没讲完，对不起，我就取消你月度经营分析会上发言的机会，因为你不能贡献价值。

我们说自我否定、自我变革，我个人认为，我们非常多的习惯，很难改掉。如果你只是天天喊自我否定，那只是一个理念的巨人。

四、转型实务：双向驱动、整体打造、能力建构

我们在做转型实务的时候，我要求的不是理念的部分，不是思考的部分，是对自己所有的习惯，对所有的运行系统做一个彻底改变，这就叫真正的转型。我用新希望六和的实践来讲一讲具体如何转型。

（一）战略与组织同步

我在做企业转型的时候，其实是战略和组织同步转型的。一般而言，这样转型是比较难的。但是为什么要两个同步转型呢？因为外部环境、企业的经验和历

史决定了我们必须这样做。所以,在战略上,我们要向食品企业转型。向食品企业去转型,就必须调整我们对产业的认识——最重要的认识就是养殖端要安全可靠,所以我们就要实现掌控养殖基地这个战略要素。当食品和养殖两种要素组合起来的时候,就要求组织体系有所变化,所以进行了"聚落一体化"的政策,这是一个结构上的变化。具体措施细节,详见我的两本新书《改变是组织最大的资产》《共识》。

在这个结构当中,我其实要做的是去掉企业的落后产能。所以我们做了一个瘦身计划,瘦身的话,销售规模是要下降的。我很多同事说,销售规模下降,是不是我们的利润目标就不要提那么高了?但是我规定是利润要增长。结果是,我们的销售收入一直在往下滑,但是利润持续上拉(见图1)。在拉动利润的过程中,实际上我们得到了非常好的回报。所以在《财富》杂志A股市场投资回报最好公司的评选中,2016年我们排第一。

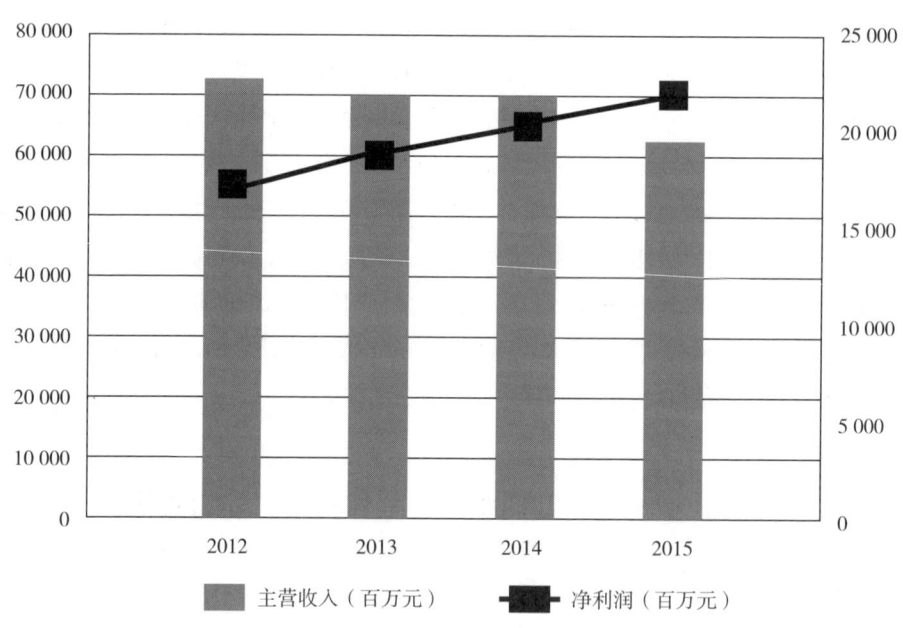

图1 新希望六和转型前后的经营结果变化

(二)成功关键:存量激活与增量成长

那我们转型到底要做什么?一个企业要转型成功,核心要做两件事,就是双业务模型——怎么让原有业务和新业务有一个并行成长的空间,然后给转型腾出空间，朝新方向增长。

所以在我来看，转型成功的最关键要素取决于两个：一个叫存量激活，一个叫增量成长。存量就是原有业务，增量就是新业务。很多人问我，转型是不是就要不增长或者亏损？不是。转型必须要在增长或者盈利的状态下去做，否则转不过去——因为不增长就不能证明转得对，只有不断增长，不断盈利才能证明你转得对。那为什么中国企业转型这么难？其有以下两个原因。

第一个原因，中国企业在盈利能力上比较弱，所以没有为转型储备足够的资源。

谷歌、微软、IBM这些企业的转型非常容易，上文说的通用电气，转型也会很容易。因为这些企业有足够的资源，特别是多年盈利储备的资金，让它们可以从容转型。IBM有一个财务政策——保证资金存量能够维持一年没有业务收入，还余500万现金。我们的难题在于，我们没有这个储备，同时还要转型。

第二个原因，我们原有的主营业务，好容易才储备到小小的规模，如果一扔掉就什么都没有。

所以，就我个人的经验和研究，今天中国企业的转型，存量必须保存一段时间，然后增量必须起来。

1. 存量激活有三件事最重要

第一件事情就是成本重构。

稻盛和夫拯救日航，实际上就是成本重构，我自己回到新希望，首先也是成本重构。当你去重构成本的时候，你的原有业务当中就有机会。

第二件事情叫组织解构。

把整个组织体系打散，不能用原来的组织结构去做原来的业务；如果还用原来的组织结构做原来的业务，解决不了问题。

因为组织结构决定了权力的分配，组织结构又决定了资源的分配，所以组织结构其实在表达权利跟责任的关系，权利跟资源的关系。有些人跟我讲，我换人就行。坦白讲，换人还不行，如果换了人但不调结构，换上去的人一定也没办法做出新东西来，因为只换人不动结构，权利跟责任，权利跟资源的关系没有改变，这个人就是有天大的能耐还是不行。

调整组织结构还不行，我们改组织结构的目的其实是为了激活个体。所以我在2015年写了一本书叫《激活个体》。互联网使更多有能力的人涌现出来，而我们大部分传统企业都没有把个体的价值发挥出来。如果传统企业不能激活个体发挥个体能力，就无法激活整个组织。

2. 增量增长需要做另外三件事

第一件事情是价值重构，重新定义你的业务，而不是用原来的逻辑去做。

比如说，新希望六和原来的业务是做饲料，所以我要让饲料成本最低，可是新业务是做食品，我就不能再用成本的逻辑。做终端消费品，最重要的是什么？是做品牌。这个时候就要价值重构，就要改。

第二件事情叫整合资源。

新业务需要新能力，其实老团队是不会做的。很多人问我，陈老师你会做食品吗？我说我不会做；你们公司会做吗？也不会做。他说那你怎么去做食品？我说因为有人会做，我们和别人整合去做就好了。我能整合别人的时候，我就可以把不会做的事情变成会做。比如说，做食品一定要会做食品研发。但是这个我们真是不会。恰好有一个食品研发团队可以跟我们合作，我让人力资源部去谈，不设预算，让他们成为我们的食品中心就好了。人力资源部说，都谈好了，只有一个问题，这个团队39人，他们在上海，不能来成都、北京或者青岛，该怎么办？我说，很好办，在上海给他们建中心就好了。所以新希望六和的美食研发中心就在上海，这个团队非常开心，融合进来一年内就开发了超过一百多款新品，正式上市场超过75款，畅销的产品使得当年食品的结构做了彻底的调整。但是如果我们自建一个食品研发中心，我估计至少需要五年。

我们在做新业务增量的时候，不要用自己的努力，不要看内部，因为这都是新的，你根本就不会。但是不会做，不意味着你不能做，最重要的是要开放、要整合。所以一定要认真对待新兴的创业企业，不要认为新兴的创业企业不会那么快就变成那么大规模，一定不要这么想。因为现在边界是打开的，创业企业只要确定好目标，确定好商业模型，它可以去整合所有资源，它甚至可以用很短的时间来超越你的规模。联想市值达到一百亿花了20多年；小米做手机，市值到一百亿只花了3年。

那做这件事情难点在哪里？难在企业自己的组织习惯，我们难在不是自己人就不太会相信，不是自己人就没办法合作。比如说，中国企业在跟别人合作的时候一定要控股，好像不控股企业就不是它的了，但是，如果这件事情别人比你还会做，你凭什么去控它？即使你控股了它之后，你也没法做得比它更好。所以我们做新业务的时候，不能用控股逻辑，你必须很认真地说我要跟你合作，而且你要说了算。

所以在第三件事情新组织平台上，甚至在资本的平台上你都要开放，要实实在在地接受别人对你能力的互补,要尊重他人所创造的价值,否则不可能把新的业务能量释放出来。

这就是转型成功的关键。一边是存量怎么激活,一边是增量怎么成长,两者的关键要素其实是不一样的。那么两者关键要素不一样的时候,就对企业转型提出了挑战。企业转型最难的就是必须让公司并行两套逻辑,而这两套逻辑还都能够发展得很好。

同时,我有一个建议,让两组人去做存量和增量这两件事情,而不要让同一组人去做两件事。让同一组人去做这两件事,常常会导致不成功。

(三)必须整体打造:构成要素和支持要素

我自己在新希望六和三年的转型经历中,就发现这两套逻辑并行非常不容易,哪怕我在战略上讲得非常清楚,方法论上也讲得很清楚,要求也很清楚,第一年食品占比重超过20%,第二年食品占的比重要超过40%,第三年食品占比要和饲料平行,做起来还是很困难,为什么?其实就是要拥有一些要素。

在这个要素模型中,上面一排我称之为转型的构成要素,下面一排我称之为转型的支持要素(见图2)。

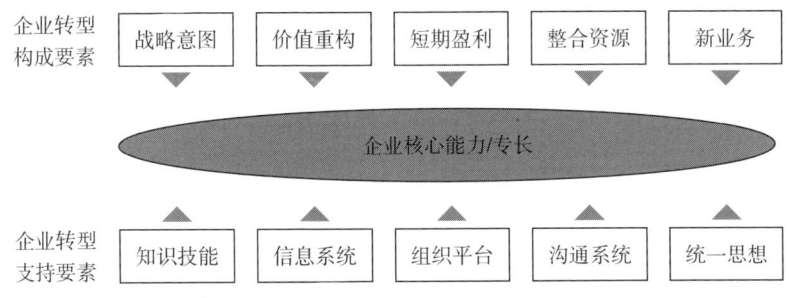

图2 企业转型变革的整体打造

大家一定要记住,转型变革是核心能力和专长的整体打造,这是为什么转型不容易。创新难不难?创新相对还不算难,因为你是从无到有地去做事情。而转型则要在原有基础上去做新东西,其实会更难。转型要求在企业整体打造的时候,上下的要素(构成要素和支持要素)都要动。

首先,战略上要有清晰的判断。

战略意图中,最重要的判断是什么?判断变化。这是最重要的一个构成要素,如果你不能够对变化判断得非常清楚,方向都有问题。

有了战略上的判断还不够，还要对行业重新定义。例如我们今天对教育就要重新定义。我有一次做讲座，有一个人提问，他说他遇到难题。他的小孩在读高中，突然有一天跟他说，爸爸，我不去学校了，学校所有的课程都没有线上讲得好，我在线上就可以学完，没必要去学校。然后怎么样都不去了。这个孩子还挺优秀的，他学了各种线上课程之后，考试都能过，所以他爸爸就没招。我说，你跟你儿子说，回学校不是去上课学知识，是认识女孩子，在线上认识的女孩子都不真实，在学校认识的女孩比较真实。这个爸爸觉得还挺好玩，他就说，噢，可以试一试，回去就这么跟儿子说了。儿子一听也有道理，就回去学校了。这个爸爸挺高兴，但两个月后又郁闷了，儿子真的谈恋爱了，该怎么办呢？我说那很简单，让儿子回学校的目的是什么？他说要学习好。我问，那谈恋爱之后学习好了没有？他说好像好一点。我说那就行了，如果他不好，你就动员他换一个女朋友。这个例子，我在说什么？我没有说对或者错，而是对学校价值要重新定义。

第二个最重要的转型要素就是你能不能对所在的行业重新定义其价值。

我给出的问题就是，你要问问，你所在的行业，你所在的领域，你所拥有的产品，它的价值定义到底是什么？今天所有的行业变化之所以有颠覆性，很大的原因是它跟你做同一种产品，但价值不同。就像苹果淘汰了诺基亚，还是手机，但手机被苹果重新定义了：从通信产品变成了智能终端。阿里巴巴宣布"新零售"时代来了，重启整个传统零售行业，它实际上就是启动了重新定义零售业的过程。所以，我们做转型，如果不能对行业、产品、领域去重新定义，那我相信你就没有办法转型。

第三个要素短期盈利也很重要。

转型需要被验证，如果不能被验证，就不太可能得到支持，这是我特别强调的一个转型要素。很多人说，我要转型，我可以牺牲当期盈利。转型的基础条件就是平衡当期业绩跟长期业绩的关系，这是CEO必须做到的事情。如果你只做短期盈利的努力，实际上很难成功。

第四个要素，开放平台，整合资源。

第五个要素，找到新业务，你得说出来那个新业务是什么？

请记住转型不是做创新，转型是去寻求新增长，创新并不是转型，只有新的增长才是转型。

这是五个目标，同步必须要有支持要素，对目标要素提供支持。

第一个支持要素是要有新的技能，已经在做新业务，肯定要有新技能。

比如说，新希望六和做农业，我们在农业中浸泡了30年，我发现，我们招进来的大学生95%来源于农业学校，这么多年来都是这个比例。所以整个公司的特性就是农业学校学生的特性，我没有说不好，我只是说公司特性是这样。然后我就要求转型，我跟人力资源部说，今年的新员工要超过60%来源于非农业学校。因为只有拥有不同的知识结构，我才可以去做新业务。思维方式不同，知识结构不同，对于很多事情的理解就不同。

第二个支持要素是要有一个很强的信息系统。

因为转型是新事物，就一定有可能会出错，那怎么保证出错的事情不会对彼此造成伤害？最好的方法就是有公开、对称的信息系统。在信息对等、公开的情况下，即使犯错，大家也会认为你不是出于私心。所以信息系统非常重要。新希望六和为了转型，投资了几个亿去调整信息系统。当你把信息全部开放，其实没有人会担心犯错，因为全部是在信息系统中的合规行动，结果都是可以担当的。

第三个支持要素是要提供更多的平台。

第四个支持要素是要建立良好的沟通系统。

我在发布新书《改变》的时候，同步发布了《共识》一书。《共识》是我三年中写给经理人的九封信，这九封信完整地传递出我在每个阶段是怎么想的，我要跟大家说什么。为什么采用写信的方式？我进公司的时候，我们有8万名员工，用任何方式都没办法保证我的想法可以传递到8万人之中去，我发现最好的传播方法其实是写信。当然，人少就不用花那么多功夫去写信，说说就可以了。我们有读书会、学习会、培训、访问、内部竞赛等非常多的形式来进行沟通。

第五个支持要素是转型要统一思想。

可能因为我是老师的缘故，我比较建议大家在公司内部同读一本书，这是很好的达成共识的方法。我上任不久，亲自选了三本书，让公司上下同读。一本是星巴克创始人舒尔茨的《一路向前》，因为星巴克遇到的挑战跟当时新希望六和遇到的挑战一模一样。星巴克也遇到了负增长，也在第一的位置上停步不前，也遇到了组织懈怠。第二本书我选了大前研一的《专业主义》，因为我们要求传统业务具有竞争力，就必须保证品质和专业。品质和专业靠什么？这要求整个公司上下要尊重专业，所以我就推荐这本书。第三本书我选了写刘永好董事长的书《藏锋》，我让大家一定要理解公司的核心价值理念是什么。然后我亲自做三本书的分享，告诉大家我是怎么读的，我的理解是什么，我理解之后打算怎么做。

企业学习跟学校学习的最大区别是什么？企业学习不能只写读书报告，必须写行动方案。我要求读完这三本书后,写出行动方案,书里哪一点能变成行动,你就跟我谈那一点,我不需要读后感。所以在我们公司,我们是用读书去形成统一的思想,最重要的是用读书找到新的行动方案,这就是企业学习跟学校学习最大的不同。

我每次上课结束都可以把PPT给你,你回去跟你员工讲,这才是你来听课的最大收获。如果你叫我去跟你的员工讲课,那最后是你的员工跟我达成共识,而不是跟你达成共识,但是重要的是你的员工跟你达成共识,跟我达成共识没有任何意义。

统一思想不是说你的思想要跟我一样。今天的思想一定要奔放,一定要自由,只有自由奔放才可以创新。我只需要统一行动。我们的统一思想,根本而言讲的是所有的学习都要回归到解决方案上。

所以连续三年,我每年都要求读书,这些书一定跟我当期的经营完全匹配。某种意义上,企业学习一定是学以致用的。

(四)需要打造的能力体系

有了构成要素,有了支持要素,我们一定还是要落实到行动方案上。对于企业而言,行动方案是什么?其实是自我变革的能力,图3是我根据自己的实践做的变革能力模型。

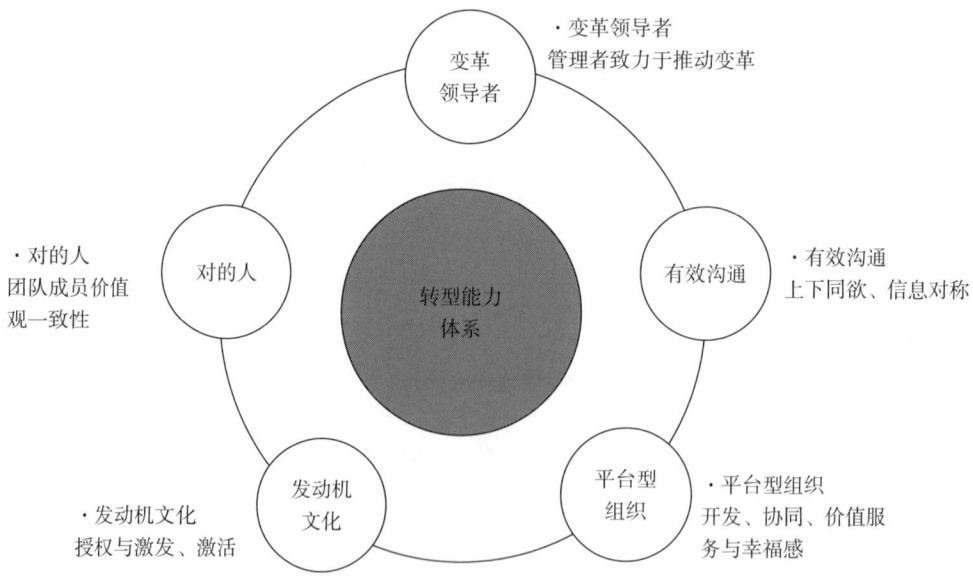

图3 企业转型变革的能力打造

在转型能力体系中，最重要的实际上是五个构成要素。

第一个核心还是领导者。

领导者是转型的核心。对领导者的要求是什么？是一个变革型的领导者，而不能是个管理者。变革领导者和普通管理者最大的区别是什么？

变革领导者有三个最大的特点：①是一个坚定地要求变革的领袖，持续不断地追求变化；②是一个非常重要的能沟通的人，他一定要能传递他的理念，所以今天很多优秀的变革领导者好像都有一点宗教哲学家的味道，原因就在于他一定要推动大家对他理念的认可；③他确实要有希望有信心。

第二是对人的要求。

我们在讲变革企业的能力时，我们不是要能人，而是要对的人。能人确实能干但价值观不趋同。而在变革的时候，我们需要价值观趋同的人，能耐不一定特别大，但是价值观绝对趋同，这非常关键。在变革中充满变化，如果没有一致的价值观，能人比较容易出现违规动作，不管是不是上市公司，都不应该选择不合规的动作。所以对于人的要求，价值观趋同反而是第一位的。

第三是有效的沟通机制，保证上下思想统一，信息对称。

我刚回到新希望六和，几乎每天都在上课——理清概念、厘清标准、达成共识。

第四是成为平台型组织，成为人才的支持平台，对内对外都要开放。

第五是发动机文化，要激活个体，激活组织，就必须是发动机文化。

发动机文化，就必须要能够授权，要真正包容别人的错误，这对文化上的挑战实际上是非常大的。我的同事总说，这个我不敢做，这个我不会做，我常说：你不会做好，还不会做错嘛？你去做。你不做就真的不会做。但是我必须得包容错误，不包容他们犯的错误，他们就不敢去做。然后要不断地表扬，做好了一定要不断肯定。

我们一直说海尔有自我批判的文化，海尔的自我批判是指每一个管理者对自己的批判，整个公司的文化还是树立英雄的文化。比如说在管理上有蓝血十杰，在研发上有名人堂，会树立很多荣誉让大家去追。荣誉恰恰就是正向文化的一部分，所以我们讲变革的时候，要在文化中激发正向能量。要激发正向的能量，就要不断地表扬，不断地肯定，不断地欣赏。

五、结语

我用新希望六和的实际转型案例，提炼出了三个最重要的方面：①转型的时候必须是双业务驱动，原有业务和新业务同时驱动，才是真正的转型。②扔掉旧业务只做新业务并非不行，但是大部分企业家都扔不掉原有业务，所以转型是双向驱动；双向驱动的调整需要具备条件，就是构成要素和支持要素的调整。③一切调整都是为了打造新的整体能力。

（原载：《清华管理评论》，2017年第5期）

理解变化，以未来决定现在

在这个时代，我们遇到的最重要的问题，跟以前不太一样。

这个时代最大的变化就是未来和现在的时间差很短。我小时候，盼过年要盼很久，但现在，感觉根本不想过年，因为一转眼就过年。清明过完马上五一，五一一过去紧接着十一就到，十一还没琢磨透，马上就过年了。我想，我有这种感觉是不是因为我年纪大了，所以感觉时间快了。我就问本科生，他们说，现在过年快啊，一闭眼睛，就过年了。那我们都有这种感受，其背后的本质是什么呢？是这个时代信息量的爆炸，当巨大的信息量急速涌向你，你瞬间接收的信息都在变，这种不停变的节奏，使得未来和现在之间的时间差非常短。我们就遇到很可怕的情况——今天发生的一切几乎就是未来发生的一切。那这意味着什么？意味着我们需要讨论的重要问题都变了。

一、当未来已来，五大终结

旧观念终结。时间坐标变了，对我们做管理的人挑战非常大，因为管理中我们比较在意经验，比较在意案例，比较在意过去的解决方案，我们以前都是根据过去来管理现在的。这些旧的观念可能要终结，甚至我们对创新概念的理解都要更新。我们总认为创新就是要尝试新的东西，做出完全不一样的东西。但事实上，我们今天谈创新，不一定是去做完全新的东西，而是把所有东西都重新定义一遍。我们现在对创新的理解已经完全不一样。所以，时间坐标变了，很多旧观念都将被终结。

（一）旧发展模式终结

我回到新希望六和做农业领域的时候，遇到的最大挑战就是发展模式变了。以前讲农业，我们一定关心农民，关心种子，关心种植和养殖过程，关心农产品，关心整个物流、分销，最后还关心食品。可是今天做农业，这些都不是最重要的要素。甚至我们不再关心土地，因为我们要尽可能少用土地，所以影响农业的最重要要素不再是土地。今天最重要的，是能不能全过程可追溯，就是信息化；能不能让农民变成产业技术工人，也就是以工业的逻辑做农业。

所以我跟我的同事说，我真的不担心你们没有农业经验，我担心的是你不知道明天的农业长什么样，而恰恰那才是关键。

（二）经验的终结

从管理学的角度，我在新希望六和是实践了一个企业传承的案例。有人就说，陈老师你是不是应该教家族传承？我说，在我的逻辑里，我从来不敢用"传承"这个词，因为没东西可以传。上一代是创造，下一代一定是创新。我从来不担心第二代能不能接替第一代，一定能。为什么？因为他们一定做不同的事情，然后就接棒了；如果做与第一代同样的事情，就一定接不了。所以，我认为经验可以放下了。

（三）代际和谐的终结

代际会和谐吗？其实是不能和谐的。我女儿是90后，她常常听人家讲，你们这代人怎么怎么样。她说，妈妈你是这样看我们的吗？我说我从来没这么看。她说，那你还比较了解我们，他们老是说我们85后、90后比较自由，比较不愿意承担责任，其实我们比谁都能承担责任。每一代人都认为他们更尽责，每一代人都认为他们更不容易，每一代人都认为他们更倒霉。每一代人其实思考模式是一样的，只是呈现方式不同而已。所以不太可能有代际和谐。

那可以有什么？彼此的欣赏。作为家长，我有一点经验。孩子小的时候，你可以当他的家长、老师；孩子大一点的时候，你只能当他的伙伴；再大一点的时候，你只能当他坚定的支持者；等他再大一点，你就变成他的学生，因为时代是他的了。回到企业管理，我花很多精力给年轻的同事搭建平台，让他们更快地成长。一般情况下，属于创新的项目，我都直接让来公司两年的同事负责。有一些更创新的项目，让来公司一年的同事直接负责。有人很惊讶，说，陈老师你就敢放手？我说，错也错不到哪儿去，因为他们没啥经验。如果一个特别有经验的人你放手，他错了后果还真可怕。我们为什么不敢放手用年轻人来试创新？其实是我们很多人的观念不对。你想让年轻人听你的，或者让他们用你的想法去做，我建议你尽快放弃这种想法，在今天是更不可能的。有的，只能是相互欣赏。

（四）稳态的终结

一切都在变化，不太可能是一个稳定的状态。我新书的书名就是《改变是一个组织最大的资产》。经过这三年不断的研究和实践，我最深的感受是，一个组织如果能够持续改变，就真的拥有了最大的财富。由于拥有改变的能力，新环境等等任何事就不会成为障碍。在我看来，一个企业持续成功，不是因为公司有钱，不是因为这个公司有资本去追求，不是因为这个公司拥有行业基础，而是因为学会了自我改变，自我改变才是最重要的。今天问新希望六和任何一个员工，他一定会说，我们一直在转型的路上。我也特别欣赏华为的这句话：没有成功，只有成长。这句话意味着什么？意味着没有稳态。到我这个年龄，就很想留住青春，最后发现怎么努力都留不住，后来我就干脆调整过来，直接逆生长算了，反正也是个变。某种意义上，你想稳住什么东西，都是不太可能的。

我提这四个问题的目的是告诉你，未来到现在的时间差很短，我把它称之为未来已来。

二、当未来已来，五大难题

在"未来已来"的情况下，有五个问题需要我们重新思考，体现在管理上，是五个难题。

（一）到底有没有边界

时间的边界被打破之后，边界到底在哪里？这实际上成了一个关键问题。在管理中，我们很多时候需要厘清边界，最主要厘清的一个边界叫责任边界，责任边界不清楚一定没办法管理。但是今天，一切都在动态中，你会发现即使责任的边界也不是那么清楚。所以在新希望六和，我有一句话给管理者——没人负责我负责，有人负责我配合。我们形成这种文化的原因是什么？就是在动态状态下，责任边界其实很难界定。很多互联网企业说要去掉KPI，从这个意义上讲，去掉KPI我们是接受的。在一个动态的、责任边界不清晰的情况下，偏偏用KPI去做管理，就会发现KPI不好用——僵化的KPI会使得所有人不愿意去承担变化的、不稳定的部分。所以任正非才有了一个著名的理论叫灰度管理理论。我记得华为19级以上管理干部培训的时候，我去参与他们的讨论，他们就问我说，怎么看灰度管理？我说灰度管理其实是对高层管理者最重要的一个要求。对于高层管理者，要包容，你应该知道责任边界不清楚，你都要承担，不能说属于我的责任才承担。但是基层管理者不能谈灰度管理，黑是黑，白是白，非常清楚。

（二）什么才是真正的驱动力量

这个时代，是技术驱动吗？是需求驱动吗？是梦想驱动吗？可能要想一想，很难回答。以前，我们谈驱动力量是很明确的，比如说使命驱动、利益驱动、价值驱动。以前，我们在做人力资源管理的时候，基本上会评价这三种驱动力量。但是今天，把使命、价值跟利益都放进去，还是回答不了驱动力量的来源。因为我们现在处在一个变化和多维的环境中，我们遇到一个最大的挑战就是影响的因素是多维的，甚至一些维度的影响因素是想象不到的。

举个例子，比如说发现一个人突然辞职，你问他为什么？他说我今天不高兴。那找好工作没有，他说我没想；那辞职之后你决定干什么，他说也没想，就休息一下。这时候，真的很难找到他的驱动力量。还有年轻人说，我最大的痛苦就是我不知道我的痛苦在哪里，或者他说，我也没啥难的，但是就是觉得难。这些都是85后、90后的语言，你真不知道怎么回答他。这时候，你会发现，找驱动他们的力量实际上很难。在管理中，如果找不到背后的驱动因素，是很难推动管理的。

（三）新的生活方式什么样

我们一定要非常理解一件事情：很多人问我，你到底怎么理解商业，怎么理解市场？我说，任何市场，任何商业，最后都回归到一个道理上——什么叫生意？生意就是生活的意义——所有能够解释生活意义的产品，解释生活意义的商业模式，解释生活意义的技术。所以管理和经营，一定要回归到生活方式中，而今天，新的生活方式的的确确呈现了。

很多传统企业之所以焦虑，很大程度上是因为不理解新生活是什么样。很多企业都说技术淘汰了它，其实技术只不过是今天生活方式中最重要的构成要素，是他们离新的生活方式太远。新的生活方式呈现出来，商业模式、管理模式和沟通模式都要变。2016年底，我发现一个很有意思的现象，一些优秀的企业家都在变。马云去演小品了，王健林去唱歌了，保守的刘永好董事长和马蔚华行长，两个人去演京剧了。他们把演京剧的照片发给我，还很认真地问我，你猜得出来这是谁吗？我看了半天真是没猜出来。他们为什么这样做？因为他们也要变成新生活方式的体验者。

（四）我们真正要关注的是什么

我们在管理当中遇到的最大挑战不是来源于行业，不是来源于市场，不是来源于过去，甚至不是来源于我们看到的全球变化，而是来源于技术、思想和未来的挑战，来源于我们怎么真正去理解技术、思想和未来这三样东西。理解技术的影响力，思想的影响力，未来的影响力，对这三种影响力的理解使得我们在管理中的所有判断都需要被调整。

（五）"新人"

我为什么用了一个双引号，因为新人里面包括机器人。今天去看制造业，包括国内的格力、美的，生产线基本上都用机器人了。生产线工人大量地被替代，富士康已经实现了一百万个机器人上生产线，格力已经开始推，美的很快开始推。如果我们将来的组织系统中有一种人就是智能机器人，那所有的管理逻辑会完全改变。我认为人机对话一定会成为组织最重要的管理，一定是组织必须面对的一个话题。

从整个环境而言，我们会有五个方面要调整和五个必须面对的挑战。在这样的时代下，核心的问题变成你与这个世界是什么样的关系？你一定要问这个问题。我自己其实挺紧张的，因为我整天琢磨这个问题，还经常检验我自己跟这个时代的距离有多远，然后要不断地学习。

三、调整和挑战正在发生

从商业逻辑讲，上面5个方面的调整和挑战已经真正在发生。

（一）进入工业4.0时代

工业1.0是蒸汽时代；工业2.0是以分工和大规模流水线生产为特征的电气时代；工业3.0时代，电子信息技术的应用大幅度提高了自动化生产水平；现在都在讲工业4.0，工业4.0时代是物理信息融合系统的应用。工业1.0到工业4.0，时间、空间的关系都在发生巨大变化。

（二）互联网—物联网—人工智能

现在和未来技术发展的脉络已经很清晰了，从互联网到物联网到人工智能，最后到生命科学。在不同的技术应用下，我们思考的逻辑会不一样。互联网逻辑下，要关注线上人群与线下人群的不同；物联网时代，线上线下被打通了，不再有线上线下这个概念，只有互联互通的概念。我记得，三四年前有人问我，O2O是不是最重要的投资方向？我说不需要讨论，很快线上线下会打通，所以就不存在O2O这个概念。人工智能的核心是什么？精准的效率，极少的消耗。那生命科学又解决什么？解决怎么样更有效地发挥生命的力量。科技就这样演变下去，演变到哪个阶段，那个阶段的市场逻辑都会变。

杭州企业最厉害的是互联网领域，但是如果杭州不转向物联网和人工智能，最后转向生命科学的话，也许在下一个阶段的竞争中不再领先。因为技术在改变，技术在未来起到的巨大作用，是以前不可同日而语的。

（三）重新定义行业的边界

哈佛大学做过一个非常有意思的研究，结论说，在技术驱动的背景下，任何行业都是要重新定义边界的。这个研究举了个做拖拉机的例子（图1）：

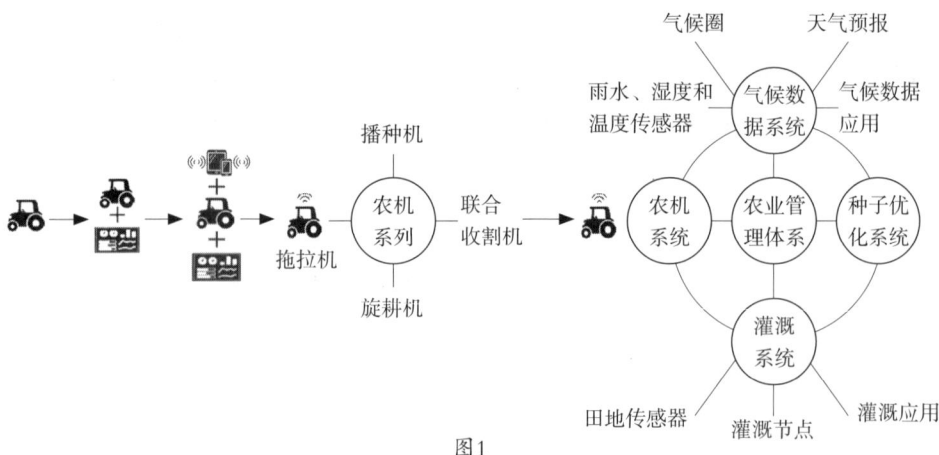

图1

以前做拖拉机的人把拖拉机做出来就好；后来就发现它必须是智能拖拉机；有了互联网后，发现要做智能互联网的拖拉机；现在互联互通了，实际上要做一个系统，提供拖拉机使用的解决方案；现在我们有了物联网和人工智能，做产品系统都不行，必须要做一个体系，我们称之为结构，也就是现在最时髦的说法叫生态。所以，今天，只是一个企业，只是一个产品，是活不下去的，一定要问，我在一个什么样的生态网络中，一定要问，我跟谁一起在一个什么价值的结构当中。因为现在所有的行业边界都被打掉了。

重新定义边界这件事情要特别小心，因为任何行业的边界被打破的时候，都有新进入者——新进入者最大的特点就是不用你的逻辑来做事。我们新希望的办公室刚好就在望京SOHO，SOHO是潘石屹建的楼盘。一到苹果采摘季，SOHO里就卖潘苹果,我就跟我的同事说,你去给我买个潘苹果来,让我试试到底好吃不好吃。我同事非常好,他说:"陈老师我不给你买,我们家就有两棵苹果树,我可以寄两筐来给你,他那个苹果一个一个卖,太贵了,你没必要浪费那个钱。"明白我想说的要点了吗?——潘石屹卖苹果是一个一个卖,怎么贵怎么卖,我们同事是做农业的,我们一筐一筐卖,怎么便宜怎么卖。这样能卖得过潘苹果吗?卖不过的,因为他不用你的逻辑去做。这就是为什么重新定义行业边界这件事情这么可怕:因为行业边界被打破之后,任何人都可以做这个行业,人家不用你的经验做就能做成,原来行业的人反而做不成。重新定义行业这件事,比我们想象的重要得多。

四、未来的商业运作

所有这些环境、技术、行业定义等等的改变,带来商业运作逻辑的改变。

图2是曾鸣老师做的研究,在云时代,从运作逻辑到世界图景,从基础法则到时间法则全变了,更重要的是我们所习惯的空间法则、分工法则、协作法则、发展法则全变了。这个变化是巨大的。我举个最简单的例子,我们在工业时代非常强调集体化决策、命令式协调,常说分工就是协作,协作就是分工。到了云时代,决策要分布式决策,协同不再来源于内部,反而来源于外部,叫社会化协作。那么,这些改变就使得我们的管理要做调整。

五、竞争要素和增长逻辑彻底改变

我把这个时代的商业改变叫做"一切皆变,一切皆存在"。尤其是两样东西是面对彻底改变的:一个是行业本质的竞争要素改变,一个就是增长的逻辑改变。

(一)行业本质的竞争要素变到哪里去

工业时代,行业的本质要素基本上是谈规模、质量、成本。我刚回到新希望六和的时候,同事们说,陈老师你不用担心,我们的规模排在全世界第二位,质量也不用担心,我们三十年来质量保障体系都做得非常好,更不用担心成本,我们在成本上全球最具竞争力。我就问了一句:那为什么今天我们不增长?为什么你什么都做好了,经营结果却不好呢?那肯定是时代变了。

云时代的商业运作	工业时代的商业运作
网状协同 ● 以消费者为中心 ● 企业内部社区化，企业之间价值网协同	**线性控制** ● 以企业为中心 ● 企业内部以科层制去协调各个分裂的环节，企业之间则是链主
生态化 ● 复杂生态系统观 ● 接受生态系统"涌现、自组织"的普遍存在 ● 多元、多向的演化观 ● 基本隐喻，如生态系统、超链接般的生态图景、多元共生、协同演化	**机械化** ● 简单机械系统观 ● 崇尚以理性化原则进行人为构造 ● 线性的演进观 ● 基本隐喻，如钟表、流水线般的图景，紧密耦合、严格控制
个性化 ● 个性化原则向生产、消费及社会生活各领域的普遍渗透	**标准化** ● 标准化原则向生产、消费及社会生活各领域的普通渗透
弹性化 ● 更具弹性和个性化的工作、学习、生活时间分配，如SOHO式商业	**同步化** ● 流水线的节奏统治、统摄、统一了工作和生活的步伐
去中心化 ● 实体空间中相对分散化的工作、学习与生活 ● 实体空间与虚拟空间交织成一个无中心的全新空间	**集中化** ● 实体空间中高度细分的专业功能分区 ● 实体空间中高度集中化的工作、学习与生活
多向化 ● 分工多元化、动态化 ● 协作前提下的分工，协作先于分工 ● 产销合一，消费者深度参与	**单向化** ● 分工单向化、片面化、固化 ● 分工基础上的协作，分工先于协作 ● 产销割裂
分布式决策、社会化自发协同 ● 平等参与、分布式、分散化的自主决策 ● 大规模的社会化协作 ● "共享平台+多元应用"的形态，打破了正式组织的资产专用性和企业边界，正式组织走向开放化，非正式组织普遍化 ● 较多地体现出"自动、自发、自治"	**集权化决策、命令式协调** ● 决策权高度集中 ● 计划与执行分离，命令式协调 ● 基于资产专用性的正式组织是社会的主要构件 ● 科层制下的"协调/被协调"
"柔弱微"化 ● 柔性化的生产、营销、消费、组织 ● 做活>做强>做大 ● 追求多品种、小批量的范围经济	**大规模** ● 大规模的生产、营销、消费、组织 ● 做大>做强>做活 ● 追求少品种、大批量的规模经济

图2

我把互联网分为两个时间点，2015年之前我称之为1.0时代。在1.0时代，阿里巴巴也好，京东也好，以及很多互联网企业，体现出来的特点是规模增长、盈利增长、技术进步，以及资本驱动。2015年之后的互联网技术，我称之为2.0，它就变了，特征是有效市场、精准用户、流量、大数据和价值创造。从1.0到2.0，核心要素有很大改变。2016年"双11"的时候，大家七月份就让我猜，今年"双11"阿里巴巴销售数字会不会过一千个亿。我说，不用猜，肯定过一千亿，但2016年阿里一方面要告诉你数字，还一定要告诉你参与这场零售狂欢的有多少个国家和地区。因为除了追求流量，还要重视有效市场。

（二）增长逻辑在发生什么改变

工业时代，我们基本上强调的是线性增长，我们叫规模增长，就是投入大就产出多。我们之前GDP猛涨，因为我们是用投资去拉动。但是，今天你会发现无论多少投资下去，GDP涨不涨？其实不涨。还偏偏用这个规模逻辑去推动经济，就推不动。现在这个时代，其增长逻辑我们称之为非连续性增长。非连续性增长必须来源于创新。投资不能再带来增长。

六、创新价值在改变

工业时代的创新价值叫产品逻辑。在产品逻辑下，把质量做好，拼命找渠道销售，即渠道为王，然后获得规模，因为规模经济下成本会低。互联网1.0时代，叫消费互联网——多了新渠道，然后多了新人，抢先获得渠道，抢先获取新人就可以卖更多东西。创新价值是营销至上、流量为王、虚拟经济，阿里巴巴是1.0时代最成功的企业。到互联网2.0时代，叫产业互联网，创新价值在于共生经济，线上线下融合，产品至上，服务为王。

在巨变中，有没有不变的东西？有。唯一不变的就是回归顾客。德鲁克说，企业只有一个定义，那就是创造顾客。

那如果我们要回归到顾客，我们就要知道顾客会变成什么样。

有一本书叫《2052》，在这本书里，作者说，因为物质的变化和非物质的变化，2052的时代精神将是碎片化、新范式、改良资本主义、集体创造力、代际公平。所谓代际公平，就是你得尊重每一个人，不能说因为你是老大，就要说了算，这对于管理者的挑战非常大。

七、面向未来的四个关键词

我在很长一段时间里，整天琢磨这个问题：不同的社会中，人的价值在哪里？人跟组织到底是什么关系？在农业社会，对人的核心能力要求是体能，在工业社会，对人的核心能力要求是知识，在今天这个信息社会，对人的能力要求是创新。这意味着对员工要求的角色也变了，在农业社会要的是劳工，只不过有长工、短工的分别；到了工业社会，要的是雇员；到了信息社会，要的是伙伴。组织也变了，在农业社会，是一种直线式领导；工业社会的时候，用层级来管；到了信息社会，一定要直接对话。看那些新兴企业，你会发现其实没有什么层级，其组织结构是网状的。

所以在组织管理中，要面向未来，我认为有四个最重要的关键词。

一是技术。我们一定要关心技术，因为技术的的确确在未来会产生巨大的影响。

二是数据。为什么数据变得这么重要？数据成了企业跟用户之间的桥梁。以前，企业跟顾客之间的桥梁是产品，而今天是数据。所以，整个组织对数据的理解实际上要与以前完全不同。

三是创造。未来的环境高度不确定，所以未来不可预测，对于一个不可预测的未来，该怎么办？大家记住，创造未来比预测未来重要。因为未来是创造出来的，没法预测。

四是智慧。今天，我们需要处理复杂性、包容多样性。处理复杂性和包容多样性就要有智慧。智慧这个词最核心的是什么？正如慧这个字，两条并行对立冲突的价值观，能够在你一个人身上和谐并存，你就是有智慧的。

八、面向未来，放下过去

面向未来，我们还要放下过去，因为不放下过去，就没有办法得到未来的答案。《失控》这本书很火。这本书给我最深的触动是这句话：请有尊严地放手。请把过去的经验，过去的成功，最得意的东西，过去的一切统统放下。自己放掉的时候，是有尊严的，并且只有放掉，你才能拥有很大的空间，去寻找新的答案。

（原载：《清华管理评论》，2017年第5期）

第三部分

研究呼吁与引导

出路与展望：
直面中国管理实践

自改革开放以来，中国引进欧美管理知识体系30多年，我们需要思考中国管理的定位，我们需要思考是否调整研究路线？

欧美管理方式在金融危机中暴露其诸多无奈，在发展中国家中暴露其缺乏包容性，在环境治理中暴露其缺乏责任性，在面临危机时暴露其缺乏承担性。借此机会，中国博大精深的管理思想推动现代世界文明持续发展的时代到来了！

中国经济已经跃居世界前列，凡是中国的主题都备受世界关注，我们需要与时俱进，我们需要抓住机遇完成我们自身的突破！

我们正在总结中国30年的发展成就，我们正在弘扬中国5000年的文化精髓，中国的管理实践、中国的管理经验和教训更加急迫地需要管理学者更加科学地挖掘、整理和开发。

走出书斋，投入到管理实践中，去发现问题、解决问题、建构理论，这是中国管理研究的必由之路！

一、追问

（一）倾听这样的发问

（1）读者们说：管理的书籍、新理论和新概念越来越多，简直不知道该看什么或者该相信什么了。

（2）管理者们说：要学习的知识太多了，可是，这么多知识也无法帮我解脱，工作中的管理问题似乎越来越多。

（3）企业家们说：确实，书是出了不少，很多还获了奖，知识能够转化成生产力吗？中国企业中的实践者有点看不懂专家的著作。

（4）学生们问：我们引进西方管理30年了，怎么今天在课堂上读到的还是西方的那些东西，中国人没有自己的管理思想、管理理论和管理方法吗？

（5）领导们说：国家投入了越来越多的经费支持管理研究，文章、书籍的数量连年增加，中国的管理思想是什么？中国的管理模式是不是也要外国人给提出来啊？这是一个非常重要的问题，虽然总体上来讲管理的思想都可以从中国文化传统中找到来源，但老四论（系统论、信息论、控制论、博弈论）、新四论（突变论、协同论、耗散结构、分形科学）和新新四论（混沌、流变、超循环、动力系统）等整体科学却都是西方提出的。

（6）评论员们说：一些企业的管理看起来是高效的、规范的，可是，员工却受到了很大的伤害。为了解决问题，连出家人念经的办法都用上了。到了这种时候，好像管理专家们的声音少了些。养兵千日用兵一时，国难思忠臣啊！

（二）研究者的疑惑和反问

（1）研究者问：写书的人难道还能管读者读什么？本来研究者就是"个体户"，我们本身也不是个研究集体，我想写什么、出版社喜欢出版什么，也就这么点事。

议论：是啊，中国的研究者们没有形成一个学术的有机体，基本上是各干各的、各说各的，甚至连点像样的争鸣和严谨的学术评论都没有啊！

（2）研究者问：我们从事的是理论研究，实践中管理者看不懂也很正常，本来，我们大部分人也不是做管理的，我们怎么知道管理者需要什么？我们写书，是不负责解决管理问题的，解决实际问题那是企业管理者的事，这就是社会分工。

议论：是啊，这么多年来，很多管理的研究者自己是没有做过管理的，但从事的工作却是管理研究，我们都知道，研究中没有大量的实践感性积累是很难有真正有价值的理性成果的。

（3）研究者问：难道管理思想非要问个国籍吗？人家西方的知识就是比我们先进，非要搞出个中国式的才叫成果吗？

议论：这也许问得太急了，可是，中国引进西方管理已经30年了，况且，中国的管理思想已有5000年，难道这种发问不能给我们一点启迪吗？问题在于西方的管理理论是根据西方的文化特征设计的，对于中国来说，只可借鉴，绝不可照搬。

（4）研究者问：国家投入的经费是越来越多，可也不是给钱就能出成果的，况且，动不动就问中国的管理思想对吗？实际上，思想可以是无国界的，这种问法本身就很狭隘。

议论：没错，很多思想是无国界的，但很多思想也是有民族特色或者国家特点的，不能因为强调无国界而忽视了后者。真正无国界的思想一定是包含有人类共同文明思想的，但又一定是能够指导具体的现实和管理实践的，我们不能完全指望由西方来提供能够指导中国实践的管理思想。

（5）研究者问：富士康的管理是典型的泰勒制，100年前就出问题了，这不是管理理论的问题，是一个企业管理者的实践问题。

议论：富士康如果是典型的泰勒制，那在员工跳楼前怎么不见有专家出来指责呢？专家难道只是躲在书斋里研究学问？专家在不断谈企业社会责任的同时，是否也应该谈谈自己的社会责任？

（6）研究者问：我们就是做理论研究的，至于说如何把理论变成实践的力量，留给管理咨询公司去做好了，反正一个人也做不了那么多事情，否则就是求全责备了。

议论：一些管理咨询公司确实是在做类似的事情，但这不能成为所谓的纯理论研究的借口。试问，在以应用为最终目的的管理学科的研究中，何谓纯理论研究？是那种不管实践是什么而自说自话的研究吗？正是因为缺乏对实践有指导价值的理论，所以，咨询公司或者培训师以及企业家中的很多人才会像赶风一样追随西方理论概念和方法的新潮流，结果是东奔西跑，最后还是找不到自己的方向。在人类已有的各种成熟的科学领域中，这种怪象和乱象也是不多见的。

所谓"理论"，一定是有用的，真正的理论一定是以实践或现实为内容，真正的科学命题也是从实践中提炼出来的！即使高度抽象的相对论的理论也是以光速不变的现实和引力作用的实践为内容的。国家基金支持了理论研究，如果做出的理论不能指导提升实践应用，我们就很难在纳税人面前表现出一个负责任的研究者的形象！

管理学是为管理服务的，因而管理研究必须直面管理实践！

二、科学的管理理论在实践中成长

100年前，在美国有这样一个人，他自己有100多项发明，从1875—1901年，他主要从事实际的操作和管理工作，做过学徒工，当过工人、车间管理员、工长和总工程师等，正是在这个时期，奠定了其思想的基础，并且使得他的思想有了可以实践的场所。他为后人敬仰是因为创立了科学管理，这个人就是泰勒。

不管是与泰勒同时代的法约尔还是今天那些提出新思想和新理论的西方管理学家，他们大多跟实践走得很近，有的人长期跟踪企业的发展，有的人自己就是企业的管理者。即使是今天的美国，很多管理学者自己还身兼着公司的职务，他们深知管理研究是给谁做的。

当今的美国，管理变革继《公司再造》之后正如火如荼地进行着。曾经撰写过《第五项修炼》的美国麻省理工学院（MIT）斯隆管理学院资深教授圣吉曾经专门来到中国学习中国文化，他撰写的《第五项修炼》在1990年出版后，连续3年高居全美畅销书榜榜首，被《哈佛商业评论》评为75年来影响最深远的管理书籍之一。五项修炼可以概括为：自我超越、改善心智模式、建立共同愿景、团队学习、系统思考。他的新书《必要的革命》也即将出版。过去200年主导发达国家的"攫取、制造、废弃"的思想方式正如工业时代的泡沫般走向破裂。背景多样的众多组织和机构，如可口可乐和Costco、杜邦和谷歌、美国铝业和耐克、乐施会、世界自然基金会和美国绿色建筑委员会，正在领导一场改变我们从事工商业的根本方式和方法的攻坚战。我们所面对的环境和社会问题的挑战，如气候变化、自然资源的枯竭、消费主义泛滥的副作用以及经济贫富差距的扩大，为变革提供了一个史无前例的契机。

在中华人民共和国成立之后那一段时间，学习苏联的理论和经验的同时，也积极地进行了探索，诞生了"鞍钢宪法""大庆精神"，再到改革开放，一些企业一方面吸收西方的先进经验，一方面也在自主地进行探索，不少企业的成功模式得到弘扬。

我们在做什么？我们的学者是否还有这份激情？我们在做研究时是否还有这样一份责任感、使命感和紧迫感？

毫无疑问，对于企业管理专业来说，企业是理论的检验者，因为企业的生存要求他们必须学会选择有用的理论。企业是最注重真正的理论、能够创造价值的理论的，企业是真正推动理论创新的原动力！

再看看研究机构，至今很多高校还对管理学者参与企业管理事务心存芥蒂。一些读完管理学博士的人，又到了高校去跟学生们讲他们在书本上读到的知识。当然，为了晋升职称，也要写很多文章、申请课题、写专著……

我们生活在一个朝气蓬勃的时代！

我们需要理性，更需要贴近实践的时代激情！
我们需要仰望天空的人，但须站在实践的土地上！
我们需要俯视大地的人，但也必须从思想中借力！
毫无疑问，我们这个时代急需关注实践的理论家！
毫无疑问，企业管理的诸多问题等待着理论家去研究和探索！

三、管理能够从异化的泥潭中走出来吗

管理本来是人类集体性活动的客观需要，是众人集体协作战胜自然困难和获得更加有保障的生存的有效手段。但是，这一看起来再正常不过的事情，却在人类历史上被不断地扭曲着，以至于今天的很多人已经忘记了管理的原貌和本意。理解这一点是非常重要的，因为如果不理解管理的历史，也就很难认识管理的现状，更难预知管理的未来。

在管理的源头，是人类群体活动中的一种自然权威和服务。群体中能力强的人，由于对群体生存能力的贡献度较大，所以，形成了自然权威。这种自然权威的存在需要两个重要的条件：一是有能力为集体做出具有决定性的、难以替代的贡献；二是运用这种能力服务于集体的生存力。后来，随着私有制的诞生，一切都发生了变化，管理当初的那种"田园诗"般的景象也渐渐地不复存在。于是，管理也如同人类社会中人的关系一样开始了漫长的异化过程。

第一步异化：自然变成世袭。自然权威渐渐地变成了世袭继承制，而对后代的这种人为安排又常常导致其心智弱化，也就因此种下了冲突的种子。

第二步异化：服务变成统治。对集体的服务渐渐地变成了出于维护自己地位需要的统治。随着奴隶制的出现，这种统治极端化成为一部分人是人，而大部分人只是工具或者可以买卖的特殊"商品"。

第三步异化：不平等变成制度安排。社会制度的不断强化，把管理这种被异化的情况不断制度化，使得很多人感到似乎只能如此，只有这种制度实在过于极端时才会引起反抗。

第四步异化：不平等的神圣化。这种被异化的关系逐渐被神圣化和法理化。封建帝王自称真龙天子，奉天承运，不忠君就是大逆不道。

第五步异化：异化管理的理论化。到了近代，这种极端的不平等关系虽然在社会中不断地被冲击、被改变，但这种思想的阴影却依然投射到了管理当中，这

就是"上级管下级"成为管理核心的必然性，甚至有人反问："上级不管下级，难道还有管理吗？"管理的思想和理论依然是在这样一种传统下展开的，而管理实践中的问题也常常就是由此而产生的。

以上这些分析，看起来是一些纯理论的研究，但这是对管理实践历史的梳理，是对现实管理诸多困境思考后追本溯源以求真相的努力。

如果我们不反观自己所从事的领域在历史上发生的事情和现实中正在发生的事情，我们就难以向支持我们的纳税人做出一个很好的交代！

如果我们不能从管理的根本问题上入手，而只是沉迷于枝梢末节问题的议论，我们就将失去一次在管理的"根目录"上重塑中国管理思想的机会！

如果我们没有建立起管理学自己的反观机制，我们就难以说清我们自己的历史和我们未来的方向！

四、我们可以创建中国管理科学体系吗

工业革命源于西方，而产生于工业革命的科学管理，由于促进了生产率的提升，就格外地受人青睐。人们看重西方管理思想、管理理论和管理实践方面的贡献，因此学习与模仿，加上西方企业的管理直接输出，似乎，西方管理成了现代管理的楷模。但是，如同当初学习泰勒的科学管理一样，有的企业好像是学得很有成效，而有的企业则是越学麻烦越多。

西方运用科学管理较好的国家，通常有这样几个特点：经济发达、人口较少（相对于中国）、国民素质较高、现代化时间较长、科技较为发达、有宗教信仰。反观中国，这些方面有较大反差：经济只有20年的高速发展，人均GDP水平较低；人口众多；国民素质参差不齐，相对较为落后；现代化只是集中在城市，农村的现代化水平很低；科技只是在某些领域较为发达，总体上还算是落后国家；基本上没有宗教信仰（按照西方的标准，宗教信仰者是把自己的生命和财产全部或者部分地皈依给自己信奉的宗教，而我们看到的大部分貌似宗教信仰的，只是求神助己而已）。

值得注意的是，宗教中的文明因子会对一个国家的国民和生活秩序产生重大影响。韦伯曾经在《新教伦理与资本主义精神》一书中专门论述过新教伦理与资本主义精神，以及资本主义精神与资本主义发展之间的关系。当然，宗教信仰对于管理的影响也是巨大的。一方面，宗教信仰影响了人们关于工作、生活、人

生价值的价值观体系，影响了人们的工作态度、对待财富的态度、对待别人的态度、对待管理的态度。同时，宗教信仰也极大地影响到了管理者对管理工作的态度。可以说，西方的宗教信仰（某些国家企业的信徒比例高达95%）塑造了人们心灵的价值秩序和思维模式，因此，我们很少听到西方哪些国家像东方国家的企业那样轰轰烈烈地搞企业文化，因为，西方人的宗教文化、民主文化、现代化文化（三者可能会交叉贯穿）已经成为社会文化的常态，并决定了西方人的心灵模式和行为模式，这些与管理思维、管理行为和管理模式也是暗合的。明白了这一点，也就能够理解西方管理，也就理解了不同国家或者民族的管理差异。

说到底，管理也是人的行为活动，是人的心智模式决定的行为活动，是管理者心智决定的行为对被管理者的心智和行为的影响活动，是集体的心智决定集体行为的活动：一切管理模式的形成和创新都离不开这样一个根本点。说得再简单一点，管理就是集体或者组织中的文化与行为、心智与行为的一种特殊表现。很显然，探讨管理模式或者管理理论问题，永远离不开国家、民族的文化、历史与现状。西方管理的有效性也彰显了西方文化与管理方法之间的契合关系。近些年经济学领域中行为经济学的悄悄兴起似乎也印证了这一点。

不能忽视的是，从以上的论述中可以看出，管理行为只是人类行为的一种，从人类行为的角度探讨管理的行为是研究的重要路径之一。工作也只是人们生活的一种特殊方式，从人生的角度探讨管理的价值和方式，也就成为管理研究无法规避的一个重要方向。毫无疑问，管理研究者在这样一些问题上的认识，直接决定了其研究的方向和视角及其研究的焦点与路径。倘若管理研究者在自己的生活中缺乏这种认识，其管理研究的偏差也只是其人生偏差的一个特殊表现而已。

西方的教堂成了人们心灵的场所，而对于整日只忙于工作却有心灵的人们来说，又到哪里去寻找对他们的有效管理方式呢？当然，我们也要注意到，西方金融危机以来所暴露的公司问题，已经不再是简单的管理问题，而是人的心灵问题。在东方的中国企业中，出现的种种管理问题，难道不也是因为人作为一种灵性的动物，因为心灵的不健康或者灵魂孤寂所导致的吗？在这些方面，如果不去深究人类管理的共同性规律，却去刻意地一味追求一国式的管理，也可能是一个误区，甚至是在检验一个伪命题。在哲学的高度上看问题，我们发现，很多差异化的现象背后还有一个表现共同性的同类项，而这恰恰是我们在反复强调管理差异的同时需要特别关注的。

管理不仅仅是经济活动，后者只是心智活动或者心灵活动的一种外在形式。

管理也无法脱离文化来谈论其有效性!

因为管理只是人类生活中的一种特殊行为,因此,也无法在规避人类行为规律的情况下来研究管理。

管理活动也只是人生的一种特殊方式,管理研究也无法摆脱管理研究者、管理者和被管理者的人生观而孤立地研究有效的管理。

中国经历了漫长的封建社会,虽然近代也进行了轰轰烈烈的民主运动,但封建文化在管理中的表现是相当突出的,这当然不符合现代民主精神,因此,在中国的环境下研究中国的管理,就必须理解中国封建文化的影响。同时,又必须胸中拥有民主、科学和进步的基本知识,因为,中国文化优秀部分的弘扬需要这样的科学境界,中国文化中需要超越的部分也需要这样的认知。

尽管中国文化中充满了封建统治的味道,这种味道也肯定弥漫到了管理当中,不管是做管理工作的,还是做管理研究的,都或多或少地受到影响,但是,中国文化中也有着丰富的高端思想,这些思想没有因为历史而褪色;相反,经历了几千年的实践检验之后,却愈发光彩照人。儒家的"义利观""修齐治平""内圣外王"等思想依然光彩夺目;佛家的"内观""缘起""八正道""人人是佛"的思想,对于今天浮躁的人们了解自己是非常美妙的法门;道家的"无为而治""不争而达不可争""大私天下""无我大我""反成""有无相生"的智慧,至今在管理学的思想中依然为人津津乐道。创造能用于中国管理实践,而且能够包容西方已有管理理论,从而成为真正普适性的管理理论而跨越国门走向世界的中国管理研究,需要能够解读这些历史的思想积淀。

毫无疑问,世界上也有很多美妙的思想值得借鉴。不管是近代的民主、自由思想,还是后现代对现代的诸多解构,都给我们很多启迪。

没有世界视角的研究是狭隘的!

没有历史视角的研究是短视的!

没有文化功底的研究是肤浅的!

没有实践感性的研究是苍白的!

没有服务实践提升的研究是没有价值的!

五、重申理论与实践的相生关系

理论,是人类在生活实践中经验的总结与概括。这种概括的价值就在于可以帮助很多人少走弯路。当然，历史也是发展的，理论若是不发展，很可能就是在科学的旗号下引领人们走一条貌似科学的弯路。

理论来源于实践，也要服务于实践，并在这个过程中接受检验、吸纳新的信息，从而促进理论的更新和发展。

如果理论研究脱离实践，或者根据研究者自己有限的实践经验来做理论推断，这样的理论研究价值就极可能要大打折扣。

如果理论研究成果中的大部分不能回到实践之中去，而只是中途停止（如文章发表就算是完成任务），那么，即使是很好的理论成果，其价值也极有可能被长期束之高阁。

如果资助者只是关心传统的所谓成果形式（文章、报告、专著等），那一定很难对出资人做出一个令人满意的交代。

如果以上情况不能改变，那成果也只是成就了研究者自己的生存状态，申请课题、写文章、出专著、提教授，然后继续自己的体内循环。

如果以上情况不能改变，那作为研究者的职业责任、使命和职业道德就将受到怀疑。

如果以上情况不能改变，我们就是在浪费自己的生命、浪费纳税人的心血、浪费社会对我们的信任和期望！

当我们能够认真地对待这一切时，事情就在改变，当然我们无法期望一朝一夕实现一种理想。

关注中国管理的实践，不是不要理论研究，而恰恰是需要结合中国更加复杂的管理实践去做科学抽象的理论研究。西方由于宗教的格式化凝聚和文化的个性化崇拜，使西方文化中的个体行为乃至社会行动，具有简单的"线性独立性"，从而具有"整体的叠加性"，由此构造了西方管理实践的简单性和行动有效性——管理中的个体行为以及整个社会行动效应非常容易产生互动而叠加性增值；中国文化的特质一方面是"线性相关的同质性"，另一方面又是"关系纠缠的非线性"，前者使个性化消减而损失了整体具有的信息量，后者产生内耗而消减着整体的竞争力。一旦我们应用更加抽象的理论解构了管理实践的复杂性，我们就可以将复杂现实中的"约束"变为"资源"（实际上管理的本质就是在管理过程中的每一个环节上将"约束"变为"资源"）。只有突破西方经济人或者复杂人的人性假设，在新的人性假设下提出新的理论命题，才能指导中国管理的复杂实践。

六、我们的呼吁和倡议

也许每个研究者心中已经对上述问题做了无数次的思考；也许相关的领导在会议上已经做过很多次的强调；也许许多有责任感的人竭力推动过很多次，不管怎么样，这是需要我们大家共同面对的问题，我们不是要去声讨与谴责，不是要去追究和算账，不是要去呼喊和观望，我们需要的是反思和行动，为此我们郑重地呼吁：

（1）因为没有实践依据的研究价值是有限的，所以，我们呼吁研究者要深入到管理实践中去，去寻找问题，寻找实践给理论的挑战和启迪。

（2）理论必然要服务于实践，因此我们呼吁研究者要以职业的责任感和做人的良知去对待自己研究的成果，积极主动地与实践相结合。

（3）研究者要接受研究管理机构的评价，因此我们呼吁相关管理机构要注重成果评价中的实践导向，仅仅是在学界的影响力是不够的，来自于实践的评价（主观的评价也还不够，还需要客观的评价）需要得到更多重视，如何评价实践的评价也需要规范并使之科学化。

（4）因为理论与实践类似于鱼和水的关系，我们呼吁研究者和实践者要积极地靠近，联合起来共同探求管理中困境的解决办法，相关机构也应该给予支持。

（5）研究者的工作需要经费的支持，我们呼吁基金资助机构和管理者，要引导理论与实践的结合型研究，在评价成果方面，不再单纯看重文章的质量与数量，而要加大测评实践效果的比重。

（6）很多研究者终生以研究为生命的核心，因此我们也呼吁，在社会很浮躁的情况下，真正的研究者更要"坐得住冷板凳"，能够管住自己的心，这样，才有可能"十年磨一剑"，才不愧对自己的生命和国家与人民的委托。

（7）我们呼吁现今的教育机构，积极提倡和用明确的政策鼓励研究者深入实践，积极地为他们创造机会深入实践，使得他们有机会获得实践的感受和发现实践中的科学理论问题。

（8）我们呼吁管理学术期刊大胆地关注实践，积极地鼓励实践类探索文章、反思和思想争鸣的文章发表，并加大严谨的学术评论的分量。

（9）我们呼吁研究者勇敢地突破学术研究的小圈子，跨越自己专业方向的局限性，去与相关学者进行有机联合，共同探索根植中国文化、吸纳其他优秀文化的管理思想及其方法。

（10）我们呼吁，企业不但应该是制造产品和提供服务的，同时也应该是塑造人的：关注人的成长与发展，应该是身处其中的各级员工自我实现的场所；优秀的企业不但应关注企业自身的伦理形象，同时也应该关注人与环境（包括企业内部环境、社会环境和自然环境）的和谐相处，关怀员工和顾客内心的幸福感。对于中国企业而言，实现这样一个境界可能需要研究者对我们自身传统文化以及当下正在迅速变化的文化进行深刻理解，并创造性地灌注到中国企业管理的思想当中去。

七、管理研究的未来展望

管理是产生于人类集体实践活动的！在今天的中国，管理的实践已经积累了相当多的理论素材，只是实践中的人们没有能力将其提升为新的理论，而中国的很多管理研究者们恰恰只是待在书斋里，还没有意识到自己的专业领域正如一个敞开的巨大宝库，等待着管理研究者去挖掘。我们相信，在中国这块充满生机的土地上，也将诞生世界级的管理思想，正如2000年前我们的祖先做到的那样。

（1）管理不只是一种行为活动，首先是一种思想。我们相信，5000年的文化积淀和现代文明的引入，中国式的管理思想将会成为引领21世纪管理发展的一个重要方向！为此，我们倡导加强管理思想史的研究，从管理哲学的视角加强对现实问题的研究。没有新的思想命题，我们的实证又能去做些什么呢？

（2）未来管理研究的重大成果，一定会在管理的根本性问题上实现突破，而不是就枝梢末节所进行的原有理论的阐发。

（3）未来管理研究的重大成果，一定是能够在实践中转化成生产力的成果，肯定不再是躲在书斋里撰写的以文献堆砌和自言自语为特征的大部头，而是能够引起企业界管理者共鸣，并可以进行一定程度推广的新思想、新方法。

（4）我们相信，未来的管理研究，一定不会简单地局限于某个企业的经验，而是基于经验又跨越经验的、具有理论高度和对现有理论具有突破性的管理新命题。

（5）未来的管理研究，一定会在企业和企业的外部系统的互动中重新定位企业的性质，并将走出单纯经济组织的藩篱，重塑一个有机系统的思想体系。

（6）未来的管理核心依然是人，而对人性的认知改变也将为新的思想和理论的诞生敲开尘封多年的管理智慧之门。

（7）未来的管理研究也将在企业家的人格角色塑造方面产生新的视角，具有社会使命感的企业家将成为企业家人群中的引领者！

（8）未来的管理研究一定会循着管理思想逻辑的演进向前推进，并借助于哲学和数学等方法得以突破管理主干思想几十年的停滞。

（9）从美国的金融危机可见一端倪：外部约束性制度不是万能的，制度在心灵契约高度的突破将完善制度的效能。

（10）未来中国的企业必将是一群有社会使命感的企业家作为主流，并以企业的平台提升员工全面成长，造就员工的幸福快乐，关心社会民生，关注环境优化，为营造一个更好的人文、自然和生态做出自己的贡献，这也将是今后管理研究必然要关注的价值指向。

我们相信，随着中国管理实践的日益丰富和精彩不断，从中产生的管理思想和管理方法必将受到国际社会的关注，产生于中国的管理知识体系必将有望福佑世界！

（原载：《管理学报》，2010年第11期；合作者：齐善鸿、白长虹、陈劲等）

中国本土管理研究的回顾与展望

中国管理研究的发展早期是依附于西方管理理论之下逐渐成形的,具有强烈的学术倾向。随后不久,管理研究就显示了它的实用取向,逐步成为指导中国企业发展的工具。在管理实践中,由于情境的差异,从西方移植的管理理论并不完全适用,从而导致了本土化研究的兴起。研究者认为,社会科学的研究不能只是依附于西方管理理论,各个国家的文化传统是不一样的,尤其是中国的文化与西方的文化存在诸多差异,必须审慎考察文化差异所产生的关键作用。与其他许多学科类同,中国的管理学研究也必须经历一个"本土化"的阶段。20世纪90年代初期,我国台湾学者率先在人类学、社会学、心理学、组织行为学等领域展开了一场"本土化运动"的反思和前瞻性探讨,并取得了一定的成果。随后,90年代中后期,日本、印度等亚洲国家的管理学者开始重新审视自身的文化遗产,并以新的视角研究管理学科。直至21世纪初期,社会学、心理学等领域的大陆学者开始意识到开展本土化研究的迫切性与重要性,并由此发出了呼吁与讨论。在管理研究领域,学者们也发现中国企业管理实践有其独特之处,发迹于欧美的西方管理理论并不能完全适用于有着浓厚文化底蕴的中国情境。这些使得身处其境的管理学者们开始进行深刻思考,并由此展开了一系列中国管理本土化研究与探索。

一、中国本土管理研究现状:使命与现实

中国管理科学研究和教育的前20年(20世纪80年代中期恢复办学)已经走过了以学习、借鉴、模仿为特征的初级阶段,软硬件的基本骨架已经搭起,现在面临的是今后20年如何走的问题。中国管理科学发展正处于一个历史转折时期,中国本土管理研究在经历了30年的发展之后已经取得不少成果,然而,中国管理研究的使命与现实还离得很远。

(一)中国本土管理研究成果

管理学者或从传统文化出发,或从中国企业管理实践出发对中国本土管理进行研究,涌现了一系列研究成果。Jia(贾良定)等(2012)曾对1981—2010年近30年间,在国外7种组织管理类顶级期刊发表的有关中国情境的管理研究论文进行了统计,结果显示,在国际期刊上发表的涉及中国情境的论文数量及比重逐年有较大幅度的提升;对国内组织管理领域影响因子最高的10种期刊进行统计,结果显示,国内有关中国情境的管理研究论文总数呈现持续上升的态势(见表1)。7种国外期刊是:*Administrative Science Quarterly*,*Academy of Management Review*,*Academy of Management Journal*,*Strategic Management Journal*,*Journal of Applied Psychology*,*Organization Science*,*Journal of International Business Studies*;10种国内期刊是:《经济研究》《中国工业经济》《中国软科学》《管理世界》《南开管理评论》《科研管理》《管理科学学报》《管理学报》《科学学与科学技术管理》《管理评论》。

表1 1981—2010年间有关中国情境的管理研究论文总数

年 份	国外7种组织管理类期刊发文情况		国内10种组织管理类期刊发文情况	
	国外7种组织管理类期刊发表论文总数/篇	占7种期刊所发论文总数的比例/%	国内10种组织管理类期刊平均发表论文总数/篇	占30年内10种期刊所发论文总数的比例/%
1981—1990	6	0.21	32.8	5.81
1991—2000	55	1.67	113.8	20.15
2001—2010	209	5.28	418.1	74.04

中国本土管理研究取得的成果可分为两种类型:一是从中国古代管理哲学与思想以及中国传统文化出发,建立了具有本土特色的管理理论。例如,成中英的C理论,苏东水的东方管理学,席酉民的和谐管理,齐善鸿的道本管理,曾仕强的M理论等。二是基于中国近代企业管理实践展开深入剖析,例如陈春花等(2004)撰写的《领先之道》,王育琨(2006)撰写的《强者:企业家的梦想与痴醉》,苏小和(2007)撰写的《局限:发现中国本土企业的命运》,曾鸣等(2008)撰写的《龙行天下》,曹建伟(2010)的《长大》以及郑必坚(2011)撰写的《领先者的密码》等都是管理学者跟踪中国本土企业管理实践取得的研究成果。

(二)中国本土管理研究存意之辩

我们可喜地看到中国本土管理研究已取得不少成果,但与此同时,我们也注意到现有的这些研究成果或从中国管理实践,或从中国语境与情境,或从中国传统文化强调了中国管理的特殊性,也即个性,却忽视了对于管理的共性的追求。事实上,不管是法约尔的管理基本要素、明兹伯格的管理角色,还是德鲁克的目标管理,都注重建立一般管理理论,即普适的管理理论。中国本土管理研究恰恰应该注重一般管理理论的建构,而企业管理过程中则需要注重管理理论的本土化实践。现实情况是,我们认识到了中国情境的特殊性,却缺少将理论由个性上升到共性,特殊上升到一般的过程。换言之,在"顶天立地"的过程中,目前的本土管理研究最多只做到了"立地"。中国本土管理研究的价值贡献应当是为全球的管理知识宝库添砖加瓦,从中国本土管理实践中提炼出一般管理理论,即"一般经验通过尝试和检验之后得到的规律、规则、方法和程序的总和"。郭重庆(2008)曾指出,管理学中国化的特征是融合古今中外管理思想精髓,能够指导中国经济与社会发展的管理实践问题,对民族的伟大复兴和对人类的发展做出贡献,这就是中国管理学界的社会责任与历史使命。"指导中国经济与社会发展的管理实践问题"需要企业管理者在运用管理理论的过程中实现管理实践本土化,而"对民族的伟大复兴和对人类的发展做出贡献"则要求中国本土管理研究所产生的理论的一般化,也就是"实践本土化,理论全球化"。

在对待源自西方管理实践的管理理论时,有一种倾向是,当其中的原理在实践中行不通时,就试图否定整个管理原理的框架。语义的不同、使用的情境和环境的不同、对管理原理的误解等原因都有可能造成管理理论在运用到实践中产生异化现象,也就是我们所说的"水土不服"现象。这种"水土不服"需要企业管理者在将理论运用到实践过程中进行本土化,但并不说明一般管理理论本身存在问题因而必须重新构建一个中国本土管理学。中国本土管理研究的价值一定是在基于中国情境的特殊性之上的一般管理理论的提取。德鲁克曾对管理问题有过一段精辟的论述:"管理是关于人类的管理,其任务就是使人与人之间能够协调配合,扬长避短,实现最大的集体效益……因为管理涉及人们在共同事业中的整合问题,所以它是被深深地植根于文化之中。管理者所做的工作内容都是完全一样的,但是他们的工作方式却千差万别。因此,发展中国家的管理者所面临的一个基本挑战就是,如何发现和确定本国的传统、历史与文化中哪些内容可以用来构建管理,确定管理方式。"不同情境下的管理方式千差万别,但如何从个性到共性、从特殊到一般则将是中国本土管理研究的最终目的与使命。

二、中国本土管理研究的内涵、目的及拷问

有学者认为任何研究都是根植于特定社会文化情境的，因此，任何研究都是本土化研究，且得到的都是应用范围有限的地方性知识。我们赞同任何研究都是根植于特定社会文化环境这一观点，中国本土管理研究也扎根于中国特定的环境中。但是否因为所有的研究都扎根于情境之中就可以否定中国本土管理研究的普世价值以及中国本土管理学的建设的必要性呢？Whetten（2009）认为，除非所有的西方理论均不能解释本土现象的独特和新颖，否则便不存在中国本土管理学。另外，有一种观点认为，中国企业还不能构成管理之道，只是对西方管理进行了多年的模仿。作为发展中国家，我们想要以较快速度发展自己，当然需要模仿。然而，需要思考的是，当单纯的模仿走到尽头，中国企业要依靠什么才能保持持续增长？中国企业的管理难道就没有属于"中国"自己的部分吗？对西方管理理论的全模仿有价值吗？尽管各种西方管理理论在中国企业管理实践中广泛存在，但中国企业还是遵循着属于自己的方式，尤其是那些行业先锋企业更是如此。中国企业家不乏创新精神，中国企业对资源、机会和变化的把握也往往有其独特之处，即使是那些需要企业精心策划的战略安排和精耕细作的管理方面，中国企业依然有其独创的应用。毋庸置疑，中国本土管理中一定蕴含着自己独特的部分，关键就在于中国本土管理研究如何从中提取理论以及提取什么样的理论。

（一）中国本土管理研究的内涵："本土意义"抑或"普世价值"

新兴经济体中高质量的本土化研究无疑增强了全球管理知识的进展。随着中国经济的迅速崛起以及在中国企业管理实践中涌现的各类现象，有必要对中国独特的本土管理现象进行理论探索这一观点已经获得管理学者的共识。已有学者尝试对本土管理研究进行界定，但目前而言并不存在统一的定义。Tsui（2004）将"本土研究"定义为"使用本地的语言、本土的研究对象和富有本地意义的构念对本地现象进行的科学研究"。李平（2010）则将本土化研究定义为"但凡涉及某个独特的本土现象或该现象中的某个独特元素，并且以本土视角探讨其本土性（主位）意义以及其可能普适性（客位）意义的研究，便是本土研究"。高婧等（2010）在美国社会学者Harold对于本土方法论的界定的基础上，结合管理学研

究的特性,将管理的本土化研究定义为,研究对象的选择、研究问题的确立、理论的架构、概念的界定、研究方法及工具的选择所形成的研究系统能够充分、全面而准确地发掘、描述、解释、分析及解决在中国这个特定文化情境中所产生的管理实践问题。综合而言,"中国本土管理研究"就是基于中国本土概念或者从中国本土视角出发,以中国企业管理实践中独特的管理现象或者该现象中的独特管理元素为研究对象,且采用的理论架构、研究方法和工具能够真实反映在中国特定文化情境中产生的管理实践问题的一套独立的管理研究体系。

在中国30年高速的发展浪潮中,涌现了一批优秀的领先企业,也有一大批企业停滞甚至倒闭,这就需要寻找出适合中国企业实际的发展道路,并总结出规律性的认识。在解决中国实际问题的过程中,必然会产生许多具有独创性的实践经验,那么,中国本土管理研究究竟应该以"本土意义"还是"普世价值"为导向?当我们认为中国的文化与情境具有特殊性的时候,究竟这种特殊性的影响有多大?Tsui(2004)认为,本土化的特征在于情境因素无论作为自变量还是调节变量已经明显地成为理论建构的因素之一。但显然,情境因素作为自变量还是作为调节变量,所产生的影响将是截然不同的。如果情境因素仅仅是作为环境变量而存在,那么,在一项管理研究中,自变量对因变量并不一定受其显著影响,其对理论构建的影响则远小于其作为自变量存在而产生的影响。中国情境若作为调节变量,就不仅仅具有指导中国本土企业管理实践的功能,同样也具有普世的价值,如同西方管理学也有情境变量一样。因此,这种情境独特性的影响程度将决定直接源自中国本土管理理论的价值范围。基于中国情境特殊性的本土管理研究理论价值是止于本土意义(以指导中国本土企业管理实践问题为目标),还是能够追求一种更为广阔的普世价值的实现?

(二)中国本土管理研究的目的:"理论"抑或"实践"

需要明确的是,中国本土管理研究的目的并不在于"自立山头",在意识到中国本土管理研究的独特性的同时,也需要注意与西方管理研究的共性。很多管理问题和现象存在着相通的地方,中国本土管理研究需要和西方管理研究做更好的连接。盲目地强调中国管理实践的独特性会造成我们没有办法借鉴已有的成熟理论,也阻止了可能对关于一般管理理论的贡献。本土研究的目的不在于证伪西方理论,而在于促进中国情境的科学知识和实践知识的建立。"发现规律,解释现象,指导实践"是中国本土管理研究的目的所在。然而,所有的研究都避免不了"求真"与"致用"之争，理论与实践到底哪一个才是中国本土管理学研究的真正目的？

首先，既然实践导向是本土管理研究评价的标准，依此评价标准，管理研究应以最终回归实践、指导实践为目的。我们意识到，中国数千年积累形成的传统文化使得中国管理实践问题更具复杂性和独特性，如果生搬硬套西方的管理理论，必然会导致严重的问题。然而，部分西方管理理论在管理实践中的失效并不一定意味着西方管理理论本身无法在中国情境中使用，"生搬硬套"或许才是导致这一问题的关键。这为管理实践者在学习西方管理理论与方法时，盲目照搬、照抄而未考虑本土具体环境的做法敲响了警钟。从另一个角度来说，无论是经济还是意识形态，全球化进程已经在很多方面深刻地影响了中国，因此，如果仅以指导中国本土企业管理实践为目的，将削弱中国本土管理研究理论的一般价值。

其次，本土研究之所以产生与存在是由于社会科学尊重事实、价值观和多样性的本质特征相一致的要求使然。我们应该鼓励管理研究的异质性，发展本土理论、模型与研究体系，而非仅仅停留在修改或者应用对本土情境不敏感的西方管理理论。这种理论的异质性应该是为世界管理学者所认识与理解的管理知识之间存在的差异。中国本土管理研究有利于研究者养成良好的科研习惯，端正科研态度，增强对理论构建与方法设计的自信心、批判力和创造力，深入探讨中国本土管理实践问题，更加深刻、准确地描述、分析、解决中国本土管理现象及行为。从中发现的规律及管理理论不应只停留于中国管理学者内部的探讨，更应将理论一般化，以期对整个管理界做出贡献。从这个角度来说，从中国本土管理现象及管理行为中提炼的理论可以为中国管理，甚至是全球管理理论贡献价值。

三、中国本土管理学的研究问题界定

不容否认，西方所形成的一套系统且规范的研究有助于中国本土管理研究寻找管理现象背后的机制与规律，但现实情况却正如美国管理学会前主席Vandeven（2010）所指出的，中国的许多管理研究所阐述的理论都未能充分地分析现实问题及其相应的本土情境。因此，即使采用了合理有效的分析方法，这些研究也许并不能为管理学科的发展贡献知识，而仅仅是"很好地解决了不恰当的问题"。这样的研究成果无论是对中国政府还是企业管理实践都很难产生实质性的影响，更谈不上对世界管理实践贡献价值。

更好的问题能够给以更好的解释，而一个好的理论则是为后继的学者们提供多样化对比解释的最好途径。关于如何确定中国本土管理的研究问题，一种可能的方法就是对比解释。不管是管理的中国理论或是中国的管理理论，中国的特殊性需要与其他国家进行比较才能验证。对比解释的有益之处就在于，它通过设置适当的对比问题指导后续的研究，而这种能力对于理论构建具有促进作用。不同的理论往往能够解释管理现象背后的一部分原因，当决定通过建立一种新的理论来解释中国管理实践中的管理现象之前，需要思考如下几个问题：①现有的理论是否不足以解释这一现象？例如，关系（Guanxi）这一概念和西方关于人际关系的概念不同吗？如果不同，其前因和后因变量又是什么？②为什么新建立的理论 P 会比理论 Q 更能解释这一现象？例如，科斯建立的交易成本理论解释了为什么需要建立企业而不直接在市场上交易。那么，后继的学者们在回答企业的本质这一问题时，就必须要清楚，为什么自己的理论比交易理论更好地解释了这一问题。唯有这样才能避免为了构建理论而忽视现有理论，甚至为了创新性而杜撰新构念等现象的发生。真正有价值的研究一定是在现有理论之上，能够为管理现象提供新的解释的研究，而不是用新概念做旧文章的研究。

对比解释将是一个有益且必要的尝试，是多文化下的有效选择。通过对比解释有助于我们框定真正具有独特性的管理研究问题，为后续的一系列研究指引正确的研究方向。但需要指出的是，由于每一个人对术语理解的不同，同时，每一个问题又能够从不同视角来进行研究，这就给对比解释造成了困难。因此，在中国本土管理研究中，就需要学者对相关文献有一个充分的了解，这有赖于学者自身的学术积累以及对本土管理现象的敏感性。

四、中国本土管理研究方法：回归本质

管理研究方法论就是"管理学科研究工作的基本原则、途径和过程"。从管理研究过程出发，基于不同的研究理念及研究目的，所选择的研究方法将有所不同。一方面，这些多样性的规范方法为管理研究的科学性提供了保障；另一方面，这些共同的规范方法也为管理研究提供了全球性研究语言，确保源自不同地区的管理理论能被世界范围内的学者所接受与认同。近年来，有学者开始在研究中基于研究问题的实际需要尝试多元方法论。扎根理论、案例研究被广泛推崇，而诸如深描、历史分析、比较分析、田野研究、企业史研究、事件史分析等偏质

性的研究方法也逐渐进入管理学者的视野。

　　Colquitt等（2007）指出，为了建立理论可以使用假设—演绎方法、观察法，如案例研究、扎根理论和人类学的方法，通过归纳推理来建立新的理论。从总体上看，虽然目前中国管理学研究的重要特点在于重视定量研究，忽视定性研究，而定性研究中又缺乏对国际主流学界认同的规范方法论的使用，但通过对现阶段有关中国本土管理议题的重要研究文献进行分析（以"本土管理""本土研究"为题名在中国知网上搜索，选择已被引用的研究，并剔除与主题无关的文献，最后选出18篇文献；再以"本土管理""本土研究"为关键词进行搜索，选择已被引用的研究，并剔除与主题无关的文献，最后选取6篇），我们发现，该领域绝大多数使用定性的理论分析，而其内容集中于探讨中国本土管理研究的框架问题（见表2、表3）。这或许与中国本土管理研究尚处于研究初期有关，采取偏质性的方法有助于厘清本土管理研究的方向与路径，但问题就在于如果缺乏对国际主流学界认同的规范方法论的使用而单纯采用所谓"思辨"的方法，没有更多地综合实证、实验、演绎等科学方法，将造成研究结论经不起推敲，将导致相当部分研究成果不能得到国际认可。中国本土管理研究应当深入地去观察中国的管理实践，其研究方法也应转向实践观察和实践研究，而不是纯粹的理论研究和分析框架。

表2　"本土管理"及"本土研究"为题名的相关文献整理

主　题	作　者	篇　名	期　刊	年份	研究类型	引用次数
研究策略	徐淑英 张志学	管理问题与理论建立：开展中国本土管理研究的策略	南开商学评论	2005	理论分析	43
知识溢出	吴　波	FDI知识溢出与本土集群企业成长——基于嘉善木业产业集群的实证研究	管理世界	2008	定量实证	29
研究范式	李　平	中国管理本土研究：理念定义及范式设计	管理学报	2010	理论分析	22
研究进程	梁　觉 李福荔	中国本土管理研究的进路	管理学报	2010	理论分析	10
建立条件	王　立	中国本土管理理论建立的前提条件探析	商业时代	2009	理论分析	5
社会资本	高静美 郭劲光	社会资本：理论回顾与本土研究	石家庄学院学报	2010	理论整合	5

（续上表）

主　题	作　者	篇　名	期　刊	年份	研究类型	引用次数
研发范式	吕　力	中国本土管理学何以可能——对"独特性"的追问、确认与范式革命	管理学报	2011	理论分析	4
本土意识	郭　毅	活在当下：极具本土特色的中国意识——一个有待开发的本土管理研究领域	管理学报	2010	理论分析	4
研究进展	包国宪 王学军 贾旭东	全球视野下的中国管理本土研究新进展——中国管理国际学术论坛观点综述	中国工业经济	2010	理论整合	4
案例方法	于　鸣 岳占仁	本土管理案例的再出发	管理案例研究与评论	2011	访谈与理论整合	2
管理实践	吕　力	人类学视野下的本土管理实践	未来与发展	2009	理论分析	2
他者与他者化	郭　毅	论本土研究中的他者和他者化——以对中国共产党成功之道的探讨为例	管理学报	2010	案例分析	2
本土管理	祝波善	全球化与本土管理	企业文化	2006	理论分析	1
研究路径	谢佩洪 魏农建	中国管理学派本土研究的路径探索	管理学报	2012	理论整合与分析	1
理论构建	王　立 孙乃纪	本土管理理论构建方式的讨论	前沿	2010	理论分析	1
社会网	李智超 罗家德	透过社会网观点看本土管理理论	管理学报	2011	理论分析	1
管理元素	乐国林 陈春花	两部企业宪法蕴含的中国本土管理元素探析——基于鞍钢宪法和华为基本法的研究	管理学报	2011	案例分析	1
人际关系	薛　珅	中国人际关系本土化研究述评	山西煤炭管理干部学院学报	2008	理论整合	1

表3 "本土管理"及"本土研究"为关键词的相关文献整理

主题	作者	篇名	期刊	年份	研究类型	引用次数
心理资本	杨锐	本土心理资本对职业生涯发展影响的实证研究	商场现代化	2009	定量实证	21
反生产力行为	陈春花 刘祯	反生产力工作行为研究述评	管理学报	2010	理论整合与分析	12
员工敬业度	赵欣艳 孙洁	员工敬业度研究综述与展望	北京邮电大学学报	2010	理论整合与分析	10
战略管理学	武亚军	中国战略管理学的近期发展：一种本土视角的回顾与前瞻	管理学报	2010	理论整合与分析	10
领导力	曹仰锋 李平	中国领导力本土化发展研究：现状分析与建议	管理学报	2010	理论整合与分析	9
研究方法	吕力	"中国管理学"研究的方法论问题	经济论坛	2009	理论分析	5

以本土研究的历程来说，可以大致分为两个阶段：第1阶段大多针对具有文化特色的管理概念进行延伸的理论分析，并追溯其相关的历史渊源与文化传统；第2阶段则采用质性研究以建立初步的研究框架，从而以此提出推论假设，进行实际的量化研究。就构念演化的阶段而言，中国本土管理研究大多处于第1阶段，只有少数构念处于第2阶段，如关系、圈子、家长式领导的研究。刘人怀等（2013）指出，在中国本土管理研究的不同阶段可以选择不同的合适的研究方法。在研究初期，研究主要围绕本土企业的管理实践来发现重大问题，采用扎根理论、诠释学等定性方法，可以帮助确定问题的本质和基本轮廓。在研究中期，研究重点在透视西方管理学的基础上，提炼出中国本土独特的管理理论与假设，采用案例研究、比较分析的方法更为有效。在研究后期，采用实证研究等定量方法有助于检验中国本土的管理理论与假设。统计分析本身并不会产生、构建或者发展某个理论，只有在理论已经构建或者发展之后，才能利用量化的方法验证其解释的严谨性。因此，在构建理论阶段，中国本土管理研究采用偏质性的研究方法本身没有问题，问题在于尚缺乏对于多种方法的综合利用以及全球语言的使用。

定性研究的优势就在于能够对社会现象进行更为深入透彻的理解和解释。在中国情境的管理理论构建过程中，尤其是处于中国管理研究的初级阶段，在发展概念和构建理论的时候要采用归纳法，定性研究是必须且适合的研究工具。同时，定性研究也是在理论和文献匮乏的领域内进行理论构建的有效工具，尤其适用于在中国文化背景下创建新的理论。但就目前的本土管理研究现状而言，缺乏多种规范方法的综合利用部分导致了中国本土管理研究无法得到国际管理学界的认可。同时，中国的思维方式、文化特点及认知习惯的不同导致中国本土管理研究成果难以被不同语义、语境下的国外管理者所理解，这在很大程度上使源自中国本土的管理研究成果难以在国际顶尖杂志上发表。中国本土管理研究需要回归本质，注重在研究过程中使用全球语言，以规范方法研究理论问题，最终实现将中国企业管理实践问题提炼上升到一般理论问题。只有管理学者们使用全球语言与规范方法，才有可能为中国本土管理研究走向国际管理学界铺平道路。

五、中国本土管理研究展望

本土研究从来就不是关起门来自娱自乐的游戏，它也不是一个由民族情绪所激发的激情和熟读各种思想和方法论而引起深思的结果。发展一个用于研究中国管理的中国式独特路径是非常艰难且具挑战性的。虽然，有学者认为，只有当用中式套路来理解中国现象时，中国本土管理理论才可能最具生命力，也才可能产生出最为丰硕的成果。但是，我们认为，中国本土管理研究最大的价值贡献将是从中国特殊性中寻找出管理的一般规律。中国本土管理学未来的发展需要研究者们以谦逊的态度，尝试着去理解和解释中国本土企业管理实践中的管理现象与管理行为，立足于中国管理学的发展现状和中华民族传统文化，从中国的现实问题来构建管理新理论。

（一）寻找一般规律

西方管理理论对中国本土管理学的发展具有重要的借鉴作用，原因就在于西方管理学经历近百年的发展，已经形成一套成熟规范的研究体系与研发方法，有利于寻找中国本土管理中的一般规律。但最为关键的是我们应当学会从模仿中学习，从模仿中创新，为中国本土管理研究做出真正有价值的贡献。现在普遍采用的西方管理理论也是起源于其文化特殊性，这表明，中国本土管理理论发展成为一般管理理论是可能的。Drucker（1999）曾指出，在管理中，90%的管理工作是一般化的，是与人打交道的工作，是通过人来完成的工作。如果用这种方法来领导员工，将会使他们每一个个体都充分发挥知识和才干。剩下的10%则会根据不同公司的经营宗旨、文化、历史、对组织类型的描述（营利组织或非营利组织）而有所不同。管理理论的目的就在于提供一套可以传授的知识体系，而这类知识应当具备共享性。未来中国本土管理研究应透过中国本土管理现象，探索存在的一般规律，提炼出具有普世价值的管理新理论。未来本土管理研究的重大成果一定是能够为企业界管理者所认同的、能够引起共鸣的研究成果；未来管理研究的重大成果一定是基于经验，但又跨越经验、具有理论高度的、对现有理论有突破性进展的管理新理论。

（二）全球思维与管理实践的融合

为了有效开展本土管理研究，研究中所采用的概念、理论、方法、结果都要能够充分代表、反映或者揭示那些根植于中国本土情境中的管理元素、管理机制与过程，要着眼于研究中国本土管理实践中的现实问题。只有"基于中国管理实践的理论创新研究"，才能使中国管理学者得到全球学术界的认可。近代中国企业管理实践为中国本土管理研究和中国本土管理学的发展提供了肥沃的土壤。在关注到肯德基、麦当劳、宝洁等全球性企业进行本土化实践的同时，我们也必须意识到中国正在逐渐融入全球大环境、大市场，地域的边界正变得越来越模糊。本土实践与全球思维的融合将是未来管理的必然发展趋势。这种改变将要求我们在中国本土管理研究中，在由社会、文化情境等而导致的具有特殊性的管理实践与全球化思维之间建立更好的连接。一方面，中国本土管理研究需要全球思维，学者在建立管理理论时应追求更为一般化的管理理论，以提升其指导实践的范围及价值。虽然，基于文化认同或实践独特性来发展本土管理理论是中国学者必须要经历的一个阶段，但就理论而言，从本土到一般的提炼将是未来与西方管理理论同台竞技必须要经历的另一个阶段。另一方面，西方管理理论在运用到中国本土管理实践中出现的异化现象则要求实践的本土化。传统、历史与文化的不同导致了管理方式多样性，管理实践的本土化正是对于这种多样性的体察与理解。就如同为了达到一个目标，可以选择走的道路有很多，全球思维下的管理理论与本土化的管理实践并不矛盾。相反，将科学的普遍原理与具体实践相结合是社会科学乃至任何科学都必须遵循的基本思想原则。

（三）本土与国际的多元互动

虽然本土研究具有本土契合性或内在可理解性，对于掌握中国本土管理实践与理论具有相当大的贡献，但是，如果我们仅仅将眼光聚焦于中国，则可能陷入孤芳自赏的学术孤立主义。鉴于此，中国本土管理学者应敞开心扉，与西方管理学者展开积极的对话，实现本土与国际的多元互动。管理理论上的本土与国际的多元互动以全球普适性为核心。中国本土管理研究应当着眼于具有创新性、影响力的、是具有普适性的管理思想和管理理论。中国本土管理研究的本质在于，可以在自己特定的生存空间以特定的方式创造自己，只有在这种自主创新中，中国本土管理研究才能提供真正的、有特色的、具有世界意义的管理理论。我们不应该浪费时间在那些能够被西方现有管理理论解释的部分，那些无论对西方管理理论进行何种修正也无法解释的独特部分才是真正的贡献所在。我们应该尝试创造新颖的理论来解释中国本土独特部分。在目前看来，尽管中国本土管理理论在中国之外的吸引力和影响力还略显不足，但开拓性想法总是具有普遍吸引力的。源自于中国本土管理实践的管理理论也有可能在未来成为美国管理理论那样的文化普遍性理论。

六、结语

今天，中国的管理实践已经为理论研究积累了大量的素材，而基于中国本土管理实践的管理新理论的构建则需要管理学者们厘清什么才是中国本土管理研究的真正价值所在，什么才是中国本土管理研究的最终追求。虽然，管理实践应当是本土化的，但是，中国本土管理研究则应更为关注具有普世价值的一般管理理论的创新。"实践本土化，理论全球化"的实现需要管理实践者与管理学者的共同努力，而中国本土管理研究则有赖于管理学者们更全面地了解现有管理知识、更深入地挖掘管理实践以构建具有创新性的管理理论；有赖于管理学者们在研究中更多地使用规范的方法、全球的语言以实现成果共享；有赖于管理学者们更加积极地与世界管理学者展开对话，以促进学术沟通与交流。

（原载：《管理学报》，2014年第3期；合作者：宋一晓、曹洲涛）

和而不同：
管理学者争鸣与反思的价值贡献

近年来，管理学者们借助《管理学报》"争鸣与反思"栏目的平台对诸多重要问题展开了深入的研讨，这些多元化的对话和讨论也共同构成了促进管理学发展的重要力量。《管理学报》"争鸣与反思"栏目最近3年共刊发了23篇论文，这些论文主要涉及对重要问题的对话或思想碰撞、围绕现有理论的不足而展开的反思和讨论、对管理学整体发展而做的系统性思考，以及对管理研究更为深入和全面的认识。本研究将通过对这些论文的梳理，总结这些文章对于上述若干方面的价值贡献。

一、《直面》及其引发的思考

2010年11月，39名中国管理学者（2010）联名发表了题为《出路与展望：直面中国管理实践》（简称《直面》）的倡议性文章，旨在呼吁中国管理科学的研究要直面管理实践。改革开放30多年来，中国企业在实践过程中积累了一定的经验，但是也产生了一些问题，面对未来，中国企业需要更多真正有实践价值的管理理论。同时，尽管有越来越多的学者从事管理研究，并在学术上取得了一定的成绩，但也存在理论与实践脱节的现象，这就迫切需要学者们结合管理实践开展研究。在这种背景下，《直面》一文在助力中国管理学科发展的《管理学报》发表。从某种意义上讲，这是学者们在重要的时间和地点做的一件重要事情，具有重要意义。

《直面》的意义至少有3个方面：①将矛盾和问题拿到台面上来，提出了一些较为尖锐或敏感的话题，对未来解决问题有着重要的积极意义；②第一次较为全面地讨论了直面中国管理实践的内涵；③引发了更多学者对中国管理学科发展的争鸣和思考。

《直面》发表之后，学者们在争鸣与反思的系列文章中围绕其进行了更为详尽的交流。韩巍对直面中国管理实践进行了积极的响应，同时韩巍也从事实和逻辑的角度表达了他认为《直面》一文存在的问题。吕力（2011）则针对这一问题给出了解决方案，应当重视思辨的方法，鼓励而非排斥哲学对于管理学的渗入，基于此才能更好地解决逻辑瑕疵的问题。齐善鸿（2011）也做出了对于外界评价的回应，同时进一步明确指出了直面中国管理实践应聚焦的方向，包括：直面中国实践的管理研究之内涵、途径与评价；直面中国管理实践的研究与非直面中国管理实践的研究各自承担怎样的任务，如何协调发展；西方管理理论的发展前景；以及识别和排除阻碍直面中国实践的管理研究之因素。刘文瑞（2011）对上述对话进行了总结，指出管理学的安身立命之地在于学术本位，而学术本位的活力来源于面向实践和哲学思考。

如果从整体上来看，这是一个争鸣与反思的过程，同时又是一个价值发现、价值创造与价值提升的过程。《直面》作为发现价值的基点，韩巍、吕力、齐善鸿等以此为基点创造出更多有价值的内容，刘文瑞对这些价值创造进一步总结，而学者们的再度总结则是一种价值的提升。这一价值链的价值是所有学者们集体共创的，每一个环节的学者都必不可少。试想，如果没有《直面》的出现，就不会有响应和批评；没有响应和批评，可能就没有问题的解决方案，同时，也就没有批评引发的更进一步的思考，也就缺少了对于管理实践研究焦点的更为明确和清晰的概括；如果没有这些学者的思想碰撞，最后的总结和价值提升则无从谈起。这就是争鸣与反思在直面中国管理实践上所做出的价值贡献。

二、对已有理论的讨论

1911年，泰勒《科学管理原理》的出版标志着管理科学的诞生，该管理理论源于西方，并且距今已有一百多年。在这种时空差异之下，今天在中国应该如何来看待和学习《科学管理原理》，成为学者们争鸣与反思的焦点。《直面》一文对于泰勒及《科学管理原理》给予了高度的评价，原因在于泰勒的管理理论来源于管理实践并能够指导管理实践，这是中国管理学者所需要学习的。而韩巍（2011）则更加严谨地补充了泰勒制在劳资关系上存在的局限。李新春等

(2011)在对科学管理原理进行理论反思和现实批判时指出,科学管理原理是科学精神在人类管理行为上的反映,是现代产业文明的哲学基础和行动原则,重新发现和挖掘泰勒管理哲学和技术的现实意义在于坚定管理理论和实践创新的科学精神。这是一种创新性的观点,因为其看到的不仅仅是泰勒的"形",更是看到了更深层次的"神"。从表面看泰勒采用的方法在不同的时代和地点可能有其局限性,但是泰勒的灵魂在于其科学精神,这也恰恰是泰勒理论的生命力所在,今天的学者和实践者须要把握这种精神,是颇具建设性的反思。

泰勒的科学管理理论所贡献出的效率二字对管理实践和管理理论的发展产生了深远的影响。由此,西方的管理理论开始不断地对生产效率、组织效率和人的效率进行关注,同时,这些效率在管理实践当中的运用也促成了诸如福特汽车、通用汽车、IBM等西方世界级企业的产生,因此,效率成为管理理论和实践备受关注的重要问题。吕力(2012)结合中国今天的现实对管理的效率向度进行了反思,认为富士康事件是中国管理实践中面临的价值与伦理问题的典型缩影,因此,提出中国的管理实践不应该仅仅关注效率向度,还要有对伦理向度的关注。李培挺(2013)进一步指出,中国相当多的产业工人处于富士康化的代工产品流水线上,在这种管理状态下,中国管理学急需伦理向度的相关研究。沿着吕力和李培挺的反思进一步去思考,今天的管理实践之所以会受到如此的挑战,也可能是因为对企业本身的评价出了问题。成功企业的标准是什么?是仅仅以企业自身的绩效或者效率作为标准,还是应当有更加全面的考虑,如伦理、道德以及可持续发展等,这对管理实践有重要的导向作用。因此,如何更加系统和合理地对企业进行科学评价,也是未来值得进一步探索的问题。

除了对于西方已有理论的反思与争鸣外,也有学者对现有的本土理论提出了改进的建议。邓中华(2013)首先回顾了和谐管理理论的理论体系,在此基础上,结合今天的现实环境,提出了和谐管理理论所面临的挑战和未来的改进方向:现代组织面临的不仅仅是复杂性,而且是日益复杂、快变、模糊性、不确定性(CCAU)的环境,为了帮助现代组织在CCAU的环境里更好地生存和发展,和谐管理理论仅仅描绘CCAU的各个部分的要素是不够的,更重要的是要充分分析CCAU是以何种切入点和何种路径来影响组织的生存和发展。邓中华之于和谐管理理论的反思实则是让和谐管理理论与管理实践又更近了一步。在环境和时代改变后如何保持企业与环境的和谐互动,这种与时俱进的动态思想是对于和谐管理理论的启发,事实上,任何理论的发展都应该做到与时俱进。

在争鸣与反思中,也有学者对管理的基本命题进行了深入的思考。齐善鸿等(2011,2012)针对"管理的基本职能是计划、组织、领导、控制"甚至"管理就是控制"的说法,指出应当通过管理从控制到服务的转变还原每个人的主体性;同时还以海底捞的事例说明了当管理转变为服务之后个体的主体性能够释放出的价值,进而得出管理是服务而不应该是控制的新结论:管理的本质是服务,是上级服务于部下的心智与能力的成长,管理者是教练不是官僚,要将过去"惩恶扬善"的技术式的管理信条转变成"拯恶扬善"的人文信条。管理的基本命题之所以重要,在于其将决定如何管理以及管理是否能取得成效,换言之,其是管理在实践中有效性的重要前提。之所以会有反思和争鸣,原因也是在于时代和环境的变化,在管理者面临的是新知识工作者的今天,对管理的重新定义或许更加有助于帮助管理者获得实践的成效。

无论是对于中西方管理理论的探讨还是对于管理命题的反思,其价值都是让管理理论更加符合当下的管理需要。今天的管理须要践行泰勒的科学精神,今天的管理不仅要关注效率还要考量伦理向度,不再是一味地控制而是要服务于人。超越这些争鸣和反思的内容,这些争鸣和反思本身也启示出一种重要的思维方式——与时俱进。管理的有效性取决于其是否在合适的时间做了合适的事情。泰勒制的合理性在于对其所处时代管理效率的价值贡献;而之所以存在管理就是控制的命题,也是基于其所处的时代的合理性。关于现有理论和命题,未来仍然会有不断的讨论,争鸣与反思应当聚焦的是其如何改变才能更加符合现实需要,只有如此才能获得实践的价值,这也是上述关于已有理论的争鸣与反思带来的重要价值贡献。

三、对管理学发展的思考

《管理学报》一直以推动管理学在中国的发展为目标,"争鸣与反思"栏目也刊发了一系列文章来反思管理学在中国的发展。当构建中国管理学理论的呼声越来越高时,谭立文(2011)更加理性地对此进行了思考,认为中国管理学理论体系的构建是一个值得进一步商榷的命题,原因在于:在科学的领域不存在中学和西学的分野;中国传统的管理思想、经验和方法难以支撑中国管理学理论体系的建设;中国目前取得的重大成功和进步所获取的经验还不能完全支撑中国管理学理论体系的建设;缺乏探讨中国管理学理论体系的重要基础。这些批判性的思考蕴含着对中国管理学发展的重要启示：管理学的发展不在于其中西之形，而在于是否把握了科学的本质和规律；在借助传统思想构建中国管理理论时，要找到中国传统管理思想与现代管理思想的契合点；中国管理学理论体系的构建需要更多成功的中国实践来支撑；管理学有其人文社会学科属性，要构建中国管理学，须要有清晰的社会文化作为基础。

《管理学报》特约评论员（2013）提出了我国管理学发展须要考虑的5个关键问题：管理学的边界问题、管理学的基础研究问题、中国管理学的创建问题、直面管理实践的问题，以及管理学者的自我管理问题。这些问题概括了管理学、管理实践以及管理学者的内涵及关联（见图1），构建管理学必须要思考和界定管理学的研究属性和场域，管理学者应当明确自己的研究使命。对于中国管理学者而言，实则是肩负着创建中国管理学的使命，在这种使命之下，管理学者应当明确哪些是自己应该做的事情，即进行有效的自我管理，管理实践之于管理学和管理学者而言意味着一座桥梁，直面管理实践是管理学者构建管理学所必须依赖的路径。《管理学报》特约评论员概括的这些关键问题为中国管理学的发展提供了一种思路，作者对这些问题的深入研究也启发了诸多学者的进一步思考。

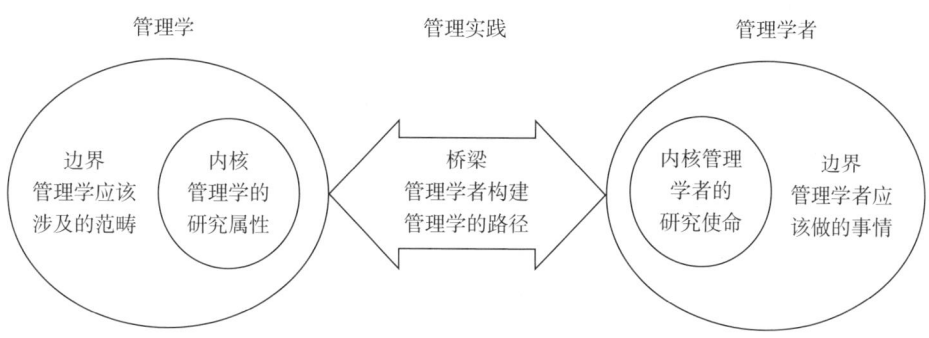

图1 管理学、管理实践、管理学者的内涵及关联

罗文豪指出，明确管理学的学科边界，或许重点不在于圈定一个明确的界限，而在于理清管理学科中的一些基本假设和基本问题（2013）。这一观点为管理学场域的形成或布局带来了有价值的启发：在整个管理学场域内须要有一些关键点支撑起整个场域，而一些基本假设和问题则可能成为这些支撑点，以此为基础来丰富整个场域。郭毅认为，管理学理论研究的可取之处在于能否对社会和组织现象或问题及其可能存在的机制予以分析和机制性诠释（2013）。这种观点也可以看作是对基础研究的一种操作性的定义。田广等指出，中国需要根植于、成

长于、适用于中国的人与人的关系之上的中国管理学（2013）。这种观点意味着人类学也可能为中国管理学的建构提供一定的启发。曹振杰在论及自我管理时考虑到环境因素的影响，管理学者能否真正做应该做的事情，保持高品质的自我管理，还要看内忧外患的局面能否得到解决（2013）。这种思考反映出了中国学者在履行使命过程中可能存在的矛盾状态，当然，这种状态的改善在一定程度上依赖于外界的环境，但从根本上讲还是取决于个人的改变，这正是自我管理的要求。改变从自我开始，当每个人都遵从于自己的内心而非向现实妥协时，现实就已经发生改变。

上述学者们的争鸣与反思从总体上为中国管理学的发展提供了清晰的思路，具体包含两大方面：一方面，如同建造大楼需要打地基一样，能否构建起有效的中国管理学理论也需要夯实一定的基础或系统地考虑到一些前提条件，这里指的是外在的基础或条件，如中国企业的实践，而非有学者指出的管理学理论的理论基础或命题假设（2013，2011），这些可以放在管理学的内部场域内考虑；另一方面，在构建和发展中国管理学的过程中，需要把握好若干关键问题，这些关键问题合在一起就构成了一个清晰的研究系统，研究者要明确所进行的管理学研究的属性和边界，并借助管理实践来总结出其中的规律，而这个过程需要研究者做出大量的付出，需要基于使命真正做到有效的自我管理。当然，这也引出了一个值得进一步思考的问题：如果中国目前构建管理理论的条件真的还不成熟，那么我们是否还要努力构建中国的管理学理论？答案应该是肯定的。如果目前的地基还不够深厚，盖不了高楼大厦可以盖小楼，盖不了小楼可以盖平房，重要的是基于当前中国的现实来构建理论。因此，中国的管理学者也应当珍惜并积极把握中国企业已有的成就，从中获得理论的总结。或许这些成功还没有西方发达国家那么大，但是如果以此为借口而等待中国企业全都如此成功时才来关注，可能就为时已晚，因为盖楼也非一朝一夕之事，更重要的是，中国的管理学和管理学者会因此而错过很多借助管理实践而有效互动的机会。

四、对管理研究的认识

在管理学者们的争鸣与反思中，除了有对管理学整体发展的思考，一些学者对管理研究本身也展开了深入的讨论。实证研究是其中争论或质疑的焦点，部分进行实证研究的中国学者走入了形式主义的误区。例如有学者打着"实证的旗号"完全从西方文献出发，毫不关心中国的现实问题；有学者喜欢套用最流行的统计方法，建立复杂的模型，而不管问题是简单还是复杂；有学者挖空心思在已有的模型中修补，为了发表文章杜撰变量，然后再到现实中寻找样本，而不是从现象出发来解释问题（2013）。类似的现象实际上是为了实证研究而研究，脱离了管理实践和现实，背离了研究的真正意义。

在讨论问题之前，鉴于当前存在的对于实证研究和经验研究的混淆，有必要先就此问题进行阐明。黄光国（2013）指出，"不久前，我收到陈晓萍等所编的《组织与管理研究的实证方法》，发现这本由北京大学出版社出版的书，其英文书名竟然是 *Empirical Methods Inorganization and Management*。从科学哲学的角度看，Empirical Methods 应当译为'实征方法'，而不是'实证方法'（positivistic methods）。我没有及时提醒主编这本书在书名上所犯的学术错误，让该书第 2 版再犯同样错误"。吕力（2012）在《案例研究：目的、过程、呈现与评价》一文中指出，"案例研究的权威学者 Yin 在《案例研究设计与方法》一书中明确指出，案例研究是一种经验研究。由于对科技哲学较为生疏，《案例研究设计与方法》的译者将 Empirical Inquiry 译为实证研究。将案例研究作为实证研究的一种类型，忽视案例研究与实证研究的根本区别，对于案例研究的影响将是致命的。实证研究的目的是检验理论假说，而案例研究的目的是构建理论"。由此可见，实证研究不等于经验研究，Empirical Research 应翻译为经验研究。

如前文所述，管理研究不应该是走入误区的实证研究，那么应该是什么样的研究？在争鸣与反思中，这一问题的答案是多元的。

吕力（2013）认为，中国管理实践中的现实问题与矛盾的解决需要规范研究，在实证至上的情境下谈理论与实践的脱节本身就是一个伪问题，中国本土管理理论应该是解决管理现实问题的规范理论，而非回答管理科学问题的实证理论。韩巍（2011）认为，实证研究不应沦为一种符号或工具，并对高质量的实证研究进行了定义，应该是对管理实践长期的、近距离的观察，应该是在仔细筛选过现有理论之后努力寻找更新颖的解释，一项高质量的管理研究，无论是实证的还是非实证的，更与智慧而不是技术手段有关。这两种观点虽然有所差异，但是实践导向是这两种观点的共识。当前一些管理学者对实证研究的认识存在误区，将实证研究完全等同为一种操作性的方法，甚至挖空心思杜撰变量增加模型的复杂度来对这种方法进行主观操作，从而导致了实证研究与实践的背离。这种认识的错误在于忽略了实证精神，而仅仅是做了形式上的实证。在这一点上，社会学和实证哲学中的实证精神可以对管理学的实证研究起到一定的指导意义。实证精神可以说是社会研究的精髓所在（1997），孔德在提出实证哲学时强调对社会的研究要用科学的客观来取代宗教的信仰（2009）。在孔德提出实证主义思想之前，人们对社会的思考还大都停留在"神学的"或"形而上学的"阶段，学者们习惯于将自己的理论大厦建立在直观的或想当然的基础上，而不是实证的基础上，在某种程度上，科学的社会科学研究正是开始于孔德提出的"观察优于想象"的命题（1997）。据此，实证精神所强调的应该是客观事实而非主观臆断，以此为指导，管理学中的实证研究应当与实践密切结合，而对于实证研究的"主观操作"更是不恰当的做法。研究方法的背后通常会有一定的哲学假设（2007），因此，对于管理学中的实证研究而言，至少包含两个层次：首先是哲学假设的层面，即实证精神的指导；其次才是方法本身的层面，后者需要基于前者的指导。乐国林（2012）将直面实践导向的管理研究定义为从管理实践和经验中发现并探究管理科学知识的研究，这种认识实际上和实证研究所真正倡导的精神是一致的。综上所述，实证研究品质的关键在于是否与管理实践进行了有效的结合。对于我国学者而言，理论的复杂程度和是否是西方的前沿理论不应当成为实证研究的出发点，实证研究所聚焦的应当是与中国管理实践密切联系的理论，在此基础上进行实证，才能获得更具实践意义的成果。学者们争鸣和反思的过程实则是一个不断探索共识的过程，当真正发现研究的共识、本质或者大家对研究共同的期望时，实证研究和实践研究的差异可能并不像想象的那么大，但是又必须经历这样一个争鸣与反思的过程，否则就无法发现其中的契合点。

当然，认识管理研究也不仅仅局限于实证研究。韩巍（2011）从认识论的角度总结了两类有效的管理研究——经验研究以及非经验研究。经验研究包括案例以及定量和定性的经验研究，而非经验研究则是指思辨研究，其倡导管理学应该接纳思辨研究，因为思辨研究可以更加接近现象的本质，更接近根本的结构和机制。例如，张钢等（2013）所尝试的对组织的前提和管理的本质的探索，以及李培挺等（2011）对于谢尔登管理哲学定位的探索，这些更为基础的思辨研究可以和管理理论研究共同置于管理学的场域，从而使管理学的体系更加完整。除此之外，吕力（2012）提出了元管理研究，这是一种更为系统的思考，融合了思辨研究和管理的规范理论，元管理研究不仅借助系统的思辨从管理学诞生的源头追溯管理学的一系列问题，同时也关注如何将管理学知识应用于管理实践。

上述学者对于管理研究的争鸣和反思实质上是一层一层、由内向外地帮助我们对管理研究有了更加整体的认识。当实证研究仅仅被视作一种方法时可能会被误用和滥用，因为在方法的背后，还需要正确的实证精神的指导，脱离了实证研究精神的实证研究也仅仅可以称之为方法，而不是一种管理研究。因此，真正的实证研究同样应该是能够面向实践的管理研究。然而管理研究又不局限于此，思辨研究和元管理研究可以为管理学的理论构建提供更加严谨的逻辑基础和指引，同样也是管理研究的范畴。能够认识并理解这些要比方法本身的运用更加重要。

五、总结与讨论

通读完诸多学者的争鸣与反思之后，才更加理解学者们争鸣与反思的意义。尽管每篇文章会有不同的内容，但是每一篇争鸣与反思的作者其实都是其他争鸣与反思的作者的合作者，合作者们可能在不经意之间就已经完成了价值共创，或让已有的问题受到更多关注，或让已有的知识变得更有价值，或让未来的发展更加清晰，或让已有的认识变得更加开阔，而这样的价值共创仍在继续，这便是管理学者争鸣与反思的价值贡献。具体而言，学者们争鸣与反思的价值贡献可以总结为以下4个方面。

（1）对直面中国管理实践有了更加深入和全面的探讨，带动了更多学者对本土管理实践的关注。管理实践的重要性毋庸置疑，因为其是管理理论是否奏效的关键所在。国外研究常用相关性一词来表达管理理论与管理实践的相关程度，而"直面中国管理实践"实际上是相关性一词的本土化发展，其表达的内涵更加明确和直接。学者们围绕这一理念展开的对话，无论是呼吁、解读还是指正，都是在助力这一理念在中国的发展。《出路与展望：直面中国管理实践》引发了诸多学者的争鸣与反思，表明越来越多的学者在关注直面中国管理实践的理念，同时这些争鸣与反思使得这一理念更加具体化和系统化。从这个角度，对于直面中国管理实践的争鸣与反思实际上是促进中国管理理论与实践更为有效结合的有价值的开端。

（2）对现有管理理论有了更加批判性和建设性的评价或建议，从而不断延续已有理论的生命力。从某种意义上，管理理论能否发挥价值不仅仅在于管理理论本身，还在于其所置身的环境要素，其中，最为基本的环境要素则为时间和空间。而时间和空间本身又是不断变化和存在差异的要素，从这个角度，理论须要不断地被讨论和认识才能发挥并延续其应有的价值。对现有理论的争鸣与反思本身就是对理论的一种再认识，学者们无论是对东西方的管理理论还是对于传统管理命题的争鸣与反思，都使得这些理论更加符合现实的需要，变得更具指导意义。

（3）对中国管理学的整体发展提供了值得参考的思路。从本质上而言，从事理论研究本身就是一种实践活动，如果把管理学的基本理论或原理应用到这一实践活动当中来，那么理论研究首先应当考虑的就是战略或者经营的方向，其次才是大量研究资源的投入。而有些时候我们可能会因过于忙于赶路而忘记了出路在哪里，例如，我们一直都在企业管理研究上投入了巨大的精力，但是，如果选择研究的企业没有选好，这些精力则未必能获得成效，本文将在接下来进一步对此观点进行阐明。因此，中国管理学发展首先要有建设性和全面性的思考。挑战在于，中国管理学尚未像西方管理理论一样经历了上百年发展并有着较为成熟的体系和发展方向，这就需要学者们共同去探索，这恰恰也是学者们进行争鸣与反思的机遇，无论是对管理学构建条件的思考还是对关键核心问题的整理，对我国管理学的进一步发展都起到了重要的"点灯"作用。

（4）帮助管理学者们对管理研究有了更为深刻和全面的认识。过于强调某一种研究方式的重要性，可能仅仅是因为这是自己所采用或者所熟练和擅长的方式。事实上，采用不同研究方式的学者都主张自己研究方式的重要性，这就表明，每种研究方式都有其重要性。明茨伯格等（2007）用盲人摸象的道理引出了其所看到的战略历程，要能够全面地看到不同的学派才能够真正了解战略。同样，要认识并肯定到不同研究方式的价值才能全面地看待管理研究。学者们的争鸣与反思一方面有助于更加理性地认识研究方式的价值，否则非理性可能会导致研究走入形式主义和自我中心的误区，从而脱离管理研究的本真；另一方面，更为重要的是，在争鸣与反思的过程中不断呈现出来的多种研究方式让学者们收获了对于管理研究更为系统和清晰的认识，同时也为研究者提供了更多可能的方式选择和更为广阔的合作空间。

在这些价值贡献的基础上，本文提出以下观点，供参考。

（1）直面中国管理实践，不仅仅是一种理念，更是一种行动。经过管理学者们的持续努力，直面中国管理实践的理念得到了越来越多的认同。但是，中国管理实践研究的效果却不仅仅取决于理念的认可，更为关键的是理念的行动。如同一句格言，很多人都知道怎样成功，只有成功者去做了。当然，没有去做的人一定有各种各样的理由，但是这些理由归结起来，多是外界环境的因素。与此类似，今天部分管理学者或许面临的挑战是，一方面，他们认同直面中国管理实践的理念，另一方面，又由于种种原因无法将此理念转化为行动。当面临这种挑战时，无论理由看起来再合理，事实是直面中国管理实践本身失去了成效。从根本上讲，真正的挑战来源于自己的内心，真正的成效来源于自己的转变，当每一个管理学者都可以做出这种转变时，中国管理实践的研究环境和氛围才真正改变。

（2）讨论现有管理理论，不仅仅是批判，更要做到发展。众所周知，管理理论的发展通常建立在已有理论的基础之上。如果对这句话进行逆向思维，探讨现有的管理理论，批判则仅仅是讨论过程中的一部分而非目的，在批判现有理论的基础上发展新的理论才是目的，如果是为了批判而批判，则让批判本身也失去了意义。和一些学者一样，彼得斯等（2007）也指出了泰勒的科学管理在某些方面已经不合时宜，他们的不同之处在于，他们首先从奉行科学管理学派的经理人身上归纳出11个不合时宜的管理信条，进而借助43家美国成功企业的实践进一步发展出了新的卓越企业特质理论。因此，对于现有管理理论的讨论，除了以批判的眼光来看待以外，更应当用发展的眼光，不仅仅应当指出理论的不足或错误是什么，更应当探索出正确的或适合当下的理论是什么。在这一点上，在批判旧的理论不应该是什么的同时进一步用科学的方式论证出新的理论应该是什么才能有更大的价值贡献。

（3）发展中国管理学，做好对中国优秀企业的评价是必要前提。中国管理学的发展涉及管理学、管理实践以及管理学者等诸多方面，这些方面有一个共同的基本元素——企业。当然，管理学不只有企业管理，还存在企业以外的组织。但事实是，管理学作为科学的开始来源于企业，同时，这些源于企业的经验又不断应用到其他组织中，因此，企业组织是管理研究的重要基础。挑战在于，不论再怎么关乎实践，如果企业选错了，也无法获得有效的理论。因此，企业的评价是前提，并且这种评价具有导向功能。如果富士康成为中国优秀企业的标杆，依据其经验获得的理论则很难指导出兼具效率与伦理的企业实践，所以学者们对富士康这类企业的担心是必要的。柯林斯等（2009，2009，2012）的管理理论三部曲之所以产生广泛影响，根源于对企业样本的科学评价和选择，这些评价标准是少数成功企业能做到又是很多企业所向往实现的，柯林斯等借助这些评价标准找到了样本企业，又用这些企业的实践总结了通向评价标准的路径，从而引发诸多企业学习其理论。由此，发展有效的中国管理学理论，离不开对中国优秀企业评价的科学研究。

（4）管理研究方式没有高低对错，关键在于能否让成果更加贴近实践。无论是经验研究还是非经验研究，管理研究方式本身并没有高低和对错之分，只有研究成果与实践的距离有远近之别。德鲁克曾说："我的管理学研究方法和许多同学科的作家或理论家不同——大概也是我在学术界不是很受人尊敬的原因吧。我始终认为管理学是一门临床型的学科。在医药实践中，对于临床医学的检验不在于治疗方法是否科学，而在于病人是否康复。当我推出第一本系统的管理学论著时，我有意将书命名为《管理的实践》而不是《管理的原理》，虽然我的出版商指出这个书名会严重减少本书被大学列为教科书的可能性。"德鲁克的自谦恰恰是对其他研究方式的尊敬，而德鲁克之所以受到尊敬，又源于其成果与实践的贴近。事实上，没有一种管理研究方式有绝对的好坏，否则所有的学者都会选择同一种研究方式，从而只剩下一种研究方式。管理研究方式的多元并存在于彼此的尊重，而彼此的共同交集都体现在要助力成果接受实践的检验，离开了这个标准，任何研究方式都难以贡献价值。研究者可以同时采取或接纳不同的研究方式，目的在于借助多元的融合让成果更好地贴近实践，从而让不同的研究方式共创价值，这也恰恰是和而不同的内涵。

（原载：《管理学报》，2014年第9期；合作者：刘祯、徐梅鑫）

浅论管理研究与管理实务的结合

早在1954年,管理学之父彼得·德鲁克创立"现代管理学"之后,就曾一针见血地指出:"管理是一种实践,它的本质不在于知,而在于行。"正是因为管理学科自身的实践属性特点,有关管理研究与管理实务之间如何"合一"的问题,一直是管理学者关注的热点,这种情形之所以存在,笔者认为主要由以下几个方面的原因造成:①管理研究更在意自洽性,管理实务更在意取得绩效。②管理研究更关注要素之间的关联与影响作用,并希望能够验证要素之间的相关程度;管理实务更关注如何简化要素之间的关联,找到核心要素从而解决问题。③管理研究更在意构建模型与假设,管理实务更在意可执行性和结果。④管理研究更关注文献的支持,管理实务更关注创新的尝试。⑤管理研究更在意设立新概念,管理实务更需要通俗易懂。⑥管理研究需要借助于边界条件的设定,管理实务需要不断应对动态的环境。

鉴于这些差异,让管理研究者难以进入管理实务之中,从而导致管理研究者与企业家之间难以对话,甚至出现各说各话的普遍现象。如果想让更多的管理学者能够与企业家和经理人真正对话与互动,释放管理理论与研究的价值,还需要管理研究者能够真正深入到企业实践中,让理论与实践相结合,从而创造出更大的价值。为了回答管理研究与管理实务之间如何结合的问题,本研究尝试回答以下相关问题。

一、EMBA教学的本质

每一个学科都有其"规律性认识",都有其基本概念,这也是管理学者从事管理教育最有意义的地方。相对于管理实践者而言,日常的经验和常识往往会导致人们看不到实践中原因和结果的联结,或者无法在动态和混沌中确定自己的方向。如果能够把握基本概念的本质意义，能够掌握一些最基本的"规律性认识"，可以帮助管理实践者基于最基本的原则做出判断，基于最核心的要素做出选择，有了这些规律性的认识，管理实践者就能够综合运用所学到的知识，解决他们所遭遇到的具体问题和挑战。

然而，问题的关键在于管理学者们是否能够自己掌握基本概念的本质含义以及"规律性的认识"呢？这需要管理学者更深入去理解本学科的知识，更深入去体会和观察日常生活，更广泛涉猎相关学科的知识，关键是要真正理解"人"本身，因为管理活动一直是围绕着"人"展开的，如果不能够真切理解"人"，也就无法真切理解管理学领域知识的核心价值。

例如，在"组织管理"领域，核心是需要理解"人与目标"的关系，其关键就是需要管理实践者理解组织是因为"目标"存在的，而不是因为"人"存在。这意味着在组织管理中，"组织"本身会忽略"人"的感受，如果管理实践者了解到这一"规律性的认识"，就会知道作为一个好的管理者，需要特别关注"人"，需要对"人"敏感，需要理解"人性"，这样的管理者才能够既发挥"组织"的作用，又发挥"人"的作用，才可取得成效。任正非与华为就是一个好的例子。

明晰管理基本概念的本质含义，明晰管理理论的规律性认识，需要深度去理解企业的案例，更需要倾听管理实践者的分享，尤其是那些成功的企业家，也许他们不会直接与管理理论相关联，但是作为一个拥有管理学理论训练的倾听者，一定会体会到管理理论与实务之间的关联的，如果体会到这些关联，建议直接拿出来与企业家深度探讨，在不断被确认的过程中，慢慢会寻找和理解。同时，更需要深度阅读管理经典著作，对于经典著作的理解不能停留在著作本身，而必须找到它们与实务之间的关联，不要停留在书本上，而是要放在现实观察中去印证。如果深入倾听与观察企业家的实务，深度阅读与理解经典著作，就会有真正理解管理理论的能力，并诠释出来，运用在教学中。

一个需要特别关注的问题是：管理学者需要安静下来，仔细去寻找概念的本质，去寻找"规律"，而不是被"新东西"干扰。教学与研究，也许需要拉开一点距离，因为教学更需要沉淀，需要教授那些"经得起时间考验"的东西，但是研究却往往更需要"前沿"的东西。很多时候，大部分管理学者都是以研究为主线，阅读文献也是以"新"为基准，反而忽略了对于本学科领域最本质东西的理解，而这一点恰恰是管理学者可以在课堂上与企业家对话的关键。

EMBA教学的核心就是让管理实践者掌握对基本概念的本质理解，以及企业管理领域的"规律性认识"，让企业家能够回到课堂进行反思、讨论，并获得认知提升。

二、走进企业的关键

在研究生学习阶段，都会有一个课程企业实践，或者企业实习，学生到企业实践或实习后，会写一个实习报告，一般情况下，学生的实习报告大都分为3个部分：①企业实习的基本情况陈述。②在企业实习期间发现的企业存在的问题。③为企业提供的建议。看到这一类的实习报告，笔者都会要求学生重做。这是因为一份合格的实习报告，不是找到企业存在什么问题，也不是给企业提供什么建议，而是需要借助于实习的机会，深度观察企业，找寻企业实践与所学理论之间的关联，从而去理解理论的价值。

之所以如此反对上述那些不合格的实习报告，主要在于这恰恰说明了管理研究为什么无法深入到企业去的原因。很多时候，管理学者总是认为自己拥有管理知识，就一定要去找企业存在的问题，这种立场和发心，导致管理学者进入到企业之后，总是急于把自己所掌握的知识传递给企业，而忽略了去理解企业本身；总是认为自己对于管理知识的理解可以帮助到企业，而忽略了去学习和体会；总是认为找到问题并给出建议，才是对企业有价值贡献，而忽略了产生价值贡献的来源，不在于自己所拥有的知识，而在于对于企业的理解。

笔者曾经投入10年的时间融入企业中，这10年的时间里，首先要求自己是一个学生，仔细地观察，去了解企业遇到的问题以及寻找解决问题的方案，去观察企业所做出的决策的逻辑与依据是什么。当感到可以与企业同步思考的时候，便开始要求自己作为一个企业成员去参与企业的运营，并主动把管理知识与理论同企业真实的运营做组合，让自己的知识和研究同真实的行为能够融合与对话，找到两者之间的契合点。这个过程笔者整整用了10年，认真去体会，尽可能去理解管理知识与管理实践之间的融合度，要求自己是以在企业中的一个角色出现，而不是以一个老师或者教授的身份出现，尽可能体会具体承担绩效的那份压力和责任，而不是站在一个与责任不相关的角色去观察、思考和寻找答案。当能够找到理论与实践之间的真实关联的时候，便知道自己可以表达意见了。所以在这之后，笔者决定带着自己研究的理论回到企业中去实践。2003—2004年，在不到两年的时间里,笔者把山东六和集团带到行业第一,正是10年企业的观察才能够得出自己的研究模型——中国领先企业成长模型;而之所以会取得成效,正是因为笔者将理论与实践做了一个很好的结合,而笔者也一直认为,这两者之间是完全可以契合的。如果说,管理研究学者与管理实践者之间有差异的话,最大的差异是管理学者还担负着一个责任,那就是寻找出理论与实践之间的真实关联,而实践者并不需要去做这件事情。

能否为企业做咨询,也恰恰取决于这一点,因为当可以理解到理论与实践之间的关联的时候,反而有机会提出自己的想法和建议,因为这个时候的想法和建议,会高于实践本身,具有前瞻性,或者决定性,因为所具有的理论训练,能够做到"举一反三",能够"用已知去推导未知",能够给出规律性的判断。

为企业做咨询,需要做出几个关键的贡献:①在众多的问题中,寻找到关键问题。②能够引领大家聚焦到关键问题上,并一起找出解决问题的可行方案。③辅导企业成员获得成果。④把取得的成果知识化,并移植到企业日后的实践中去,让企业成员获得成长。这4个关键价值的贡献,都需要运用所学的理论和研究方法,但是,需要提醒的是,不要为了证明理论而选择答案,而是为了解决问题选择答案。

三、探寻理论知识对于实践的意义

对于管理研究学者而言,最大的挑战是很多企业家和管理者并未系统学习管理理论知识,但是管理实践的成效非常好。更有一些成功的企业家直接宣称"商学院教授没有用""MBA学生不好用"等。笔者不去评价这些说法是否真实代表绝大多数企业家的想法,但是现实中,的确看到普遍存在的实践优于理论的现象,这种现象值得反思。

笔者坚持认为,管理理论来源于实践并高于实践。正是基于这样的认知,笔者会仔细去理解实践,去与企业一起成长,去感受企业发展的每一个阶段所遭遇到的问题和挑战,去感受企业解决问题的决策和行动的内在逻辑,去观察不同企业间的差异和相同之处;同时,也把自己作为企业一个真实的成员,站在企业的视角,学会企业的语言,感受企业与顾客之间的互动,理解市场和行业所发生的变化,与企业成员同呼吸共命运。

这一切的努力,让笔者学会了绩效导向的思维方式,不是寻找问题而是寻找行动方案的工作习惯,用结果和外部检验的思考模式,以及服从目标与顾客价值的逻辑框架。这些训练真正帮助笔者用管理实践的视角来重新理解管理理论与研究,而在这个基础上所理解的管理理论与研究,已经不再是书本上的,而是嵌入了真实的企业场景,真实的企业问题,鲜活的企业实践者的判断和选择,甚至可以探索到学术词汇与日常用语之间的契合之处。例如,企业家会更喜欢说"活下去",而管理学者更喜欢说"可持续"。

当管理学者找到这些共同的价值点的时候,学术与理论的魅力就会被释放出来,可以很容易把管理实践者带入到理论的场景中,带入到知识的价值创造之中,让实践者自己能够因为掌握了知识理论和方法,启发自己对于一些问题的深度理解,甚至有"恍然大悟"的收获。在那一刻,管理实践者同样也学会了基于问题导向的思维方式,"举一反三"的思考模式,以及透过现象看本质的能力。理论知识对于实践的意义,正是表现在以上这些地方。

例如,"计划与目标管理"理论,核心的理解是,"目标"是不合理的,"为目标寻找资源的行动必须合理",因此,"计划"就是为实现目标寻找资源的一系列行动。对这一理论的正确理解有助于企业的管理实践,很多企业无法做好计划管理,在很大程度上恰恰是对这一理论的理解不到位,总是希望"目标合理",总是忽略行动计划,习惯性地去做目标分解,并未为目标匹配相应的资源,无法实现目标也就是自然而然的事情。如果能够按照本研究所表述的那样去理解"计划与目标管理"理论,实现目标会成为自然而然的事情。

本研究希望强调的是,如果管理实践者没有发现管理理论的价值,并不是管理理论本身的问题,一定是管理研究学者没有把管理理论很好地传递给管理实践者,或者说,管理研究学者自己并未真正掌握管理理论。由此,不需要对管理理论的价值产生任何的怀疑,要有足够的理论自信,问题没有出在理论本身,而是管理研究者对理论的理解和把握还不到位。

四、管理研究者向管理实践者的转化

管理研究者如何成为管理实践者,对这个问题似乎还无法给出一个有效的答案,笔者的个人实践也并不能够代表普遍的情形。管理研究者想成为管理实践者,首先需要有实践的机会或者平台,这本身就是一个不确定的条件。假设管理研究者有成为管理实践者的机会,本研究提出以下建议。

（1）立即转换思维方式。从问题导向转向绩效导向，即深入到管理队伍中去，应用专业方法并获得企业切实绩效的提升；必须学会在实践中调整自己，必须面对事实，解决问题，不是用理论去解释现象，而是运用理论去解决问题，并取得成效。

（2）实践是现实的事情。研究者不是在实验室或者工作室开展研究工作，这一点要时刻自我警醒。研究假设要通过实践才能知道真相。例如，零库存，这一观点在理论研究中已经近乎普及甚至是真理，但是回到实践中，事实上，不同行业的要求并不一样，快速消费品行业一旦实现零库存，企业的市场占有率就会丧失，反而依靠库存去抢占市场的做法是正确的。这需要管理研究者虚心向市场学习，向企业中有实践经验的人学习，需要广泛阅读案例并深入分析，而不是生搬硬套理论。

（3）学会团队合作。管理实践中更需要团队合作，各自承担不同的角色并明晰责任。很多管理研究者是以自己为核心展开研究的，但是成为管理实践者，则需要以目标为核心展开工作，为了实现目标需要做系统化的人员组合，这就要求管理实践者必须与不同的人合作。当身处在一个系统之中时，不能在意自己的权威是否受到挑战，而是要在意如何取得绩效。

（4）认识自己的局限性。发挥自己的长处。每个人都会有自身的局限性，了解到这一点在管理实践中非常关键，因为知道自己的短板，就知道如何发挥别人的长处。但是认识局限性并不是关键，关键是要发挥自己的长处。对于由管理研究者出身的管理实践者而言，最大的长处是所拥有的理论知识以及研究方法论，要充分发挥这一长处，让团队成员意识到这种价值。例如，可以很好地阐述观点，有系统的理论知识支撑判断，能够论证或者推导新的观点，快速寻找到关键要素或者认清事物的本质等，如果管理研究者能够"综合运用"所拥有的理论知识，其释放的价值是不可估量的。

（5）学会表达与沟通。管理实践者的一个重要能力是通过沟通与团队成员达成共识并产生行动，从而获得绩效。沟通的核心是要让对方真正理解所传达的信息，并达成共识。沟通不是广告，不是教育，不是传播，沟通是理解与共识。管理研究者往往具有很多的管理概念和知识，喜欢教育别人，这往往带来相反的效果。在管理实践中，要经过3个阶段，先是"就事论事"，接着是"就事论理"，然后是"就理论事"，最怕的是"就理论理"，更怕的是"争论对错"，后两者对达成共识以及行动没有帮助。

五、在管理工作中创新理论

对于从事管理工作的研究者而言，由于管理研究者有"研究"的使命，因此，比管理实践者还多了一份责任，即在获得企业绩效的同时，要寻找到具有理论价值的问题，并在此基础上研究出新的理论。需要特别强调的是，在管理工作中，首先是要实现目标，完成绩效，这是一个前提条件，如果无法达成绩效，研究的价值也无法被检验。如此说来，可能需要做出一些特殊的安排。由此，如果致力于研究，在管理实践中，需要先专注于管理实践并取得绩效。完成阶段性绩效目标之后，再回归研究工作，这样才可以创新理论。

管理研究与管理实践是两种完全不同的思维模式，两种完全不同的工作方式，也许是自己的能力有限，因此，笔者会分阶段实施自己的工作计划。在深入企业实践的时间里，会专心致志承担企业绩效责任，克服一切困难，完成任务，在这一过程中，去理解企业以及企业遇到的现实问题，去感受理论与实践之间的关联，去发现实践创新之处，要求自己是一个纯粹的管理者角色。当拥有了一定的管理实践基础之后，笔者又会回归到教学和研究中，专心地把实践中的体验和认知转化为研究的课题，并依据管理研究的方法论和逻辑展开研究。

这样安排的好处是，一方面能够确保在实践中取得绩效；另一方面，又能够把自己抽离出现实，聚焦在理论研究之中。

例如，笔者在2003年出任山东六和集团总裁时，就是意识到自己的责任就是带领这家公司成为行业的领导者，于是把自己研究的中国领先企业成长模型带到这家企业中，借助于理论研究的4个导入因素，从对于领导者的要求，到管理方式调整，再到覆盖养殖区域，最后建立利益共同体。正是因为有清晰的理论指导，笔者带领这家公司用不到两年的时间，一跃成为中国饲料行业的领导者。在这段实践中，笔者对厘清管理基本概念、经营的本质以及组织中人的问题，有了更多的思考和理解，因此，结束山东六和总裁任期之后，回到学校继续研究，很快出版了一系列的著作，并开始有自己对于企业经营与管理的认识。

随着互联网技术的出现，传统企业都遭遇到冲击，企业如何转型？如何面对互联网？这些问题进入管理研究领域，摆在管理研究者的面前。在此背景下，笔者再一次出任新希望六和集团的联席董事长兼首席执行官。这一次，笔者的责任在于带领这家农牧企业转型。基于此，笔者把自己对于组织理论的理解，对于中国企业成长方式的理解运用到这个企业的实践中，用战略转型与组织转型同步推进的方式，不仅取得了3年任期的绩效，更重要的是带领这家企业由饲料企业转型到食品企业。通过这家传统农牧企业的转型，让笔者对互联技术以及不确定性的环境有了全新的理解，一系列的管理新问题呈现了出来，在所关注的组织管理研究领域，如何理解个体的价值，如何打破组织的局限性，如何让组织能够适应动态的环境，如何让企业面对不确定性等问题，让管理研究具有了更多新的价值创造机会。任期结束后，笔者再回到学校继续研究，而有关如何激活个体，如何激活组织，如何实现组织的可持续性的课题，让笔者有机会得出自己的结论。

笔者个人的经历并不能说明什么，只是想通过此表明，管理研究与管理实践是两个完全不同的领域，如果一个人想把两者之间融合起来，是需要在两种角色中做出转换的，似乎很难同时兼顾，唯有分阶段进行。

另外，本研究希望说明的是，如果单纯从事管理研究，并不意味着无法真实地理解管理实践，其核心关键是，管理研究者需要用管理实践的视角来看待问题，或者管理研究者学会倾听、观察以及交流；同时，更需要管理研究者真正把握理论本身，掌握基本概念的本质内涵，以及管理领域的"规律性的认识"。

本研究依然坚持认为，管理理论可以指导管理实践，而管理实践的创新也必然会带来理论创新。问题的核心在于：管理研究者能否真正理解管理实践。

（原载：《管理学报》，2017年第8期）

管理研究与管理实践之弥合

管理研究与实践脱节的问题已经成为影响全球管理学发展的难题。我国管理研究存在一个有意思的现象是，管理学者研究的问题只是热衷于满足西方管理期刊的需求，而并不理会企业面临的挑战与困难。企业家和经理人回到学校商学院进修，更重要的是构建人际网络和新的商业机会，一些成功的企业家给公众传播的观点直接表明，经济学家和商学院教授大都不能学以致用。与此同时，管理学者研究获得的成果企业家们并不在意，而企业家青睐的期刊或是书籍，管理学者也不屑一顾。在此我们不评判对错，而是指出客观存在的现实：管理学者的研究和管理实践之间存在着巨大的鸿沟。

管理研究贡献价值需要3个条件：①企业实践的优秀案例；②对重大规律性问题的认识；③人文关怀。这3个条件在中国改革开放30多年的实践过程中已经显现出来，并且中国管理研究贡献价值的基本条件已经具备，可为什么中国管理研究本身没有做出同步的价值创造呢？或许与有些人认为的语境问题相关，也或许与有些人认为的研究范式相关，但核心问题是管理领域"知"和"行"脱节的问题。

一、管理学科的本质规律：实践与创新

对于管理研究者而言，首先需要回答的问题是管理研究到底干什么用？研究只是为了做研究，还是必须要回归实践？管理研究者必须回答这个问题，要回答这个问题就必须回到管理学科本身。这是因为在任何一个学科领域做研究的人，都必须知道这个学科领域的本质规律是什么。管理学科领域最本质的规律就是两个最重要的属性——实践属性和创新属性，而且实践属性排在前面。但这时候大家就会发现做管理学者其实很痛苦，这份痛苦来源于这个学科本质上的内在痛点。

管理学科的首要属性是实践，而市场是可以当期检验实践的。管理学者不能自己证明自己，所有的检验都是由外部检验，都是由实践去检验，但学者又不是亲自去操盘实践，这就是管理学科比较尴尬之处。对于管理学者而言，最大的梦想就是在理论上能够有所贡献，这是做学者、做研究的内在追求，但是检验又必须去到市场，去到外部，这是一个巨大的挑战，这就要求管理学者多一些近距离观察企业的机会，才能真正破解管理学科内在痛点，弥合管理研究和管理实践之间的鸿沟。

二、管理理论回溯：研究与实践的本源归一

Colquitt等回顾了1963—2007年在 *Academy of Management Journal*（AMJ）杂志上发表的667篇文章，发现管理学领域中的大部分理论都是在20世纪50~80年代之间发展出来的。已有的大部分的管理理论都是在20世纪50~80年代发展起来的，结合管理实践现象不难发现，在这个时期出现了有意思的实践现象。在20世纪50~80年代，是欧美经济快速发展、工业化进程非常高的时期，也就是在这个时间，管理实践方面有层出不穷的创新。以前从来没有过一家工厂可以有十几万人，在大工业革命时代则成为现实；以前从来没有过一个小的组织单元可以全球分布，而这时已非常多见；以前也从来没有过用绩效来获取收益的职业经理人……这在之前都是没有的。由此可以发现，实践上出现一批创新，研究上就会贡献出一批新的理论。

管理研究和管理实践本身的合一，造就了非常多的、具有影响力的、改变世界进程的管理理论。开创这些理论的学者的共性之处是密切观察，并且亲身经历了他们那个时代的社会问题。更重要的是他们对已观察到的各种组织形式和实践的变异具有很深的感受和困惑，然后试图去解答它，而且幸运的是，他们解答出来了，也就出现了相应的管理理论，因此，研究与实践是本源归一的。

三、研究与实践的鸿沟：未达成"共识"

如何避免管理研究与实践脱节已经成为全球管理学发展所面临的共同难题。既然研究与实践是本源归一的，为什么二者却在现实当中又被拉开了？面对"严谨的实证"和"精致的学术"在管理研究中泛滥，以及实践界对于管理研究不能

解决现实问题的质疑，管理学者们开始反思，笔者认为是因为管理研究和管理实践在以下6个方面未能达成"共识"。

（1）研究在意自洽性而实践在意绩效。管理学者对自洽性很在意，管理实践更在意取得绩效，两者之间的核心价值点完全不同。

（2）研究在意关联和影响而实践在意核心要素和解决问题。管理学者在研究当中非常关注要素之间的关联和影响，并且希望能够验证这些要素的相关程度。但是管理实践关注的却是如何简化要素之间的关联，然后要找到一个核心要素来解决问题。

（3）研究在意假设和建模而实践在意可执行和结果。管理学者很在意通过科学的管理研究方法，提出新颖假设并构建模型，而管理实践只重视管理实施的可执行，以及是否可以取得好的结果。

（4）研究在意文献支撑而实践在意创新尝试。一个有意思的发现，一件事情如果问企业家，他会说去做吧；如果问一个职业经理人，他会想万一失败了怎么办，想到这儿就决定不做了；如果是问一个教授，他会说，做的好处有3点，不做的好处也有3点。这个有趣的现象表明，企业家是在实践中检验自己，而研究学者更在意所有情形的判断。

（5）研究在意新概念而实践在意通俗易懂。管理研究很在意创造新概念，这也是导致实践界几乎没有什么人阅读学术期刊的一个原因，第一是因为看不懂，第二是因为不知道说的是什么，第三是因为学术研究的问题他们不以为然。

（6）研究在意边界设定而实践在意动态应对。对做任何研究都有边界条件设定，而管理实践面对的问题是需要不断地应对动态。正是因为此，管理学者关注的和实践界关注的问题未达成"共识"，才导致二者之间出现了脱节的情形。类似的问题在其他社会科学的研究中也存在，但为什么管理学在这个问题上争议得非常厉害呢？在笔者看来，这是因为实践属性对于管理学科非常重要，也就是说管理学是一门应用学科，因此，人们就一直要求管理研究或者管理理论"要能用"。

四、跨越鸿沟的努力：双方的反思

现在，随着管理学知识基本普及，加之一大批企业家在市场上拼杀出来，并取得了一定的绩效，因此，对管理学者的要求也在不断提高。其实，越来越多的企业家和越来越多的管理者对于理论的需求比以往更加强烈，管理研究更加可以发挥作用。但是为什么今天"未达共识"显得更加突出，从某种程度上说，管理学者其实更应该进行反思。

（1）管理学者太不自信。即使不去考虑管理学者现在和未来的研究是否可以对企业实践有帮助，就是他们现在已经拥有的知识就可以帮助到企业实践，对此管理学者要有足够的自信。

（2）要把研究和企业紧密结合在一起。企业是文献之外的第二个研究场景。挑战最大的是时间成本，近距离接触企业总会有一些研究成果，即使不一定具有普适性，但是至少这个企业会接受，关键在于平衡了时间成本、论文及各项考核后，是否仍然愿意去做。

（3）学术圈内要包容。希望管理学者自己的学术圈，对于每一个学者提出的新观点要用欣赏的眼光，而非只用是否能发表，以及是否能发表在顶级期刊来评价。这个压力是源自于我们自己，同企业实践没什么关系。

（4）企业家的舆论误导。的确存有一些有影响力的企业家的舆论误导，这些企业家的实践先有了效果，认为没有读过管理理论也成功了，因此，会在一些公众场合表达商学教育和管理理论没有用，这样的舆论和话语权的确给管理学者带来了不自信。

对于以上4个原因，静心想一想，前3个其实是管理学者以及管理学界自己的问题，而第4个原因是客观存在的，因此，还是应该尽量从主观方面去努力。根据笔者自己的研究习惯，首先要近距离、认真观察优秀企业，如果不是近距离认真观察优秀企业，就没有办法去找出真正的问题。当前管理研究的局限性就是大部分的管理研究者没有认真深入观察优秀企业，那就很难把有价值的问题找出来。如果学者们找到了真正有价值的问题，再将答案变成符合科学的范式，按照这样的研究顺序，所得到的理论一定是可以指导实践的。这就需要把自己的研究和企业实践结合在一起，再努力塑造一个包容的学术环境，所得研究成果是一定可以指导实践的，管理学者要有这个自信。

五、跨越鸿沟的"桥梁"：框定真问题

总结研究与实践存在的原因，是想通过分析让大家清楚，研究和实践是并行的体系，二者的差异是客观存在的，管理学者应该心平气和去接受。但是它们又

是可以融合的，通过某种手段，可以架构研究和实践之间的"桥梁"，这个"桥梁"在笔者看来，就是框定真问题。管理研究和管理实践，知行合一的根本之所在是"问题"，即企业关心的问题就是管理学者正在研究的问题，而管理学者正在研究的问题是能回答企业疑惑的问题，可把这一类的问题称为"真问题"。真问题是近距离观察之后才能够提出来的，而研究的核心就是框定问题，这个是核心，就是我们要的那个"桥梁"。

问题到底是从实践来还是从文献来？对于管理领域来说，答案很明确，问题是从实践来。为什么研究方法论和科学性又是重要的？笔者一再强调，确立的研究问题要来自于实践，这非常关键。但是需要使用科学方法才能将原始实践经验上升为理论。如此得到的理论才可以复制，方可指导企业实践。概括而言，研究需要两步，对弥合管理研究与实践的差距都非常关键。当然，学术研究的问题可以来自于文献，但是要做管理领域的研究，其问题就一定要来自于实践。在没有认真观察企业实践的情况下，单纯从文献或者理论来套企业实践是不可行的。

文献中已经被验证的管理理论确实可以指导非常多的企业，但必须承认的是，一个特别优秀的企业，它基本上是打破了这些传统理论或者是它又有一些新的实践创造出来。当发现这种企业出现的时候，笔者会特别兴奋，并持续跟踪。过去25年里，笔者跟踪过5家中国优秀企业，在这个过程当中自己还在不断学习。很多时候笔者对企业问题的敏感性就是因为很认真地研究过这5家企业，一直在试图理解它们的变化以及它们为什么会不断进步。笔者认为，管理学者的研究应该更关注企业发展的过程，因此，要做跟踪研究，不要总是用横截面的方法，不要做一个支离破碎的研究，要一直跟踪一家或者几家企业多年，近距离观察其发展的全周期。

管理学者非常在意方法论，这非常好，但是更需要在意的是：框定真问题才是最重要的。而管理学者的基础能力是研究方法和科学性，这可以让其同所有人交流和对话，用共同的研究工具和方法，大家就会在一个语境下来对话，相互提升。企业家的经验不能复制，研究出来的理论或者知识可以复制。仅仅是一个企业的经验，就不能移植给不同的企业；如果把这个企业经验上升到理论和方法就可以移植给其他企业，这就是管理学者的贡献。由此，需要管理学者具有对研究方法论的把握和对科学性的把握。做到这一点有3个要求：①要有理论敏感性；②要有研究方法和能力的储备；③理论研究要同管理实务对接。

六、研究与实践的弥合:"两出两进"

研究是从个性抽离到共性,共性再抽离到概念,概念具有普遍意义的过程。笔者将此过程归纳为管理研究的"两出两进":①一出,从实践观察出问题;②一进,进到文献检验有否理论价值;③二出,检验有否理论价值之后转化成理论问题;④二进,再把理论问题回到实践中,去验证这个有理论价值的问题是否具有实践意义,这就是"两出两进"。

关于"两出两进"的方法论,核心内容有3点:①如果想做管理研究,必须要进行长时间的、近距离对企业的观察和体验,最好是长期跟踪一家或者几家企业;②要有研究方法论来确保理论支撑;③要有完整的知识储备。关注和观察企业纵向的发展,就会吃透这个企业。笔者正是从这个过程中受益:因为只有对企业的透彻理解,才能说得深说得透,才能说到企业的痛点,基于此给出的建议,企业就会觉得好用。如果现在急于想让理论对实践有所帮助,这就有点拔苗助长,显得着急了些。事实上,长时间、近距离观察企业的这个过程是不能省略的,通过这个过程,再将观察思考逐渐表达出来:一方面,要用企业听得懂的方式来呈现,这也是吃透企业的一个内容;另一方面,也要注意呈现的科学性。真正有价值的理论其表述都是很简洁的,人人都看得懂的。

如果确实想把管理研究作为终生的职业,就应该认认真真地、踏踏实实地去近距离观察优秀企业。真正贡献了有价值的管理思想的理论家,都是切实认真地观察过一个企业或几个企业,或者做过咨询,或者在一个企业待了很长时间。对高校教师而言,要普遍面对科研考核压力,而深入企业实践的连续追踪又需要较长的时间,二者之间的确存在矛盾,但却可以通过两个阶段来解决:第一阶段着重对于问题和分析框架的把握;第二阶段深入实践、做对实践有价值的研究。在学者成长的第一阶段,最重要的是理论敏感性的训练,论文发表的压力可以帮我们完成知识和研究能力储备,当这一准备阶段完成时,论文的任务也就基本完成了。下一阶段就需要近距离观察企业,真正解决企业关心的问题。在深入观察企业的过程中克服二者的"不一致",提出被更多人接受的结论,才能有真正的价值贡献。

无论是实践相关性研究还是纯学术性研究,对研究方法和科学性的把握是一般性要求。至少要预先知道什么是可研究的问题,然后在研究的问题当中去形成研究方法、研究思路、研究设计等;同时,还要训练对于这个问题的核心价值把握的能力，即理论敏感性。理论敏感性的训练不仅不影响学术性论文的发表，反而恰恰是通过撰写论文才能被训练出来，因此，发表论文与实践相关性研究并不矛盾。

尤其需要提醒的是，对于研究而言，先后顺序非常重要，排在第一位的是找出有价值的问题，尤其是能够指导实践的那个问题，笔者称之为"实践先行"；排在第二位的是具有科学性。前后顺序非常关键，不按照这样的顺序去做，就很可能导致研究和实践的价值分离。

管理研究的本原一定是优秀企业的实践，管理研究要与实践相结合，就要回归到这个本原。在实践先行之后，研究仍然要强调科学性，这是因为没有科学性就不可移植和复制。鉴于此，笔者认为"理论与实践脱节"问题是有很多陷阱的，至少有上述论及的两个：①科学属性和实践属性。②发表论文的压力和研究价值。如果对于这些陷阱能理性地理解和对待，那么这都不是陷阱，反而是可以相互促进的。

七、结语

笔者对管理研究只有两个态度，即研究本来就是百花齐放的以及实践本来就是多元的。研究到底做什么？研究就是找寻规律性的问题并给出解答。也许我们穷尽一生就找到一条规律，也许我们穷尽一生可能连一条规律都找不到。但是在寻找和探索的过程当中，其实已经就是在做出贡献价值，因为这会不断地让研究与实践之间彼此靠近。

德鲁克精辟阐述了管理的本质，"管理是一种实践，其本质不在于知，而在于行；其验证不在于逻辑，而在于成果；其唯一的权威就是成就。"由此，达成共识、框定真问题才能实现管理研究和管理实践的对话，而实现有效对话需要4个方面的条件：①对话的目的是解决实际问题。管理学者要能和企业以及企业家对话。②对话的环境需要双方共同努力。整体上来讲大家都开始朝着这个方向努力，而且现在双方对话的欲望非常明显。③对话的工具是研究方法的掌握。现在年轻学者对研究工具的掌握水平很高，会更有可为，如果加上对知识体系的深度理解，一定会创造出新的价值。④对话的载体是中国优秀企业实践。目前在中国好的企业越来越多，管理研究者了解企业的机会也越来越多，中国企业的一些实践已经走在了管理研究的前面，因此，管理学者会有很好的研究载体。

AMJ曾发文号召研究学者提出更多适合东方情境的管理理论及构念的文章。中国管理学者要像中国优秀的企业家那样，勇于提出自己的观点并创造自己应有的价值。德鲁克曾经说过，"21世纪中国将和世界分享管理奥秘"，对此笔者充满期待。

（原载：《管理学报》，2017年第10期）

管理学研究与实践的脱节及其弥合：对陈春花的访谈

吕力（以下简称吕）：当前对于国内甚至全球管理学术界而言，最突出的一个问题就是管理科学研究或学术研究与实践脱节的问题，您怎样看待管理学术研究与实践脱节的问题？

陈春花（以下简称陈）：从以下四个角度探讨可能会比较合理：

（1）目标不一样。学术研究的目标是从现象中抽象概念、提炼规律，它不太关注怎样去解决真实的问题；但是从实践的角度而言，只追求希望的结果，而不管用什么办法。

（2）研究重点不一样。学术研究重在理论创新，因此文献梳理非常重要，而实践重在现实有效性。比如战略管理问题，学术研究重在企业战略形成的规律，但对实践而言，重在制定的战略是否最终能达到效果，它并不关心战略制定背后的机理是什么。

（3）表达方式不一样。学术研究有其独特的范式，这套范式让学者们能一起交流，而不受国界、背景等因素的影响。而实践话语不需要让所有人都听得懂，它只需要让实务工作者听得懂就行。

（4）检验标准不一样。学术界目前的检验标准是公认的期刊、奖项、高级别的科研项目等，但实践的检验标准就是成效。

所以在我看来，学术和实践是两条并行的体系，这两条并行的体系是真实存在的，我们应该心平气和地去接受。对自身而言，我既尊重学术的标准，也尊重实践条件下所要求的标准。

吕：在我看来，管理学术研究偏向于科学研究与实证研究，而管理实践偏向于追求技术性知识。而您刚才指出，这种体系之间是平行的，意思是说这两类体系之间天然存在差异？

陈：我个人认为确实如此。类似的问题在其他社会科学研究中也存在，但为什么管理学在这个问题上争议得非常厉害呢？在我看来，这是因为实践属性对于管理学科非常重要，也就是说管理学是一门应用学科，而应用学科的主要特征就是要能用。反过来说，如果管理学不是一个应用学科，那就不会有这么大的争论了。

不过，虽然两类体系之间存在差异，但通过某些手段，还是能够弥补理论与实践之间的差异。弥合这一差异的关键是两个同等重要的步骤：一是实践先导，二是科学研究。实践先导在很多情况下表现为"个案先行"：我非常强调案例在管理学研究中的重要性，它是指从案例中寻找我称之为"领先之道"的发现。

吕：事实上，我自己也在探索将传统管理科学研究中的实证方法与技术上的有用性结合起来的有效手段。您提出弥合科学研究与实践脱节的两阶段方法，这种方法的要点是什么？

陈：先说第一个阶段，就是要找出有价值的问题，而且尤其是能够去指导实践的那个问题，这就是实践先行的意思，然后进入到第二个阶段，这个阶段要求研究具有科学性。这里前后顺序非常关键，不按照这样的顺序就很可能导致科学研究和实践有效性的冲突。在我看来，科学与技术的冲突不是认识论的冲突，而是本原论的冲突。意思是说，管理研究的本原一定是优秀企业的实践，管理研究要与实践相结合，就要回归到这个本原，而回归到这个本原就是实践先行。

在实践先行的前提下，第二步研究仍然要强调科学性：因为没有科学性就不可移植和复制。原始经验是很难复制的，所以必须把第二步加上去，这一步就是科学研究，必须遵循科学的逻辑。

吕：据了解，您通过中国管理杰出模式奖的评选促成了历年杰出企业对部分优秀学者开放学术研究？

陈：是的。我尽力促成学者与这些杰出企业的合作，对于学者们在研究中采用的方法也不限制，可以是实证的，也可以是诠释的。很多学者没有像我那样有很多机会深入到企业，一定要求所有学者去企业挂职既不现实也没有必要，所以我在金蝶公司的支持下促成了中国管理杰出模式奖历年评选出的杰出企业对学术研究的开放。

根据我自己的研究习惯，首先要近距离、认真观察优秀企业，如果不是近距离认真观察优秀企业，就没有办法去找出真正的问题。当前管理研究的局限性就是大部分管理研究者没有认真深入观察优秀企业，那就很难把有价值的问题找出来。如果学者们找到了真正有价值的问题，再将答案变成符合科学的范式，按照这样的研究顺序，所得到的理论一定是可以指导实践的。

吕：您提到的"首先近距离观察企业"，我认为非常正确。不少学者过早就进入到问卷调查阶段，没有接触生动的管理现象，对于管理现场的细节没有认识，自然得到的理论就是与实践脱节的。

陈：是的。因为问卷是预设了问题，所以我不主张一开始就发问卷。我个人认为，如果确实想把管理研究作为终生的职业，就应该认认真真地、踏踏实实地去近距离观察优秀企业。真正贡献了有价值的管理思想的理论家都是切实认真地观察过一个企业或几个企业，或者做过咨询，要么就是在这个企业待了很长时间。他们不会直接拿份问卷去问，那是问不出来的，因为在设计问卷的时候，已经预设了问题。没有一种问卷是涵盖所有问题的，而在此前找到关键问题相当重要。

所以我再强调一次，研究的问题要来自于实践，这非常重要，然后才是使用科学方法将原始经验上升为理论。如此得到的理论一定可以复制，又可以指导企业的实践。总的来说，研究的这两步对于弥合学术研究与实践的差距都非常关键。当然，学术研究的问题可以来自于文献，但是要做实践相关的研究，其问题就一定要来自于实践。这就是应用于实践的逻辑，在没有认真观察企业的情况下，硬去找文献或者理论套这个企业是不行的。

文献中已经被验证的管理理论，确实可以指导非常多的企业，但必须承认的是，一个特别优秀的企业，它基本上又打破了这些传统理论或者是它又有一些新的发现。当发现这种企业出现的时候我就特别兴奋，然后持续跟踪。我跟踪5个中国优秀企业已经20多年，在这个过程当中我还在不断学习。很多时候我对企业的敏感就是因为很认真地研究过这5个企业，我一直在试图理解它的变化以及它们为什么会不断进步。

吕：您强调的是不是对一个企业或者一个普遍性问题的研究要循环迭代？

陈：是的。所以这次我在中国管理模式杰出奖的理事会上建议大家选定一个企业来跟踪，然后再去多样本、多案例组合，做对比，如果不吃透一个，就看不懂其他的。实际上就是这个逻辑和研究过程，它实际上是一个挺长的过程。我建议大家，不要急于得出一个理论，而是把企业吃透，我们先吃透它，在吃透的过程中，你贡献的理论就已经被企业接受了。

我本人其实就是在这样的过程中所受益：因为吃透了，所以就能够说得很深，说的就是企业的痛点，然后给的建议，企业就觉得好用。我们现在是急于想让理论对实践有所帮助，这就有点急了。事实上，上述过程是不能省略的，在这个过程中，我们再将观察思考逐渐表达出来：一方面要用企业听得懂的方式来表达——这也是吃透企业的一个内容，另外也要注意表达的科学性。真正有价值的理论其表述都是很简洁的，人人都看得懂。

吕：对于高校的老师来说，他有发表论文的压力，因此可能忍受不了如此漫长的过程。

陈：是的，这两者之间确实存在矛盾。对于这个矛盾，我认为可以分两个阶段去解决它：第一阶段着重对于问题和分析框架的把握；第二阶段深入实践、做对实践有价值的研究。

不管是实践相关性研究还是纯学术性研究，对研究方法和科学性的把握是一般性要求。无论哪种研究，我们至少要先知道什么是可研究的问题，然后在可研究的问题当中去形成研究方法、研究套路、研究结构，同时还要训练对于这个问题的核心价值的把握能力。

吕：您说的这个就是所谓理论敏感性吧？

陈：对，理论敏感性。理论敏感性的训练不仅不影响学术性论文的发表，反而有时候恰恰是通过论文才能被训练出来，因此，发表论文与实践相关性研究并不矛盾。在学者成长的第一阶段，最重要的是理论敏感性的训练。在这个过程当中完全可以发表很多论文，完成自己能力的储备，或者称之为自我能力储备。在这一阶段完成的同时，发表论文的压力也基本上就化解了。那么下一个阶段就要花更大的精力去近距离观察企业，这就是第二阶段的任务，我就是这样要求自己的。

很多时候我们把论文的压力误认为是一种阻碍，其实不是的，但是也不要有发表了论文就证明我肯定是正确的想法，这个想法不要有。只有真地去解决了企业的问题，提出的结论被更多人接受，那个时候才可以称得上是价值贡献。前面的论文和理论储备是必须要做的，但是不能把这个准备阶段说成是有理论贡献，如果这么想，那就是一个很大的错误。

所以我认为"理论与实践脱节"问题是有很多陷阱的，至少有刚谈到的两个：一个是科学属性和实践属性；还有就是你刚刚说的发表的压力和研究价值的陷阱。如果对于这些陷阱我们能理性地对待，那它们其实都不是陷阱，反而是非常好的相互促进。

吕：通过您说的这种分阶段方法可以把它们互相促进起来。

陈：会。当有了理论敏感性、有了强大的逻辑归纳的能力之后，就能够很快看到实践的本质与意义，就能判断每个阶段企业主要的、共性上要解决的问题是什么以及怎样解决。举例而言，我在2015年底出版《激活个体》，出版之后我就发现很多企业从高管到基层管理者上上下下都在读这本书，这实际上就是近几年企业所面临的共性问题。

吕：这个共性问题是，怎样提升员工的个体绩效？

陈：是的，实务界找不到理论的支撑，当他们发现我的这个理论直接指向问题，因此都很兴奋。在企业实践的同时，实务界引经据典地说这是陈春花的理论，其实这些反响在书完稿后我就预料到了——因为它提出了对于实务界有价值的问题并试图解决。许多企业家虽然不认识我，但是读了这本书之后就觉得马上可以用了，对于如何激活个体员工这个关键问题现在他们觉得不太难了，也不觉得互联网企业就比传统企业优越多少了。

但我自己的研究并不终止于此。在《激活个体》之后，我感受到另外一个问题，那就是：如果个体都被激活了，变得很强大了，组织在某种情形下就变成障碍了，所以我的下一本书就是《激活组织》。我把这本书的几个核心观点跟金蝶的徐少春主席进行了交流，他非常同意，并说近期就会对公司的组织结构做出一个巨大的调整，他希望调整后公司会有更大的进步，我听完也非常高兴。据我了解，现在已经有很多人在等这本书，出版社已经拿了很多订单了。我在这本书中写了激活组织的七项工作，核心就在于"怎么做"。

吕：您的《改变》最近在互联网上也经常看到很多热议。

陈：这本书是我在新希望的工作记录，记录新希望六和三年转型之路，同时出版的还有《共识》一书，主要内容是我写给员工的九封信。对这九封信，我建议管理学者可以多看一下。因为从那九封信看得出来，到一个真实的企业去承担绩效任务时，每一步要怎么去思考。在这两本书里，我把自己三年来怎么带着这个企业转型的过程，每一次的观点和步骤，通过一封一封的信传达出来了。从这九封信中可以看到，我是怎样从企业的角度看问题的。

吕：您这些年有不少著作出版，这些著作都涉及哪些重要内容？

陈：从销量来看，《管理的常识》的销量非常大，在这本书中我试图清晰地表达管理最基本的八个概念。很多时候我们觉得理论没用，实际上是因为我们自己没有把理论搞透。在这本书中我完整地将八个重要的管理学概念重写了一遍，这本书销量非常大。

之后，当我看到实务界对管理最基础的东西这么缺失，就写了第二本书《经营的本质》。通过这本书，我把在经营当中遇到的最基本的问题重新梳理了一遍。比如说怎么理解成本，怎么理解规模，怎么理解盈利以及顾客价值，这都是经营最基本的元素。然后围绕经营的七个方面我们应该怎样看待服务，怎样看待品牌、产品等，将它们全部梳理清楚。这一项工作实际上也正是理论界的人应该做好的事情，把理论传播出去，而不光是埋头做研究，善莫大焉。

对我个人的研究而言，《领先之道》这本书比较重要。我准备用三个十年把这项研究做完：1992—2002是第一个十年，在2004年发表第一版；2002—2012是第二个十年，在2014年发表第二版，现在则是第三个十年。我希望通过三个十年来看五家优秀企业最后是谁还活着，或者说谁没有活着，目前这五家企业都很好，前二十年都还保持领先的地位。当时这五家企业是按1982—1992年的数据来筛选的，应该讲还是筛得挺准的。

在第一个十年，如果从总结规律上来讲就是寻求规模增长的阶段，这是我提出的领先模型的一部分。有了这个模型假设我就拿去测试，先到六和去测试，在去测试的时候我还给自己提了一个很宽泛的边界条件，因为这个假设是在调研珠江三角洲家电企业时提出来的，我要求自己的检验绝对不在珠三角，绝对不在家电和零售业领域，结果就选了山东的一个农业企业来检验这个假设的普适性。

我2003年3月8日到山东六和上任，我们仅用了一年八个月的时间，这家企业的业绩就到了行业第一，非常快。看起来用这个理论指导实践还是非常有效，这样的验证也非常有效，山东六和到了2004年做到行业第一。随后我建议企业不要改变运营与管理的五个部分，继续保持公司的文化，结果五年内业绩年年增长，事实就是这样。2002年公司收入20多亿元，不到两年，就到了74亿元，2005年109亿元。按照这个原则，从2005年开始，整个山东六和每年增100个亿，会连续增五年，结果到2010年达到500多亿元。2010年底新希望与六和重组之后，发展到2013年5月，我又重新回来操盘了。这就是我刚才讲的那个脉络，以实践为先导，透彻观察，总结出来的规律才能真正有用。通过这次之后，我就更相信这样一个研究程序了。

我坚持研究企业要持续观察。在我的领先模型中，第一个十年就是规模增长，到第二个十年的时候，核心则是创新，而不再是单纯追求规模增长了，所以我观察的这五家企业在第二个十年的路径方法差异变化非常大。这五家企业对于创新的理解有很大差异，华为在此期间进步最快，前面十年它还不是发展最快的，前面十年进步最快的是海尔、联想。联想来问我为什么，我说华为做了三件事情：彻底的自我批判、全力以赴地投资技术创新，我说联想这两个你都没做到吧；第三件事情实际上它也做得非常好，就是真正回归市场。这就是华为进步很快的原因。

在企业生存周期的第二个十年，必须以创新为中心，不能只追求规模。谁在创新上投入大，谁就有机会跑得快，这是第二个十年的核心问题。创新的五个最重要的要素是：实事求是地面对互联网技术的到来；彻底的自我批判以及危机意识；不怕遇到挫折，要从失败中找到价值；在全球范围内合作与学习；对创新的持续投入与专注度。

吕：您谈到的领先模型我认为相当重要，我们不妨称之为陈春花命题，而且您通过实证的方法对这一命题进行了部分检验。中国的管理学术研究要与实践紧密结合，就需要学者深入中国企业、提出更多的"基于中国经验"的"以实践为先导"的"陈春花命题"或"类陈春花命题"，而不是大量从文献中转手即来的"美国式管理命题"。不仅如此，还需要对这些实践中来的"真问题"和"真命题"进行检验。我想，这应该是中国管理学术界服务于实践的"研究之道"。

陈：我总结出五个要素来，又用这五个要素回过头来指导新希望。当我回到新希望任联席董事长时心里是有底的，因为我知道在这个十年中就是要用创新获取增长，那么问题是围绕着创新要做哪些事情。所以当新希望业绩下滑，同时遇到挑战、希望我回去的时候，朋友们劝我就不要回去了，因为不见得能再次证明你行，而且也不需要再印证。但是我觉得这个新的变化我要去面对，事实再一次证明我的选择是正确的。

吕：行动本身就是一种检验，这一点完全可以应用到管理研究中来。

陈：这就是我为什么说改变是组织最大的资产。《领先之道》的第二版改掉了三分之一，第三版我会再改掉三分之一。我通过对这五家企业的第二个十年的研究，然后就把这个运用到新希望去。正如大家看到的，新希望的绩效结果非常不错。当然企业在第二个十年复杂程度要高很多，一个是外部环境变化很多，互联网也出现了，各个行业都被重新定义了，所有的东西都变了。

吕：您的这个研究成果确实非常有用，但是未必能够发表到很好的期刊上去。这是一个矛盾。

陈：我把领先之道的第一个模型做出来的时候非常兴奋，当时把这一成果投到国内非常知名的一家期刊，很短的时间就被退稿了，那是在2004年。退稿之后，我就自己出书，等到书稿完成面市之后，这一研究被《经济观察报》整版介绍，他们觉得太震惊了，后来《新华文摘》也整版转载了。所以从这个角度来看，还算是得到了学术界的认可。

所以我想说的是，一个好的研究、有价值的研究最终是埋没不了的。但是如果想那么顺利地就被学术期刊接受，也别存这个想法，这是个幻想。在这种情况下，我觉得先要回到实践中去检验，一边进行实践的检验一边继续深入研究，最终学术界会接受的。我的逻辑就是这样，所以整个研究过程我是很从容的。持续地研究，反复被验证，总有一天这个理论会被接受，不要那么着急。

吕：我们现在还可以继续对"陈春花命题"进行检验和发展，这是一个有意义的工作。

陈：《领先之道》是我的一个主研究脉络，这个主研究脉络帮助我从中找到了许多非常有意义的主题，所以这就是为什么从《领先之道》发表之后我写了那么多书的原因。

比如在研究中，我发现中国企业的营销出了问题，就写了《中国营销思考》。这本书后来再版时，出版社觉得要用一个更明显的标题，就改成《回归基本面》。这是营销方面的问题，其实我不是研究营销的，但这本书对营销界影响很大。我在研究这些企业的时候提了几个很重要的观点，其中一个观点是渠道为王，意思是当企业没有能力做品牌时应该先做渠道驱动。

在这之后，我又对已经发现的重大问题做了一些梳理，这就是《中国管理十大问题解析》。我发现很多问题其实是基本问题，都在我列出的十个问题之中，比如什么叫组织、什么叫结构、什么叫战略。

吕：这都是很原汁原味的"中国命题"或者说"待检验的中国假设"。

陈：所以当时的《销售与市场》杂志要求我开专栏，我的专栏开了三年，那个时期大量的中国营销人开始认识我。我说渠道为王，得区域者得天下，所以很多企业都投入精力到区域市场。然而很多中国企业不会做渠道，所以我就写了《争夺价值链》，在这本书中通过对沃尔玛模式和家乐福模式的研究提出做好渠道驱动的方法。这本书完稿时还没有多少人关注，后来美的和苏宁发现了价值链的意义，所以这本书后面的推荐语一个是方洪波写的，一个是张近东写的，大家也知道在2004年前后，家电企业就以最快的速度形成了自己的渠道。

吕：理论的价值开始体现出来了。

陈： 因为这些书籍和专栏文章，我也因此在家电行业出了名，很多企业都来找我探讨。在对中国企业前三十年的发展总结时，尤其是对中国家电企业进行研究时，我认为中国企业下一步发展一定要离开竞争，所以就写了《超越竞争》。这本书成了当年管理类图书中影响最大的畅销书，也获得了2007年本土商业作者奖，它给大家指了一个全新的方向，而使用这本书所指出的策略的典型例子就是美的微波炉和山东六和集团，还有更多的企业公司上上下下都在学习这本书。在我写的著作中，《领先之道》《超越竞争》《经营的本质》都曾经拿过教育部高等学校人文社科奖优秀著作奖，这些著作也确实对实务界产生了巨大的作用。

在《超越竞争》之后，2008年改革开放30年，出版社约我写《中国企业三十年》。我写了《中国企业下一个机会在哪里》，其中我提出了价值型企业的概念，这也是我比较重要的一本书。其实即使今天回过头来看我当时提出来的价值模型还是很好用，在2017年1月份龙湖地产的年会上我讲了一次，他们都非常惊喜，觉得启发很大，事实上这个概念是我在2008年提出的。

吕：《超越竞争》的理念与《蓝海战略》相似，但早了好几年。

陈： 没有关系，企业去用了就好。

吕： 您还有哪些重要的著作向我们推荐？

陈：《中国企业下一个机会在哪里》面市时，全球企业的经营环境发生了突然性的改变：金融危机来了，很多企业因此受到冲击。金融危机来了之后，大家的注意力就转移到企业能不能活下去的问题上来了，这到底怎么办，尤其是在东莞。我写得最快的一本书，就叫《冬天的作为》。金融危机2008年下半年来，这本书2009年1月份就上市了。我以极快的速度写完，出版社也以极快的速度出版。这本书出版后影响了非常多的中国企业，很多企业将它列为必读的十本书之一。万达集团认识我就是因为这本书，当时王健林推荐公司全体干部必须读这本书，后来我也参加他们内部的战略研讨会和培训，在此之前，我和王健林并不认识。这本书讲的是在外部环境不增长的情况下，一个企业要怎么增长，在书中我把这个问题回答得非常清楚。但是因为金融危机这件事，实务界的注意力全部去了《冬天的作为》这本书，反而我认为更重要的《中国企业下一个机会在哪里》在某种程度上被埋没了。

也许是伴随中国企业走了很长一段时间，我觉得需要回归基本面来应对变化，所以先后出版了前面所说的销量最大的两本书《管理的常识》《经营的本质》，以帮助企业管理者澄清最基本的管理与经营的问题。

事实上,由于全球化的影响,中国的企业和外国的企业在同一个市场竞争,因此无论是西方还是中国的研究,只要紧跟企业发展的脉络,研究的进展也会同步。在这方面,《激活个体》是一个典型的例子。2015年《激活个体》出版的时候,我的一个在美国普渡大学交流学习的博士生就告诉我,美国的主流管理学界也都在谈论激活个体这个话题,标志性的是谷歌的《重新定义公司》,事实上全球基本上是同步的。所以我觉得中国的学者应该自信,大家都有机会。

从最初的《领先之道》到后来的这些著作,我的体会是,因为自己深刻地观察了五家最有代表性的企业,理解了中国企业实实在在遇到的问题,所以只要愿意去表达理解,就可以一点一点写出来。我现在的写作计划停不下来,我的下一部著作《激活组织》写完之后,会接着写企业的转型研究。等到把这个写完之后我还要回答一个,目前我正在全力以赴研究的问题,就是组织为什么可持续。当看到这么多企业的生生死死,我想研究的就是一直活着的组织它的内在力量是什么,我个人的研究方向就会朝这个方向走,而且这恰恰也是企业要问的问题。应该还有很多有趣的问题,我现在还在梳理,等梳理完之后我们可以再聊。我觉得有那么多有意思的问题等着大家研究。

吕: 目前,"严谨的实证"和所谓"精致的学术"在管理研究中泛滥,而您提出的理论很像波特或德鲁克。以当前所谓顶级期刊的审稿标准来看,德鲁克的理论完全没有明确所谓变量及其关系,但对于管理实践确实有启发,而且也确实能指导企业的实践。

陈: 我们在学术研究中比较关心变量及其关联以及关联的程度,但是在实践中是尽可能抓核心问题与主要矛盾,这就是实践逻辑。德鲁克就是用了实践逻辑,我也是用这套逻辑。我并不特别强调在研究中是不是穷尽了所有的变量,我就是找核心问题。围绕这个核心问题,尽可能去归纳、提炼那些优秀的企业是怎样解决这些核心问题的,这个解决方案能不能上升到理论。所以在管理研究上,波特和德鲁克对我的影响特别大。

吕: 我在对徐淑英老师进行访谈的时候,也谈到类似于AMJ这样的顶级期刊确实需要做一些改变,应该更多地面对实践。我想,中国的管理学术期刊应该更关注类似于"陈春花命题""基于中国经验"的"中国假设与中国命题"的文章,而不是一味延续美国顶级期刊所关心的问题。

陈: 目前国内的学术评价标准没有看中国,就只看西方。我们一直在提实践导向,但得承认,这在当前不是主流。徐淑英老师已经是学术领袖了,她应该可以更多地去做面向实践的创新。IACMR推出MOR这个刊物的时候我是很期待的，试错嘛，不要怕。这个要有人试。

吕：关于管理研究方法您能不能向大家谈点儿什么？

陈：可以的。就方法论而言，我认为我们的研究应更关注企业发展的过程，因此，要做跟踪研究，不要总是用这种横截面的方法，不要做一个支离破碎的研究，要一直跟踪到底。注意企业纵向的发展，就会吃透这个企业。要这样去做研究是因为只有这样去做，才能有很敏锐的观察，然后才能找到构建理论的线索。我现在基本上可以很有把握地说我的研究以及提出的理论一定是很多企业要听的，其自信就来源于此。所以很多企业在每年年底都会等我来谈下一个年度企业要关注什么问题。

吕：如果学者除了在顶级期刊发表文章之外，都能够做到让企业翘首以待，那也是非常开心的，目前在中国这样的学者还很少。

陈：实际上大家都有机会。我认为任何研究方法都可以，只要是被公认的方法，甚至通过不公认的方法能研究出好的结论来也可以，其实哪有什么定式啊。有范式不一定有定式，学者在方法上应该更加开放。但是对于所用的方法必须真实掌握，只掌握皮毛不行。所以不是商学院真没用，是学者自己没有把握真知识，因为你的那套理论没有打动企业家和管理者。

吕：主流管理学界过于看重严谨性，而事实上较少考虑到研究结论是否真的对企业有用。

陈：在我看来，研究的核心就是怎么让复杂变简洁，透过现象看本质，这个才叫研究。只有透过现象看到了本质，企业家跟你才会有共鸣。其实，我上课比我的文章影响更大，就是因为我可以把复杂的管理现象用浅显的语言讲清楚。

例如，《组织行为学》这门课，学生们告诉我在网易公开课上点击量已经过一千万了。所以，真的知识人家还是愿意听的，关键在于是否真正把理论掌握透彻：这一方面取决于安静地研究梳理，反复去看文献，还有一个就是要对应实践来想，两边要对应。

吕：陈老师对于创业企业有什么观点？

陈：首先，创业企业的核心是做产品，这与成长期的企业不一样。做好产品是创业企业能活下去的根本原因。其次，创业企业要简化管理流程。因为在创业阶段，不可能负担很大的管理成本。创业企业所有人都应该去做市场、做产品，尽可能保证简化管理流程。人员不能快速膨胀，这样管理沟通是最短的、最简单的，决策也是最短的、最简洁的。再次，创始人要让团队相信你的愿景、目标，因为创业完全要靠愿景和目标来拉动的。

吕：创业阶段要承受非常大的压力。

陈：创始人首先得是一个大业务员，其次他又必须是一个大家都信任的领袖，他能解决所有的困难，而且他还得什么都懂，这是对创业者的一个极高的要求。相对来说，企业发展到一定阶段之后要求反而没那么高，所以这真的是一个挑战。

我曾经和柳传志先生联合给联想之星的优秀创业企业上课，每次一百人左右。联想之星已经连续办九年了，所以差不多有九百个创业者，也基本上是成功的。在这个课堂上看到的东西也很有意思，他们是一个非常有意思的群体，跟前面我讲到的那些大企业考虑的东西不一样。如果想得到创业企业的成长规律，还是要大量地观察他们，才能总结出来。

吕：通过对您的访谈，我感到，其实理论和实践相脱节的问题不是那么难解决的。但是现在它就成了学术界最大的一个困难，这其中的原因是什么？

陈：我认为有几个原因。第一，我们太不自信，这是首要的原因。先不说我们的研究能不能帮助到企业家，事实上仅仅是已有的知识就可以帮助到企业家，我们要先有这个自信。

第二，要把我们的研究与企业紧密结合在一起。事实上，在将已有的知识和企业家进行交流的时候，研究过程其实已经开始了，而且这个过程就是一个与企业家共同成长的过程。一定要把自己的研究跟企业连在一起，不要只陷在文献里，文献只是一个场景，还有一个场景就是企业。所以不管企业的大小，我主张要彻底跟进，这是我个人的主张。不是都要找大的，但是要选好的。这个企业是否能一直活下去很重要，因为要一直跟踪嘛。当然做这件事情遇到的挑战可能比较大。

挑战主要体现为时间成本，因为要持续跟踪，所以要求学者付出相当多的时间。时间成本的投入，如果真去计算，没有人知道结果。但是我觉得还是比自然科学研究要好，至少不会白忙，近距离观察企业总是能产生一些研究成果。这些成果虽然不见得大家都能用，但是至少这个企业会接受，问题在于愿不愿意这样去做。大家觉得难，可能因为在计算和平衡了之后发现不行，论文和各种考核指标都达不到，所以这是第二个难的地方。

第三，我们自己这个学术圈子不认可，压力太大。关于这个问题，我希望我们自己的学术圈子要包容一点，学者提出一个新的观点，我觉得至少要用欣赏的眼光来看，不能全凭能不能发表、能不能发表在顶级期刊。这个压力其实是我们自己造成的，跟企业没啥关系。

第四，一些比较有影响力的企业家的舆论导向给我们带来了另外一种混乱，他们经常说管理学术研究没用。这些比较有影响力的企业家的实践先有了效果，他们认为，我也没听你的，我也没读过管理理论就成功了，他当然不听你的。这个舆论和这个话语权让我们不自信。

我觉得主要是以上四个原因。但是这四个原因其实静心去想一想，第一到第三个都是咱们自己的事情，所以我还是建议尽量从主观去努力，其实克服学术研究与实践脱节真的不像想象的那么难，真的不是那样，而且越来越多的企业家和越来越多的管理者对理论的需求比以前更强了，不是更弱了，只是他也更挑剔了。因为现在管理学知识基本普及了，他们又是从市场上拼杀出来的，所以要求也高了。

吕：我看到陈老师对经典管理思想非常重视，为什么我们必须重视这些经典思想？

陈：管理学是随着实践而演变发展的，所以当前的管理学理论也是经过每个阶段积累起来的，后面的理论不是对前面理论的替代，更不是颠覆。每一个理论都是要解决那个时代最重要的企业管理中的问题，当这个问题解决之后，会出现第二个问题，这又催生第二个经典管理思想，然后又会出现第三个问题。

比如说泰勒的科学管理原理要解决的是劳动效率问题，当实现了劳动效率最大化之后，管理者们就想能不能让整个组织都有效率，所以韦伯和法约尔的行政组织理论就出现了，这就解决了组织效率问题。组织效率和劳动效率都解决了，他们发现对人还是忽略的，所以人力资源理论出现了。不能说人力资源理论出现就替代了科学管理原理，这个是不会替代的。它们之间的逻辑发展顺序是一个一个地解决管理现实问题。

人力资源理论之后，大家发现要实现更高的效率就不能仅从组织内部来看，战略理论应运而生。战略理论之后，我们遇到的挑战是企业战略的能力怎样可持续，真正的竞争力到底是什么？这就导致了企业文化理论的出现。在企业文化理论之后计算机出现，因此诞生了管理信息系统理论，所以我们看到大量基于计算机和基于信息系统的管理创新。流程再造理论就是在这个时候出来的，流程再造这个概念又涉及企业整体的学习能力等，这就产生了学习型组织理论。其实所有管理理论都是在回答一家企业为什么比别的企业有效,为什么比别的企业产出多,所以一直进行绩效检验、理论检验。解决了一个问题,下一个问题就又出来了,没完没了。

要掌握管理的知识体系,就必须搞懂这些经典,然后才知道管理的基本问题有哪些,或者一个企业在成长过程中会遇到哪些问题,所以我一直强调要读经典。

吕:要将刚才您说的发展脉络搞清楚才能真正读懂经典。

陈:是的。我不断鼓励机械工业出版社翻译出版管理思想经典,我自己也为那些经典著作做推荐序,写读后感,这些读后感汇集起来就是《我读管理经典》一书。在这本书中我把阅读管理经典的心得都写出来了,通过写作,对自己的帮助也非常大。这本书的市场反应也很好,很多人喜欢这本书。

读管理经典的第二个好处是可以通过经典的阅读掌握管理大师的研究方法论,所以我还是建议大家不仅去读我写的读后感,更要去阅读经典著作本身。市场上还有一些书籍,比如《管理学中的伟大思想》,也是导读类书籍,也写得不错,但是我更建议精读经典著作本身。反复地读,你就会理解这些大师是怎么建构理论的,他去观察了什么,他为什么要观察这些。我觉得这非常重要,通过反复阅读去感受理论与实践的关系:所有经典的著作对实践的诠释水平都是非常高的。我觉得目前很多问题的来源是因为我们在经典著作上的阅读和理解不够,没有把经典读通、读透、读烂。在自然科学的研究中要求对定理公理的理解是要很透的,我觉得管理学也是这样。

我个人除得益于读经典之外,发现写教材也是一个很好的训练,真想把这个学科吃透,最好的办法就是边看经典、边研究、边写教材,而且要不断修订。现在我主编的《组织行为学》已经写到第四版了。当然,这也要花许多工夫。

吕:您从阅读经典和编写教材中获得巨大收益,能再举两三个具体的例子吗?

陈:例如,管理核心的要求就是人与资源组合,共同工作实现目标的过程,这就是管理的定义。当你通过阅读经典把这个定义理解透彻的时候,就会立即发现如果实现目标的人得不到资源,组织就不可能实现目标。但是在很多中国企业的管理中,有资源的人不一定在一线,这就是问题。当把这个说给企业家听的时候,所有人就会恍然大悟,发现我的错误是在这儿呀:我的销售额没有实现的原因是因为销售员没有资源,销售总监有资源,但是他又不卖东西,那么要提升销售额，你回去改就行了。通过认真读经典，就会理解透这个定义，这个定义就是来源于实践的，所以它一定可以回到实践中去。

再例如，我这一次到新希望，面临的最大挑战是当年就要取得绩效。上任后，我的第一个动作就是将影响整个企业百分之七十几的青岛中心拆掉，把青岛中心所有的管理权限和资源拆给五个特区，然后我再把目标直接给这五个特区。在此之后，五个月内业绩就反弹了。我上任一个月就拆青岛中心，他们说陈老师你太猛了，你也不做点调研，也不谈话，你不怕拆了大家就走了吗？你不怕拆了业绩更下滑吗？你不怕混乱之后五个月后看不到结果吗？连老板都这样问我。我说不会的，理论上来讲我是很清楚的，我不这么做业绩一定不反弹，我不这么做即使员工不走，我业绩也不会好，我这么做业绩好了员工也不会走，事实证明没有人走。五个月之后结果就出来了。我的自信在哪里？就是因为我对管理这个定义有非常深的理解：这就是读经典和理解知识体系的好处。

总的来说，我感觉学者们的研究训练非常深入，而对于管理知识体系的训练与掌握不够。我们从研究生开始，一直在训练如何做研究，而没有完整地去梳理知识体系。我要求我的学生们读经典著作，他们都读得很辛苦。他们更愿意去读文献，因为他们觉得那是个捷径，马上可以写论文，马上就通过。我并不反对读文献，但是要做出好的研究，知识体系也要完备。这也就是我特别强调读经典的原因，把经典读透了，会看得到里面的方法论。你甚至可能会特别地恍然大悟，那种感觉特别好，你会突然觉得这个概念原来是这么好的。

我前面提到的通过写教材深入理解经典、建立自己的知识体系就是一种很好的方法。在绝大部分学者中，坚持写教材的人并不多，其实这个也是很吃力的。两年就得更新一次，最迟三年必须更新。我早期写了《公共关系学》，然后是《企业文化管理》，这两本教材是国内同类MBA教材中最早推出来的，《企业文化管理》使用量很大，很多高校都是用的这本书。后来开始写《组织行为学》，再后来是《管理沟通》以及《品牌战略管理》。《管理沟通》《企业文化》都进了"十一五""十二五"规划教材，现在聚焦在两本教材上：《组织行为学》《企业文化》。

写教材的训练对我之所以帮助比较大，是因为在写教材的过程中需要不断去琢磨学科知识体系中的那些知识点、核心概念、经典内容以及目前的更新在哪里，不断地去理解。目前很多学者在知识体系方面的训练还不够，因此不够自信。要与实践对话，我们必须要有一个完善的知识体系。因为我对经典读得很深，所以我是很自信的。对于广大青年学者来说，可能觉得论文发表的压力很大，没有时间去建立一个完善的知识体系，但要与实践对话，这个是必须的，要付出时间、付出代价，必须在做论文的同时完善知识体系。

吕：有的学者其实并不太愿意和实践对话。

陈：当然从现在的情况来看，纯粹发表论文也可以不需要对话。搞学术研究有点像我们在武侠小说里看到的那样，有人是用剑厉害、有人是用刀厉害。但是，最后练来练去都是要解决问题。所以你做的研究要真正对企业有价值，就要跟企业对话。您几年前对徐淑英老师的那个访谈非常好，实际上是引发了很多的讨论，但是要从另外一个角度去做一些讨论。

吕：是的，我们今天的讨论就是从实践和企业的角度去看怎样做有用的研究。

陈：我觉得现在比以前要好很多了。整体上来讲大家都开始朝着一个方向努力，就是让学术界和实务界能对话，而这个在十几年前还是不行的：学术研究是学术研究，企业是企业。现在双方对话的欲望非常明显，所以环境好很多了。现在年轻学者对研究工具的掌握水平也很高，我觉得他们是比我们更有可为的，如果他们加上对知识体系的深度理解，他们是会超过我们的。同时，目前在中国好的企业也很多，了解企业的机会也多了，所以我充满希望。

（原载：《外国经济与管理》，2017年第6期；合作者：吕力）